교수법
베이직

케네스 O. 갱글 · 하워드 G. 헨드릭스 외
달라스신학교 기독교교육학 교수진 지음
양승헌 감수
유명복 · 홍미경 옮김

The Christian Educator's
Handbook on

TEACHING

**Howard G. Hendricks &
Kenneth O. Gangel**
and the Christian Education Faculty of
Dallas Theological Seminary

Copyright © 1990 by Timothy Publishing House
a division of Paidion Mission
Originally published in English
under the title of
THE CHRISTIAN EDUCATOR'S
HANDBOOK ON TEACHING
copyright © 1988 by Scripture Press Publications, INC.

Contents 목차

서론 : 기독교적인 가르침: 하나님이 내신 숙제   5

제1부   기독교 교수의 기초 다지기   11
    1장 완벽한 교사가 우리 앞에 있다   13
    2장 성령이 가만 계시지 않는다   43
    3장 성경적인 가르침, 이렇게 디자인하라   61
    4장 성경 속에 철학이 담겨 있다   93
    5장 크리스천답게 생각하고 싶다   103
    6장 현대 학습 이론을 평가한다면   123

제2부   기독교 교수의 유형과 과정 세우기   145
    7장 아이들도 제대로 가르칠 수 있나요?   147
    8장 포기하고 싶은 청소년, 청소년 교육   183
    9장 아직 그들에게 가르침이 필요하다   211
    10장 가르침, 좀더 창의적으로 하고 싶을 때   237
    11장 개인용 PC는 깡통이 아니다   255
    12장 써먹은 만큼 가르침이 빛을 발하는 보조 자료   277
    13장 이거 제대로 가르친 거 맞나요?   321

제3부 기독교 교수로 사람을 세우기	343
14장 교사는 지도자다	345
15장 교사는 제자를 삼는 자다	373
16장 교사는 영원한 학생이다	393

제4부 기독교 교수 다양하게 하기	421
17장 기독교 교수, 가정에서 시도하기	423
18장 교회에서 제대로 가르치기	449
19장 기독교 학교에서 가르치기	467
20장 기독교 대학에서 가르치기	483
21장 지역 사회에서 가르치기	503

결론 : 미래를 위해 주어진 명령	521
미주	525

서론

기독교적인 가르침: 하나님이 내신 숙제

하워드 G. 헨드릭스(Howard G. Hendricks)

하나님께서는 피조물에게 맡길 수 있는 일은 어떤 것도 직접 하지 않으신다. 그분께서는 자신이 직접 하시면 눈깜짝할 사이에 완벽하게 하실 수 있는 것을 느리고 서툴지만 우리에게 하도록 명령하신다. 누구도, 유한한 자유 의지가 하나님의 전능하심과 공존할 수 있다는 사실을 완전하게 납득하기란 쉽지 않다. 그러나 거의 매순간 어떤 형태로든 우리에게 맡겨두시는 하나님의 양보하심이 포함되어 있는 것 같다(The World's Last Night New York : Harcourt, Brace, Jovanovich, 1952, p9).

C. S. 루이스(Lewis)

얼마 전에 브라운 씨와 스미스 양이 등장하는 만화를 본 적이 있다. 스미스 양은 교사 채용 시험에 응시해서 성적표와 면접 결과표를 품에 안고 교장 선생님과 최종 면접을 하는 참이다.

"대단히 죄송합니다만 스미스 양, 당신을 채용할 수 없군요. 당신은 최근에 사범대학을 졸업했잖습니까? 우리는 적어도 5년 이상 가르친 경험 있는 교사가 필요하거든요. 게다가 당신은 학사 학위만 소지하고 있군요. 우리는 석사 학위가 있는 사람을 찾고 있답니다."

다음 장면은 주일학교 책임자인 브라운 씨가 면담을 하고 스미스 양은 그의 간청을 한사코 거절하는 장면이다.

"브라운 씨, 저는 예수 믿은 지 얼마 되지 않았어요. 성경도 잘 알지 못하구요."

"그건 문제가 되지 않아요. 성경을 배우는 가장 좋은 방법은 그걸 가르치는 겁니다."

"그렇지만 저는 중학생을 가르쳐본 적이 없어요." 그녀가 이의를 제기한다.

"스미스 양, 그것도 문제 없습니다. 우리가 요구하는 것은 기꺼이 해보려는 마음뿐입니다."

이 장면은 만화 이상의 의미를 지니고 있다. 가르침에 대한 낮은 인식을 꼬집고 있기 때문이다. 만일 '2+2=4'를 가르치려고 한다면 5년 동안 가르친 경험이 필요할지 모른다. 어린아이들이 "나는 매우 몰라요"보다 "나는 아무것도 몰라요"라고 문법에 맞는 말을 하도록 가르치려면 석사 학위가 필요할지도 모른다. 그러나 크리스천의 삶을 가르치는 데 부족하다는 말은 하나님 안에서 있을 수 없다.

이것은 신약 성경에 나타난 가르침의 목적과 얼마나 대조적인 모습인가? 디모데후서 2장 2절은 가르침이 평범한 사역이 아니라 복합적인 사역임을 가르쳐주고 있다. '가르침'이라는 말 속에 들어 있는 은밀한 뜻을 완전히 파악할 수 있는 사람은 없다. 가르침이란 결코 끝나지 않을 작업을 새로이 시작하는 것이다.

가르침에 대한 다음의 두 가지 이유는 상호 보완적인 역할을 하면서 납득할 만한 설명을 해주고 있다. 교회는 가르쳐야 한다. 그것은 선택 가능한 것이 아니라 필수적이며, 해도 좋은 일이 아니라 꼭 해야 할 일이다. 가르치는 것을 멈추는 교회는 더이상 신약 교회로서 존재하기를 포기하는 것이다. 기독교가 존속하기 위해서는 가르침을 통해 진리가 전해져야 한다.

가르침, 예수 그리스도의 명령

마태복음 28장 19~20절은 성령의 렌즈를 교회의 머리되신 주님께서 부활하시면서 제자들에게 하신 마지막 말씀, 곧 지상 명령에 초점을 맞추고 있다. 신약 성경에는 지상 명령이 다섯 번(마 28:19~20, 막 16:15~16, 눅 24:46~48, 요 20:21~23, 행 1:8) 나오고 있다. 이는 가르치는 일이 주님 사업의 주변사가 아니라 핵심임을 보여 주는 것이다.

"제자를 삼으라"는 명령에는 반드시 가르침이 포함된다. 그러나 주님께서 명하신 가르침에는 특징이 있음을 주목해야 한다. "모든 것을 가르쳐 지키게 할 것"을 명하신다. 다시 말해서 주님의 가르침은 지식과 변화를 불러일으키도록 계획된 것이다. 이것은 낙인처럼 뚜렷하지만 이루기는 엄청나게 어려운 명령이다.

"무릇 온전케 된(풀어 말하면 훈련받은) 자는 그 선생과 같으리라"라는 누가복음 6장 40절 말씀은 그리스도께서 가르치실 때 그 목표를 어디에 두셨는지를 시사해 준다. 하나님의 진리는 우리의 지적 호기심을 만족시키기 위해 계시된 것이 아니라, 그리스도의 형상(image)을 닮아가게 하기 위해 계시된 것이다.

그 명령에 순종한 초대 교회

신약성경은 교회에게 가르칠 것을 분명히 명령하고 있다. 초대 교회는 그 명령에 순종했는가?

초대 교회가 보여준 모범
사도행전 2장 41~47절 가운데 "저희가 사도의 가르침을 받아… 힘쓰니라"(42절)는 말씀은 초대 교회의 모습을 잘 보여주고 있다. 이것은 이례적인 현상이 아니라 어디에서나 볼 수 있는 그들의 일상적인 삶의 모습이었다.

가르침을 지켜 행함
에베소서 4장은 가르침에 대한 위임을 확인시켜 준다. 승천하신 그리스도께서 사람들에게 은사를 주셨고 은사 가진 사람을 교회에 주셨다. 그들 가운데 일부는 "목사와 교사로"(11절) 헌신하게 하셨다. 그 목적은 무엇이었을까? "이는 성도를 온전케 하며 봉사의 일을 하게 하며 그리스도의 몸을 세우려 하심이라"(12절). 더 나아가 은사 받을 사람들을 부가(附

加)가 아닌 배가(倍加)의 사역을 위해 부르셨음이 분명하다.

유대 사회에서는 랍비보다 더 높은 계층은 없었다. 그래서 1세기 교회는 영적인 은사에 대한 교리를 가르치면서 한 가지 문제에 부딪혔다. 모든 사람이 저마다 특권을 가진 "가르침의 은사"를 요구한 것이다. 결국 야고보는 "내 형제들아 너희는 선생 된 우리가 더 큰 심판받을 줄을 알고 많이 선생이 되지 말라"(약 3:1)고 경고하지 않을 수 없었다. 교사는 가르쳐야만 하고 혀는 다스리기 어려운 것이기 때문에, 그런 진지한 임무를 갈망하는 데에는 특별한 주의가 필요했던 것이다.

성경에 나타난 이러한 증거들은 가르침이 피상적인 것이 아니라 심각한 것임을 강하게 보여준다.

이 책은 사람들을 중대하고도 영원한 가르침의 특권으로 무장시켜야 한다고 생각하는 몇몇 기독교 교육 전문가들이 쓴 것이다. 여기서 취급한 원리와 실천 방안 가운데는 노련한 교사뿐만 아니라 초보 교사에게도 커다란 의미가 있는 여러 가지 견해가 들어 있다.

또 기본 원리를 세우고, 방법을 제시하며, 다양한 교수법을 보여주고, 기독교 교육의 실마리가 되는 역할 등을 다루었다. 이 모든 것이 이 「참된 기독교 교육자를 만드는 교수법」에 담겨 있다. 이 책을 여러분 책상 위의 늘 손이 가는 자리에 두고 참고하며 반복해서 읽으라.

2세기 경 로마 황제 마르쿠스 아우렐리우스(Marcus Aurelius)는 게르만 민족과 끈질긴 싸움을 벌이면서도 휴식 시간이면 그 유명한 「명상록」을 기록했다. 그 가운데 어느 페이지에선가 아우렐리우스는 그를 황제로서가 아니라 마르쿠스 아우렐리우스로 키워준 젊은 시절의 교사들에게 감사의 글을 썼는데, 그 구절들은 내가 가장 좋아하는 구절들 중의 하나이다.

내게도 훌륭한 선생님이 계셨고, 그 중 몇 분은 정말 대단한 분들이었다. 졸업한 지 40년이 지난 지금 이런 깨달음이 강하게 떠오른다 해서 조금도 이상하게 생각할 필요는 없다. 마르쿠스 아우렐리우스가 50대에 이르러서 교사들에 대해 감사하는 마음을 기록한 것이 이상한 일이 아니었던 것과 같은 이치다.

어떤 사람이 자신이 가르침을 잘 받았다는 사실을 깨닫기까지는 적어도 20~30년의 세월이 필요하다. 대개 진정한 교육은 나중에 폭발하도록 시간을 늦추어놓은 시한 폭탄을 교실에 모아놓은 것과 같다. 교육에 있어서 도화선의 길이가 40년이나 된다 해도 크게 이상한 것은 아니다.

이 책을 쓰는 데 참여한 저자들은 미래 세대에 (아마 독자들이 하늘 나라에 간 지 오랜 후에도) 허다한 사람들이 일어나 자신을 "축복받은 자"라고 부르게 되기를 기도하며 썼다. 우리의 관심은 직업적인 차원을 뛰어넘어 지극히 개인적인 것이다.

사람들이 만사를 제쳐놓고 하고 싶어하는 일, 그것은 바로 가르치는 일이다.

제 **1** 부

기독교 교수의 기초 다지기

1 완벽한 교사가 우리 앞에 있다

하워드 G. 헨드릭스(Howard G. Hendricks)

채광하지 않은 광산

예수 그리스도는 전형적인 교사였다. 그분께서는 이 땅에 오셨을 때 가르침의 모형과 교육학의 귀감을 제시하셨다. 비록 가르침에 대해 논하지는 않으셨지만 그분은 가르침에 있어서 최고의 권위자이셨고 최고의 모범이셨다. 또 그분의 행동들은 하나의 규범이 되었다.

지나온 역사를 돌이켜보면 인간으로서의 예수에 대한 기록이 어느 누구보다도 많다는 것을 알 수 있다. 그러나 자유주의가 물결치던 19세기의 교사상에 대한 부정적인 반응 때문에 교사로서의 예수님의 역할은 다소 경시되었다. 헐만 하렐 혼(Herman Harrell Horne)은 이 경향에 대해

"채광하지 않은 광산(an unworked mine)"이라고 불렀다.

신약 성경에서는 예수 그리스도의 인격과 사역을 40개 이상의 칭호들로 묘사하고 있다. 예를 들면 그분은 주, 메시야, 구원자, 하나님의 아들인 동시에 인자(人子)이다. 사람들은 어느 일면을 강조하면서 다른 면은 간과해 버리는 우를 범할 때가 많은데 이 경우에서도 그렇다.

복음서에서 예수님에 대해 가장 흔히 사용된 말은 "선생"이다. 이 칭호는 45회나 나오는데 14회는 랍비라는 표현을 쓰고 있다.[1] 그러므로 주님의 공생애의 두드러진 특징 가운데 하나가 가르침(teaching)이었음은 분명하다고 하겠다.

성경을 연구하는 사람들은 복음서의 내용은 깊이 연구하면서도 복음서의 방법론은 간과하는 경향이 있다. 우리는 그리스도께서 말씀하신 것과 행하신 것이 똑같이 하나님의 영감을 받은 것임을 상기할 필요가 있다. 그래서 그분께서는 생애의 어떤 상황과 환경에서도 "내가 항상 그의 기뻐하시는 일을 행한다"(요 8:29)고 말씀하실 수 있었던 것이다.

이 글은 결론이 아니라 제안이며 가르침에서는 과정이 결과보다 더 중요하다는 가정 아래 썼다. 그러므로 독자들은 여기에서 제시된 자료를 개인적으로 좀더 깊이 연구하기 위한 촉진제로 사용하는 것이 좋을 것이다. 이 글은 사고를 규정하기보다는 건전한 방향으로 이끌기 위해 씌어진 것이다.

주부나 트럭 운전사, 컴퓨터 프로그래머, 미용사, 의사로 일하던 사람이 일주일에 단 1시간만이라도 흠잡을 데 없는 교사가 될 수 있는 비결은 무엇인가? 물론 그것은 힘든 일이다. 그러나 니고데모가 "하나님께로서 오신 선생"(요 3:2)이라고 꿰뚫어본 바로 그 위대한 교사로부터 도움을 받을 수 있을 것이다.

인성(人性)

주님께서는 한 인간으로 볼 때 매우 특이한 분이셨다. 그분의 출생에서부터 생애, 죽음 그리고 부활에 이르기까지 그 모두가 특이했다. 이 독특함은 그분의 교육에도 스며 있다.

예수 그리스도에게는 일관성이 있었다.
그리스도는 말과 행동이 일치하셨다. 그분께서는 자신이 말한 것과 모순되는 행동은 단 한 번도 하지 않으셨다. 그러므로 모든 의를 다 이루셨던 그분의 일관성은 변함없는 모범을 제공해준다.

예수 그리스도의 가르침이 위대한 것은 그 내용이 진리에 순응하기 때문이다. 그가 아무리 창조적인 교사라도 거짓을 가르친다면 위대한 교사가 아니다. 진리를 부적절하게 다루는 서투른 교사가 단지 중요한 논제들을 다룬다고 해서 위대한 교사가 되는 것도 아니다. 진리에 대한 순수한 시각이야말로 진정한 가르침의 모판이며, 예수 그리스도의 가르침의 특성이다.

만일 예수 그리스도께서 자신의 주장과 일치되는 분이 아니었다면, 그분은 좋은 교사가 아니라 협잡꾼이나 사기꾼 소리를 들어 마땅하다. 이스라엘에서는 거짓 선지자처럼 거짓 선생도 비난받았다.

정통 개신교 신학에서는 예수 그리스도를 세 가지 중요한 직분을 가진 분으로 여긴다. 즉 선지자, 제사장, 왕의 직분이다. 선지자로서의 예수 그리스도는 모세보다 높은 위치에 있다. 제사장으로서는 아론보다 높으며, 왕으로는 다윗보다 훨씬 높은 자리에 있다.

　그리스도의 직분에 대한 이해를 넓히기 위해 좀더 살펴보기로 하자. 그 동안 소홀히 여겼던 또 하나의 직분이 있는데 바로 '교사'의 직분이다. 그분은 교사이기도 하셨다. 예수 그리스도는 솔로몬을 능가하는 지혜를 가진 분이셨다. 예수 그리스도는 잠언 1장에서 9장까지 묘사하고 있는 모든 지혜를 가진 현자였다. 예수 그리스도는 위대한 랍비시며 당시 최고의 교사로서, 바로 하나님 자신을 설명하기 위해 오셨다. "본래 하나님을 본 사람이 없으되 아버지 품 속에 있는 독생하신 하나님이 나타내셨느니라"(요 1:18). 사도 바울은 그리스도 안에는 "지혜와 지식의 모든 보화가 감춰어 있느니라"(골 2:3)고 확언했다.[2]

　가르침과 생활 방식에서 그분은 지식과 행위를 실제적으로 연결시키셨다(마 5:36, 7:24~27). 알면서 행하지 않는 것은 전혀 알지 못하는 것이고, 모든 앎은 하나님의 뜻을 행하는 것과 관련되어 있기에(요 7:15~17), 우리는 행함의 과정을 통해 지식을 강화시켜가는 것이다.

　르바(LeBar)는 이 사실을 이렇게 정리한다 :

　예수 그리스도는 그 자신이 진리이셨기 때문에 탁월한 최고의 교사이셨다. …그분은 제자들을 완전히 알았고, 사람들을 변화시키기 위해 완벽한 방법을 사용하셨다. 그분이 바로 '길이요 진리요 생명'(요 14:6)이셨

다. 그분은 친히 모든 사람을 아셨고, 그 사람들 속에 있는 본성을 아셨다 (요 2:24~25).[3]

로날드 알렌(Ronald Allen)은 다음과 같이 그리스도의 유일성을 강조한다.

사람들은 훌륭한 교사와 훌륭한 기관을 연결시키는 경향이 있다. 그러나 예수님께서는 그런 기관과는 전혀 관련이 없으셨다.

사람들은 어려운 문제를 쉽게 푸는 사람을 훌륭한 교사로 생각하는 경향이 있다. 그러나 예수님께서는 간단한 사물에서도 복잡한 의미를 끌어내셨다.

사람들은 자신이 더욱 주체적으로 삶과 부딪치도록 도와주는 사람을 훌륭한 교사라고 기대하기 쉽다. 그러나 예수님께서는 다른 어떤 것에 완전히 의존해서 살아야 한다고 줄곧 주장하셨다.

사람들은 훌륭한 교사라고 말했을 때 그 분야의 전문 용어를 연상하기 쉽다. 그러나 예수님께서는 소박한 언어와 일상적인 소품들을 사용하셨다.

사람들은 훌륭한 교사라고 하면 명석하고 박식한 그의 제자를 떠올린다. 그러나 예수님께 배운 사람들은 가난하고 외롭고 순박한 사람들이었다.

교실이라는 배경 속에서만 훌륭한 교사를 떠올리기 쉽다. 그러나 예수님의 교실은 갈릴리 바다가 내려다보이는 언덕이거나 거리의 한 모퉁이, 함께 걸을 수 있는 길가 혹은 작은 배안의 비좁은 공간이었다.

오늘날 사람들은 다양한 교재를 사용하는 교사를 찾는다. 예수님의 교재는 하늘과 들, 산, 새, 폭풍, 양, 포도나무 가지, 우물, 잔치 등이었다. 말하자면 눈에 띄는 모든 사물을 가르침의 도구로 사용하셨다.[4]

예수님께서는 참된 가치를 지향하셨다.

그분은 현상에 순응하지 않으셨다. 그리스도의 생애를 연구하다보면 항상 참된 가치로 돌아설 수밖에 없다. 겉모양이나 형식이 아닌 참된 가치야말로 그분의 주요 관심사였다.

삶과 죽음, 천국과 지옥, 돈, 기도, 근심, 어린아이와 같은 주제들이 그분의 교과 과정의 한 부분이었다. 주님께서는 어떤 가르침에서도 듣는 이에게 "언젠가 필요하게 될 테니 적어두라"고 말씀하지 않으셨다. 그분의 가르침은 일상 생활에서 자주 경험하는 상황들 속에서 벌어졌다.

구유에서 태어나 십자가에서 돌아가시기까지 주님은 항상 예외적인 존재였다. 도덕의 영역에서는 완전히 예측할 수 있는 분이셨지만, 방법의 차원에서는 전혀 예상할 수 없는 분이셨다.

예상할 수 없는 분이어서 다른 것이 아니라, 그분은 본래 다르기 때문에 예측할 수 없었다. 주님께서는 분노를 일으키는 분이셨다. 그분은 가는 곳마다 위기감을 조성했다. 그분은 사람들이 스스로 결정하고 선택하게 했다. 도로시 세이어즈(Dorothy Sayers)는 특유의 신랄함을 섞어 이렇게 말했다 :

공평하게 평가하자면 그리스도는 정적인 사람이었기 때문에 자신을 십자가에 매달은 사람을 고소하지 않았다. 반대로 사람들은 그리스도가 너무 동적이어서 안전하지 못하다고 생각했다. 우리는 유다의 사자이신 그분에게서 발톱을 아주 재치 있게 제거해내어 그를 유순한 사람으로 인식되게 하고, 창백한 수도사나 경건한 노부인에게나 알맞는 애완 동물 정도로 추천한다. 그러나 그분을 알았던 사람들은 그분을 결코 나약한 사람으로 기억하지 않았다. 또한 그분을 위험한 선동자로 여기는 것에도 반대했다. 사실 그분은 불행한 사람들에게 따뜻했고, 솔직하게 질문하는 사람들에게 인내심으로 대했으며, 하나님 앞에 겸손했다. 그분은 사람들에게 존경받던 종교 지도자들을 향해 위선자라고 비판했고, 헤롯 왕을 '저 여우'라고 불렀다. 그 당시에 멸시받던 무리들과 어울려 '먹기를 탐하고 마시기를 즐기는 자, 세리와 죄인들의 친구'로 불리웠다. 그분은 장사꾼들을 공격하여 상인과 물건들을 성전 밖으로 몰아내기도 했다. 또한 엄격하기 짝이 없는 많은 신성 불가침의 율법들을 파기시켰다. 예수 그리스도는 병자들을 손쉬운 방법으로 치유했고, 다른 사람의 돼지와 소유물에 대해서도 놀랄 만한 해결책을 제시하셨다. 그분은 부나 사회적 지위에 대해 어떤 합당한 경의도 표하지 않으셨다. 교묘한 변증법적 올가미에 부딪혔을 때에는 마음이 굳은 사람을 공격하는 역설적인 유머를 발휘했고, 주먹 구구식으로는 대답할 수 없는 까다로운 유도 질문을 함으로써 그들을 반격했다. 그분은 인간으로서 살다간 생애 동안 결코 우둔한 사람이 아니었다. 하나님이신 그분에게 우둔한 부분이 없는 것은 당연한 일이 아닌가![5]

예측 가능한 것과 충격 사이에는 직접적인 관련이 있다. 예측할 수 있으면 있을수록 충격은 그만큼 줄어든다.

마가복음 12장 13~17절에 나타난 예수님의 행동을 관찰해 보라. 바리새인과 헤롯당 사람들이 모였다. 이상하고도 극악 무도해 보이는 모임.

그들은 "가이사에게 세를 바치는 것이 가하니이까 불가하니이까? 우리가 바치리이까 말리이까?"라는 질문이 예수 그리스도를 진퇴양난의 올가미에 걸리게 할 것이라고 생각했다. 그들은 예수님께서 어떤 답을 제시하든 올무에 걸릴 것이라고 확신했다. 그러나 그분은 그들의 허점을 찔렀고, 그들로 하여금 "누가 이런 멍청한 질문을 생각해 냈을까?" 하는 의문까지도 갖게 했다.

복음서는 이 세상에 살았던 가장 거룩한 분을 이야기하고 있지만, 종교가들은 예수 그리스도라는 존재를 미워했다. 오히려 예수 그리스도를 따르고 숭배하던 사람들은 도둑이나 문둥병자, 창녀들이었다. 예수님은 언제나 사람들 사이에서 논쟁의 대상이 되었다. 예수님께서는 사람들에게서 거부됐을지는 몰라도 결코 무시당하지는 않으셨다.

예수님께서는 관계를 중요시하셨다.

예수님의 마음에는 개인을 향한 생각뿐 아니라 열정이 있었다. 일뿐 아니라 사람을 향해서도, 단순한 관념뿐만 아니라 변화에 대해서도 열려 있었다. 예수님께서는 관계가 진리에 대한 가장 큰 중개자임을 이미 알고 계셨다.

그리스도의 가르침은 학생과 교사 간에 최대한 상호 작용이 이루어지는 이동식 수업 방식을 취했다. 그분은 질문하고 또 계속해서 질문을 받으셨다.

예수님께서는 제자들 앞에서 기적을 행하셨다. 제자들은 예수님께서 종교 지도자들의 반대에 어떻게 대처하는가도 보았다.

예수님께서는 제자들이 있는 바로 그곳에서 행하셨고, 그들의 직접적이고도 미처 깨닫지 못한 필요에 대해 말씀하셨다. 베데스다 연못가에서 있었던 예를 보라(요 5:1~15). "네가 낫고자 하느냐"라고 예수님께서 물으셨다. 38년 동안 앓고 있는 병자에게 이 얼마나 놀랍고도 어리석은 질문인가! 아무도 그렇게 아픈 채로 있기를 원하지는 않을 것이다.

이 장면을 두고 메릴 테니(Merrill Tenney)는 이렇게 말했다 :

예수님께서는 '네가 낫고자 하는 의지를 갖고 있느냐'라고 그의 내적 마음의 상태를 묻고 계심을 알 수 있다. 이에 대한 병자의 대답은 그런 상태의 책임을 다른 사람에게 돌리고 있음을 보여 준다. 그는 자신이 처한 환경에 얽매여 있었고 그의 무익한 불평처럼 일어설 수 없었다. 육체의 마비가 부분적인 의지의 마비를 가져왔던 것이다. 연못가에 있는 많은 병자들 가운데 그 사람을 선택한 것은, 예수님께서 육과 영이 극도로 무력하게 된 사람을 회복시키는 것에 관심을 두신 것을 보여 준다.[6]

그리스도의 관심은 한결같이 가장 깊숙이 자리잡고 있는 개인적인 필요에 초점을 맞추고 있다. 사마리아 여인과 벽을 쌓기보다는 다리를 놓는 주님의 행동이 주는 교훈을 생각해 보라(요 4장). 손가락질받던 창녀는 예수님과의 단 한 번의 의미 있는 만남을 통해 분명하게 변화되었다.

예수 그리스도의 생활 방식 속에는 본받을 만한 특별한 부분이 있다. 르바(LaBar)의 연구를 주목해 보라 :

복음서에 나타난 가르침의 절반 가량은 배우는 사람 자신들에 의해 주도되었다. 예수님의 인격과 그 말씀의 권위, 행하신 경이로운 일들이 사람들을 매료시켰기 때문에, 그들은 온갖 개인적 필요를 가지고 예수님께로 나아왔다. 공부할 준비가 되어 있는 학생들을 가르친다는 것은 얼마나 쉬운 일인가! 그들이 준비되어 있을 때 그들의 관심과 주의력, 개인적인 참여를 확신할 수 있다.[7]

주님의 기도 생활을 생각해 보라. 예수님께서는 모든 것에 대해 기도하셨다. 자세한 것은 누가복음에서 살펴 보라. 왜 제자들은 예수님께 기도를 가르쳐 달라고 했는가?(눅 11:1) 제자들이 예수님을 찾을 때마다 예수님께서 기도하고 계신 것을 보았고, 그래서 "기도는 삶과 사역에 필수적"이라는 결론을 얻었기 때문이다. 기도는 제자들이 예수님께 가르쳐 달라고 한 유일한 것이었다. 누군가가 여러분이 자주 기도하는 것을 알고는 기도하는 것을 가르쳐 달라고 부탁해 온 적이 있는가?

요한복음 13장에 나타나 있는 제자들의 발을 씻기신 일처럼 예수님께서 직접 의식적으로 모범을 보이고 강권하신 예도 있었다.

친밀함, 태도, 사랑, 온유함, 확고함, 민감함, 용기, 활기, 결단 등 주님의 훌륭한 인격적인 자질은 사람들의 주의를 끌었다.

생활 속에서 강한 사명 의식이 부족했다면 제자들의 주의를 끌 수 없었을 것이다. 예수님께서는 그것을 분명히 보여 주셨다. 예수님께서는 나사렛 회당에서 사역을 시작하실 때 이미 권력을 가진 사람들에게 가서(눅 4:16~30) 그의 뚜렷한 목적을 분명히 밝히셨다.

메시지

예수님께서는 훌륭한 교사이시다. 그의 훌륭한 가르침을 사실과 분리시켜 생각할 수는 없다. 도널드 거스리(Donald Guthrie)는 '예수'라는 장에서 교사와 가르침과의 관계를 이렇게 적고 있다 :

> 예수 그리스도 자신이 가르침의 탁월한 전형을 보여 주셨기 때문에 기독교는 역사적으로 종교적인 가르침을 강조해 왔다. 교회 교육에 끼친 그분의 영향력을 과소 평가하는 함정에 빠지지 않도록 주의가 필요하다.
> 예수님께서는 교육자 이상이셨다. 예수님이 계몽가로 여겨질지도 모르지만 그분의 사역은 좀더 근본적인 것이었다. 그분은 구원을 가져오셨고 그것은 예수님의 가르침의 핵심이었다. 설령 예수님께서 구속자로 오시지 않았을지라도 그분이 남겨주신 가르침은 특별한 것으로 인정될 만한 것들이다. 예수님의 탁월성은 그분의 가르침의 실용성과 적절함이 영혼의 구속 사업에 근거를 두고 있다는 점에 있다.[8]

그분의 가르침은 독창적이었다.

그분의 메시지는 이미 계시된 것이었다.
예수님께서는 "내가 스스로 아무것도 하지 아니하고 오직 아버지께서 가르치신 대로 이런 것을 말하는 줄도 알리라"고 말씀하셨다. 다음 구절들을 살펴보라. 마태복음 11장 27절, 요한복음 3장 27절, 5장 19절, 8장 28절. 각각에서 예수님께서는 자신과 아버지의 연속성을 확인하는 한편, 진리의 전달자가 되고 있다. "나와 아버지는 하나이니라 하신대"(요 10:30).

베키 피퍼트(Becky Pippert)는 그 사실을 성경적으로 다음과 같이 요약하고 있다 :

그분은 사람들에게 그를 아는 것이 하나님을 아는 것과 같고(요 8:19), 그를 보는 것이 하나님을 보는 것과 같으며(요 12:45), 그를 믿는 것이 하나님을 믿는 것과 같고(요 12:44), 그를 받아들이는 것이 하나님을 받아들이는 것과 같다(막 9:37)는 것을 알려주셨다.[9]

예수님의 거침없는 주장들 때문에 사람들은 끊임없이 그분과 충돌했다. 나사렛 회당 설교에서 이사야서를 읽고는 "이 글이 오늘날 너희 귀에 응하였느니라"(눅 4:21)고 말씀하셨다. 다시 말해서 "너희가 이루어진 것을 보고 있느니라"고 말씀하신 것이다. 처음에 그들은 예수님을 칭찬하고 그분의 품위 있는 말에 놀랐지만, 그 말을 음미해 보고는 화가 치밀어 그분을 죽이려 했다.

C.S. 루이스는 예수님께서는 단지 훌륭한 교사일 뿐 그가 주장하는 대로 하나님의 아들은 아니라는 주장에 대해 경고하고 있다. 예수님께서 자신의 가르침의 중요 주제 중 하나인 자신에 대해 거짓말을 하고 있다면 어떻게 그가 좋은 교사일 수 있겠는가?

"나는 예수가 도덕적으로 훌륭한 교사인 점은 기꺼이 인정하지만, 자신이 하나님이라는 주장은 받아들일 수 없다." 우리는 이렇게 말하는 오류를 범하지 말아야 한다. 단지 인간에 불과한 사람이 예수님과 똑같은 말을 했다고 해서, 도덕적으로 훌륭한 교사가 될 수 있는 것은 아니다. 그렇게 말하는 사람이 있다면, 그는 제정신이 아니거나 유혹에 빠진 사람일 것이다. 예수님께서 하나님의 아들인지 아닌지, 제정신인 사람이 될 것인지 아니면 사탄의 유혹을 받은 사람이 될 것인지는 우리들 각자가 선택해야 할 몫이다. 우리는 예수님을 미련한 사람이나 악마로 취급하여 멸시할 수도 있고, 주라 시인하며 그 발 앞에 엎드릴 수도 있다. 그러나 예수님을 인간적인 훌륭한 교사로만 평가하는 함정에 빠져서는 안 될 것이다.[10]

예수님께서는 안식일의 주인이셨기 때문에 안식일에 병을 고치셨고, 자신이 하나님이라고 말씀하셨으므로 하나님처럼 행동했다. 종교 지도자들에게는 자신이 요나나 솔로몬보다 큰 자라고 말씀해 주셨고, 부활을 통해 그것을 증명해 보이셨다.

예수 그리스도는 하나님이신 동시에 인간이셨기 때문에, 말씀으로뿐만 아니라 사역을 통해서도 가르치셨다. 신적인 의미들이 신적인 행위 속에 내포되어 있었던 것이다.

예수님의 가르침에는 명령법이 두루 사용되고 있음에 주목하라. "경계하고 기도하라" "예비하라" "오라" "보라" "가서 말하라" 등과 같이 예수님께서는 실천을 강조하셨다.

예수님의 메시지는 서로 깊은 연관성이 있었다.

그 메시지가 이미 계시된 것이었기 때문에 더욱 연관성이 있었다. 예수님께서는 묻지 않은 질문에 결코 답하지 않으셨다. 그러면서도 사람들이 가려워하는 곳을 긁어 주셨던 것이다. 그러나 예수님께서는 이론에서 그치지 않으셨다. 히브리서 저자는 이렇게 말한다. "우리에게 있는 대제사장은 우리 연약함을 체휼하지 아니하는 자가 아니요 모든 일에 우리와 한결같이 시험을 받은 자로되 죄는 없으시니라"(히 4:15). "자기가 시험을 받아 고난을 당하셨은즉 시험받는 자들을 능히 도우시느니라"(히 2:18).

1장 완벽한 교사가 우리에게 있다

학생들 삶의 중심을 읽기 위해서는 그들이 느끼고 생각하는 것과 전인격적으로 만나야 한다. 그래서 예수님께서는 동정심, 판단, 사랑, 미움, 기쁨, 슬픔, 감사, 연민 등을 사람들과 자주 나누셨던 것이다.

이 모든 것은 기아에 허덕이고 고통당하는 세상 사람에게 일반적으로 찾아볼 수 있는 것들이어서, 예수님의 메시지가 그들의 삶 속에 파고들 수 있었다.

예수님의 메시지에는 권위가 있었다.

예수님의 가르침 가운데 가장 두드러진 특징은 권위에 있다. 예수님께서는 결코 애매하거나 소극적으로, 아니면 변명하는 것처럼 말씀하지 않으셨다. 그분께서는 자신이 전해야 할 메시지를 잘 알고 계셨으며, 그것을 말씀하시기를 전혀 주저하지 않으셨다. 사람들은 그 점에 큰 감동을 받곤 했다.

실제로 산상 수훈이 끝날 때쯤 예수님의 가르침은, "이는 그 가르치시는 것이 권세 있는 자와 같고 저희 서기관들과 같지 아니함일러라"(마 7:29)라는 특이한 반응을 불러일으켰다. 예수님께는 권위가 있었고 마태복음의 저자는 권위 있는 분의 말을 인용했던 것이다.

예수님과 그 당시 종교 지도자들 사이에는 많은 유사점이 있었지만, 그들과 구별되는 가장 큰 차이점은 바로 권위였다. 마가복음 11장 27~33절은 이 점을 명료하게 보여 준다.

우리는 또한 예수님께서 사람들에게 한 요구에서 권위를 찾아볼 수 있다(눅 14:25~35). 각 경우마다 예수님께서는 세 번씩 반복하신다. "나의 제자가 되지 못하리라." 얼마나 단언적이고 확고 부동한 말인가! 진리는 반드시 희생을 필요로 한다. 그러나 교만으로 타락한 인간은 이 제자도를 좋아하지 않는다.

존 스토트(John Stott)는 다음과 같이 확신에 찬 결론을 내린다 :

갈릴리 출신의 시골뜨기에 불과하고 직업은 목수요 설교가였지만, 그분은 교사요 주(主)이심을 주장했고, 사람들에게 무엇을 믿어야 하고 무엇을 해야 하는지 말할 수 있는 권위를 갖고 있었다. 그것은 간접적으로나마 자신이 하나님이라고 주장하는 것과 같다. 왜냐하면 어떤 사람도 다른 사람의 마음과 의지에 대해 주인 노릇을 할 수 없기 때문이다.[11]

군중들은 이미 변화에 대해 바른 판단을 내리고 있었다. "이스라엘 가운데서 이런 일을 본 때가 없다"(마 9:33). 바리새인들은 "저가 귀신의 왕을 빙자하여 귀신을 쫓아낸다"(마 9:34)고 했다. 그들도 예수님에 대해 비판적이었지만, 예수님 역시 바리새인에 대해 거리낌없이 비판했고 강도 높게 도전했다.

예수님의 메시지는 영향력이 있었다.
예수님의 가르침으로 나타난 결과들을 보라. 놀라움, 두려움, 침묵, 믿음, 격렬한 반대 등. 거기엔 무관심이나 중립성이 전혀 없다. 예수님의 가르침의 목표는 단지 지식을 전하는 것뿐만 아니라 변화를 일으키는 것이었기 때문에, 가르침을 받은 이들의 삶은 변화되었다.

사람들은 친구들을 예수님께 데려왔고 그분을 따랐다. 그분의 이름을 널리 전했고 그분을 섬겼다. 더 나아가 모든 것을 버리고 그분을 따랐다(마가복음 1장 18절, 2장 14절을 보라).

지상 명령에서 볼 수 있듯이 예수님께서 말씀하신 제자 훈련 과정의 목표 중 하나는, "내가 너희에게 분부한 모든 것을 가르쳐 지키게 하라"(마 28:20)였다. 예수님께서는 가르침에 근거한 통찰력과 변화를 갈망하셨지만, 지식이 자동적으로 행위와 연결될 것이라고는 기대하지 않으셨다.

우리는 가르침 속에서 어떤 결과를 얻기 위해 힘써야 하는가? "인간에 대한 하나님의 인치심은 죄가 아니라 '완전한 순종'[12]이다."

동기

진정한 가르침은 내부로부터 우러나오는 것이다. 학생과 교사 사이에 공감대가 없다면 가르침의 과정은 무미 건조할 뿐 아니라 결과적으로는 중단되고 만다.

복음서에는 공감대를 형성하는 몇 가지 동기들이 나타나 있는데 기본적인 것은 다음과 같다.

사랑의 동기

예수님께서는 언제나 단 한 분, 즉 사랑하는 하나님께만 최대의 관심을 가지고 계셨다. 사랑의 사도 요한은 하나님에 대해 "세상에 있는 자기 사람들을 사랑하시되 끝까지 사랑하시니라"(요 13:1)고 말하고 있다.

그것은 감상의 찌꺼기가 아니라 강인한 사랑이었다. 예를 들어 예수님께서는 피상적인 이유에서가 아니라 실제적인 이유에서 "어찌하여 이렇게 무서워하느냐 너희가 어찌 믿음이 없느냐"(막 4:40)라고 제자들을 꾸짖으셨다.

이 문맥을 주의 깊게 살펴보라. 위대한 교사 예수님께서는 믿음에 대해 막 말씀하시기를 마치셨다(막 4:1~34). 그리고 설명해 주시고 나서는 문제를 하나 주신다. "우리가 저편으로 건너가자"(막 4:35). 그들은 경험에 비추어 이렇게 결론을 내렸다. "선생님이여 우리의 죽게 된 것을 돌아보지 아니하시나이까"(막 4:38). 예수님께서는 "호수 가운데로 가서 빠지자!"고 말씀하시지 않았다. 그들은 듣기 시험에서 낙제하고 만 것이다. "들을 귀 있는 자는 들으라"(막 9:23).

다시, 야고보와 요한이 하늘로부터 불이 내려와 사마리아인을 멸하기를 원할 때 예수님께서는 그들을 꾸짖으셨다(눅 9:54~55). 뿐만 아니라 여러 사람이 있는 가운데서 수제자 격인 베드로를 책망하기도 하셨다. "사단아 내 뒤로 물러가라 네가 하나님의 일을 생각지 아니하고 도리어 사람의 일을 생각하는도다"(막 8:33)라고 하셨다.

책망은 항상 관계를 기초로 한다. 예수님께서는 제자들을 있는 그대로도 사랑하셨지만 무책임하게 그대로 내버려두지도 않으셨다. 그만큼 그들을 사랑하셨기 때문이다. 예수님께서 제자들을 책망하신 적은 있어도 거부하신 적은 없다.

제자 훈련에 투자해야 할 대가에 대해서는 엄격하셨지만, 영적 성장의 초반부에서는 완전히 성숙된 신앙을 터무니없이 요구하지 않으셨다. 예수님께서는 사람들이 불완전하고 빈약한 신앙을 가졌다는 이유로, 아니면 하나님 말씀을 따라 살지 못했다는 이유로 그들을 거부하지 않으셨다.

예수님께서는 마태복음 12장 20절에 인용된 메시야에 대한 이사야의 예언에 나오는 바로 그분이셨다(사 42:3). "상한 갈대를 꺾지 아니하며 꺼져가는 등불을 끄지 아니하고."

C. S. 루이스는 특유의 명료함으로 기독교적 사랑을 이렇게 정리하고 있다 :

내가 어떠한 사실을 확신하고 있다면, 그것은 예수님의 가르침이 안전한 투자와 한정된 책임을 천성적으로 더 좋아하는 나 자신에 의해 의도된 것이 결코 아니라는 사실이다.

사랑하라. 그러면 틀림없이 당신의 마음은 괴롭고 미치도록 아플 것이다. 당신 마음을 그대로 지키고 싶다면 다른 사람에게, 심지어는 동물에게조차도 마음을 주지 말아야 할 것이다. 취미나 다소 호화스러운 방법이라도 동원해 마음을 조심스레 닫으라. 조금이라도 연관되는 것은 피하라. 이기심이라는 관 속에 넣고 안전하게 잠그라. 그러나 어둡지만 안전하고 정지되어 있는 진공의 관 속에서도 그것은 변질될 것이다. 그것은 깨지지도, 꿰뚫을 수도, 되찾을 수도 없다. 비극이나 비극적인 것이 아니면 그것은 저주다. 사랑의 모든 위험과 불안정으로부터 완전히 자유로울 수 있는 하늘 이외의 유일한 장소는 바로 지옥이다.[13]

관용의 동기

관용은 효과적인 가르침의 첫번째 단계이다. 예수님의 청중들을 주목해 보라. 창녀, 세리, 죄인, 고통당하는 무력한 문둥병자.

예수님에 대한 평판을 다시 주의해 보라. "보라 먹기를 탐하고 포도주를 즐기는 사람이요 세리와 죄인의 친구로다"(마 11:19). 예수님의 주된 관심사는 명성이 아니라 자신에게 주어진 의무였다.

"바리새인의 서기관들이 예수께서 죄인과 세리들과 함께 잡수시는 것을 보고 그 제자들에게 이르되 어찌하여 세리와 죄인들과 함께 먹는가"(막 2:16). 이 말씀은 예수님과 함께 시간을 보낸 사람들의 부류를 보여준다. 여기서 예수님의 대답은 매우 교훈적이다. "건강한 자에게는 의원이 쓸데없고 병든 자에게라야 쓸데있느니라 내가 의인을 부르러 온 것이 아니요 죄인을 부르러 왔노라"(막 2:17). 예수님께서 어떤 사람이었는가 하는 것은 예수님께서 어디에 계셨는가로 결정된다. 예수님께서는 죄인들의 죄성에 말려들지 않고 그들과 사귀실 수 있었다. 죄는 미워했지만 죄인은 사랑하셨다. 관용은 인정과 동일한 것이 아니다.

예수님께서는 사람을 선택할 때에 그 사람의 내적 가치를 가장 중요하게 여기셨다.

인정(認定)의 동기

앤드류 T. 르포(Andrew T. LePeau)는 그의 유명한 책「지도자의 길」에서 이렇게 적고 있다 :

어느 한 사람을 인정해 주는 것은 보통 사람보다는 지도자에게 더 필요한 기술이다. 훌륭한 일을 해왔다는 것을 아는 것만으로도 사람들의 자부심은 고양된다. 지도자들은 다른 사람들도 자신들과 같이 특별한 인정을 필요로 하지 않는다고 생각하는 경향이 있다. 그 결과 남을 잘 인정하려 들지 않는다. 다른 사람의 관심사에는 거의 무관심하고 자신이 존경받는 근거가 되는 일에만 전념한다.

불안정한 지도자와 업무 지향적인 지도자, 극단적인 이 두 지도자의 태도에는 비슷한 구석이 있다. 그들 모두 다른 사람의 인정을 받지 못한다는 것이다. 그들은 또한 자기 자신에게만 관심이 쏠려 있다. 불안정한 지도자들은 자신이 잘 되어가고 있는지 확인하기 위해 끊임없이 자신과 다른 사람을 비교한다. 그래서 그들에게는 다른 사람들의 필요를 생각할 여유가 없다. 업무 지향적인 지도자들은 항상 자신의 일에 초점을 맞추고 어떻게 하면 더 잘 할 수 있을까에 관심을 둔다. 물론 다른 사람들의 필요를 생각할 여유가 없다.[14]

예수님께서는 "나를 따라 오너라 내가 너희로 사람을 낚는 어부가 되게 하리라"(마 4:19)고 도전하심으로써 사람들을 인정하셨다. 그와 같은 말은 사람들에게 피그매리온(pigmalion ; 그리이스 신화에 나오는 인물로 키프러스의 사람이며 조각가였는데, 자기가 조각한 상에 반해버렸다) 효과를 준다. "너희가 나를 따르기만 하면 나는 너희를 만들겠다." 이런 가르침과 학습 과정에는 상호 책임의 효과가 있다.

마음에 근심하는 사람들에게 예수님께서는 "내가 진실로 진실로 너희에게 이르노니 나를 믿는 자는 나의 하는 일을 저도 할 것이요 또한 이보다 큰 것도 하리니 이는 내가 아버지께로 감이니라"(요 14:12)고 말씀하셨다. 얼마나 자신 있는 격려인가!

제자들에게 말할 것이 아직 남아 있고 제자들 역시 배워야 할 것이 더 있다는 것을 예수님께서도 아셨지만, 그것이 그에게 부담이 되지는 않았다. 예수님께는 성령이 그들 안에서 쉼없이 역사하리라는 절대적인 확신이 있었다. "진리의 성령이 오시면 그가 너희를 모든 진리 가운데로 인도하시리니…"(요 16:13). 예수님께서는 제자들에게 성령이 한 사람 한 사람에게 역사하실 것을 확신시켜줌으로써 그들을 인정해 주셨다. 다시 말해서 제자들이 고아처럼 스스로를 추스리도록 내버려두지 않으셨다.

베드로는 특유의 방식으로 묻는다. "우리가 모든 것을 버리고 주를 좇았사오니 그런즉 우리가 무엇을 얻으리이까"(마 19:27). 이때 예수님께서는 베드로에게 그들을 위해 지위와 상과 영생을 예비해 두었음을 확신시키셨다. 실제로 주님께서는 투자한 희생의 100%를 확실한 보답으로 받게 해 주신다.

주님께서는 제자들을 둘씩 짝지어 내보내실 때 두려워하지 말 것을 당부하시면서 권능과 특별한 명령을 주셨다(마 10장, 막 6:6~13). 그들은 이리 떼 속의 양무리였지만 안전했으며 사역에는 열매가 많았다.

아마 그리스도께서 사람들을 인정하시는 가장 큰 방법은 기도였을 것이다. 예수님께서는 베드로에게 "보라 사단이 밀 까부르듯 하려고 너희를 청구하였으나 그러나 내가 너를 위하여 네 믿음이 떨어지지 않기를 기도하였노니 너는 돌이킨 후에 네 형제를 굳게 하라"(눅 22:31~32)고 말씀하셨다. 요한복음 17장에 기록된 대제사장으로서 주님의 기도를 주목해 보라. "내가 저희를 위하여 비옵나니 내가 비옵는 것은 세상을 위함이 아니요 내게 주신 자들을 위함이니이다 저희는 아버지의 것이로소이다"(요 17:9). 하나님께서 그들을 예수님께 보내 주셨고 예수님께서 그들을 위해 간구하시는 것을 안다는 것은 얼마나 든든한 일인가.

마태복음 28장 16절에서 제자들은 예수님께 가장 큰 실수를 저질렀다. 그러나 예수님께서는 그들의 잘못을 전혀 책망하지 않으셨다. 오히려 "자, 가서 세상을 취하라. 내가 너희에게 나의 권세를 주고 또 너희와 함께 할 것이다"라고 말씀하셨다. 그들이 무엇을 더 요구할 수 있었겠는가?

방법

존 가드너(John Gardner)는 이런 가르침이 오늘날 너무나 부족하다고 지적한다 :

오늘날에는 여러 교육이 심각하게 비효율적으로 행해지고 있다. 사람들은 식물 기르는 법을 가르쳐야 할 때 꺾은 꽃을 주는 어처구니없는 행동을 할 때가 너무나 많다. 어떻게 기술을 혁신할 것인가를 가르치기보다 이전의 기술 혁신의 결과들을 머리 속에 주입시키기에 바쁘다. 우리는 종종 정신을 하나의 도구라기보다 무언가를 채워야 할 창고쯤으로 여긴다.[15]

예수 그리스도에게 있는 위대한 교사로서의 여러 부분을 복음주의자들은 언급하지 않는다. 그것은 방법, 즉 예수님께서 가르치셨던 재미있는 방법이다.

예수님께서는 방법을 사용하셨지만 어느 한 방법에만 얽매이지 않으셨다. 그는 이미 알려진 사실에서 출발하여 전혀 새로운 미지의 것으로 무리 없이 나아가셨다. 단순한 것에서 심오한 것으로, 구체적인 것에서 추상적인 것으로. 예수님만의 남다른 자유로움은 노련한 방법과 선명한 목표에 잘 나타나 있다. 그분은 인기 있는 연예인이 아니라 교육가였다. 주의를 끄는 인물 이상이시기를 원하셨다. 예수님께서는 생을 변화시키는 데 전념하셨던 것이다.

예수님의 교육 방법에 철학이 없다고 생각하는 사람은 아무도 없다. 예수님께서는 모든 지식이 과정과 밀접한 관계가 있음을 알고 계셨다. 또한 가르쳐야 할 것과 가르쳐야 할 방법에 대해서도 확실히 아셨다. 배우는 것은 듣는 것 이상이며, 가르치는 것은 말하는 것 이상이다. 시작과 끝을 알리는 벨 소리도, 시간표도, 교실도, 영사기도, 도표도 없이, 예수님의 강의는 어떻게 그렇게 효과적일 수 있었는가?

예수님의 교육 방법의 효율성에는 몇 가지 조건들이 있고 예수님의 가르침에는 탁월한 특성들이 있었다.

예수님의 가르침은 독창적이었다.

예수님의 교육 방법에는 진부한 면이 없었다. 똑같은 내용을 같은 방법으로 가르치신 것을 찾아내기 어렵다. 먼저 행동한 다음 말씀이 뒤따랐던 사실은 복음서를 읽으면 쉽게 찾아낼 수 있다. 이 또한 얼마나 매력적인가. 우리는 다음에서 예수님의 독창성을 엿볼 수 있다.

질문을 사용했다는 점에서 독창적이었다. 질문은 예수님의 가르침의 방법에서 핵을 이루고 있다. 사복음서에는 100개 이상의 다른 질문이 기록되어 있다. 어떤 질문은 직접적이면서 단순히 지식을 확실하게 하기 위해 던지신 것이었다. 또 어떤 질문은 청중의 마음속에 있는 불확실한 것을 분명하게 해주었으며, 어떤 것은 믿음의 표현을 요구하는 것이었다. "내가 능히 이 일 할 줄을 믿느냐"(마 9:28)라고 병자에게 한 질문이 그 예다.

로버트 스타인(Robert Stein)은 「예수의 가르침의 방법과 메시지」라는 그의 책에서 이렇게 말한다 :

예수님께서는 다양한 상황에서 다양한 방법으로 질문을 사용하셨다. 질문을 사용하는 방법은 청중으로부터 자신이 찾는 올바른 답을 유도해 내는 것이었다. 순순히 답을 제시하므로써가 아니라 청중으로부터 유도해 내므로써 올바른 답을 더 확실하게, 더 영속적으로 마음에 새겨준 것이다. 예수님의 전사역의 전환점은, 가이사랴 빌립보에서의 한 사건이었다. 거기에서 예수님께서 제자들에게 질문하신 내용과 그 대답을 보자.

"사람들이 나를 누구라고 하느냐 여짜와 가로되 세례 요한이라 하고 더러는 엘리야, 더러는 선지자 중의 하나라 하나이다 또 물으시되 너희는 나를 누구라 하느냐 베드로가 대답하여 가로되 주는 그리스도시니이다 하매 이에 자기의 일을 아무에게도 말하지 말라 경계하시고 인자가 많은 고난을 받고 장로들과 대제사장들과 서기관들에게 버린 바 되어 죽임을 당하고 사흘만에 살아나야 할 것을 비로소 저희에게 가르치시되"(막 8:27~32).[16]

배우는 사람은 예수님의 간접적인 질문을 비교 검토하고 상기하며 평가하는 것이 필요하다.

가정을 전제로 한 질문은 청중에게 문제 해결의 상황을 설정하도록 도와준다. 마태복음 21장 31절의 "그 둘 중에 누가 아비의 뜻대로 하였느뇨", 혹은 누가복음 10장 36절의 "이 세 사람 중에 누가 강도 만난 자의 이웃이 되겠느냐" 등이 그 예이다.

예수님께서는 많은 질문들뿐 아니라 심지어 함정에 빠뜨리려는 질문에 대해서도 놀랄 만큼 노련하게 다루어 가셨다. 마가복음 12장 13~34절에서는 세 가지 주제를 논하고 있다. 가이사에게 바치는 세금 문제, 부활 때의 결혼 문제, 계명의 우선 순위가 그것이다. 문제들은 각기 서로 다른 부분이었고, 듣는 사람들은 생각해서 답해야 할 질문을 너무 많이 받았기 때문에 더이상 어떤 질문도 할 수가 없었다.

예수님께서는 비유를 사용하는 데 독창적이셨고 최고의 이야기꾼이셨다. 예수님의 가르침은 사람들로 하여금 생각을 하도록 만들었다. 그것은 무력하지 않았다. 비유는 가르치는 과정에서 사람을 창의적으로 연결시켜주는 예수님의 교육 방법 중 가장 잘 알려진 특징이다. 마가는 "예수께서 여러 가지를 비유로 가르치시니"(막 4:2)라고 쓰고 있다.

아치볼드 헌터(Archibald Hunter)는 공관복음서에 나오는 예수님의 가르침의 35%가 비유 형식이라고 주장한다.[17]

"왜 예수님께서는 그렇게 많은 것을 비유로 가르치셨는가?"라는 비판적인 질문도 있다. 로버트 스타인은 그의 책에서 '예수님의 비유들'에 대해 솜씨 있게 다루고 있다. 그는 그것에 대해 세 가지 이유를 든다. 외인에게는 가르침을 감추기 위해(참고;막 4:10~12, 마 11:25~27), 자신을 따르는 사람들에게는 메시지를 설명하고 보여주기 위해(막 4:34), 듣는 사람들이 책잡지 못하도록 하기 위해(막 12:1~11, 눅 15:1~2).[18]

예수님께서는 유도(막 5:29~30), 격언(막 6:4), 역설(막 12:41~44), 풍자(마 16:2~30), 과장법(마 23:23~24), 수수께끼(마 11:12), 직유(눅 13:34), 중의법(마 16:18), 암시(요 2:19), 은유(눅 13:32) 등과 같은 다양하고 독창적인 방법을 사용하셨다.

예수님의 가르침은 독특했다.
손쉽게 적용되며, 청중의 필요와 상황에 적절한 것을 선택하셨다. 예수님께서는 각 사람들을 총체적으로나 개별적으로 아셨기 때문에 모든 만남들이 각각 달랐다(요 2:24~25). 세 번의 대면은(니고데모, 사마리아 여인, 가버나움의 하인) 세 가지 다른 유형의 인격을 능숙하고 독특하게 다룬 예수님의 능력을 보여준다. 그들을 믿음으로 이끈다는 목표는 동일했다. 그러나 그 방법은 서로 달랐다.

예수님께서는 '그들이 이해할 수 있는 만큼만' 진리를(막 4:33) 나누어 주셨다. 르바는 이렇게 말한다 :
"배움은 점진적인 과정이지만 때로는 빠르게 전진할 때도 있다."[19]

예수님께서는 '언젠가 필요할 테니 적어두는' 저장 탱크식 접근법을 사용하지 않으셨다. 진리의 화신이셨지만(요 14:6) 제자들이 알 필요가 있는 모든 것들을 강제로는 가르치지 않으셨다. 우리는 예수님께서 영적인 것을 사람들에게 서둘러 억지로 주입시키는 것을 전혀 찾아볼 수 없다. 마찬가지로 사람들이 정답을 암기하거나 반복할 것을 요구하지 않으셨다. 예수님께서는 성령께서 사람들을 모든 진리로 인도해 줄 것을 확실히 믿으셨다(요 16:13).

예수 그리스도는 의문과 필요와 상처, 그리고 염려를 가지고 있는 사람들의 현재 상태에서 시작하셨다. 사람들의 말을 들어주셨을 뿐만 아니라 사람들이 말하는 것에서 요점을 찾으셨다. 그들을 향해 서셨고, 그 순간의 문제가 무엇인지 파악하셨다. 그들을 난처하게 만들지 않으시면서 그들이 처한 상황을 충분히 활용하여 문제를 해결하셨다.

예수님께서는 문화적 상황에서 결코 유리되지 않으셨다. 그분이 하셨던 말씀은 사람의 경험의 영역 즉 직업, 사회적 문제, 관습, 가정 생활, 본성, 종교적 개념 등과 접해 있었다.

사마리아 여인에게 얼마나 놀랍게 주변 환경을 이용해서 말씀하셨는지 살펴보라. 요한복음 4장 7~9절에 나타난 물을 구하신 일, 마태복음 18장 2절의 어린이 예, 마가복음 12장 15절의 동전의 예, 누가복음 5장 4절의 그물의 예 등 모두 가까이에 있는 것들을 예로 삼으셨다.

르바(LeBar)는 이렇게 말한다 :

예수님을 따르던 사람들이 예수님께서 가르쳐 주신 영원한 진리와 생활을 연결시킬 수 있도록 모든 것을 사람들의 수준에서 시작하셨다. 내용이나 수준에 있어서도 그 내용을 듣는 사람의 생활과 끊임없이 연관시키셨다.[20]

예수님께서는 가르침에 참여하도록 유도하셨다.
사람은 생각하도록 인도하지 않는 한 생각하지 않는다. 복음서에는 문제를 해결하려는 사람들로 가득 차 있다. 예수님께서는 단지 사람들을 위해서뿐만 아니라 사람들과 함께 문제를 해결하셨다. 사람들은 항상 그 과정 속에 포함되어 있었다.

예수님께서는 문제 제기, 적절한 질문, 반복, 이야기, 또는 침묵만으로도 사람들의 주의를 끌었다.

교육 방법의 다양성을 위해서는 주제를 철저히 알아야 할 뿐만 아니라 배우는 사람들을 이끌어 가고자 하는 방향을 설정해 놓아야 한다. 예수님께서는 격의 없이 진행하셨지만 목적을 잃지는 않으셨다.

누가복음 10장 25~37절에 나오는 선한 사마리아인의 비유는 율법사를 관련시켜 진리를 스스로 탐구하게 하는 위대한 교사의 전형적인 예를 보여준다. 율법사의 질문에 예수님께서는 답하는 대신 답을 물으셨다.

예수 그리스도의 가르침은 점진적이었다.
예수님의 목표는 사람들이 현재 서 있는 곳에서 그들이 당연히 있어야 할 곳으로 인도해 가는 것이었다.

사마리아 여인과 나누었던 대화는 이러한 점에서 구세주의 놀라운 솜씨를 나타내는 연구 수업이었다(요 4장).

예수님께서는 문화적, 사회적, 인종적, 성적, 종교적 장벽을 모두 허무셨다. 그리고 그 여인을 그녀가 속한 사회의 복음 전도자로 만들었다. 그것은 곧 변화다.

그러나 어떻게 해서 이런 철저한 변화가 일어났는가? 베키 피퍼트(Becky Pippert)는 다음과 같이 예리하게 지적한다 :

사마리아 여인은 다섯 남편이 있었고 현재 여섯번째 남자와 살고 있었다. 제자들은 그녀를 한 번 쳐다보고는 그것을 느꼈다. "저 여인이 예수님을 믿을 수 있을까? 결코 될 수 없어, 그녀의 생활 방식을 보기만 해도!" 그러나 예수님께서는 그녀를 보고 정반대의 결론을 내리셨다. 예수님께서 그녀의 광적인 남성 편력에서 보셨던 것은 방탕만은 아니었다. 예수님을 놀라게 한 것은 애정에 대한 그녀의 인간적인 욕구가 아니라 오히려 그녀가 그 욕구를 충족시키기 위해 얼마나 애썼는가 하는 점이었다. 더 나아가 예수님께서는 그녀의 욕구가 하나님께 대한 갈망을 나타내는 것임을 아셨던 것이다. 예수님께서는 제자들에게 혹시 이렇게 말하셨던 것은 아닐까? "그녀가 하나님을 향해 가지고 있는 잠재력을 보라. 그릇된 곳에서 옳은 것을 찾으려고 얼마나 애썼는가를 보라."[21]

　이것은 전적으로 변화된 시각으로 사람을 본 결과이다(참조;요 4:34~35).
　예수님께서는 "너희는 가서 내가 긍휼을 원하고 제사를 원치 아니하노라 하신 뜻이 무엇인지 배우라"(마 9:13)고 바리새인에게 도전하셨다. 예수님께서는 결정을 강요하기보다 사람들이 스스로 결정하도록 권하셨다. 제자들이나 만나는 사람들의 학습 경험에 인내심 있게 보조를 맞추셨던 것이다.
　훌륭한 가르침은, 배우는 사람이 자신의 생각과 생활에 스스로 책임지도록 도와주는 것과 밀접하게 연관되어 있음을 예수님에게서 배울 수 있다. 예수님께서는 언제나 사람들이 최선의 결정을 내릴 수 있도록 하셨다.
　예수 그리스도의 이름으로 사람을 인도하는 것은 큰 특권이자 엄숙한 책임이다. 따라서 한 개인을 잘못 인도하는 것이 그에게는 대단히 중요한 일이었다(마 18:6).

결론

　허만 하렐 혼은 자신의 명저 「최고의 교사 예수」에서 인류의 교사에게 필수적인 자격으로 다음의 것들을 당부한다.
　1. 세계를 품을 수 있는 비전.
　2. 인간의 마음을 아는 지식.

3. 가르치는 주제에 대한 숙고.
4. 적절한 가르침.
5. 가르침을 실천하는 생활.[22]

예수 그리스도는 이미 이 모든 자격들을 비롯해 그 이상의 것을 갖추고 계셨다.

가르치는 것이 사람으로 하여금 배우게 하는 것이라면, 즉 생각과 감정과 행동을 변화시키는 것이라면 예수 그리스도는 최고의 교사로서 충분한 자격을 두루 갖추셨다. 예수님 당시의 세대와 그 이후의 모든 세대를 변화시키셨기 때문이다.

이 위대한 교사이자 최고의 모범이신 예수 그리스도를 더 깊이 연구하기 바란다.

예일대학원 종교학과 학과장을 지낸 저명한 역사가 케니스 스카트 라토렛(Kenneth Scott Latourette)은 "예수와 복음 : 기독교의 기초"라는 흥미있는 단원을 이렇게 시작하고 있다.

기독교는 아주 장래성 없는 시작처럼 보였다. 불과 몇 명밖에 안 되는 예수님의 제자들을 제외한 당대의 모든 사람들은 기독교가 로마 제국에 종교적 충성을 바친 다른 경쟁자를 능가하여, 5세기 안에 그 지역의 압도적인 다수의 사람들과 통치자의 신앙이 되는 것이 불가능하다고 생각했을 것이다. 더욱이 2천 년도 채 안 된 기독교가 어떤 다른 종교보다 광범위하게 전파되어 세계적으로 인류에 지대한 영향을 끼칠 것이라고는 꿈도 꾸지 못했을 것이다.[23]

2 성령이 가만 계시지 않는다

로이 B. 주크(Roy B. Zuck)

기독교 교육은 하나님의 계시인 성경을 주제로 한다는 것 때문에, 생활의 영적인 면의 변화를 목표로 한다는 것 때문에, 그리고 성령의 역사라는 영적인 역동성 때문에 매우 독특하다고 할 수 있다.

가르치는 일에서 성령의 역사를 무시하는 것은 기독교 교육의 가장 중요한 일면을 간과하는 것과 같다.

기독교 교육에서 성령님의 필요성

기독교 교육에서는 왜 성령이 필요한가? 크리스천 교사들이 적절한 교육학의 원리에 따라 적당한 방법과 자료를 이용하면서 성경 중심으로 가르치는 것만으로는 왜 충분하지 않은가? 성령을 인정하는 기독교의 가르침과 학습 과정은 어떤 유익이 있는가? 왜 성령은 교육 과정에 필요한가?

가르침에 있어서 성령이 필요한 이유

기독교 교육에서 성령이 필요한 첫번째 이유는, 크리스천 교사는 하나님께서 능력을 주셔야 한다는 것이다. 오직 성령만이 교사를 인도하여 성경과 그 관련 주제들을 효과적으로 가르칠 수 있게 하기 때문이다. 영적인 필요를 충족시키기 위해서는 영적인 진리가 요구된다. 그래서 영적인 일은 영적인 능력을 필요로 한다. 효과적인 사역을 위해서는 구원의 믿음과 성령에 대한 순종이 필요하다. 성령을 의지하지 않고 자기 자신의 힘으로 주님을 섬기려는 것은 지속적인 결과를 얻지 못한다.

그러나 성령의 영적인 통제로 얻게 되는 순종이 주는 생활의 정결함은 효과적인 가르침을 가져오게 된다. 반대로 진리를 따라 살지 않는 것은 교사를 무능하게 만든다. 진리를 좇는 생활을 하지 않은 채 그 진리를 말로만 하게 된다면 교사는 학생을 진리로 인도하지 못한다. 말과 생활의 불일치는 오히려 학생을 교회로부터 멀어지게 할 뿐이다.

성령의 역사가 가르침과 학습 과정에 필요한 또 다른 이유는, 성령께서는 하나님의 말씀이 학생들의 생활에 영향을 미치도록 만든다는 점이다. 성경에 대한 지식과 영적인 진리를 터득하는 것이 필요하긴 하지만 그것 자체가 영적인 변화와 성장을 보장하지는 않는다. 따라서 말씀을 듣는 모든 사람이 다 믿거나 반응하는 것은 아니다(요 10:25, 12:47~48, 행 7:57~59, 17:5, 17:32). 하나님의 말씀이 영혼을 새롭게 할 때(시

19:7, 롬 10:17, 약 1:18, 벧전 1:23) 성령께서는 그 가까이에서 영적인 무지를 없애고 영생을 주신다(요 3:5~7, 딛 3:5).

믿는 자 역시 말씀과 성령의 역사에 마음을 열어야 한다. 말씀이 우리를 정결케 하며(요 17:17~19, 행 20:32, 엡 5:26, 벧전 2:2) 성령님 또한 그렇다(살후 2:13, 벧전 1:2). 말씀이 우리의 길을 밝히며(시 119:105, 130, 딤후 3:16) 성령님 또한 그렇다(요 14:26, 16:13, 고전 2:10~15). 성경에 의하면 믿는 자나 믿지 않는 자의 생활에 영향력을 미치기 위해서는 성령의 역사가 필요하다. 변화된 삶은 말씀과 성령을 필요로 한다. 기독교 교육은 영적으로 변화된 생활을 가져오는 것에 초점을 맞추기 때문에, 가르침과 학습의 과정은 성령과 성경을 모두 필요로 한다. 둘 중 하나라도 없다면 그것은 올바른 기독교 교육이 아니다.

가르침에 있어서 성령의 역할에 대한 그릇된 개념

의식적이든 아니든 일부 교육자들은 성령의 역사를 무시한다. 뛰어난 교육 이론, 프로그램, 인력, 적절한 학습 환경의 필요성, 잘 정의된 교육 목표와 학습 목표를 중시하는 창의적이고 훌륭한 교사는 '성령의 역사하심 없이 자연스러운 바탕 위에서'[1] 영향을 주고자 노력한다. 이것은 타락하기 쉬운 인간 본성이 지닌 약점을 간과한 것이며, 하나님보다 인간의 독창성과 방법을 더 인정하는 것이다. 또한 그것은 성령만이 기독교 교육의 영적인 목표를 이룰 수 있다는 사실을 깨닫지 못한 데서 나온 것이다.[2]

가르침은 '진리를 나누어주는 것' 이상이다. 학생들로 하여금 성경에 기록된 사실만을 이해하도록 도와주는 것은 기독교 교육의 영적 차원에서는 부족한 것이다. 기독교 교육의 목표는 학생들이 단지 하나님에 관해서 아는 것이 아니라 하나님을 알고 사랑하게 되도록 돕는 것이다. 그것은 하나님의 뜻에 따라 생활하며 그리스도를 본받아 영적으로 성숙하기까지 성장하도록 돕는 것과 관계가 있다.

그리고 그것은 성령의 사역을 필요로 한다. 어떤 교육자는 성령의 역사를 강조하면서 교사의 영향력은 무시한다. 심지어 그들은 교육은 영성(靈性)의 적이고 육적인 일이며, 성령의 사역과는 모순되거나 대치되는 것이라고까지 말한다. 그러나 이 견해는, 성경 시대에도 하나님께서는 교사를 사용하셨고(마 28:19~20, 행 5:42, 15:35, 18:11, 25, 28:31, 딤후 2:2), 하나님께서 일부 믿는 자들에게 가르치는 은사를 주셨다는(롬 12:6~7, 고전 12:28, 엡 4:11) 사실을 간과하고 있다. 성령의 도구인 교사는 학생들을 고무시키고 도전을 주어 그들이 하나님의 말씀을 적절히 이해하고 적용할 수 있도록 인도해야 한다.

가르치는 과정에서 성령님의 역할을 강조하는 것이 곧 교사가 공부하고 준비할 필요도 없다는 의미는 아니다. 전혀 그렇지 않다! "잘 준비된 교사만이 가장 효과적으로 가르칠 수 있으며, 그 가르침과 동시에 성령님은 교사와 학생을 통해 역사하신다."[3] 가르침은 하나님과 인간 사이에서 동시에 작용하는 과정이며, 성령님과 교사가 함께 일구어 가는 사역이다. 그러므로 사전의 준비는 교사를 더 나은 도구로, 하나님의 손 안에서 더 쓸모있는 도구로 만들어 준다. 가르치는 일에 성령을 의존한다는 것은, 교사의 준비와 영성이 경쟁하는 것이 아니며 그렇다고 준비되지 않은 상태를 말하는 것도 아니다. 또한 단지 성령이 교사를 통해 말하도록 교사 자신을 아주 맡겨버리는 것을 의미하지도 않는다. 오히려 그 반대다. 준비되지 않은 교사가 성령만을 의지한다고 해서 더 영적으로 풍성한 내용을 가르칠 수는 없다. 때때로 성령께서는 준비해서 가르치는 교사의 노력을 통해 더 많은 것을 이루신다. 우리는 이 사실을 어떻게 설명할 수 있을까? 성령께서 교사의 부족함을 알면서 그대로 사용하시는 것은 사실이지만, 성경 어디에도 교사에게 준비하지 말라고 권하지는 않는다.

고린도전서 3장 6절에 "나는 심었고 아볼로는 물을 주었으되 오직 하나님은 자라나게 하셨나니"라는 바울의 말씀이, 하나님 자신의 역사하심이 교사의 노력과 동반되어야지 대치되어서는 안 된다는 점을 분명히 해준다.

그러나 요한1서 2장 27절은 교사가 필요하지 않다고 말하는 것 같기도 하다. "너희는 주께 받은 바 기름 부음이 너희 안에 거하나니 아무도 너희를 가르칠 필요가 없고 오직 그의 기름 부음이 모든 것을 너희에게 가르치며…" 여기에서 초두에 언급된 '기름 부음'이란 기름 부음이 모든 것을 가르친다는 것을 의미하고 있기 때문에 이는 성령을 언급하는 것 같다. 기름 부음이란 은유적으로 성령이란 원인에서 비롯된 것이다.

이 구절에 대해서는 다양한 해석들이 있어 왔다. 첫째로, 이 말씀은 이방인들은 성도들을 가르칠 수 없다는 뜻으로 해석되었다.[4] 둘째로, 성도들은 가르침이 필요 없고 깨달음이 필요하다는 것이다.[5] 셋째로는, 무식한 사람이 아니기 때문에 반복하여 가르침을 받을 필요가 없다는 해석도 있었다.[6] 넷째로, 그노시스 교도를 포함하여 누구든지 사람인 교사는 최고의 권위자가 될 수 없다는 견해.[7] 다섯번째로, 성도들은 영적으로 성숙해 있기 때문에 거짓 교사나 적그리스도가 아닌 성령에 의해 가르침을 받을 필요가 있다는 해석이다.[8]

어떤 견해가 옳든지 간에 모든 견해는, 학습자인 인간은 영적으로 진리의 교사인 성령의 인도를 받고 있음을 적절히 함축하고 있다. 사람들이 그노시스파의 영향으로 인간적인 가르침에 매료되는 위험에 처했을 때, 요한1서의 기자는 독자들에게 성도의 진정한 교사는 사람이 아니라 성령님이심을 재삼 상기시켜줄 필요가 있었다. 다시 말하자면 교사로서의 인간의 필요성을 배제하지 않았다는 것이다. 왜냐하면 사도 요한조차도 자신의 글을 가지고 사람들을 가르쳤기 때문이다. 하나님께서 교사를 사용하시지만 학습자는 그들의 교사가 거짓되지 않음을 확신해야 하며 그들의 영적인 교사는 성령님이심을 명심해야 한다. 즉 "믿는 자 안에 거하시는 하나님의 영이 곧 개인 교사인 것이다."[9] 교사는 성령님을 도울 뿐이지 (엡 4:11~12) 성령님을 대신할 수는 없다.

가르침에 있어서 사람과 하나님의 관계에 대한 또 하나의 그릇된 개념은, 성령께서는 인간이 설명할 수도 예견할 수도 없는 신비스러운 일에 영적인 통찰력을 주어 교사와 학습자에게 감동을 준다는 것이다. 이러한 견해는 학습이 성령의 갑작스런 충동, 확인이나 검증도 할 수 없는 신비스런 일, 미지의 힘에 의해 가능하다는 전제를 기본으로 하고 있다. 그러나 이것은 가르침과 학습의 과정을 주관적이고 신비한 영역으로 간주하는 것이며, 성경의 위치나 정상적인 가르침의 과정과 관련된 다른 요소들은 무시하는 것이다. 리(Lee)는 이 견해에 대해 부분적으로 반대의 입장을 취하고 있지만[10] 지나치리만큼 성령의 존재를 배제하고 있다.[11] 또한 성령을 믿는 것을 기독교적인 가르침으로서 자연스럽게 받아들이는 것이 아니라 마치 하늘에서 일어나는 일인 것처럼 신비화시키고 있다.[12] 따라서 이러한 이해에는 균형이 필요하다. 성령의 존재는 과장되지도 무시되지도 않아야 하는데 이 두 가지는 모두 위험한 극단이다.

교육에서 성령의 이름과 역할

칭호

성경에 나타난 성령의 칭호와 사역은, 성령이 가르치는 일과 깊이 관련되어 있음을 분명히 해준다. 예수님께서 성령에 대해 세 번 사용하신 칭호는 '진리의 영' 이시다(요 14:17, 15:26, 16:13). 따라서 성령님은 진리의 근원이며, 진리의 계시자이며, 하나님의 진리인 말씀을 주관적으로 적용하는 진리의 적용자이다(요 17:17).

요한복음에서는 '진리의 영' 과 같이 성령의 다른 칭호로서 '보혜사' 가 사용되었다. 이 단어가 영어 성경에서 다양하게 표현된 것은 그 의미를 번역하는 데 많은 어려움이 있었음을 보여준다. NIV(New International Version)에서는 '보혜사' 로, 흠정역(KJV)에서는 '위로자' 로, NASB(New American Standard Bible)에서는 '도우시는 자' 로 표현되었다. 옹호자, 지지자, 협력자, 위로자, 격려자, 보강자, 조언자라는 말은 '나란히 있는 자' 라는 의미의 그리스어 'paracletos' 와 같다. 성령님은 그리스도와 함께 '또 한 분의' 돕는 자이시다. 가장 좋은 표현인, 믿는 자들을 위한 '돕는 자' [13]로서의 성령에 대해서는 'paracletos' 라는 단어를 사용한 성경 구절을 통해 다음의 네 가지 사실을 알 수 있다. 첫째, 아들의 요청에 대한 응답으로 아버지께서 보내셨으며, 둘째, 믿는 자들에게 모든 것을 가르치시며, 셋째, 믿는 자들에게 예수님의 가르침을 깨닫게 하며, 넷째, 그리스도에 대해 증거한다. 성령님의 도우심이 없다면, 믿는 자는 이해할 수도 없고 예수님께서 가르치신 것을 깨달을 수도 없을 것이다. 보혜사가 '진리의 영' 과 동일하게 두 번 표현되었다는 사실은(요

14:1~17, 15:26) 보혜사의 사역이 가르침을 포함한다는 것을 보여 준다.

에베소서 1장 17절의 "지혜와 계시의 영"이라는 칭호는 성령이 믿는 자에게 지혜를 주고 하나님의 뜻을 계시해 주는 분이라는 것을 시사해 준다. 이것은 흠정역이나 NASB에서 바울이 믿는 자들의 지혜와 계시의 태도를 간구한 것처럼 "지혜와 계시의 정신"이라고 표현한 것보다는 나은 것 같다. 왜냐하면 사람이 계시의 태도를 취할 수는 없기 때문이다.

에베소서가 기록된 시대의 성경은 미완성 상태로 여전히 계시되고 있는 중이었다. 오늘날은 성경이 완성되었기 때문에 "성령의 일은 성경에 이미 계시된 것에 대해 그리스도인들에게 지혜를 주는 것"이다.[14] 이사야 11장 2절에서는 성령님을 메시야에 대한 지혜와 이해를 주는 분으로서 '지혜와 총명의 신'이라고 칭하고 있다.

역할

예수님께서는 성령님께서 '모든 것'을 가르칠 것이라고 하셨고(요 14:26), 예수님께서 가르치신 것을 생각나게 하며(요 14:26), '모든 진리' 가운데로 인도하고(요 16:13), '아직 오지 않은' 장래의 일을 알린다고(요 16:13) 하셨다. "성령 그가 너희에게 모든 것을 가르치시고 내가 너희에게 말한 모든 것을 생각나게 하시리라"(요 14:26)는 약속은 일차적으로 사도들에게 하신 것이다. 성령은 제자들로 하여금 예수님께서 가르치신 것을 기억하게 하여 성령의 영감으로 신약 성경을 쓰게 했다. 그러나 이차적으로 그 약속은 그리스도에 대해 기록된 말씀을 따르고 싶어 하는 모든 믿는 자와 관계가 있다.[15]

예수님께서는 무슨 의미로 성령께서 "너희를 모든 진리 가운데로 인도한다"고 하셨을까?(요 16:13) '모든 진리'는 14장 26절의 '모든 것'과 같은 것을 말한다고 볼 수 있다. '모든 진리'는 그리스도에 대한 모든 진리로 이해되어야 할 것이다.[16] 즉 그리스도와 그리스도 사역에 관계되는 모든 영적인 진리는 말씀에 기록된 하나님과 하나님의 방법에 대한 진리를 보여주며, 바울은 이것을 '하나님의 깊은 것'(고전 2:10)이라고 했다. 그리고 요한은 성령을, 믿는 자에게 '모든 것'을 가르치는 분으로 말하고 있다(요일 2:27). 예수님께서 승천하신 후에 사도들은 성령님의 인도하심으로 영적인 진리를 깨달았으며, 그 중에 어떤 것은 예수님께서 십자가에 달리시기 전까지 깨닫지 못한 것들이었다(요 16:12).

예수님께서는 또한 성령께서 "장래 일을 너희에게 알리시리라"고 말씀하셨다(요 16:13). 성경 연구가들은 이것이 신약 성경이 종말론 주제를 다룬 것, 예언의 은사, 재림 때의 일, 예수님의 죽음과 부활, 아니면 은혜의 시대에 일어날 일을 언급하는 것 등이라고 말한다. 가장 그럴듯한 다섯번째 견해로 본다면 성령님의 사역에 대한 이 견해는 모든 믿는 자에게 적용될 수 있다. 예수님께서 말씀하셨던 것처럼 성령은 '내 것을 가지고'(요 16:14~15) '너희에게 알리는 것'(요 16:15)이다. 성령은 예수님에 대해 전하고 믿는 자에게 모든 진리를 알게 함으로써 그리스도를 영화롭게 한다(요 16:14).

믿는 자가 영적인 진리를 이해하려 한다면 성령님의 가르침을 받는 과정이 필요하다. 바울은 이 점을 고린도전서 2장 9~14절에서 분명히 하고 있다. "하나님이 자기를 사랑하는 자들을 위하여 예비하신 모든 것"(고전 2:9)은 "하나님께서 우리에게 은혜로 주신 것"(고전 2:12)이다. 다른 사람의 생각을 완전히 헤아릴 수 있는 사람은 아무도 없는 것처럼 하나님의 생각은 성령만이 아신다(고전 2:11). 성경에 기록된 이런 생각들은 인간에게 준 하나님의 계시의 일부분이다(고전 2:10). 이런 진리는 믿는 자가 성령께서 가르치신 말로 전달할 수 있는데(고전 2:13) 바울은 이를 '지혜의 말씀'이라고 했다(고전 2:6). 성령님을 통해 알게 된 영적 진리(고전 2:10)는 성령님이 가르쳐준 영적인 말로 한다(고전 2:13).[17]

거듭나지 않은 '성령이 없는 사람'(고전 2:14)은 지적인 능력과 상관없이 하나님의 것을 받을 수 없다. 영적으로 죽어 있기 때문에(엡 2:1), 그런 사람에게는 영적인 진리가 미련하게 보이며(고전 2:14 ; 비교 1:18) 그것을 이해할 수 있는 능력이 없다. 먼저 영적인 생활을 위해서는 거듭남이 필요하고, 그런 다음에야 성령의 사역에 마음을 열 수 있다(엡 1:18).

성령과 교사와의 관계

협동 작업

기독교 교육은 사람과 하나님이 관계하는 상호 협동 과정이자 작업이다. 성령께서 교사에게 지시하고 능력과 조명 그리고 통찰력 등을 제공하시고, 교사는 진리를 전달하고 예시하게 된다.

교사는 성령께서 역사하시며 말씀하시는 진리로 학생에게 접근할 수 있도록 성령님께 의존해야 한다. 성령께서는 사용하는 교사를 채워주고 통제하기를 원하신다. 진리를 설명할 때, 교사는 학생이 진리를 생활에 적용할 수 있도록 도와주어야 하며, 이때 성령께서는 학생을 깨우쳐 진리를 소유할 수 있게 하신다.

    교사는 학생들이 하나님의 말씀을 이해하고 자신에게 관련시키도록 격려해야 하며, 성령께서는 학생들이 그것을 개인적으로 소유하도록 권면하신다. 가르침과 학습 과정에서 성령님의 역사가 없다면 영적 변화라는 교육 목표는 절대로 달성될 수 없다.

    더욱 영향력 있는 학습을 위해 교사는 가르치는 진리를 행동으로 보여 주어야 하며, 본인이 그리스도처럼 모범이 되어 영적으로 성숙해야 한다. 이렇게 되기 위해서는 하나님 말씀에 순종하고 하나님 뜻에 헌신하며 복종해야 한다.

    인간과 하나님의 관계는 고린도전서 2장에서 분명하게 보여 주고 있다. 바울은 자신의 말은 단지 인간의 말과 지혜의 권함으로가 아니라 성령님의 능력으로 전한다고 썼다(고전 2:1, 4). 그가 하나님의 지혜의 말씀을 전하기는 했지만, 성령께서 그에게 하나님의 말씀을 이해하도록 하셨고(고전 2:12) 하나님의 방법을 알 수 있는 통찰력을 갖도록 하셨다(고전 2:16). 바울은 성령께서 가르치신 것을 말했다(고전 2:13). 교사들 또한 하나님께서 사람들을 가르치는 방법을 배워야 하며 그것에 따라 가르쳐야 한다. 가르치는 일은 다른 사람들이 배우는 것을 돕는 일이기 때문에, 교사는 여러 연령층의 학생들이 가장 효과적으로 배울 수 있는 방법을 알아야 하며(6장 참조) 그것에 따라 가르쳐야 한다(7~13장 참조). 그렇게 함으로써 그들은 성령님과 협력하게 되는 것이다.

교육에 대한 성령의 은사

가르침에서 인간과 하나님이 서로 협동하는 영역은 가르침에 대한 성령의 은사에서 나타난다. 성경은 일반적인 성령의 은사에 대해 다음과 같은 몇 가지 사실을 보여준다. 첫째 모든 믿는 자에게는 성령의 은사가 있다(롬 12:6, 고전 12:7, 11, 엡 4:7, 벧전 4:10). 둘째 성령의 은사는 하나님의 은혜이며 곧 하나님의 능력이다(롬 12:6, 고전 12:11, 18). 셋째 은사는 예수 그리스도를 영화롭게 하기 위해 예수 그리스도께 초점을 맞춘다. 은사는 그리스도로부터 받은 선물이기 때문이다.[18] 성령의 은사는 그리스도를 믿는 자가 다른 믿는 자를 세우기 위해 주어진 것이다(고전 12:7, 14:4~5, 17~26, 엡 4:12). 은사는 능력의 외적 전시용이 아니다. 자기 과시가 아닌 세움에 그 목적이 있다. 세움이란 "그리스도에 대한 이해와 그리스도와의 관계, 질적으로 깊이 있는 완전한 성장"을 뜻한다.[19]

가르침의 은사는 성령의 은사에 대한 신약 성경의 세 가지 주요 본문에서 각각 언급되고 있다(롬 12:7, 고전 12:28, 엡 4:11). 그것은 사도와 예언의 은사 다음에 위치한다(고전 12:28). 사도와 예언의 은사는 일시적이지만[20] 가르치는 은사는 교회에서 특별한 역할을 한다. 그러므로 교회가 교육 사역을 강조하는 것은 당연한 일이다. 은사는 하나님의 진리를 설명하고 적용하는 초자연적인 힘, 즉 성령께서 주시는 능력이다. 모든 믿는 자는 하나님과의 교제 가운데 성령의 가르침을 받고 다시 다른 사람을 가르칠 책임이 있다. 모든 사람이 가르칠 수는 있지만 가르치는 은사를 가진 사람만큼 효과적으로 능력 있게 가르칠 수 있는 것은 아니다. 따라서 그것은 특별한 은사로 구분된다.

다른 영적인 은사처럼 가르치는 은사도 구원받음으로 말미암아 주어진다. 그렇다면 구원받기 전이나 후의 가르치는 본래의 능력과 영적인 능력 사이에는 아무 관계도 없는가? 조각가이자 수놓은 사람이었던 장인 오홀리압의 본래의 재능에(출 38:23) 하나님께서는 다른 사람을 가르칠 수 있는 능력을 더하셨다(출 35:34). 바울의 타고난 재능과 가말리엘 문하에서의 훈련은(행 22:3) 그를 유능한 교사로 만들었음이 분명하다. 그리고 교사로서의 그의 재능에 하나님께서는 가르치는 은사와 함께 영적인 은사도 주셨다(딤전 2:7). 그러면 가르치는 영적인 은사와 본래의 가르치는 재능은 어떻게 다른가? 가르치는 재능은 본래의 재능이 영적인 영역으로 성화되고 높아지고 전환된 것일 수도 있다.[21] 파커(Packer)는 "설교, 가르침, 통솔력, 상담, 원조 등의 가장 중요한 은사는 평범한 본래의 재능이 성화된 것이다"라고 말한다.[22]

구원받기 전의 본래의 재능은, 구원받은 후에 하나님께서 주신 영적인 은사와 연합할 수 있도록 미리 주신 것이라는 추측도 가능하다. 물론 이것이 가르치는 은사에 해당될 수도 있다. 흔히 가르치는 은사를 가진 사람들은 구원 전에 가르치는 사역과 관련된 분야에서 하나님께서 준비시킨 사람들이다. 그러나 항상 그런 것만은 아니다.[23]

그러므로 모든 주일학교 교사들이 가르치는 영적 은사를 가졌을 것으로 생각해서는 안 된다. 가지고 있을 수도 있고 그렇지 않을 수도 있기 때문이다.

그러면 믿는 자가 자신에게 가르치는 영적 은사가 있는지 없는지 어떻게 알 수 있는가? 몇 가지를 생각해 볼 수 있다. 가르치는 일에 본래 재능이 있다면, 가르치는 영적 은사로 그리스도의 몸된 교회를 세우도록 하나님께서 그 능력을 더해주실 것을 고려해야 한다. 가르치는 것이 즐거운 일인지 알기 위해 교회에서 다방면으로 사역을 해본다. 가르치는 일에 하나님께서 축복하심이 자신과 다른 사람에게 분명하게 나타나는지도 알아야 한다. 맥래이(McRae)는 영적 은사를 발견하는 과정을 기도로 시작하고, 말씀 연구로 분명하게 알며, 마음의 소원으로 인도받고, 능력을 확인하고, 축복이 따라야 한다고 말하고 있다.[24]

가르치는 영적 은사가 있음을 안 뒤에는 그 은사를 계발할 책임이 따른다. 바울은 디모데에게 "네 속에 있는 은사… 조심 없이 말며"(딤전 4:14), "하나님의 은사를 다시 불일듯하게 하기 위하여"(딤후 1:6)라고 편지했다. 영적 은사가 훈련되고 사용될 때 그것은 불일듯 한다. 영적 은사를 잠재우고 사용하지 않는 것은 청지기 직분을 제대로 감당하지 않았음을 의미한다. 가르치는 은사는 어떻게 계발하는가? 첫째, 은사를 사용하고 훈련시킴으로써, 즉 다른 사람을 가르치는 것을 통해 기른다. 둘째, 영향력 있는 다른 교사를 관찰함으로써 가능하다. 셋째, 가르침에 대한 독서를 통해 계발한다. 넷째, 원리에 따라 훈련받고 실습한다. 다섯째, 다른 사람으로 하여금 가르치는 것을 관찰하게 하고 평가를 듣는다. 여섯째, 기독교 교육 세미나나 훈련 등에 참석한다.

어떤 의미에서는 모든 믿는 자가 교사이지만, 성경을 효과적으로 가르치는 일에는 하나님께서 가르치는 은사를 준 사람이 필요한 것도 사실이다.

학생들에 대한 사랑

성령과 교사와의 관계를 분명히 알 수 있는 방법 가운데 하나는, 학생에 대한 교사의 사랑의 정도이다. 가르치려는 내용에 대한 지식과 더불어, 유능한 교사는 가르치는 사람에게도 관심을 갖는다.[25] 그들의 필요와 흥미에 민감하면, 가르치는 과정에서 성령과 더 효과적으로 협력할 수 있다. 가르칠 준비를 할 때 교사는 배우는 사람들의 필요를 이미 알기 때문에, 그 필요와 진리를 연관시키는 가운데 성령의 인도하심을 받는다.

갈라디아서 5장 22~23절에 성령 충만한 생활의 아홉 가지 특성 중에 사랑이 제일 먼저 나온다. 그리스도인이 성령으로 충만할 때(엡 5:18) 그리스도의 성품을 나타내게 되며 이것은 성령이 주는 것이다(요 16:13~15). 이 사랑은 이기적이 아닌 자기 희생적이며, 다른 사람에게 관심을 가지며, 다른 사람의 행복에 진심으로 관심을 갖는 태도이다. 학생들은 교사가 자신들에게 진심으로 관심이 있는지 없는지 쉽게 안다. 또한 교사가 자신들을 사랑하는지 그렇지 않은지를 알며, 교사가 주님처럼 자신들의 필요에 공감하고 있는지 어떤지도 안다. 이런 관심을 보여주는 교사는 분명히 성령과 협력하여 일하고 있으며, 사랑과 관심이 미미한 교사보다 훨씬 더 영향력을 갖는다.

사실 교사의 공감은 학생들의 관심과 동기를 불러일으킨다. 헨드릭스(Hendricks)는 이렇게 말했다 :

학습자의 동기를 불러일으키는 것은 바로 교사들의 공감이다. 교사가 학생들을 사랑하고 있다는 것을 학생 스스로 느낀다면 그들은 교사가 원하는 모든 일들을 하려고 할 것이다. 왜 제자들은 예수님을 따랐는가? 대답은 간단하다. 예수님께서 그들을 사랑하셨기 때문이다. "그리스도께서 무리를 보셨을 때 그들을 긍휼히 여기셨다." 남녀 노소 할 것 없이 모든 사람들은 자신을 사랑해 주는 사람에게 끌리게 마련이다.[26]

영향력 있고 성령의 인도하심을 받는 사람들은 "넓은 마음을 가진 사람들"이다.[27] 그들은 영혼으로부터 우러나오는 내적 관심과 진심어린 애정을 가지고 가르친다. 이것이 곧 성령의 열매다.

교육 방법론

성령과 협력하여 일하는 교사는 최고의 교육 기술과 방법을 사용하고 있는 것과 같다. 말씀을 연구하고 성령의 인도 아래 적절히 해석하며[28] 가장 효과적인 방법으로 가르칠 수 있는 시간을 생각한다. 마찬가지로 교육 방법에도 성령께서 역사하신다. "방법론은 성령이 마음을 통해 어떻게 역사하며, 사람이 자유롭게 자신의 책임을 다하기 위해 성령과 어떻게 협력할 것인가 등과 깊은 연관이 있다."[29] 교사가 맡겨진 연령층에 적절한 교육 과정을 찾아내고 실험해 보며 개선할 때, 교사는 성령과 함께 일하는 것이며 성령 안에서 능력 있는 교사가 된다. 교사가 기도하는 가운데 의식적으로 성령에 의존하며 창조적이면서 효과적으로 가르치기 위해 노력할 때 성령께서는 그를 인도하여 적절한 방법을 택하도록 도우신다.[30]

방법은 가르치는 법이자 내용과 경험을 연결시키는 법이며, 학습자를 하나님의 말씀과 하나님 아들과 만나게 하는 수단이다. 그것이 바로 성령의 목적이 아닌가?

교육 목표

기독교적인 교육은 영적 변화와 학생들의 삶의 성숙에 그 목표가 있다. 교사는 학생이 "그리스도를 개인의 구주로 받아들이고, 주님과 동행하며 주 안에서 성장하며, 주를 알고 섬기며 순종하고 경배하며 기뻐하기를" 원한다.[31] 이 목표는 성령님의 사역 혹은 성령님의 능력과 분리되어서는 결코 달성될 수 없다. 영적인 목표를 달성하기 위해서는 영적인 교사가 필요하다.

그러나 이 목표를 달성하기 위해서는 학습자 쪽에서도 협력이 필요하다. 교사가 성령과 상호 협력하는데 학습자가 협력하지 않는다면 가르침과 학습 과정은 중단되어 버린다. 반면에, 학생과 교사가 성령님의 사역에 마음을 열고 성령님의 도전에 복종하여 생활에 필요한 곳에 적용한다면, 학습이 이루어지는 것이다. 다시 말해 진정한 학습은 교사, 성령, 그리고 학습자의 합작이 필요하다. 진정한 학습은 하나님의 말씀을 이해하고 적용하는 데 있어서 성령의 역사에 민감할 때 이루어진다. 학생들이 여기에 합당한 학습자가 되려면 기도하는 자세, 개방되고 순종하려는 마음, 성경 내용에 순종하려는 정신 등이 반드시 요구된다.

결론

영적인 진리를 가르치는 일은 초자연적인 작업이며 성령의 역사를 요구하는 사역이다. 성령이라는 존재는 기독교적인 가르침에 다음과 같은 독특한 차원을 더해준다. 첫째, 가르치는 은사를 가진, 잘 준비되고 성령 충만하며 성령의 인도하심을 따르는 교사는 성령에 의존하며, 하나님의 방법에 따라 독창적으로 가르치며, 학생들에 대한 관심의 증거를 보인다. 둘째, 영적 교사인 성령님은 우리를 진리 가운데로 인도하신다. 셋째, 학습자는 하나님 말씀에 마음을 열고, 하나님의 진리를 소유하고 실천하는 일에 성령님과 협력할 만큼 배우게 된다.

성령님과 함께하는 이 작업은 기독교 교육을 독특하고 역동적이며 영광스럽고 고결하게 만든다. 결론적으로 다른 사역처럼 가르침 역시 "…만군의 여호와께서 말씀하시되 이는 힘으로 되지 아니하며 능으로 되지 아니하고 오직 나의 신으로 되느니라"(슥 4:6)라는 말씀의 명백한 증거가 된다.

3 성경적인 가르침, 이렇게 디자인하라

데이빗 L. 에드워즈(David L. Edwards)

효과적인 교육을 하기 원한다면 어린 나이부터 훈련을 시작해야 한다. 그리고 날로 지혜로워지기를 원한다면, 사람의 마음이 열정적이며 유연하고 기억력이 왕성한 인생 초기부터 지혜를 향해 열려 있어야 한다.

요한 아모스 코메니우스(Johann Amos Comenius)

이 기독교 교육의 대가가 300년 전에 한 충고는 21세기가 시작되는 지금도 변함없는 진리다. 그가 강조한 조기 교육의 필요성은 치료책보다는 예방책 중심인 기독교 교육의 정신과도 일치한다. 어린 시절부터 교육의 정도를 걷게 하는 것은, 혹시라도 훗날 그들이 잘못된 길에 섰을 때 구제하는 것보다 훨씬 더 바람직하다.

그러나 이 말은 기독교 교육에서 흔히 소홀히 하는 덕성과 지혜의 문제와 그 현실을 잘 반영하고 있다. 인지주의가 중심을 이루던 그 당시, 성경교육은 '실재'보다는 '아는 것' 중심이었다. 그래서 바른 인격의 형성보다는 지식 위주의 교육 과정이 주로 선택되었다. 이것은 특히 많은 자료들로부터 얻은 정보 중심으로 생각하는 지금 우리 시대의 모습과도 비슷하다.

성경은 교회가 가르치는 일에 힘써야 한다고 명령하고 있다. 성경을 깊이 알지 못하는 사람조차도 성경 내용이 하나님의 계시적인 사역의 진리를 전하라는 교훈으로 가득 차 있음을 쉽게 알 수 있다. 채드윅(Chadwick)은 성경 기자들이 가르침과 학습 과정을 말하는 데 적어도 25개의 히브리어와 헬라어를 사용했다고 말한다.[1] 이와 같은 다양한 전문 용어의 사용은 배우는 과정의 복잡성을 시사해 줄 뿐 아니라 그 우선 순위와 중요성을 말해 주기도 한다. 열정적으로 하나님의 말씀을 전하는 사역자들은 하나님을 따르는 사람들을 참으로 중요하게 여겨야 한다.

성경에 쓰여진 가르침과 학습 의미의 다양성을 다른 언어들이 제대로 전해줄 수는 없다. 따라서 몇 가지 용어에는 정의가 필요하다. 예를 들면 우리는 흔히 '교육'이라는 테두리 속에 '가르침' '훈련' '교수' '상담' '제자화'까지를 모두 포함시켜 말한다. 분명한 개념 정의가 요구되는 처음 세 가지 용어에 대한 기능을 설명해 보기로 하자. 나머지 항목들은 중요하지 않아서가 아니라 이 장에서 다루고자 하는 범위에서 벗어나므로 제외하기로 한다.

리(Lee)는 교육(education)을 "사람이 어떤 것을 배우는 일련의 과정"이라고 정의하면서, 교수(instruction)는 개인에게 배우고자 하는 마음을 불러일으키는 모든 행동이라고 말한다.[2] 그래서 교수는 가르침과 훈련의 모양으로 나타나기도 한다. 이 둘 사이의 현격한 차이점이라면 가르침(teaching)은 "~을 배우는 것"이고 훈련(training)은 "~하기 위해 배우는 것"이라는 점이다.

가르침은 지식 전달과 능력 개발에 초점을 두고 있다. 가르침은 내용과 훈련 능력을 강조한다. 가르침은 실제로 적용할 수 있는 다양한 방법을 제공하는 반면, 훈련은 어떤 일을 할 수 있는 최상의 방법을 집중적으로 배우는 경향이 있다. 효과적인 성경 교수법은 성경의 여러 교육적인 부분들을 가르침과 훈련의 방법을 통해 잘 조화시키는 것이다.

가르치는 것이나 훈련, 즉 교수는 교육 계획 아래 다양한 자연스러운 결과들을 가져온다. 따라서 한 그룹 속에서 개인 또는 청중이 되기도 하는 학습자들을 교육시키기 위해서는 다양한 전략이 필요하다. 크리스천들은 고도로 조직화된 집단에서부터 비공식적인 집단에 이르기까지 다양한 사람들을 가르쳐야 할 의무가 있다. 교사와 학습자는 연령이나 지식, 권위에 있어서 서로 다름을 느낄 수도 있고, 실제적으로 동등할 수도 있다.

그러나 이 장에서는 여러 가능성 가운데 '학교 교육(Schooling)'에 대해 이야기하고자 한다. 학교 교육은 "복합적이고 조직적이며 목적 지향적일 뿐만 아니라 계획적이다. 또한 개인에게 행동의 변화를 일으키기 위한 학습 경험의 조직체"라고 정의할 수 있다.[3]

제도 교육의 이러한 특성은 교수 계획의 진정한 관심사다. 58쪽의 〈그림 1〉은 계층 구조를 이루고 있다. 학생들에게 효과적인 학습 경험을 제공해주는 데 적절한 요소들은 단계에 따라 교사가 선택해야 할 부분이다.

그러나 이러한 요소들은 그 철학적·정책적 결정 원리를 성경에 두고 있으며, 제도 교육의 정신에 따라 더 다듬어 지고 명료해 질 수 있다.

교육 목적

계획은 목적을 포함한다. 따라서 교육 계획을 세울 때에는 그 의도하는 목적을 분명히 할 필요가 있다. 일반적으로 우리는 성경의 명령과 상황에 대해 논의해 오면서, 목적에 대해서는 간접적으로만 이야기해 왔다. 그러나 이제는 자세히 살펴볼 시점에 이르렀다. 왜냐하면 교육 목적은 전체 교육 체계가 세워지는 기초가 되기 때문이다. 〈그림 2〉가 보여주는 것처럼 교육 계획은 단번에 달성할 수 있는 독립된 과정이 아니다. 그 과정은 계속해서 네 단계가 반복되는 순환형이다. 분석에 들어가기 전에 편의상 고리를 끊어본다면, "필요에 대한 정의"로부터 시작해야 할 것이다. 사람들의 필요를 정확히 알지 못한 채 세워진 교육 목표는 허술할 뿐만 아니라 비효과적이다. 필요는 현실과 맞닿아 있고, 교육이 해야 할 바를 결정하는 원리를 만들어 준다. 필요를 인식한 다음, 우리의 관심사는 그 필요를 채워줄 수 있는 효과적인 성경 교수법으로 옮겨진다. 그리고 적당한 방법을 제시한 후 그 제안을 실천에 옮기는 단계로 나간다. 여기서 마지막 요소는 평가이다. 평가는 결과나 학업 성취에만 국한되지 않고, 자원이나 지원 스태프 그리고 전반적인 프로그램 효과와 같은 요소들도 포함된다. 각 단계는 상호 작용하며, 원은 점선을 중심으로 두 부분으로 나뉘어진다.

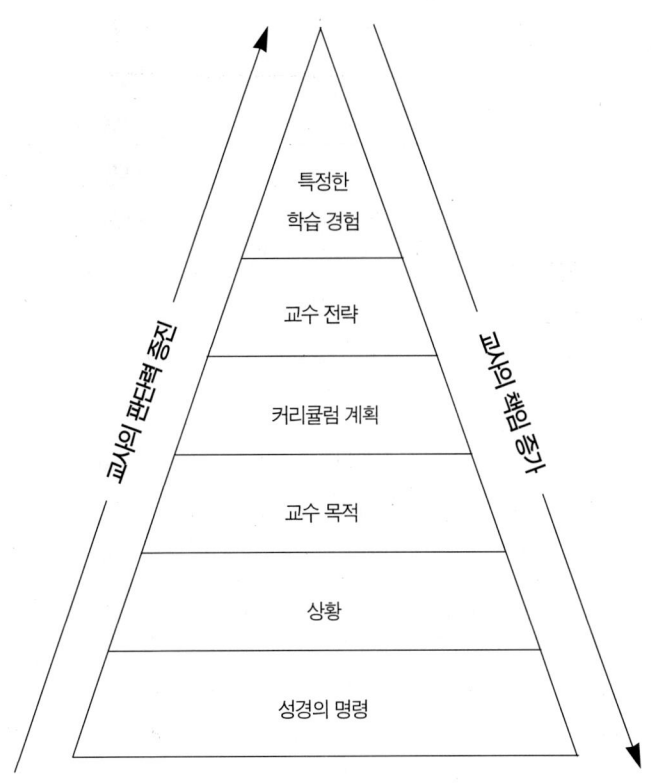

〈그림 1〉 교수 계획에 따른 교사의 역할

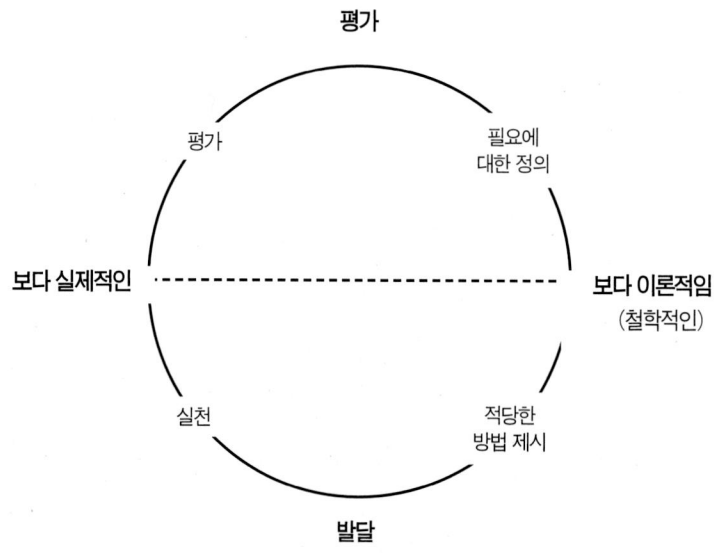

목표 설정

학생들의 효과적인 학습 경험을 계획하기 위한 첫번째 과제는 목표를 구체적으로 설정하는 것이다. 교육 목표는 그 사회 내에서 지도급 인사들이 필요하다고 생각되어 만든 철학이나 사역의 수준으로 광범위하게 세워져야 한다. 또한 목표는 교육의 일반 요소들을 정해 매일 실제적으로 운용할 수 있는 지침이어야 한다. 학생들과 서로 교감이 이루어질 수 있는 교실에서 교사가 제도 교육의 목표를 현장 교육의 목적으로 인정하게 될 때, 계획은 구체화되고 개인적인 것으로 될 수 있다. 또한 지도자와 교사가 서로 확실한 의사 소통 과정을 자주 거칠 때 실제로 일관성을 유지할 수도 있다.

  때때로 목표와 목적의 구별이 불분명할 때도 있다. 대개 목표는 광범위하지만, 덜 구체적이다. 목표는 수단과 방법이 아닌 방향과 의도를 설정한다. 그것은 다음에 나타난 예처럼 의무나 강제의 뉘앙스를 띠고 있다.

  1. 학생은 성경 사전의 사용법을 알아야 한다.
  2. 어린이들은 경건한 예배 자세를 가져야 한다.
  3. 교회의 방문객은 언제나 따뜻하게 환영한다.

  목표는 가르침의 과정이나 자료, 숙달 정도에 대해서는 자세히 언급하지 않는다는 것을 주목하라. 굵은 터치로 그린 그림이 목표라면 더 자세하고 세밀한 것들은 목적을 통해 구체화된다. 목표와 목적은 훌륭한 교육 계획에 필수적이다. 이 두 가지 요소가 가져오는 결과와 정확성 또한 서로 다르다.

목적

  교육 목적은 현장 경험이 풍부하거나 아예 없는 지도자격인 교사가 설정하는 것이 일반적이다. 그러나 좀더 구체적인 목적 설정은 교사의 임무에 속한다. 유능한 교사는 가르쳐야 할 내용을 잘 이끌어 줄 수 있는 정리된 목표를 추구하기 위해 상당한 시간과 노력을 기울여야 한다. 과목과 단원 목표가 포함된 교과 과정을 따를 때조차도 학교 교육에서는 학급의 특수한 필요를 만족시킬 수 있는 목표들을 적용하고 수정해야 한다. 교사는 적절한 기술과 개인적인 이해를 통해 자신이 가르치는 학생에게 광범위한 목적이 적절하게 성취될 수 있도록 돕는 역할을 한다.

다소 고전적인 격언이긴 하지만 에지(Edge)는 목적을 (1)기억하기에 간단하게, (2)적어두기에 분명하게, (3)달성하기에 구체적으로 세우라고 충고하고 있다.[4] 이것은 지금도 여전히 권장할 만한 말이지만 교사들은 이것을 구체적으로 실천하기보다는 단지 기억하고 있을 뿐이다.

일찍이 우리는 변화된 행동이라는 말로 "학교 교육"을 정의했다. 학습이 담고 있는 이 개념은 교육 목표를 설정하는 과정에 많은 영향을 미쳐왔다. 교사들은 계획을 위한 길잡이로 '실천 목적'을 세워야 한다. 다시 말해서 목적이란, 어떤 특별한 교육 과정을 마쳤을 때, 할 수 있게 되는 어떤 것을 말한다. 교육 목적이라는 말에 나타난 '행동'은 눈에 보이는 신체적인 행동 이상의 것을 포함한다. 그것은 자신이 좋아한 것을 기억하거나 만들어 내는 정신적인 과정일 수도 있다. 모든 학습 목표는 다음 세 가지 영역을 포함하고 있다. 첫째, 지식과 이해의 지적인 영역 둘째, 태도나 가치에 관계되는 정서적 영역 셋째, 기술 개발에 초점을 두는 정신 운동 영역이 그것이다.[5]

행동의 실천을 중심으로 목적을 정의한다는 측면에서 볼 때 기술 개발은 쉬운 일이 아니지만 도움을 줄 수는 있다. 먼저 목적을 세우는 데 필요한 학습자, 행동, 조건, 수준, 이 네 가지 요소를 추천해 보고자 한다.[6]

학습자는 교육받을 사람을 말한다. 계획을 세우는 사람은 학습자의 연령, 발달 단계, 학년, 그리고 학습 목표를 달성하는 데 영향을 미칠 수 있는 기타 요인을 고려해야 한다. 학습에 대한 일관된 목적을 말할 때 개개인의 차이를 고려하지 않는 '학생들'이라는 일반적인 표현을 쓰지 않도록 하라. 가르침의 목표가 행동의 변화에 있다면, 목적을 세울 때, 기대하는 목표대로 구체적인 변화를 가져올 수 있도록 정해야 할 것이다. **행동**은 학습자들이 이것을 배운 다음 무엇을 할 수 있을 것인지 대답해 봄으로써 더욱 분명해 진다. 인지적 영역, 정서적 영역, 정신 운동적 영역에서 어떤 특정한 행동을 그 적절한 결과로 규정할 수 있어야 한다.

조건은 특별한 학습 목표를 위해 노력을 필요로 하는 다음의 두 가지 요소를 말한다. 첫째는 학습자는 기대하는 바를 성취하기 위해 자료나 자원 또는 일정한 시설 등을 필요로 한다. 학습 목적을 쉽게 이해하는 데 도움을 주는 자료들, 예를 들어 '솔로몬 시대의 이스라엘과 유다가 그려진 지도' 등을 선택해 교안에 기록해두는 것도 좋다. 조건의 두번째 유형은 행동 변수를 정하는 것이다. 학생들이 답안을 적어냄으로써, 아니면 말이나 습득한 기술을 나타냄으로써 보여줄 수 있다.

가르치는 종류에 따라 목표에 충분히 도달할 수 있는 것도 있고 그렇지 않은 것도 있다. 성취도가 다른 경우가 있을 수 있으므로 교사는 성취도를 만족시킬 수 있도록 **수준**의 일관성을 가지고 목적을 구체화시키는 것을 선택할 수도 있다. 주일학교 유년부 학생들이 신약 성경 27권을 순서대로 '두 번 이상 실수 없이' 암기하는 것은 성취도를 명시하는 한 가지 예가 된다. 성취도는 학생의 연령이나, 배경, 능력들을 고려할 때, 그리고 개념이나 기술이 필수적인 것인가를 고려할 때 필요하다. 또한 교사가 교과 과정 중에 다음 번에 이것을 반복할 것인지의 여부를 결정할 때와, 가르친 것을 학생들이 얼마나 이해했는지를 결정할 때 도움을 준다.

어떤 사람들은 교수 준비 및 계획의 필수적인 한 부분으로 행동 목적을 설정하는 것은 문제가 있을 뿐만 아니라 오히려 역효과를 가져온다고 생각한다. 다음에 소개하는 확고 부동하게 신뢰받고 있는 몇 가지 논점에 이르면 논쟁은 더욱 가열된다.

1. 사소한 결과들로 규정짓기 쉽다. 정말 중요한 학습 목표는 행동 용어로 정의하기 어렵다. 따라서 가르칠 때 초점을 두는 것은 막상 덜 중요한 문제들이다.
2. 미리 설정한 목표는 수업중에 불시에 발생하는 '가르칠 수 있는 순간'을 활용하는 교사의 능력을 제한한다.
3. 효과적인 가르침은 교과서에 씌어진 것들을 가르치는 데 국한되지 않는다. 가르치는 과정 가운데에서도 많은 무형의 요소들이 작용하고 있다.
4. 지나치게 고정화된 목표는 학생을 하나의 대상으로만 파악하게 한다. 학생들을 배우는 대상이 아니라 가르침을 받는 대상으로만 생각하는 것이다.

교사는 목적을 효과적인 교육 수단으로 생각하고 그 자체가 목적이 되지 않도록 주의해야 한다. 포팜(Popham)은 앞서 말한 비판들을 어느 정도 인정하면서 실천 가능한 목표를 세워 비판받는 부분들을 보완한다. 끝으로, 목표를 설정할 때 예기치 않게 발생하는 학습 기회를 놓치지 않도록 경우에 따라서는 계획을 수정할 수 있는 교사의 자유를 결코 제한하지 말아야 한다. 우선 순위를 정확히 해둔다면 수업 중 흥미를 유발시키며 곁길로 빠질 수 있는 숱한 가능성을 막을 수 있다.[7]

교과 과정 계획

학생들에게 효과적인 학습 경험을 제공해야 한다는 것을 염두에 두면서 계속해서 교과 과정에 대해 살펴보기로 하자. 라틴말 '커리큘럼 (curriculum)'은 본래 '경주' 또는 '정해진 길'을 뜻한다. 이 단어를 번역해 보면 매우 많은 뜻이 담겨 있음을 알 수 있다. 그 뜻을 대체로 다음과 같이 나눠볼 수 있다. 첫째, 대학 교육에서 '필수 교과 과정'으로 정의하는 정해진 교육 프로그램. 둘째, 수학이나 어학 교과 과정 같은 특정한 분야의 내용을 요약한 소논문. 셋째, 실제로 교실에서 사용되는 특정한 인쇄물. 이 세 가지가 교육 현장과 관련 기관에서 두루 사용되지만, 일선 교사에게는 직접적으로 두번째와 세번째 뜻으로 쓰인다.

사정(査定)

학교 교과 과정을 수정하려는 이유는 여러 가지 원인에서 비롯된다. 문제가 있거나 교과 내용이 서로 겹치는 부분이 있을 때 수정된다. 또한 조직을 체계적으로 재정비하거나, 새 프로그램을 만들거나, 아니면 교육 내용에 대한 자세한 검토가 필요할 때 교과 과정은 수정된다. 교과 과정에 대한 평가는 대학이나 학교에 그 프로그램의 정확성과 질적인 부분에 대해 문제를 제기함으로써 시작된다. 그러나 모든 교육 내용을 정기적으로 점검하고 수정하기 위해서는 일련의 체계적인 과정이 필요하다.

그러나 성경 공부 과정을 개선하려는 근본 동기는 학생들에게 더 많은 영향력을 주기 위해서이다. 성경이 선포하는 내용들은 언제나 변함이 없지만 학습자의 특정한 욕구는 시대와 상황에 따라 변한다. 성경 공부를 하는 과정이 성령의 도우심으로 학생들로 하여금 의와 진리를 생활에 적용하게 하는 것이라면, 그 내용의 정확성 외에도 흥미나 필요성 같은 주요 기준도 만족시키는 것이어야 할 것이다. 학생의 필요를 찾아 학습 기회를 최대로 활용할 수 있는 자료를 선택하는 것은 교사의 전문 기술 개발에 도전을 준다.

개발

교과 과정은 다양한 수준을 포함할 수 있어야 한다. 교과 과정의 선택 기준을 정하는 결정은 감독의 책임이 있는 이사회나 위원회의 의무 가운데 하나이다. 행정 책임자들은 교과 과정이 제대로 가르쳐지고 있는지 점검할 수 있는 지침들을 만들어야 한다. 때로는 교과 과정을 위한 안내서가 더욱 충실한 교육 목표 달성을 위해 개발되어야 한다. 교사 역시 학생을 위해 실제 내용이나 방법 선택에 있어서 매우 신중해야 한다.

프로그램 개발에서 결정되어야 할 중요한 사항은, 사용하던 교과 과정을 다시 그대로 채택할 것인가 아니면 현장의 특수성을 고려한 교과 과정을 고안할 것인가 하는 것이다. 대체로 교회에서는 서점에서 구할 수 있는 다양한 자료의 내용을 비교 분석하여 선택하는 것이 일반적이다. 기독교 학교에서는 일련의 정해진 교과 과정과 교과서가 있으므로, 그 학교에 맞는 공과를 기존의 것들 중에서 고를 것인가 아니면 새로 제작할 것인가는 이사회에서 결정해야 할 수준의 정책이다.

이미 만들어져 있는 교육 프로그램을 사용하기로 결정할 때는, 그 프로그램이 교회나 학교에서 자체적으로 개발한 것과 같은 효과를 주는 것이어야 한다. 교육 과정은 반드시 자기 학교나 지역 상황에 맞도록 해야 하고, 선택된 자료는 학교나 교회가 달성하려는 목표를 잘 반영하고 있는 것은 물론 계획에 적합한 것이어야 한다. 기존의 자료에서 교과 과정을 그대로 선택하는 데 따르는 위험은, 다른 필요에 의해 만들어진 프로그램, 예를 들면 그 지역의 교회나 학교의 특수한 목표를 제대로 달성하지 못한다는 것이다.

더욱 내실 있는 교육 과정 계획을 개발하기 위해서는 조직이 필요하다. 학생들의 효과적인 학습 경험을 유도해 내는 원리에 있어서 타일러(Tyler)는, 교육자가 자문해야 할 네 가지를 다음과 같이 제시했다.

1. 그 프로그램이 달성하고자 하는 교육 목적은 무엇인가?
2. 이 목적을 달성하기 위해 어떤 교육 경험이 필요한가?
3. 이 교육 경험을 어떻게 효과적으로 조직화할 수 있는가?
4. 이 교육 목적의 달성 여부를 어떻게 알 수 있는가?[8]

두번째 세번째 질문은 교육 과정 개발의 기본 과정인 선택과 조직을 강조하고 있다. 교육 과정 이론가들은 내용 선택을 좌우하는 다양한 원리들을 제시하고 있는데, 타일러는 사회(society), 주제(subject), 학생(student), 이 세 가지 기본적인 요소가 내용을 결정한다고 주장한다. 교육 사업으로 둘러싸인 사회라는 모체는 학생이 일반적인 의사 전달 기술을 가진 훌륭한 시민이 될 것이라는 기대를 가지고 있다. 학생들의 욕구는 학문적으로나 개인적으로, 영적으로 성숙하는 것이다. 가르쳐야 할 교과 과정의 내용을 파악하기 위해서는 중요한 사실들, 개념들, 이론들, 기술들이 필요하다.

교사들은 필요한 기술이나 지식의 습득 과정에서 학생들의 부족한 점을 제시함으로써 교육 개발 과정에 공헌한다. 부모와의 설문 조사나 면담은 다른 필요성들을 부각시켜줄 수 있다. 다른 교회에서 만들어진 커리큘럼을 살펴보려면 믿을 만한 추천을 받는 것이 좋다. 연령 수준과 교육 철학에 일가견이 있는 교육 과정 전문가가 그 일을 도와줄 수 있을 것이다.

일단 내용이 결정되면 일정한 틀 속에서 조직되어야 한다. 내용 선택은 교육 과정의 범위를 결정하지만 관련된 문제의 연속성을 위해서는 통합 원리가 필요하다. 흔히 교육 과정 전문가는 그것을 조직하는 원리로 다음 중 하나를 사용한다. 연대순(역사적인 연구), 복잡성(수학에서처럼 단순한 개념에서 더 복합적인 개념으로), 주제별(문학) 혹은 교육학의 이론(개인적인 경험에서 더 나아가 사건으로, 구체적인 것에서 추상적인 것으로).[9] 비슷한 원리가 성경 내용을 효과적인 교육 과정으로 배열하는 데 적용되어야 한다.

내용 선택과 조직은 특별한 학과나 단원을 쉽게 이해할 수 있도록 요약한 도표 형태로 대개 문서화된다. 내용과 자료에 대한 더 자세한 것은 목적과 목표, 내용, 자료, 학습 평가를 위한 교육 계획에 대해 자세히 설명한 교육 과정 안내 속에 포함되어 있다.

평가

궁극적으로 교육 과정은 학습자의 실제 경험 속에서 평가되어야 한다. 그때야 비로소 교육 계획을 담당한 책임자는 하나님께서 학생들을 향해 가지신 특별한 목적을 달성하도록 가르치는 데 성공했는가의 여부를 확인할 수 있다. 그렇다고 해서 이것이 교육 과정 계획을 달성하기 전에, 교육 과정에 대한 질적인 평가를 방해하는 것은 아니다. 효과적인 계획은 다음 세 가지 중요한 영역을 거쳐야 한다.

첫째, 교육 과정은 그 기관의 사명 및 철학과 일관성이 있는가? 그 기관의 철학을 내포하고 있는 목적과, 교육 과정에 반영된 목적 사이에는 강력하고도 분명한 상호 연관성이 있어야 한다. 특히 기독교 교육을 위해 개발된 교육 과정을 통해 가르치는 모든 과목에는 철저히 통합된 성경 원리를 제공해야 한다. 두번째 관심은 교육학이다. 교육학 이론의 타당한 개념들이 교육 과정 속에 반영되었는가? 교육 과정이 어린이의 발달 능력을 수용하고 있는가? 주제와 기술이 학습을 쉽게 만들고 있는가? 끝으로 교사들은 수업을 통해 기능적인 방법들을 이해할 수 있을 만큼 쉽고도 효과적으로 학습 계획을 바꿀 수 있는가?

교육 전략

전반적인 교육 계획 개념은 〈그림 1〉 '교육 전략' 이라는 요소를 포함한다. 전략이라는 말은 군사 용어로서, 지휘관들이 주요 군사 작전을 세울 때 도표, 지도와 함께 몇 가지 사실들을 숙고하는 모습을 떠오르게 한다. 전반적인 계획을 선명하게 세우고 있는 지휘관은 승리를 얻기 위해 적군의 인적·물적 자원을 파괴하는 전술로 명령을 내린다. 효과적인 목표 달성을 놓고 볼 때 교사도 이와 비슷하다. 학급에서의 훌륭한 전략은 학습 목적이 달성될 가능성을 증대시키며, 학생으로 하여금 경험이란 생산적일 뿐만 아니라 즐길 수 있는 것이라고 느끼게 하는 것이다.

조직화된 교육 과정과 특정한 학습 활동을 연결시켜 주는 것은 잘 준비된 학습 교안이다. 교육관은 거의 모든 교과 과정을 통해 교사가 특정한 교과 목표, 사용할 자료와 교수법, 차후의 학습 활동이 포함된 학습 교안을 준비할 것을 기대한다. 일부 교사들은 실제로 가르치기 위해 의무적으로 감당해야 할 잡무나 지루한 교안을 검토하는 것을 달가워하지 않는다. 교사들은 목적과 수단을 혼동하여, 계획을 작성하고 수정하는 데 너무 많은 시간을 보내기 때문에 목표를 달성할 시간과 정력을 미리 다 소비해 버리는 경우도 있다.

사정(査定)

교안은 교사와 학생 간의 자발성을 억제하거나 창의성을 누르지 말아야 한다. 사실 좋은 교안은 그의 레퍼토리(repertoire) 중에서 가장 자유로운 안(案)이 되어야 한다. 교안에서 작성해 놓은 분명한 교육 요소들을 통해 교사는 그 학습이 학생들에게 생생히 살아나도록 전력을 기울일 수 있어야 한다.

물론 첫째 요소는 수업 주제와 관련된 특정한 목표들이다. 생활을 변화시킬 목적으로 성경을 가르치는 사람은 학생들에게 어떤 변화가 필요한지 분명히 할 필요가 있다. 학급의 한 사람 한 사람에 대해 주의 깊게 생각해 보라. 그들은 이 주제에 대해 무엇을 알고 어떻게 이해할 필요가 있는가? 어떤 태도의 변화가 적절한가? 배운 대로 생활하려면 어떤 기술을 개발시켜야 하는가? 특정한 학급 구성원들의 필요를 생각해 보고 말로 표현하는 것은 실용적인 교육에 도움을 준다.

좋은 교안은 잠재적인 학습 활동을 포함하고 있다. 학습은 결코 수동적이어서는 안 된다. 교사가 하는 것이 아니라 학생이 하는 것이 진정한 학습이다. 활동을 계획하는 한편 교과서, 참고 자료, 시각 자료, 테이프나 녹음기 같은 청각 자료 그리고 학급 구성원 같은 생생한 자료 등 활용할 수 있는 자료들을 모두 고려해 보라. 자료와 방법을 연결시킨다면, 몇 가지 유용한 선택들이 있을 수 있다. 준비된 교안에는 교사가 계획한 대로 학생들이 제대로 배웠는지 확인할 수 있는 방법이 제시되어 있어야 한다.

평가는 간단한 몇 개의 질문일 수도 있고 긴 문장이 될 수도 있다.

개발

학생들의 활동도 필수 요소지만 교사의 행동도 학습에 직접적인 영향을 미친다. 게이지(Gage)는 교사의 행동과 상호 관련이 있는 네 가지 학습 요소를 다음과 같이 분명히 한다. 즉 학습은 동기, 인지, 반응, 강화[10]로 이루어진 연속적인 일이다. 학생의 동기는 전형적으로 그 과목에 대한 열정과 평가와 같은 방법으로 교사의 태도에 반영된다. 교사가 중요한 개념을 강조하기 위해 분명한 이야기를 해 주고, 내용에 알맞는 방법을 조화시킬 때 최대한의 인지 작용의 효과를 거둘 수 있다. 교사의 기술은 배운 것을 강화시켜 주고 인정해 주며, 배운 대로 행하는 즐거움을 가져다 준다. 교사와 학생들이 자료에 대해 함께 검토해 보는 것은 상호 작용의 기회를 제공해 주며, 배운 것을 잘 기억하게 해 준다.

배움에 대한 한 집단의 준비도는 수업 시작 처음 몇 분 동안에 결정된다. 바로 그때 전체 수업 시간을 통해 지속될 '심리적인 상태'가 형성되는 것이다. 다행히 그 상태는 부정적일 뿐만 아니라 긍정적이기도 하다. 스스로의 경험을 돌이켜보면 다음과 같은 빠지기 쉬운 함정들을 쉽게 피할 수 있을 것이다.

행정적인 일(출석 부르기, 광고하기)에 너무 많은 시간을 소비하는 것, 기대하지 못했던 일(자료 모으기, 다른 사람이 오기를 기다리는 일)에 시간을 소비하는 것, 진부한 도입으로(여러분의 성경을 펴세요 …) 흥미를 잃게 하는 일 등이 그것이다.

그 대신 주의를 끌 만한 화제(최근의 뉴스 기사), 실물(수업과 관련있는 재미있는 물질), 드라마(역할극, 테이프) 또는 사진, 슬라이드 등을 찾아보라. 간단한 복습이나 현재 배우는 과의 목표를 요약해 보는 것은 수업 시작에서 본 수업으로 들어가는 효과적인 방법 가운데 하나이다. 교안에 목표와 자료, 방법 등을 명시할 때 교사는 학습 효과를 가져오는 순간적인 요소에 집중할 수 있다.

시간

성취도가 높은 학급을 객관적으로 구별할 수 있는 변수는 학습에 투자하는 시간이다. 최근의 한 연구는 조사 대상으로 선택된 공립 국민학교 중에서 한 주일의 총 시간 중 50%를 실제 학습에 사용하는 변화를 보이고 있다고 보고하고 있다.[11] 수업 중에 시간 손실을 줄임으로써 증진될 학습의 잠재력은 엄청난 것이다. 시간 할당도 마찬가지로 중요하다. 훌륭한 수업 전략은 각 단원에 적절하게 시간을 배분하고, 각 단원에서 다음 단원으로 자연스럽게 넘어갈 수 있도록 미리 계획을 세우는 것이다.

다양성

단조로운 수업은 집중력을 떨어뜨리며, 집중력이 떨어지는 학생은 잘 배우지 못한다. 그러나 다양한 활동은 지루함을 덜어 주며, 한편으로 학습을 쉽게 해 준다. 어린이들의 학습 유형에 대한 연구는, 어린이마다 감각을 통해 제시된 지식을 받아들이고 처리하는 능력이 현저히 다르다는 것을 보여 준다. 학생들에게 주로 말로써 가르친다면 소수에게는 도움이 될 것이다. 그러나 어떤 학생은 시각적인 이미지를 더 쉽게 받아들인다.

더욱 많은 학생에게 더 큰 유익을 주기 위해서는 각 수업마다 방법이나 사용되는 자료가 다양해야 한다.

분류 체계

교육의 세 부분의 관심 영역은 각각 계층 구조를 이루고 있다는 것을 명심하고, 교사는 학생들을 더 높은 단계로 도전하게 해야 한다. 예를 들면 인지 영역에서는 의지적으로 전진하기 위해 노력하지 않으면 사실 자료에만 초점을 두는 지식 수준에 머무르기 쉽다. 효과적인 기술 가운데 하나는 질문이다. 질문은 학생들로 하여금 무엇이, 언제, 어디서의 차원을 넘어 더 중요한 문제인 어떻게, 왜, 만일의 문제를 생각하도록 만든다.

평가

바람직한 학습 전략은 효과적인 시작과 중간 부분을 위한 준비이기도 하지만, 끝부분도 중요하다. 좋은 마무리는 배운 것을 완전하게 요약하고, 앞으로 배울 내용을 고려할 뿐 아니라 학생들이 배우는 것에 대해서도 이야기하는 것이다. 준비한 질문에 대한 학생의 대답, 요점을 말하는 능력, 심지어 얼굴과 신체의 반응 등으로 그들이 이해했는지를 알 수 있다. 특별한 기술보다는 의도가 중요하다. 가르침이 향상되려면 학생의 성취도와 학습 활동의 전체적인 평가가 있어야 된다는 사실을 각 학습 과정마다 명심해야 한다.

결론

성경이 말해주는 명령은 아직 끝나지 않았다. 그 생활에 진실로 깊은 영향을 주는 학습 경험을 제공하라는 도전은 어린이와 젊은이, 어른을 향해 계속되고 있다. 그리스도의 형상을 따르려는 생활 태도에서 그것은 더욱 분명해 진다. 목적에 대한 명시, 주일학교의 벽을 넘어 성경 공부를 확대한 프로그램의 개발, 가르치는 자료의 질적인 개선이라는 실제적인 과정에도 불구하고, 몇 가지 고질적인 문제들이 여전히 남아 있는 경우가 있다. 여기에 그 몇 가지 예를 들어 보자.

장애 학생

1975년 이후 미국 국회가 장애 아동 교육 법률을 제정했을 때 미국 전역의 공립학교는 장애아들에게 동등한 교육을 제공할 목적으로 상당한 시간과 에너지를 투자했다. 그러나 장애 아동들을 위한 기독교 교육을 돌아보면, 세상 사람들의 노력과 비교해 볼 때 부끄러울 정도로 무관심하다. 정신적으로나 정서적으로 상처받는 이 장애 아동들을 위해 특별한 자료를 제공하는 교육 과정을 담은 책도 없지만, 사가는 사람도 거의 없다. 극소수 교회와 기독교 학교만이 성실하게 이런 특수 아동의 부모를 초청하여 등록할 것을 권고하고 있을 따름이다.

대부분의 복음주의 기관은 주요 대도시에 모여 있는 소수 인종을 도울 준비가 되어 있지 않다. 소수 인종은 미국 전체 인구의 20% 이하지만, 1986년에는 새로 국민학교에 들어가는 학생의 약 30%가 흑인이나 스페인계였다.[12] 선교 전략으로서가 아니라, 현(現) 교회 공동체에 도움을 주는 필수적인 노력의 한 요소로서 특수 아동을 위한 성경 공부 프로그램을 개발할 수 있도록 도전해야 한다.

적용과 통합

"인생의 목적은 말이 아니라 행동이다"라는 말이 있다. 일반적인 추세로 볼 때 교육 사업은 지식의 중요성과 실행을 위한 추진력 가운데 적절한 균형을 유지하지 못하는 위기에 처해 있다. 전적으로 교육에 실용성만을 기대하려는 유혹은 지양해야 한다. 그러나 살아 있는 하나님의 말씀을 가르치는 사람들이 받아야 할 가장 큰 도전은 지식이 행동을 가져와야 한다는 것이다. 따라서 상호 작용이 가져오는 지식의 증거인 변화는 성공의 시금석이다.

자원

기독교 교육 역사상 지금과 같은 사역의 불균형은 아마 결코 없었을 것이다. 어떤 교회는 비싸고 엄청난 시설을 늘려가려는 반면, 어떤 교회는 최소한의 가르칠 공간을 확보하기 위해 투쟁하고 있다. 신학교는 점점 감소하는 등록률과 경제적 원조에 맞서 생존을 위해 투쟁하고 있다. 기독교 학교와 초교파 교육 프로그램도 같은 추세다. 어떤 일은 번창하고 어떤 일은 쇠퇴하고 있다. 단지 경제적인 문제만이 아니다. 봉사할 유능하고 헌신된 사람이 절실히 필요하다는 것 자체만 보아도 여러 기관이 맞고 있는 엄청난 위협을 대변해 준다.

복음주의자들은 진리의 불변성에 있어서 '모든 진리는 하나님의 진리'임을 전제로 하는 철학에 헌신한 사람들이다. 그들은 계시된 진리와 구별된 진리의 통합을 이루기 위해 모든 원리 연구에 그 도전을 탁월하게 받아들이고 있다. 그리고 그것은 철저한 성경 지식을 수반해야 한다. 기금을 적절히 보급하는 것 이상으로 우리에게는 성경 말씀으로 잘 훈련된 많은 사람이 꼭 필요하다. 뿐만 아니라 하나님께 영광을 돌리기 위해 그들을 가르치는 일에 성실하게 헌신된 사람도 더욱 필요하다.

4 성경 속에 철학이 담겨 있다

마이클 S. 로슨(Michael S. Lawson)

가르침에 관한 기독교 철학은 성경에서 시작된다. 이는 넓은 의미로 볼 때 기독교 교육의 한 부분을 구성하고 있다. 하나님의 말씀은 가르치는 내용 이상의 것, 즉 근본적으로 철학적인 문제의 틀을 제공하는 것이다. 말하자면 "왜 우리는 가르쳐야 하는가?" "어떤 결과를 기대해야 하는가?" "누가 가르침을 중재하는가?" "어떻게 가르쳐야 하는가?"와 같은 근본적인 질문에 대한 해답을 성경에서 찾을 수 있다. 성경에 나와 있는 명령과 목표는, 분명히 성경의 놀라운 통찰력과 함께 학생과 교사 그리고 하나님이라는 안정된 구조를 형성하고 있다. 교사는 성경의 틀을 정확하게 혹은 부정확하게 이해함으로써 나름대로 가르침의 철학을 만들어 간다. 따라서 진정한 기독교 교육 철학을 형성하려는 노력은, 성경이 제공하는 각 구성 요소를 면밀하게 검토함으로써 시작될 수 있다.

가르침에 대한 명령

기독교 가르침의 근원은 지구상의 최초의 인간에게로 거슬러 올라간다. 하나님께서는 에덴 동산에서 인간의 행동에 제한을 두셨을 때부터 이미 가르침을 시작하셨다. 범죄한 후에는 가르칠 필요성이 더 증가되었다. 하나님께서 부모에게 자녀를 가르치라는 명령을 주심으로 부모의 의무를 공식화하기 전까지(신 6장), 경건한 부모들은 중요한 영적 지식을 한 세대에서 다음 세대로 물려주었다. 하나님께서 통치하시는 사회에서는 율법이 있었기 때문에 영적인 훈련은 주로 가족에게 의존했지만, 사회적·경제적·정치적·종교적 제도에 의해 강화되었다. 때때로 요나의 경우처럼 타국에 보내지기도 했지만, 구약 시대 동안 가르침의 초점은 이스라엘 땅에 살던 백성들에게 있었다. 예수 그리스도께서는 모든 곳의 모든 사람을 가르치려는 생각을 처음으로 표현하셨다.

마태복음 28장의 지상 명령은 신약 성경에서 친숙하지만 가장 과소 평가된 부분이다. 세계 역사상 어느 누구도 범세계적인 교육을 이렇게 진지하게 위임하거나 시도한 사람은 없었다. 그러나 예수님께서는 제자들에게 모든 사람을 제자로 삼을 것을 기대하셨다. 이 명령을 심각하게 받아들인다면, 이 본문은 확실하게 정해져 있는 교육 과정과 교육 예산의 결핍으로 마음 한구석이 늘 불편했던 교사들을 더욱 당황하게 만들 것이다. 그러나 놀랍게도 이 지상 명령은 기독교 역사를 결정해 왔다. 가르침이 왕성했던 곳에 교회는 언제나 번성해왔던 것이다.

기독교 교사들에게 준 지상 명령의 가장 큰 특징은 학습자 중심으로 이루어져 있다. "제자를 삼으라"는 말은 실제로 학습자를 만들거나 육성시키라는 의미이기 때문이다.[1] 그리스도께서 교사에게 준 그 명령은 지식을 전하는 이상의 의미가 포함되어 있다. 이 본문에 의하면 교사는 학습자를 성장시켜야 한다. 교사는 학습자가 예수 그리스도의 제자가 될 때까지 자신의 책임을 다해야 한다.

교회 구성원을 가르쳐야 하는 교회의 소명에 의문을 제기하는 사람은 아무도 없다. 그러나 그 가르침을 어떻게 이루어갈 것인가에는 논란의 여지가 있다. 기독교 교육 철학이 다른 여러 교육 철학보다 위대한 것은 교사보다 하나님을 더 높이 인정하는 데서부터 시작된다. 또한 감독하시는 하나님의 손길은 교사를 하나님의 명령으로부터 자유롭게 하지 않는다. 어떻게 학습자를 바르게 양육할 수 있을까? 수도원에서 훈련시킬 것인가, 아니면 농업 공동체에서 성장시킬 것인가? 그룹으로 가르칠 것인가, 아니면 개별적으로 기본적인 대화 방법을 취할 것인가?

교사는 하나님께서 얼마나 독창적으로 계시를 보여 주시는가를 충분히 생각해 보아야 한다. 요즘의 많은 가르침들은 기독교적인 성격을 반영하지 못한 전통적인 모형들을 모방하고 있다. 그것은 일부 교사들이 성경은 주로 선언적인 문서이므로 성경의 진리를 선언적인 말로만 설명하는 것에서 잘 증명된다. 그러나 하나님께서 말씀하실 때 사용하신 다양한 방법들을 생각해 보라.

1. 하나님께서는 직접 들을 수 있도록 하늘로부터 말씀하셨다.
2. 하나님께서는 돌판 위에 당신의 명령을 쓰셨다.
3. 하나님께서는 육신이 되셨다.

4. 하나님께서는 초자연적인 존재로 자신을 계시하셨다.
5. 하나님께서는 생생한 꿈과 환상을 보여 주셨다.
6. 하나님께서는 궁전의 벽에 글씨를 쓰셨다.
7. 하나님께서는 동물로 하여금 말하게 하셨다.
8. 하나님께서는 선지자들을 통해 진리를 말씀하셨다.
9. 하나님께서는 시를 지으셨다.
10. 하나님께서는 약속을 눈으로 볼 수 있도록 확인시켜 주셨다.

앞에서 말한 내용들을 더 많은 분량으로 적어볼 수 있다. 분명 하나님께서는 처음 말씀을 받아들이는 자에게 창조적으로 전달하셨다. 오늘날의 학습자들은 그 말씀을 어떻게 독창적으로 받아야 하는가? 다음의 간단한 그림은 하나님의 진리가 오늘날의 학습자들에게 어떻게 전달되는가를 보여준다.

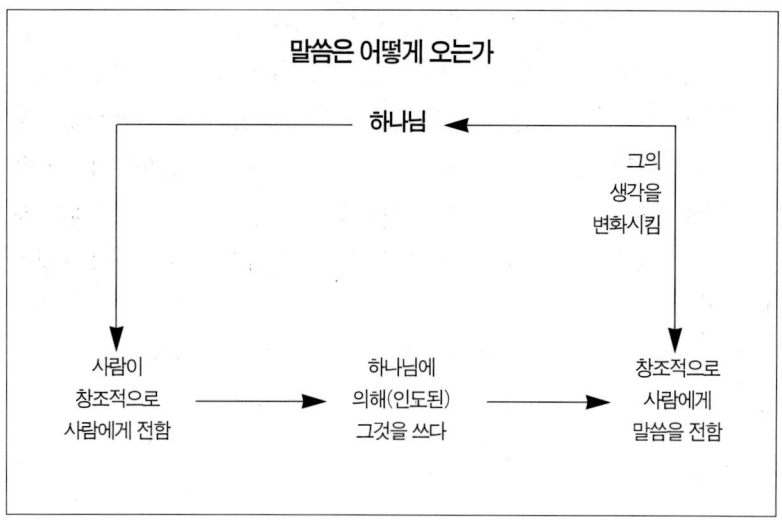

하나님의 창조적인 능력이 완벽하게 재생될 수는 없지만, 교사는 하나님의 방법을 모방할 수 있고 또 모방해야 한다.

물론 궁극적으로 가르침의 명령은 교사의 창조성 이상의 것을 포함하고 있다. 학생으로부터 반응을 이끌어내야 한다. 그리스도의 제자는 그리스도의 명령에 순종해야 한다. 내용을 강조해서 자료와 기술, 기본 정보를 얻게 하는 다른 교육 방법과는 달리, 기독교적인 가르침은 삶이 변화할 필요성을 강조한다. 하나님의 말씀은 지적 호기심을 만족시키기 위해서가 아니라 생활을 변화시키기 위해 가르쳐야 한다.

성경에서 보면 많은 사람들이 하나님께로부터 가르침에 응하도록 부르심을 받았다. 그들은 하나님께로부터 다음과 같은 명령을 받았다.

1. 동물을 죽이는 일.
2. 잊지 않게 하기 위해 기념물을 세우는 일.
3. 문지방에 피를 뿌리는 일.
4. 강에서 씻는 일.
5. 최상의 제물을 태우는 일.
6. 직업을 바꾸는 일.
7. 죽는 일.
8. 심한 고통을 겪는 일.

이 모든 일은 사람들이 하나님의 가르침에 적절하게 반응했을 때 일어났다.

그 명령은 우리가 세상의 모든 사람을 가르치도록 우리에게 도전을 준다. 하나님께서는 자신이 보여주신 모범대로 우리의 창조성을 자극하신다. 우리는 변화된 사람으로써 우리 사역의 성공 여부를 측정해 보아야 한다. 그렇다면 그리스도의 제자가 되기 위해서는 정확하게 무엇이 달성되어야 하는가?

가르침의 목표

가르침에 대한 명령은 목표를 더욱 분명하게 보여 준다. 하나님에 대해 배우는 사람은 그분께 적극적으로 반응해야 한다. 가르침의 목표가 세워질 때는 성숙이라는 말이 늘 따라다닌다. 우리는 보통 이 중요한 단어에 대해 일반적인 정의를 내리는 경향이 있는데, 가정과 같은 정의들은 오히려 혼란을 낳게 된다.

성경은 가르침의 목표와 성숙의 척도를 적어도 세 가지의 다른 단어로 사용하고 있다. 성숙은 관계, 도덕, 신학의 면에서 분명하게 되어야 한다. 디모데전서, 히브리서, 에베소서는 성숙의 증거를 분명하게 말하고 있다. 우리는 성경 어디에서나 그 증거들을 찾아볼 수 있다. 다음의 내용들은 특별한 본문에서는 나타나는 명확한 증거들을 이상적으로 요약하고 있다.

디모데전서 1장 5절 "경계의 목적은 청결한 마음과 선한 양심과 거짓이 없는 믿음으로 나는 사랑이거늘."

이 구절은 우리의 목적을 직설적으로 말해주지만, 놀랄 만큼 새로운 것은 아니다. 바울은 제자들의 생활에 사랑이 있도록 가르침을 계획했다.

그것이 이루어질 때까지 가르침의 목표는 달성되지 않았다고 생각했다. 그래서 이 간단한 구절은 신약 성경에서 가장 많은 부분과 연결되어 있다. 아래 본문들이 사랑에 어떻게 초점을 맞추고 있는지 주목해 보라.

1. 첫번째 계명(마 22:37~38).
2. 두번째 계명(마 22:39).
3. 제자의 확실한 증거(요 13:35).
4. 성령의 열매(갈 5:22~23).
5. 은사보다 더 나은 열매(고전 13:1).
6. 사람이 하나님을 사랑하는가를 구별하는 방법(요일 4:20).
7. 베드로가 세 번 답했던 질문(요 21:15~18).

달리 말한다면, 학생이 생활 속에서 사랑을 실천할 때까지 교사의 가르치는 임무는 끝나지 않는다. 그렇다면 사랑이란 무엇인가?

요즘은 사랑이란 말이 너무 지나치게 난무하기 때문에, 사랑에 대한 성경적 정의는 아예 무시되고 있다. 그러나 사랑은 그 말의 중추적인 역할 때문에 신약 성경에서 포괄적이고도 올바르게 취급되고 있다. 그러나 불행하게도 그 중요한 본문은 우리에게 별 영향을 끼치지 못하고 있다. 사랑에 대해 말하면 사람들은 "아, 예"라고 말할 뿐 그 가르침은 무시한다.

그런 함정을 피하기 위해, 본문의 진리를 반영하면서도 그것을 묘사하는 데 다른 단어를 사용한 다음의 본문들을 깨달을 수 있는지 보라.

1. 성령은 성급함을 낳지 않는다. 내가 참으로 하나님을 사랑한다면 성급할 수 있을까?
2. 성령은 불친절을 낳지 않는다. 내가 참으로 하나님을 사랑한다면 불친절할 수 있을까?

3.성령은 다른 사람의 힘과 미, 지성, 성공, 돈, 능력, 소유, 관계를 질투하지 않는다. 내가 참으로 하나님을 사랑한다면 내가 그것들을 질투할 수 있을까?

사랑을 행동 언어로 바꿔본 이런 이야기들을 깊이 묵상해 보면, 아마 고린도전서 13장을 쉽게 깨달을 수 있을 것이다. 크리스천이 사랑을 생활화하기 위해 다른 사람들과의 관계에서 자신의 성공과 실패를 성급함, 불친절, 질투에 준하여 헤아려보는 삶을 산다면 어떻게 될까?

교사는 학습자들의 생활에서 풍성하게 사랑이 베풀어질 때까지 결코 만족할 수 없다. 크리스천들의 이혼율, 교회 내에서의 대립, 크리스천 지도자들 사이에 나타나는 소외 등으로 판단해 본다면 이 분야에서도 해야 할 일이 많다. 그러나 신약 성경에서 언급한 성숙에 대한 기준이 사랑만은 아니다.

히브리서 5장 14절 "단단한 식물은 장성한 자의 것이니 저희는 지각을 사용하므로 연단을 받아 선악을 분변하는 자들이니라."

히브리서의 저자는 성숙한 제자를 두 가지 모습으로 묘사하고 있다. 성숙한 사람은 '단단한 것'을 섭취할 수 있고, 성숙한 사람은 도덕성을 거듭 훈련했기 때문에 선과 악을 구별할 수 있다. 결국 하나님의 말씀은 우리 사고에 철저히 영향을 주어야 하고, 그래서 우리는 말 그대로 하나님의 생각으로 생각해야 한다. 하나님의 생각으로 생각할 때 문제에 대한 우리의 판단은 더 '영적'으로 된다. 우리의 생각이 좀더 거룩하게 될 때 선과 악의 차이도 더 잘 분별하게 되어 도덕적으로 올바른 선택을 할 수 있다.

사랑의 원리처럼 도덕적인 선택 역시 하나님과 다른 사람에 대한 우리의 태도를 결정한다. 그러나 모든 죄는 하나님께 대항하는 것이기 때문에 (시 51편) 모든 도덕적인 선택은 하나님과 직접적으로 관련되어 있다. 기독교적인 성숙이 도덕적으로 올바른 선택을 할 수 있는 능력을 제시한다 하더라도, 그것이 절대로 그릇된 선택을 할 수 없도록 보장하지는 못한다.

항상 도덕적으로 올바른 선택을 할 때까지는 가르침의 목표가 달성되었다고 볼 수 없다. 적어도 자신의 삶의 선택이 성경의 기준에 위배되지는 않는지 생각해볼 만큼 관심이 생기기 전까지는 말이다. 지루한 성경 강의를 좋아하지 않는다는 이유만으로 그들을 성숙하지 못하다고 판단하지 말아야 한다. 그러나 성숙한 제자들은 복잡한 성경과 생활을 관련 짓는 이야기에 관심을 가질 필요가 있다. 결국 성숙은 도덕적으로 올바른 선택에 의해 평가되어야 하며 올바른 선택을 위해서는 훈련이 필요하다. 요즘의 교회 지도자들 사이에서 나타나는 현대의 도덕적인 위기가 곧 교회의 일반적인 상황을 반영한다면, 우리의 과제는 얼마나 엄청난 것인가!

이와 같은 중요성에도 불구하고, 사랑과 도덕만으로는 여전히 가르침의 목표에 불완전하다고 할 수 있다. 사랑과 도덕은 다른 사람과 하나님에 대한 우리의 태도에 대해 생각하게 한다. 그러나 신학은 우리가 하나님에 대해 생각하도록 돕는다. 따라서 기독교의 성숙은 신학적인 안정성을 필요로 하는 것이다.

에베소서 4장 11~14절 가르침의 목표에 직접적으로 관련된 부분만을 인용해보자. "그가 혹은… 목사와 교사로 주셨으니 이는 성도를 온전케 하며 봉사의 일을 하게 하며… 온전한 사람을 이루어 …까지 이르리니

이는 우리가 이제부터 어린아이가 되지 아니하여 사람의 궤술과 간사한 유혹에 빠져 모든 교훈의 풍조에 밀려 요동치 않게 하려 함이라."

이 본문은 다소 장황하지만 교사와 성숙, 가르침에 대해 말씀하고 있다. 바울의 말은 목표와 결과, 두 가지 모두를 언급하고 있는 것 같다. 다시 말해서 성숙이라는 목표를 달성했을 때 안정적인 신학적 결과도 얻게 되는 것이다. 이 전체 개념은 단단한 식물을 먹을 수 있는 성숙한 크리스천을 말하고 있는 히브리서 본문과 일치한다. 단단한 식물과 신학이 서로 다른 개념이라고 믿을 만한 이유는 무엇인가? 제자들은 더이상 언변이 좋고 이기적인 거짓 교사의 희생물이 되지 않는 대신 하나님에 대한 잘못된 개념과 속임수를 간파해 낼 수 있어야 한다. TV와 라디오, 그리고 사회 전반에 터를 잡고 있는 이기적이고 그릇된 교사들의 기세를 생각해 보면 이 일은 불가능한 것처럼 보인다. 그렇기 때문에 훌륭한 가르침을 통해, 그와 같은 그릇된 교사와 이론으로부터 학생들을 보호할 수 있는 신학적 이론이 필요하다.

사도 바울은 성숙의 또 다른 결과로 섬김을 제시하고 있다. 섬기기 위하여 가르침을 받는 것은 너무 진부한 것인가? 섬김이 필수적인 것은 아니더라도 진정한 성숙은 그리스도의 몸을 섬기는 일과 분리되지 않는다.

성숙을 목표로 삼는다면, 우리는 학습자들의 진보를 어떤 기준으로 측정할 수 있을까? 어떻게 성숙을 이루었는가? 그리스도를 따르는 사람들이 기꺼이 그리스도의 몸을 섬기고 있다면 그들의 행동으로 인해 어떤 진전이 이루어졌음을 알 수 있어야 한다. 재미있는 것은 청소년 지도자, 목사, 기독교 교육 책임자, 그리고 다른 관계자들이 섬기는 일에 종사할 일꾼을 찾기 위해 지금도 고생하고 있다는 것이다. 그러므로 가르치는 사역은 끊임없이 강조되어야 한다.

　가르침의 목표로서 성숙은 사랑, 도덕, 안정적인 신학 정립 그리고 섬김을 기준으로 볼 때 분명해지는 것 같다. 이 개념들은 기독교 공동체에서 새로운 개념이 아니다. 그러나 기독교 역사 2000년이 지난 지금에도 우리는 그 목표를 확실하게 달성하지 못했다. 오히려 오늘날에도 가르침의 필요성이 여전히 과제로 남아 있다.

　늘 그렇듯이 예수 그리스도를 처음 알게 된 사람이 성경에 대한 지식이 거의 없다면, 그리스도와 함께 하는 새로운 삶과는 거리가 멀어지게 될 것이다. 성장의 길을 걷고 있는 크리스천조차도 성숙의 목표를 향해 나아갈 때 다짐과 격려가 필요하다. 과학 기술이 발달된 사회라도 그 필요성을 감소시킬 수 없다. 예수 그리스도의 제자가 되려는 사람들에게는 여전히 가르침과 그 가르침을 줄 수 있는 교사들이 필요하다.

가르치는 일에 함께 하는 참여자

성령

　우리는 이미 가르침에 있어서의 성령의 역할을 강조하는 데 한 장을 할애한 바 있다. 그러나 아무리 강조하더라도 가르치는 과정에서 참여자로서 성령의 중요성은 지나침이 없다. 교사와 학생, 그 두 참여자는 항상 가르치는 과정을 전체적으로 감독하는 성령의 역사와, 하나님 말씀과 성령과의 상호 작용의 관점에서 이해되어야 한다.

교사

기독교 교육에서 교사의 역할은 무엇인가? 우리는 교사의 지휘 아래 많은 시간을 보냈다는 이유만으로 교사가 무엇을 해야 하는지 정확히 알고 있다고 흔히들 생각한다. 사람들은 대개 인생의 황금 같은 시간 12년을 교사의 엄청난 영향 아래 의식적이든 무의식적이든 제도 교육을 받으며 자란다. 그러나 그 가운데는 교사가 하는 많은 부분이 비능률적이거나 본받을 만한 것이 아닐 수도 있다. 기독교의 관점에서 교사의 역할을 새롭게 면밀히 검토해 보는 것은 우리의 이해를 분명하게 해 줄 것이다.

교사의 역할에 대해 논쟁이 되고 있는 개념들은 무엇인가? 다음 두 그룹으로 나누어본 단어들은 교사에 대해 완전히 다른 생각들을 만들어 낸다. 아래 단어들로 만들어지는 이미지가 무엇인지 주목해 보라.

1. 숙련가
2. 권위
3. 전문 직업인
4. 천재
5. 지성인
6. 대가
7. 전문가
8. 명석한 사람

이 단어들은 모두 교사의 개인적인 지식의 탁월성을 반영하는 경향이 있다. 그러나 그 중에는 가르칠 수 있는 능력에 대해서 언급한 것은 하나도 없다. 흔히 학습자들은 자신들이 선호하는 취향대로 교사들을 묘사하며 교사에게 이런 것이 없을 때 불평한다. 다음 그룹이 만들어 내는 이미지에서 그 차이점을 주목해보라.
1. 안내자
2. 지도자
3. 촉진시키는 자
4. 본이 되는 자
5. 격려자
6. 동기를 부여하는 자
7. 자극을 주는 자
8. 스승

이 단어들은 교사와 학생과의 관계를 묘사하는 경향이 있다. 기독교 진리를 가르치는 교사는 성경에 대한 엄청난 지식을 모으고 나누어주는 것 이상이어야 한다. 교사는 예수 그리스도의 제자들이 관계, 도덕, 신학, 봉사 등의 면에서 성장하는 것을 도와야 한다. 학습자들이 두번째 언급된 단어들을 인정한다면 그들은 교사의 도움을 더욱 기꺼이 받아들일 것이다.

교사는 그밖에 다른 어떤 의무들을 가지고 있는가? 가르치는 과정에서 교사는 중요한 요소를 어떻게 다루는지 살펴보기 위해 경영에서의 관리자 모형을 예로 들어 설명해 보자.

동기. 외적이든 내적이든 동기는 학습의 중요한 요소 중 하나이다. 코르넬리우스 잘스마(Cornelius Jaarsma)는 "학생들은 자신들이 배우고 싶은 것을 배우지 반드시 교사가 가르치려는 것을 배우지는 않는다"[2]고 통찰력 있게 말했다. 따라서 학생들이 가까이에 있는 것을 배우려는 내적인 동기가 없음을 알았을 때, 교사는 학생들에게 외적인 동기를 심어주기 위해 모든 적절한 조치를 취해야 한다. 불행하게도 외적인 동기를 증가시키기 위해 많은 교사들이 공포나 죄책감, 아니면 압박감에 의존하고 있다. 심지어 요즘에는 능력이 뒤떨어지는 학생에 대해 단지 불평만 늘어놓는 경우도 있다. 극소수의 교사가 흥미를 자극하거나, 가르치는 내용들을 학생들의 필요와 연관시키고 있을 뿐이다. 학생의 동기를 알고 관리하는 것은 가르침에서 중요한 요소다.

시간. 가르치는 데 할애되는 시간의 양은 보통 정해져 있어 예상할 수 있지만, 많은 교사들이 그것을 잘 관리하지는 못하고 있다. 또한 학생들에게 충분히 흥미를 주는 활동을 준비하지 못하고 있다. 교사는 듣는 것과 학습하는 것이 같다고 생각하여 말하는 데만 모든 시간을 할애한다. 그렇지만 지루하지도 않고 너무 빠르다는 느낌도 주지 않으면서 수업 시간 동안 학생을 사로잡기 위해서는 짜임새 있는 계획이 필요하다.

내용. 가르침이라는 말에서 어떤 구절이 생각난다면 그것은 "내용을 언급하는 것"과 관련된 것이다. 이 구절은 교사가 현실적으로 주의 깊게 준비하지 못한 것을 학생에게 미뤄버리는 좋지 않은 변명의 구실이 될 수도 있다. 학생의 능력은 특별한 계획을 결정하게 한다. 연령, 성경에 대한 지식, 영적 성숙도는 고려해 보아야 하는 몇 가지 요소에 포함된다. 하나님 말씀을 학생에게 던져주기만 하면 학생 스스로 생활에 자동적으로 적용하리라고 생각하지 말아야 한다. 교사는 성경에 대해 생각하고 거기에 대해 이야기하고, 또 그 영향을 생각하며 그것을 다시 생활에 실천하도록 도움을 구하는 기도를 하는 데 더 많은 시간을 투자해야 한다.

요한복음 16장 12절에서 예수님께서 "내가 아직도 너희에게 이를 것이 많으나 지금은 너희가 감당치 못하리라"고 말씀하신 것은 예수님께서 제자들을 위해 완전한 모범을 보이신 예다. 예수님께서는 가르침에 반응하는 인간의 한계를 알고 계셨던 것이다. 놀랍게도 예수님께서는 제자들이 생각하고 깨달을 수 있도록 더 많은 시간을 허락해 주셨다. 그래서 보통 아주 적은 지식만을 가르쳐 주시기도 했다.

성경 자체는 가르침의 기본 교과서이다. 그러나 성경은 다양한 수준의 자료들을 포함하고 있다. 어떤 가르침은 '젖과 같은 말씀'이고 어떤 가르침은 '단단한 식물' 같은 것이다. 예수님께서는 바리새인들이 향기의 십일조는 드리면서도 더 중요한 의와 자비와 믿음은 무시한 것을 나무라셨다(마 23:23). 교사는 학생이 실제적으로 소화할 수 있고 언제든지 생활 속에 적용할 수 있는 자료를 선택해야 한다. 동시에, 수업 내용이 학생들로 하여금 섬김, 신학적 정립, 도덕적 순결 그리고 하나님과 타인에 대한 사랑으로 향하도록 자극해야 한다.

공간. 모든 가르침은 어디에서든지 일어날 수 있다. 많은 성경 교사들은 스스로 공간을 제한하지 않았다. 가르치는 상황은 우수한 곳에서부터 끔찍한 곳까지 아주 다양하다. 지난 20년 동안 아주 훌륭한 교육관들이 세워졌다. 그러나 그 멋진 공간들이 제공하는 유연성과 창조성은 흔히 많은 교사들에 의해 무시되어 사용되지 못하고 있다. 다음 그림은 공간을 어떻게 재배치할 것인가를 도표로 보여준다. 각각의 공간 배치는 다른 용도로(그것이 짧은 시간일 수도 있지만) 사용된다. 각각의 공간 배치에 따라 관심의 초점이 어떻게 변화되는지 주목하라. 공간 구성의 변화가 가져오는 관심 역시 방법 면에서 학생들의 동기에 영향을 준다.

참여. 교사는 참여를 통제하거나 고무시켜야 한다. 예수님께서는 매혹적인 방법으로 이 점에서 모범을 보이셨다. 예수님께서는 함께 식사하기

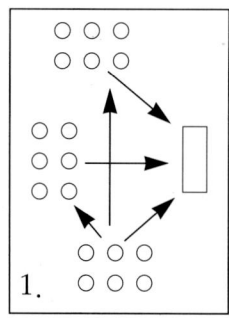 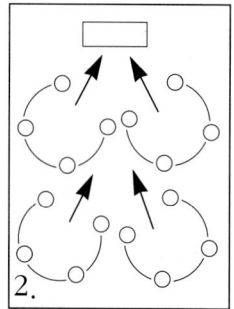 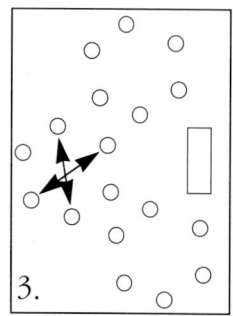

1. 공간 배치가 교사에게 초점을 맞추고 있으면서도 학생들끼리 서로 바라볼 수 있게 정리되었는지 주의하라.
2. 초점이 학생과 교사 사이로 유동적인 움직임을 보이더라도 학생들 모두가 교사를 볼 수 있는지 주의하라.
3. 초점이 그룹에 맞춰져 있으면서도 필요할 땐 교사가 언제라도 그룹에 참여할 수 있게 배치되었는지 주의하라.

를 원하는 많은 사람들의 초대에 응했고, 그들과 함께 신학적인 진리들을 토론하셨다. 예수님께서는 분명히 하나님에 대한 질문을 유도해 내는 분위기를 조성하셨을 것이다. 또한 질문 받기를 환영했을 뿐만 아니라 질문을 던지기도 하셨다. 그래서 청중들은 만족하기보다는 자주 곤혹스러워했다.

훌륭한 교사는 학생들이 마음껏 생각하고 의문을 가질 수 있도록 신체적으로나 감정적으로 또 영적으로 안정감을 느낄 수 있는 분위기를 이끈다. 교사가 분위기를 조성하는 데 책임을 느끼지 못한다면 학생들은 내적인 흥미를 잃어버릴 것이다.

동기, 시간, 내용, 공간, 그리고 참여와 같은 복합적인 요소를 균형적으로 맞추어본다면 지식을 전하는 것은 간단하게 보일지도 모른다. 그러나 예수님처럼 기독교 교사는 지적인 영역 그 이상을 추구해 나가야 한다. 기술적으로 조직화하고 계획하고 통제해 나가야 하는 것이다.

학습자

수없이 많은 교육 철학과 학습 이론들이 수백년 동안 존재해 왔지만 사람들이 배우는 방법에 대한 문제는 오늘날에도 여전히 문제로 남아 있다. 교육 대학에서도 많은 이론이 연구되고 있지만 그 누구도 설득력 있게 그 문제를 해결하지 못했다. 몇 가지 이론들은 개인적인 학습의 일면들을 통찰하고 있기도 하다.

교육 심리학자들을 학습 이론에 따라 주요한 두 그룹으로 나누어봄으로써 문제 해결에 근접해 볼 수 있다.[3] 그 한쪽은 발달 심리학자들이고, 다른 한쪽은 행동 심리학자들이다. 그들은 마치 신경전을 벌이는 것처럼, 끊임없이 논쟁을 벌이고 있다. 두 그룹 모두 사람이 배우는 방법을 이해하는 데 공헌하고 있지만, 그 어느 것도 학습 과정의 이해를 완전히 종합하지는 못했다. 그러나 교사는 학생의 유익을 위해 최상의 결과를 위한 학습 과정과 협조를 구해야 한다. 한 가지 아쉬운 것은 가르침에서 결과는 흔히 그렇듯이 예견할 수 없다는 것이다.

크리스천들에게 학습 이론은 영적인 진리에 대한 많은 문제들 때문에 훨씬 더 복잡해진다. 본질적으로 영적인 진리는 다른 진리와 어떻게 다른가? 영적인 진리는 정상적인 감각과 달리 심리 과정에 의해 이해될 필요가 있는가? 다음의 성경 본문은 영적인 진리를 가르치는 사람이 흔히 부딪히는 문제를 제시하면서 다소 직접적으로 그 문제를 이야기하고 있다.

고린도전서 2장 14~15절 진리가 무엇이든지 간에 하나님의 영이 관계하는 곳엔 자연인과 영의 사람 사이에 구별이 있음을 말해 준다. 어떤 사람은 영적 진리를 이해할 수 있는 인간의 능력이 타락함으로써 상실되었다고 말한다.[4] 또 다른 사람은 자연인도 영적인 진리를 이해할 수 있지만 영적인 방법으로 반응할 수는 없다고 말한다.[5] 첫번째 경우에, 하나님의 영은 타당한 진리를 가르쳐 주기 위해 학생에게 성경 지식을 조명해 주어야 한다. 두번째 경우에, 하나님의 영은 학생이 영적인 반응을 보일 수 있도록 그 의지를 고무시켜 주어야 한다. 어떤 경우에든 영적 진리는 일반적으로 오관 중 하나를 통해 학생에게 온다고 볼 수 있다.

그러나 학생의 상태에 따라서 진리의 이해냐 적용이냐의 문제를 예상해야 할 것이다. 따라서 근본적인 학생의 영적 상태는 중요한 문제라 할 수 있다.

히브리서 5장 13~14절 본문에서 저자는 영적인 사람들 사이에 구별을 둔다. 어떤 사람은 '딱딱한 음식'을 섭취할 수 있고 어떤 사람은 여전히 '우유'만을 섭취한다. 성숙은 시간을 필요로 하기 때문에, 교사가 한 학생이 다른 학생보다 더 성장하기를 기대하는 것은 당연하다. 교사는 다양한 청중과 만나게 된다. 수업은 어린 사람이 실망하지 않도록 고기와 우유, 그리고 성숙한 사람이 지루하지 않도록 단단한 음식으로 균형을 취해야 한다.

기독교 가르침에서는 하나님의 말씀 둘레에 성령, 교사, 그리고 학생이 있다. 그 구성체들은 그 과정에 제각기 독특하게 공헌한다. 모순되게도 성령과 학생은 교사와는 독립적으로 작용한다. 그러나 교사는 그의 사명을 완수하기 위해 학생과 성령이 모두 필요하다.

요약

이 장을 시작했을 때 우리에겐 몇 가지 근본적인 문제들이 있었다. 기독교 철학을 세우고자 하는 오랜 도전이 여전히 기다리고 있었던 것이다. 다행히 우리가 기독교 철학을 구축하는 데 성경은 충분한 틀을 제공해 주었다. 다시 한번 철학적인 뼈대를 이끌어 내는 질문들을 복습해 보자.

1. "왜 우리는 가르쳐야 하는가?" 하나님께서는 지식 전달 수단이 창조적이어야 한다고 도전을 주신다. 예수님께서는 우리에게 그 위대한 시도를 위임하셨다.
2. "우리는 어떤 결과를 기대해야 하는가?" 가르침의 목표를 이루기 위해 사랑, 도덕, 신학적 정립과 섬김이 통합되어야 한다.
3. "누가 가르침을 중재하는가?" 어떤 가르침도 성령께서 주시는 영적인 능력을 대신 제공할 수 없다.
4. "어떻게 가르쳐야 하는가?" 교사가 창조적으로 동기, 시간, 내용, 공간, 참여를 통제할 때 가능하다.
5. "누구를 가르쳐야 하는가?" 교사들이 만나는 학생은 자연인과 영적인 두 종류의 사람으로서, 다양한 형태로 구성된다.

확고한 기초 위에서 충성스럽게 봉사하는 교사들을 위해 하나님께서는 풍성한 상급을 준비해 두셨다.

5 크리스천답게 생각하고 싶다

케니스 O. 갱글(Kenneth O. Gangel)

20세기가 저물어가는 지금, 세계의 존폐 문제는 어처구니없게도 각국 지도자들의 이성에 의해 좌우되고 있다. 그러나 지도자들의 이성에 의문을 제기할 수밖에 없는 일들이 속출하고 있는데다가, 그들이 이성적이라는 확증 또한 어디에도 찾아볼 수 없다. 20세기는 또한 성경적 믿음의 본질을 왜곡해서 이해하는 사람들이 기독교를 비이성적인 종교라고 비난하고 있는 시대이기도 하다.

이 책은 두 가지 가정을 전제로 시작된다. 크리스천 교사는 이성을 요구하는 시대의 최대의 소망이라는 점과, 이 시대 속에서 도전이 되는 지도력을 만족시키기 위해 크리스천 교사는 고도로 계발되고 철저히 성화되어야 한다는 점이다. 이런 생각은 믿음과 지식을 성경적으로 끊임없이 통합하는 과정으로, 또한 내용 전달의 영역을 넘어 영적이고 지적인 헌신으로 나갈 것이다.

크리스천의 지성을 세우는 과정은 회심에서 시작된다. T. F. 토렌스(Torrance)는 그것을 이렇게 말했다 :

내가 예배 시간에 그들의 메시지를 듣거나, 그들이 낸 과제물을 읽거나, 시험 답안을 채점하는 것은, 바로 내가 그들에게 주는 일종의 시험이었다. 말하자면 그것은 정말 신학적인 직감에 의한 것인가 아닌가, 또한 그의 생각은 자발적으로 그리스도의 지성에 자연스런 지배를 받고 있는가를 테스트하는 것이었다. 그것은 신학적으로 배우는 것보다 훨씬 더 중요하며, 교회에서 이론이나 역사적인 논쟁을 정식으로 학문적으로 설명할 수 있는 것보다 중요하다. 결국 참으로 중요한 것은 사람의 지성이 그리스도에 의해 철저하게 변화되어, 그리스도의 지성에까지 영적으로 자라서 그의 깊은 지성이 하나님 보시기에 합당하게 생각하느냐 하는 점이다.[1]

왜 학생들은 그들의 지성을 계발해야 하는가?

이 첫번째 질문은 너무나 근본적이고 초보적인 것처럼 보인다. 그래서 한편으로는 나의 대답이 충분하지 못할지도 모른다는 우려가 생기기도 한다. 그러나 우리는 지적인 것은 물론 하나님께서 은혜로 주신 것 모두를 다시 하나님께 돌려드리는 크리스천이 되기 위해, 학생들 앞에 교사로 부름받은 사람들이다. 따라서 학생들의 지성을 계발시켜야 하는 첫번째 이유는, 하나님께서 그것을 명령하셨기 때문이다. 참으로 주님께서 몸소 강조하신 첫번째 명령은 "네 마음을 다하고 목숨을 다하고 뜻을 다하여 주 너의 하나님을 사랑하라"(마 22:37) 였다.

율법의 첫번째 계명은 '힘'을 첨가함으로 마가복음에서 다소 확대되었다(막 12:30). 이 구절은 모든 것을 다하여 주님 섬기기를 강조하며, 크리스천의 진지한 헌신에 대한 포괄적인 특성을 강조하고 있다. 마음을 다하여 사랑하는 것만으로는 충분하지 않다는 것이다. 또 마음과 목숨만으로도 충분하지 않다. 마음과 목숨과 힘을 다하여도 충분하지 않다. 참된 교사는 모든 지성을 다하여 하나님을 섬겨야 함을 강조한다.

1985년에 달라스신학교에서 연례적으로 개최되는 그리피스 토마스 강연회(Griffith Thomas Lectures)에서 D. 브루스 록커비(Bruce Lockerbie)는 하나님과 같은 인간의 속성 중 영생하는 영혼 다음으로 중요한 것은 지성이라고 상기시키며, "크리스천은 지성을 과소 평가하고 감정을 과대 평가함으로써 싸울 마음을 잃어버렸다"고 경고했다.[2]

올리버 바클레이(Oliver Barclay)는 지성을 다하여 하나님을 섬기는 것이, 왜 시대에 뒤떨어진 것처럼 보이는지 그 이유를 이렇게 설명한다.

사랑에 대한 우리의 개념은 신약 시대의 것과는 점점 더 달라지고 있기 때문에 이것은 마치 동떨어진 개념처럼 보인다. 성경은 감정과 상관없이 지성에 대해 이야기할 때, 우리에게 철학을 발전시키라고 요구하는 것이 아니라(그것이 유용하긴 하지만) 계시된 진리에 따라 우리가 움직일 것을 요구한다. 우리를 자유롭게 하는 것이 진리이고, 우리가 그리스도 안에서 생각하고 믿고 따라서 행동하는 것도 진리다. 생각하는 것은 인간의 중요

한 한 부분이며 생각하지 않는다면 그는 어리석은 자이다(잠 18:2).³

크리스천이 지성을 계발해야 하는 두번째 이유는, 생각하는 크리스천은 복음적인 세계관과 인생관을 세우도록 부름받았기 때문이다. 따라서 여기에서도 교사의 역할은 기본적이라고 할 수 있다. 제임스 사이어(James Sire)에 의하면 세계관이란 "기본적으로 세계를 구성하는 것에 대해 우리가 의식적으로나 무의식적으로 가지고 있는 일련의 가정"이다.⁴ 그러므로 크리스천이 그의 문화를 "기독교적으로" 해석하는 방법을 배우는 것은 매우 중요하다. 그렇다면 그것은 어떤 의미인가? 그것은 어떻게 이루어질 수 있는가?

주변 문화에 대해 기독교적으로 생각하는 것을 실제로 어떻게 연습할 수 있는가? 또한 학생이 그렇게 사고하도록 어떻게 가르칠 것인가? 여기에 대한 통합적인 연습은 하나님께서 말씀하시는 사회의 분석적인 개요를 필요로 하며, 적어도 세 단계가 관련되어 있다.

성경을 친숙하게 안다

어떤 통합이든, 신학적인 무지 위에서는 생겨날 수가 없다. 이것은 기독교 대학뿐만 아니라 국민학교나 중학교에서도 오랫동안 중요한 문제가 되어왔다. 특별한 연령층이나 내용 전문화에서도 적절한 신뢰는 필요하다. 그래서 우리에게는 당연히 가장 기본적인 성경 교육이 필요한 것이다. 학교에서는 교회의 강력한 협조와 개인적인 헌신이 그 필요를 충족시켜 줄 것이라고 기대하면서, 성경이나 신학적인 지식을 공식적으로 훈련받지 못한 교사들을 흔히 채용한다. 그러나 그러한 교사는 별에 대한 몇 가지 에피소드를 가지고도 성경과 천문학을 통합할 수 있는 목회자처럼 복음적인 세계관과 인생관을 구축할 수 없다. 고용된 행정 책임자 역시 성경을 친숙하게 알지 못하기 때문에 그 질적인 수준 미달로 문제는 더 악화된다.

열심히 문화를 연구하라

오랫동안 나는 학생들에게 세속적 인본주의, 종교적 인본주의, 기독교 인본주의의 차이점을 구별하라고 강조해 왔다. 유감스럽게도 복음주의 쪽에서 나오는 책자들은 여기에 별다른 도움을 주지 못했다. 세속적 인도주의는 하나님의 인도하심보다 인간의 지성과 많은 관련이 되어 있다. 이것은 데지드리우즈 에라스무스(Desiderius Erasmus)가 역사적으로 예증하고 루이스(C.S. Lewis)가 더 현대식으로 증명했다. 기독교 인본주의는 그 근거를 하나님의 자연 계시와 특별 계시에 대한 언약에 둔다. 종교적 인본주의는 중도적인 입장으로 하나님을 부인하지는 않으면서 동시에 기독교의 배타적인 유일신은 거부한다. 이 세 가지는 모두 현재의 문화에 근거하고 있다. 생각하는 크리스천이라면 용어 사용에 각별히 주의해야 할 것이다.

문화를 연구한다는 것이 성경을 아는 것에 어떤 도움을 주는지 주목해 보라.

성경의 창을 통한 평가 없이는 문화 연구의 결실이란 있을 수 없고, 성경에 익숙하지 않아도 그것은 불가능하다. 이것은 세번째 단계와 맞물려 있다.

사건과 문제를 신학적으로 분석하라

크리스천은 이 세상에 살고 있기 때문에 직접적인 경험이나 매체를 통해 온갖 이념과 사건들로부터 끊임없이 공격을 받는다. 모든 경험은 신학적으로 분석 가능한 다음의 문제들을 거쳐야 할 것이다.

성경은 이 문제에 대해 언급하고 있는가? 그 명백한 예가 20세기 말의 동성 연애에 대한 문제이다. 어떤 사람은 그것이 단지 선택적인 생활 방식의 하나라고 주장한다. 어떤 사람은 유전적인 원인에 의한 신체적인 상태라고 주장한다. 또 어떤 사람은 그것을 죄의 영역으로 취급하고 성경을 역사적 정통주의로 해석해 신랄하게 비난한다. 참된 크리스천이라면 이러한 문제를 적용할 수 있는 본문이 있는지를 먼저 찾아야 할 것이다. 그러나 해당되는 본문이 없을 때에는 두번째 질문을 적용한다.

적용할 만한 일반적인 기독교 원리가 있는가? 현대의 삶 속에서 또 다른 암적 요소는 여러 가지 형태의 약물 남용이다. 성경의 어떤 본문도 약물 남용에 대해 언급하지 않는다고 주장할 수 있다. 그러나 "몸에 대한 절제"의 원리가 약물이나 술의 남용을 다루는 기준을 제시한다고 볼 수 있다. "모든 것이 내게 가하나 다 유익한 것이 아니요 모든 것이 내게 가하나 내가 아무에게든지 제재를 받지 아니하리라"(고전 6:12).

과거나 현재의 크리스천 학자가 이 문제를 다루었는가? 낙태 찬성론자 중에 복음주의 크리스천은 거의 없다. 하지만 이런 문제에 대해 별로 맞지도 않는 성경 본문에 불완전한 지식과 신앙을 적용하느라 애쓰는 예수 믿은 지 얼마 안 된 인종 철폐론 지지자인 대학생을 상상해 볼 수는 있다. 그러나 교회에 대한 하나님의 은사는 보통 사고의 범주를 넘어 어렵고도 논쟁의 여지가 있는 문제를 탐구하는 사람에게 임한다. 쉐퍼(Schaeffer)

와 쿱(Koop)의 저작은 그 전략적 가치와 실례를 제시하고 있다.

　이 입장과 이론은 절대적인 도덕이나 가치 기준에 도전하는가? 학생들과 '절대적인 기준'에 대해 논의한다고 가정할 때 교사는 특별한 계시에서 이끌어낸 특정한 본문으로 그 주장을 도출해 낼 준비가 되어 있어야 한다. 그러나 고대 이교도 재판에서 현대의 분리주의에 이르기까지 교회의 고질적인 경향은, 인간의 상대적인 해석을 하나님의 절대적인 기준으로 분류하여 행동 규정을 성문화해왔다.

　반면 상대주의는 모든 절대 기준을 편의와 현 상황의 미명 아래 자의적으로 해석해버리는 극단적인 성향을 가지고 있다. 예를 들면 혼전 성경험은 순결의 절대적인 가치를 확신하는 성경적인 크리스천에게 항상 비난받아 왔다. 사회의 변화하는 기준은 크리스천에게 어떤 도덕적인 기준도 제공하지 않는다. '시대는 항상 변하기' 때문이다.

　성에 대한 젊은 세대의 태도는 부모들과 현격하게 다르다. 폴스터 다니엘 양-커로비치(Pollster Daniel Yankelovich)는 이렇게 말한다. "1969년 대학생의 77%가, 1971년 57%가 혼외 성관계가 도덕적으로 잘못되었다고 생각했다. 1969년에 대학생의 42%가, 1971년에는 25%가 동성연애는 도덕적으로 그르다고 말했다. 1969년에는 대학생의 34%가 일시적인 혼전 성관계를 도덕적으로 잘못되었다고 생각했고, 1971년에는 25%가 잘못되었다고 생각했다. 이것은 성에 대한 혁명이 한창 진행중임을 보여준다."[5]

　크리스천 교사는 절대적으로 성경의 진리를 인정하는 입장에서 도덕을 규정하고, 주님과 말씀에 모든 결론을 복종시키는 맥락에서 생각해야 한다.

성령은 이 문제에 대해 나에게 명확한 관점을 제시해 주고 있는가? 첫 번째 네 항목을 이해한 다음에도 마음 불편한 의문이 남아 있을 수 있다. 전쟁이나 정당 방위의 문제를 생각해 보라. 성경은 이런 문제에 대해 진지하게 말하고 있지만, 수세기에 걸쳐 지성적이고 헌신된 크리스천들도 그러한 성경적 지식을 어떻게 해석할 것인가에 대해서는 의견을 달리해 왔다. 서로 모순된 가치처럼 보이는 것과 우리는 끊임없이 씨름하곤 한다. 불쾌한 선택을 강요당한다면 어떤 희생을 치러서라도 가족을 보호할 것인가, 아니면 살인이라는 것을 거부할 것인가? 조국의 자유와 안전을 위해 싸울 것인가, 아니면 비무장 상태에서 다른 사람이 내 안전을 지키도록 해야 하는가? 이런 문제에 대해 성령께서 조용하게 그러나 확고한 내적 확신으로 가르치시는 방법에 따라 결국은 우리 스스로 결정해야 한다. 하나님의 말씀과 원리에 이기적인 마음을 복종시킨다면 그런 결정을 내릴 수 있다.

기독교적인 가정(假定)들을 채택하라

그 가정이 어떤 것이며 무엇을 포함하는지 설명할 수 있어야 한다. 다음 이야기들은 주의를 환기시키기 위해 모든 교사들이 유의해야 할 것들이다.

궁극적인 실체는 개인적이고 주권적이며 삼위일체이신 하나님께 있다.

절대적인 진리는 하나님 자신이 시작하셨고, 오류 없는 계시인 성경으로 인간에게 제시된다.

하나님께서는, 인간은 하나님의 형상을 따라 창조되었고 그 후 죄 때문에 타락했으며, 십자가로 구원을 받았다고 선언하신다.

가치는 사회나 다수의 표결에 의해 결정되는 것이 아니라 하나님의 계시의 한 부분에 의해 확인된다. 요컨대 기독교의 가치론(원리)은 기독교 인식론(지식)에 의해 결정된다는 것이다.

역사의 의미는 하나님의 계획과 능력에 중심을 둔다. 그루투이스(Groothuis)는 이렇게 말한다. "모든 일에 대한 하나님의 질서는 인간과 우주를 향한 하나님의 계획의 완성 과정이다. 구원의 드라마는 타락의 비극에 뒤따르는 것이다. 역사는 무의미한 우연이 지배한다거나 개인과 상관없는 필연이 아니라, 그리스도 안에서 시간과 공간 속으로 들어와(요 1:18) 하나님 안에서 가장 분명하게 보여지는 하나님의 통치가 펼쳐지는 것이다."[6]

불신앙의 구조는 더 호전적인 자세로 시대를 뒤흔들고 있기 때문에 학생들은 지성을 계발시켜야 한다. 지식의 폭발과 제도 교육에서 미숙한 부분을 여지없이 드러내는 이교주의로 선두에 서 있는 교사들의 영향을 받은 우둔한 비이성주의를 생각해 보라. 전통적인 이교주의와 부두교의 대학원에서 입증된 신비적인 문신에 이르기까지 우리는 그것에서 사탄을 볼 수 있다.

성경의 원리를 부정하는 것은 오늘날 흔히 볼 수 있는 도덕성의 결여를 가져온다. 버지니아 지사 찰스 랍(Charles Robb)은 125만의 십대들이 학교, 직장, 가정, 그리고 그밖의 기관들이 장려하는 가치에 적응하지 못하고 있다고 지적한다. 그는 가난한 어린이의 비율이 1970년의 16%에서 오늘날 22%로 증가되었다고 주장한다. 십대의 약물과 술의 남용은 1960년 이후 60배로 증가했고, 십대들의 살인과 자살, 범죄는 1950년 이후 계속 증가 일로에 있다. 교육 수준이 높은 나라에서 낙제하는 학생의 수가 점점 늘어나고 있으며, 제대로 고등학교를 졸업하는 학생 수도 줄어들고 있다.[7]

바울이 에베소 교인들에게 상기시켰듯이 문화의 나태함은 그릇된 사고에서 기인하기 때문에, 교사들은 이 영역에 뛰어들어야만 한다.

"그러므로 내가 이것을 말하며 주 안에서 증거하노니 이제부터는 이방인이 그 마음의 허망한 것으로 행함같이 너희는 행하지 말라 저희 총명이 어두워지고 저희 가운데 있는 무지함과 저희 마음이 굳어짐으로 말미암아 하나님의 생명에서 떠나 있도다 저희가 감각 없는 자 되어 자신을 방탕에 방임하여 모든 더러운 것을 욕심으로 행하되"(엡 4:17~19).

끝으로 모든 크리스천 지도자들에게는 훈련된 사고가 필요하므로, 학생들은 지성을 계발해야 한다. 훈련받은 생각 있는 사람은 믿음을 이성으로 대치시키지 않는다. 단지 합리적인 신앙 앞에 머리 숙임으로써 그 둘을 통합한다. 스토트(Stott)는 그러한 견해를 지지하는 마틴(Martin)의 말을 다음과 같이 인용한다.

믿음은 이렇게 정의될 수 있다 : 모든 것이 지적인 모양으로 사람을 위협해서 논파하도록 정해진 것처럼 보일 때, 믿음은 인간이 생각하기를 고집하는 것이다. 믿음이 적은 사람의 문제점은 자신의 생각을 통제하는 대신, 자신의 생각이 그밖의 다른 어떠한 것에 의해 쉽게 좌우된다는 것이다. 그는 하찮은 일에 안달한다. 그것은 본질상 근심이지 생각이 아니다. 그것은 생각이 없는 것이며, 생각하지 못하는 것이다.[8]

도마가 부활하신 예수님을 대면했던 사건을 통해 배웠던 것처럼(요 20장) 기독교는 연구를 필요로 한다. 감정만으로는 결코 충분하지 않다. 믿음을 옹호하는 말은 자칫 공격적으로 들릴지도 모른다. 그래서 생각하는 크리스천이라면 부당한 독단론은 피해야 한다.

오늘날 기독교 가르침으로 통하는 대부분의 것들은 학문적 성공이라는 미명 아래 숨어 있는 절대적 독단론 그 이상의 어떠한 것도 아니다. 전체적으로 통합된 생활 양식이 훈련된 사고에서 시작될 수 있도록 세속적이고 불합리한 이론에 저항해야 한다. 성도가 가치 있는 일을 생각하려는 자유를 끊임없이 훈련함에 따라(빌 4:8) 마음은 끊임없이 새로워진다(롬 12:2). 우드브리지(Woodbridge)는 다음과 같이 그릇된 분리를 보기 좋게 공격한다.

복음주의 크리스천들은 성경이 믿음과 실제에 대한 오류가 없는 규칙이라고 인정하지만, 그들 중 많은 사람은 자기들이 사는 일상적인 방식에 성경적인 가르침이 별다른 영향을 끼치지 않는 것처럼 믿음을 분리하곤 한다. 입으로는 건전한 복음주의 이론을 고백하지만, 행위로는 고백을 뒤집는다. 그들은 기독교 윤리에 따라 사는 일상을 의식적으로 노력하지 않는다.[9]

크리스천 학생이 지성을 소모할 수도 있는가?

의외로 그 방법은 다양하고 포괄적이다.

크리스천 학생은 부주의를 통해 지성을 소모할 수 있다

공부하는 것처럼 가장한 행동, 책임의 회피, 나태의 합리화 등 이런 것들과 더불어 그릇된 습관들이 하나님께로부터 온 이 놀라운 재능을 소모하도록 우리를 속인다. 기독교 학교와 기독교 대학을 나온 수천 명의 졸업생이 다음 해 기독교 지도자 명단에 전혀 등장하지 않는 것만 봐도 알 수 있다. 그러나 그 필요성은 너무나 심각하다.

일정한 교육 과정을 이수한 것은 하나의 방법을 터득했다는 것이다. 학교와 기관의 통제를 넘어서 그 방법들을 효과적으로 사용하는 것은 지식보다는 지혜와 더 밀접한 관련이 있다. 그렇지만 크리스천 학생은 자신의 현재 임무를 성경적인 관점에서 바라보아야 한다. 자신이 사역에 임하고 있고 주님의 일을 하고 있는 중이라는 사실을 기억해야 할 것이다.

크리스천 학생은 자만심으로 지성을 소모할 수 있다

생활의 모든 중심에 지성을 둠으로써 플라톤의 이상주의의 오류와 데카르트의 회상과 자아의 이교주의에 자신을 빠뜨릴 위험이 있다. 성경은 영적 교만이 무서운 죄라고 가르치고 있지만, 진지한 학문의 특권을 누렸던 사람들은 또 다른 함정인 지적 교만에 빠지기 쉽다.

가장 지적이면서도 의미 있는 겸손한 행위는 경건한 자세를 함양하는 것이다. 예수님께서 "너의 온 마음을 다하여 주 너의 하나님을 사랑하라"

고 말씀하신 것도 마음 가운데 경건한 자세를 지적하신 것임에 틀림없다. 생각하는 크리스천이 지적인 성공을 자신에게 돌릴 때 그것이 곧 자신의 재능을 소모하는 것임을 발견하는 것은 당연한 일이다. 그리고 자기 도취에 소모된 지성은 더이상 예수 그리스도 앞에 나아올 수 없다.

고린도후서 10장 5절은 교사들에게 길을 안내하는 나침반과 북극성 같은 역할을 한다. "모든 이론을 파하며 하나님 아는 것을 대적하여 높아진 것을 다 파하고 모든 생각을 사로잡아 그리스도에게 복종케 하니." 역사상 많은 위대한 지성인들 가운데 지성을 복종시키는 것이 무지나 거짓된 반(反)지성주의에 호소하는 것이 결코 아님을 안 사람들은 겸손한 크리스천들이었다.

크리스천 학생은 죄를 통해 지성을 소모할 수 있다

성경이 죄에 대해 반복적으로 경고하고 있지만 바울의 말보다 더 무서운 말은 아마 없을 것이다. "육신의 생각은 사망이요 영의 생각은 생명과 평안이니라 육신의 생각은 하나님과 원수가 되나니 이는 하나님의 법에 굴복치 아니할 뿐 아니라 할 수도 없음이라"(롬 8:6~7).

어떤 크리스천 학자들은 사탄이 술취함, 방탕, 도적질, 살인이나 욕심 같은 유혹으로 결코 공격할 수 없는 믿음의 요새가 있다고 주장한다. 그렇기 때문에 사탄의 도구는 자연스럽게 지적 교만의 날카로운 창이 되곤 한다. 사탄은 크리스천 학자들에게 자신을 존경하는 세상 사람들에게 자신의 사상과 말을 과시했던 느부갓네살과 헤롯의 현대판이 되라고 부추긴다.

반면 하나님의 말씀은 하나님께 마음을 두는 사람(사 26:3), 다른 믿는 자와 마음을 같이 하는 사람(롬 12:16), 자원하는 마음을 가진 사람(고후 8:12), 겸손한 마음을 소중히 여기는 사람(빌 2:3), 하나님께서 그의 마음속에 건전한 마음의 영을 창조하도록 허락하는 사람(딤후 1:7)에 대해 계속해서 적극적으로 말한다.

크리스천 학생은 독단주의와 완고함에 의해 지성을 소모할 수 있다

새롭게 되는 것은 변화의 과정이 필요하다. 성경은 영적인 성숙을 향해 나아가는 과정을 잘 보여주고 있다(롬 8:28~30, 고후 3:17~18, 벧후 3:18). 독단주의(Dogmatic)라는 단어 자체가 본래 가치를 떨어뜨리는 것은 아니다. 오히려 독단주의 연구를 조직 신학의 한 부분으로 인정하여 말하기도 한다. 그러나 요즘은 그 형용사형을 '엄격한' 이라는 단어와 나란히 사용하고, 또 다른 의미인 '타협하지 않는' 이란 말은 일부 크리스천 지도자에게 칭찬의 말로 받아들여지기도 한다. 낸시 바크스(Nancy Barcus)는 그러한 사고의 혼란을 이렇게 지적한다.

때때로 우리는 너무나 진지한 나머지 그것을 그르치고 마는 확신의 오류를 발견할 때도 있다. 자기 확신의 소리가 들려오기 시작할 때 우리는 경계해야 한다. 그 이상의 다른 해석이나 의미의 여지는 없는가 잘 살펴보아야 하는 것이다. 자신과 확신에 차 있는 사람은 문제를 보는 데 단 두 가지 방법, 즉 옳은 방법과 잘못된 방법, 좋은 방법과 어리석은 방법만이 존재한다고 생각할 것이다. 그래서 생각 있는 크리스천에게 공평하고 이성적이라는 인상을 주는 것조차도 실제로는 부당하다고 생각하며, 명석한 두뇌를 가진 어느 누구도 이 이상의 결론에 도달할 수 없다고 생각해

버린다. 만일 당신이 그런 자세를 가졌다면 주의하라. 이것은 매우 위험한 자세이기 때문이다.[10]

그래서 성령이 충만한 교사는 율법과 복음, 말씀과 성령의 균형을 추구한다. 더글러스 무(Douglas Moo)는 "회심으로부터 시작되는 새로운 사고 방식은 새로워지는 일정한 과정을 겪어야 한다. 크리스천 지성을 세우기 위해 하나님과 성경의 명령으로 기초적인 청사진을 제시하며, 성령으로 가득한 구원받은 마음은 그 명령을 언제, 어디서나 적용한다"고 상기시킨다.[11]

크리스천 학생이 지성을 소모하지 않을 수 있는 방법은 무엇인가?

건강을 유지하는 방법은 질병을 미리 예방하는 것이다. 마찬가지로 생각하는 크리스천이 지성을 소모시키는 대신 결정적으로 지성을 굴복시키는 방향으로 발걸음을 옮기는 긍정적인 방법도 있다.

시대의 불합리와 싸울 성경의 권위의 확실성을 인정함으로써 크리스천 학생은 지성의 소모를 피할 수 있다

25년이 넘도록 가르치면서 나는 학생들이 자연 계시와 특별 계시의 적절한 관계를 이해하는 것이 얼마나 어려운지를 번번이 체험했다. 어떤 학생은 성경 자체에만 얽매여 하나님께서 성경 이외의 다른 방법으로 계시하는 것의 중요성과 그 실체를 보지 못했다. 과학적 연구에 더 관심이 있는 어떤 학생은 학습 과정에 믿음의 원리를 적용하느라 애쓰기도 했다.

그러나 크리스천 사상가가 되려면 어떤 형태로든 신앙과 학습을 통합할 수 있는 수준에까지 이르러야 한다. 우리는 특별 계시의 눈을 통해 자연 계시를 볼 수 있어야 한다. 그러한 과정은 우리를 그리스도 중심의 생활로 이끌어 준다.

우리가 성경의 설명을 믿을 만한 근거로 여기면 여길수록 다른 경험이나 생각을 그 가르침에 따라 더욱 시험하게 된다. 우리는 공평한 마음, 인격 존중, 담대한 현실주의, 그리고 회복과 구원이 다른 사상가들이 제시했던 길보다 더 확실한 선(善)의 기초와 이상을 제시할 것이라는 가능성을 발견할 수 있다. 악에 대한 분명한 인식과 도덕적 책임의 실천 사이의 미묘한 균형과 확고한 소망, 선과 회복의 약속은 성경 이외의 그 어떤 곳에서도 찾아볼 수 없다.[12]

크리스천 학생은 이성과 신앙을 연결함으로 지력 소모를 피할 수 있다

이것은 앞에서 말한 것과 부합하지만 너무 중요하기 때문에, 나는 이것을 따로 분리시켜 논하려고 한다. 바울이 무지한 신앙에 대해 한 차례 언급한 적이 있다. "내가 증거하노니 저희가 하나님께 열심이 있으나 지식을 좇은 것이 아니라"(롬 10:2). 기독교는 참으로 합리적이긴 하지만 합리주의는 아니다. 또한 지적이기는 하지만 지성주의는 아니다.

지성은 믿음의 도구이다. 그래서 크리스천 지도자는 신앙이라는 강한 용사와 이성이라는 작은 소년이 함께 하이킹을 시작하라고 권고한다. 그러나 가는 도중 어디에선가 아마 산이 많아 어렵게 기어올라야 할 때 그

강한 용사(신앙)가 그의 등에 작은 소년(이성)을 업어야 한다는 기대가 포함되어 있다. 그래서 그루투이스는 "믿음/생각과 생각/믿음의 과정은 크리스천 지성의 중대 관심사이며 확신이다. 모든 크리스천이 기독교 세계관을 모든 생활에 구체적으로 적용할 정도의 지성이나, '너희 속에 있는 소망에 관한 이유를'(벧전 3:15) 의심하는 세상 사람들에게 전할 만큼 지성적일 필요는 없다"고 말한 것이다.[13]

크리스천 학생은 말씀 중심의 환경을 창조함으로써 지성을 소모하는 위험을 피할 수 있다

환경 조건이나 그 영향은 모두 실재적이다. 우리는 영향받기 쉬운 십대들에게 그들이 보는 TV 프로그램, 듣는 음악, 보는 영화, 둘러싸고 있는 친구들이 그들의 생활에 지울 수 없는 인상을 남긴다는 사실을 얼마나 자주 상기시키는가? 그러나 우리는 성인이 된 다음에는 그런 영향이 더이상 중요하지 않은 것처럼 행동한다. 법정은 모든 활동에 종사할 것에 동의하는 성인들이 자유를 주장하는 사건으로 꽉 차 있다. 그 활동 중 많은 것이 마음과 육신을 좀먹고 있다.

이런 방식에 반대하여 바울은 이제는 이런 낯익은 말을 했다. "모든 것이 가하나 모든 것이 유익한 것이 아니요 모든 것이 가하나 모든 것이 덕을 세우는 것이 아니니"(고전 10:23). 무(Moo)는 자신이 속한 환경은 새롭게 된 지성을 계발시키는 데 가장 중요한 요인을 제공한다고 주장한다.

크리스천은 새롭게 된 지성, 성령의 지성을 훈련하는 과정을 어떻게 하면 쉽게 할 수 있을까? 그 열쇠는 환경인 것 같다. 지성이 형성되는 분위기와 영향력은 무엇인가? 사고의 방향은 무엇이 결정하는가? 많은 크리스천 부모들이 자녀가 훈련받는 교육 환경에는 관심이 있으면서도, 막상 자신의 사고 방식에 영향을 주는 환경은 의식하지 못하거나 완전히 무관심하다. 엄청난 아이러니가 아닐 수 없다. 세속적인 텔레비전, 세속적인 광고, 세속적인 문학, 세속적인 생각에 끊임없이 노출되는 지성은 결국 세속적인 지성으로 변하고 말 것이다.[14]

크리스천 학생은 모든 것을 성령께서 통제하시도록 굴복함으로써 지성의 소모를 방지할 수 있다

이것은 중세 말의 신비주의나 요즘의 성령 은사론이 아니다. 성령께서 지성을 통제하는 것은 하나님과 그의 창조물의 관계처럼 신구약에 감초처럼 나오는 아주 오래된 진리다.

이 장 처음에서 나는 과거의 어두움을 거부할 것을 경고하는 에베소서 4장의 부정적인 본문을 말했었다. 바로 그 뒤에 이어지는 본문은 크리스천 사상가들에게 빛의 자녀처럼 살라고 상기시켜 주는 적극적인 개선책을 제시하고 있다.

"오직 너희는 그리스도를 이같이 배우지 아니하였느니라 진리가 예수 안에 있는 것같이 너희가 과연 그에게서 듣고 또한 그 안에서 가르침을 받았을찐대 너희는 유혹의 욕심을 따라 썩어져 가는 구습을 좇는 옛 사람을 벗어 버리고 오직 심령으로 새롭게 되어 하나님을 따라 의와 진리의 거룩함으로 지으심을 받은 새 사람을 입으라"(엡 4:20~24).

그랜트 오스본(Grant Osborn)은 이 본문과 로마서 8장을 비교하면서, "새로운 지성을 육체보다는 성령에 완전히 바쳐진, 성령의 견해와 성령의 가정을 나누는 것으로" 보았다.[15]

지성의 세움과 지성의 굴복에 헌신한 학생들을 계속 훈련시키기 위해서 안간힘을 쓰는 교사들은 다음과 같은 찬송과 기도를 의미 심장하게 드릴 것이다.

나의 구주 그리스도의 정신이 날마다 내게 거하게 하소서. 주님의 사랑과 능력이 내가 행하고 말하는 모든 것을 주장함으로써, 하나님의 말씀이 시간마다 나의 가슴속에 풍성히 거하게 하소서. 그리하여 모든 사람이 내가 주님의 능력 안에서 승리함을 보게 하소서.[16]

기독교적 통합은 영적인 지성에 의존한다. 그것은 독단론이 아닌 관용을 존중하며, 외침이 아닌 이성을 존중한다. 그리고 교사들은 그것을 성취된 이상으로 여기지 않을 것이다. 기껏해야 우리는 여행하고 있는 어떤 지점을 지적할 수 있고, 이전의 평가 지점에서의 위치보다 훨씬 진전되어 있을 것을 하나님의 은혜로 확신할 뿐이다. 믿음과 지성의 통합은 신비한 단어 '성찬식'의 영역에 속한다. 그것은 찬양과 예배이다. 아마 그것이 찰스 웨슬리(Charles Wesley)가 다음과 같이 마음속에 가지고 있었던 것이 아닐까.

이 시대에서 내가 이루어야 할 소명에 봉사하기 위해
나의 모든 힘들이 주의 뜻을 이루기 위해 전력하기를.

6 현대 학습 이론을 평가한다면

데이빗 L. 에드워즈(David L. Edwards)

가르침의 본질은 어떻게 정의될 수 있는가? 많은 교육학자들은 가르침을 과학이라고 말한다. 거기엔 사실 수집, 개념 정의, 원리 발견의 작업들이 있다. 먼저 기본 원리를 바탕으로 과학 기술을 발전시켜온 자연 과학의 연구 전통이 여기에 필요한 모형을 잘 제시해 주었다. 가르침을 하나의 과학으로 접근하는 사람들에게, 교실은 경험적인 연구에 근거해 전략을 발전시키고 완성하는 실험실 구실을 한다.

그런 견해와는 달리, 비슷한 그룹의 학생에게 똑같은 자료와 교수법으로 가르친 두 교사가 서로 다른 결과를 경험하는 것을 흔히 보게 될 때, 우리는 가르침을 하나의 기술로 볼 수도 있다. 이처럼 생각지 못했던 요소들이 있다면 능력 향상을 위한 좋은 방법은 훌륭한 교수법을 활용하고 있는 교육가들의 수업을 잘 관찰하는 데서 찾을 수 있을 것이다. 교수 원리의 이해는 실제적인 효과의 가치와 비교해 볼 때 그 다음으로 중요하다고 하겠다. '기술로서의 가르침'을 지지하는 사람들에게 교실은 교사의 독특한 교육 기술을 완성하는 작업장과도 같다.

스키너(Skinner)는 '학습 과학과 가르치는 기술'을 구별한 바 있다. 그는 지속적인 연구를 통해 보다 더 과학적인 가르침의 방법을 증명하려고 노력했으며, 가르침의 기술을 학생의 성취도 향상 수단으로 사용할 것을 권했다.[1] 더 정확하게 말하자면 가르침은 확실한 과학적 기초에 근거한, 실제로는 기교가 필요한 기술이라고 말할 수도 있다.[2] 교실 활동은 기존의 연구 자료를 활용해야 하며, 그 자료는 더욱 창의적이며 특별한 교수법으로 개발 적용해야 한다.

이 장에서는 교실에서의 가르침 향상을 위해 학습 과정에 대한 연구를 어떻게 활용할 것인지 살펴보려고 한다. 모든 연구는 가정과 분석으로 이루어져 있음에 유의하면서, 교사는 항상 성경 진리에 상반되는 과학적 연구 결과를 평가할 수 있도록 노력해야 한다. 따라서 그 이론의 전개 과정을 살펴보는 것은 도움이 될 것이다.

학습 이론

일반적인 정의에 의하면, 이론은 현상을 설명하고 예견할 목적으로 변수 사이의 관계를 설명함으로써 현상에 대한 의견을 체계적으로 제시하는 구조, 정의, 가정들로 구성되어 있다.[3]

이론의 발전은 문제 제기로 시작된다. 학습 이론의 경우, 제기된 문제는 인간의 지성이 어떻게 지식을 얻고 이해하느냐에 대한 것이다. 연구자는 이용 가능한 자료로부터 얻은 설명이나 가정을 공식화한다. 실험적인 검증은 가정의 타당성을 구체화하거나 부정하기 위해 필요하다. 반복적으로 실험한 연구가 확증을 더해 준다면, 문제 제기에 대한 연구는 그 해답을 얻게 되고 마침내 이론으로 성립된다. 학습 이론의 질적 여부는, 학습 과정에 대한 설명과 가장 효과적으로 지식의 습득을 높이는 가르침의 방법을 예견해 주는 능력에 전적으로 달려 있다.

그동안 여러 학습 이론이 제시되었고, 그 이론들은 제각기 가정된 구조와 정의 그리고 명제를 가지고 있다. 일시적으로 받아들여진 이론이 있는가 하면, 어떤 이론은 교육 정책과 규칙에 지속적인 영향을 주어왔다. 이것을 검토하면서, 우리는 이론 지지를 위한 실험적 증거뿐만 아니라 이론의 기초가 되는 명제가 무엇인지 살펴보는 데 초점을 맞추게 될 것이다. 먼저 문제를 좀더 단순화시켜, 변화를 이끌어내는 학습 이론의 근본적인 두 가지 요소를 고려해 보자.

개인의 발달

'학습'은 내적인 작업이지만, 그 효과는 외적인 행동으로 입증된다. 한 사람의 행동 방식에서 특정한 변화는 계속되어온 지식의 증거이자 결과이다. 힐가드(Hilgard)는 "학습은 일정한 분야에서 반복적인 경험으로 일어나며, 주어진 목표에 대한 잠재적인 행동의 변화"라는 고전적인 정의를 내렸다.[4] 따라서 한 개인이 어릴 때부터 어른이 되기까지의 발달은 점진적인 학습의 결과라고 볼 수 있다.

개인의 성장에 영향을 주는 외적인 그리고 내적인 힘의 상대성은 학습 이론에서 중요한 양대 이론이다. 개인의 행동은 환경과 경험의 결과인가? 아니면 인간 발달의 어떤 공통된 선례를 따르는 것인가? 학습은 본질을 만드는 과정인가? 아니면 어린 시절 외부의 영향과는 무관한 능력을 계발하여 어른이 되었을 때에 그것을 발현하는 것인가? 이 두 가능성은 나름대로 과학적인 증거를 찾고 있다. 우선 이 두 이론을 살펴보기로 하자.

행동주의는 19세기 말 에드워드 L. 손다이크(Edward L. Thorndike)의 연구에 자극을 받았다. 동물을 대상으로 한 광범위한 연구에 기초해, 손다이크는 학습을 여러 경험들 중에 비교적 오래 유지되는 습득 능력이라고 말했다. 우리에 갇혀 있는 동물에게 어떤 특정한 행동을 하도록 요구해 보자. 그들은 시행 착오를 겪으며 도망갈 수 있는 여러 행동을 취한다. 같은 문제에 대해 시행을 반복함으로써 조금씩 그 시간은 줄어든다. 그것은 그 동물이 자극에 적절한 반응을 학습했음을 보여주는 것이다.[5]

손다이크의 '학습 법칙'은 연구 결과를 교육 실제와 관련시키려는 첫 시도였다. 그의 '훈련 법칙'은 교사가 학습 강화를 위해 훈련을 반복적으로 연습하도록 하는 것이다. 왜냐하면 반복된 행동은 장래에 의도된 반응을 유도해낼 수 있는 가능성을 증가시키기 때문이다. 또 그의 '효과 법칙'은 더욱 영향력이 있음이 입증되었다. 효과 법칙은 학습자가 경험한 상대적인 만족과 성취를 결합시키는 것으로써, 보상과 동기가 학습에 필요하다는 것을 시사해 준다. 손다이크의 연구는 외적인 자극으로부터 학습이 일어난다는 신념을 강화시켜 주었다.

본능에 가까운 행동 모형조차도 훈련을 통해 수정될 수 있음을 보여준, 러시아 심리학자 이반 파블로프(Ivan Pavlov)의 유명한 '개' 실험은 더욱 많은 지지를 받았다. '조건'의 원리는 그 실험의 조건을 넘어 적용할 수 있는 학습 과정을 설명해 주고 있다. 이런 논리에 의해, 인간의 발달이 단지 환경의 소산물이라면 아무리 어린아이라 하더라도 무엇이든지 성취할 수 있다는 결론에 이르게 된다.

왓슨(Watson)은 다음과 같이 말했다.

"나에게 건강하게 잘 자란 12명의 어린아이를 준다면, 나 자신의 특정한 세계에서 그들을 양육하고 훈련시켜, 재능, 취미, 성향, 능력, 직업, 조상의 인종에 상관없이, 내가 선택한 전문가, 즉 의사·변호사·예술가·상인·거지·도둑으로 만들 수 있다."[6]

그러므로 행동주의자는 인간 발달에 지대한 영향을 주는 요소로서 외적인 힘에 의존하는 한 극단을 이루고 있다.

학습은 태어날 때부터 끊임없이 성숙하는 한 요소가 된다. 어린아이는 먼저 보고 듣는 것을 배우고 후에는 걷고 이야기하는 것을 배운다. 또 사회적인 환경에 동화되고 기본적인 기술을 개발하기도 한다. 행동주의가 옳다면 우리는 새로운 행동주의자가 나타나는 만큼 상당한 다양성을 기대할 수 있을 것이다. 특별한 경험을 바탕으로 다양한 배경을 가진 어린이들이 발달되어감에 따라, 개인마다 성숙도의 여러 패턴을 보여주어야 한다. 그러나 어린이들에 대한 비교 연구는 문화, 인종, 가정 환경 그리고 그밖의 외적인 요소에 의한 비교적 미미한 차이를 보여주고 있다.

예일대학의 아놀드 게젤(Arnold Gesell)은 임상 실험을 통해 두드러진 일관성을 기록한 지적, 사회적 그리고 신체적 성장 모형의 행동 규범을 펴내게 되었다.[7] 외적인 영향들은 아주 다양했다. 그래서 게젤은 발달 과정에 따라 환경의 다양한 영향을 효과적으로 제한하는 내적인 공통 요소를 이론화했다. 성숙은 내적인 시간표에 따라 꽃이 피는 것에 비유될 수 있다. 이 견해에 따르면 학습에는 효과적인 지도 기술과 더불어 개인의 적절한 준비가 필요하다.

행동주의자와 발달론자의 양극단 사이에는 중립의 입장을 견지하는 사람들도 있다. 현대의 대부분의 이론들은 이 두 극단에서 발견한 것을 수용해, 내적 요소와 외적 요소를 설명하는 학습 접근법으로 종합한다. 여기서 다시 두 극단 사이에 존재하는 중립의 입장을 살펴보자.

지식의 습득

모든 교육에서 공통적으로 나타나는 것은 교사가 학생에게 정보를 전달한다는 것이다. 그러나 학습 이론은 '어떻게'라는 개념에서만 분리되는

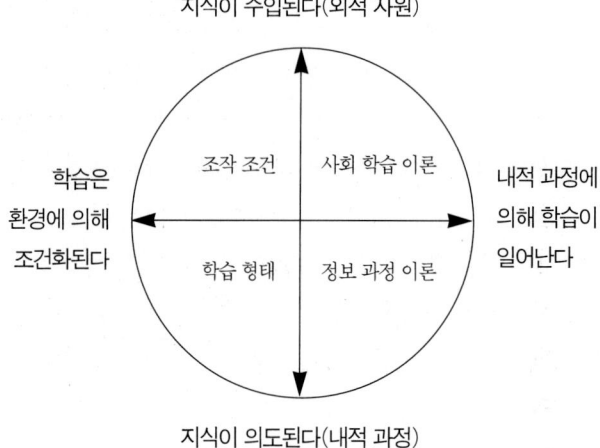

〈그림 1〉 학습 / 지식에 대한 가정과 관련된 이론들

것이 아니다. 지식 그 자체의 본질이 문제다. 〈그림 1〉에서 볼 수 있는 것처럼 지식이 어떻게 얻어지는가를 알기 위해서는 2단계의 그림이 필요하다. 한쪽 끝에는 외부로부터 개인에게 지식을 통합하는 학습을 전제로 둔다. 이것을 '주입 모형'이라고 부른다. 다른 끝에는 중요한 학습은 실제로 학습자 내부에서 일어난다는 확신을 둔다. 이것은 '수정 모형'으로 표시한다.

주입된 지식. B. F. 스키너(B. F. Skinner)의 연구는 교실 상황에 행동주의 이론을 적용한다. 그의 의도는 파블로프의 연구와 같은 고전적인 조건 이론의 원리들을 학습에 영향을 주는 적용으로 전이시키는 것이었다. 파블로프는 본능적인 행동 특성을 효과적으로 변질시켰다. 같은 기술로 사람을 학습시키는 것은 지식 활용을 효과적으로 도울 수 있을까? **조작 조건 이론**은 이와 같은 전제 아래 발전되어 왔다.

조작 조건에서 연구자(또는 교사)는 학습자가 특별한 자극에 어떻게 반응할 것인가를 사전에 정확하게 알지 못한다. 그러나 다양한 조작(임의의 반응) 가운데 예상했던 반응이 관찰될 때 교사는 결과를 조작함으로써 그 반응을 강화시킬 수 있다. 기대한 방식으로 반응한 주체는 보상을 받고(적극적 강화), 같은 자극이 또다시 주어지면 같은 행동이 일어날 가능성은 더 늘어난다. 스키너는 자극과 학습자의 조작 반응의 연결을 최대화하도록 강화 스케줄을 만들었다.

교실에서 적용할 때 교사는 학생들에게 매력적인 칭찬이나 보상, 과자 같은 보상 목록을 분명히 하는 것이 필요하다. 학생이 자극을 거부감 없이 대하거나 정확하게 대답함으로써 처음 자극에 적절히 반응할 때 그 행동은 즉시 강화된다. 교사는 또한 '소극적인 강화'를 통해 학습에 영향을 줄 수 있다. 그것은 벌이 아닌 선행의 결과로, 불쾌한 상태를 제거하는 것이다. 예를 들면 한 시간 동안 앉아서 열심히 생산적인 작업을 한 다음 얼마 동안 신체 운동을 허락하는 경우가 그것이다.

벌 또한 행동에 영향을 준다. 많은 조건 이론가들은 어린이들의 그릇된 행동에 어른들이 의도적으로 상처를 입히는 반응을 보이는 것을 두고 개탄한다. 어떤 연구에서는 지속적인 행동 변화를 일으키는 데는 불쾌한 결과를 적용하는 것이 강화보다 덜 효과적이라고 보기도 한다. 그러나 최근의 한 연구는 적절한 조건 아래서라면 벌이 더 효과적일 수 있다고 시사한다.[8] 그 대신 그릇된 행동을 한 학생에게 벌을 줄 때 그 안에 있는 좋은 것들을 잃을 수도 있다. 숙제를 끝마치게 하기 위해 어린아이를 쉬지 못하게 할 때 교사는 이런 딜레마에 빠지게 되는 것이다. 〈그림 2〉는 강화와 처벌의 관계를 보여준다.

조작 조건은 이론적이고도 계획적인 지도 기술을 필요로 한다. 스키너의 지도 기술을 지지하는 사람은, 즉각적인 반응을 접하는 학생들이 더 빠르고 더 영구적으로 습득한다고 가정했다. 초기 연구는 계획적인 학습이 갖고 있는 일관성 있는 이점을 보여주지 못했다. 그러나 컴퓨터가 도와주는 지도 기술은, 동기와 피드백을 통해 보여지는 행동에 대한 가정으로부터 많은 기대와 기능을 보여준다.

조건을 통한 학습에는 탐구 활동을 위한 시간, 교사의 인지와 반응을 위한 시간, 지속적인 행동 효과를 유도하는 강화의 시간 등이 필요하다. 경험에 의해 어떤 학습은 스키너 이론으로 설명될 수 없는, 시행 없이 훨씬 더 빨리, 즉각적으로 일어난다고 할 수 있다. 알버트 반두라(Albert Bandura)는 지도하는 그룹의 사회적 영향에 초점을 맞추는 의견을 제시

〈그림 2〉 강화와 처벌

		학생들의 반응의 매력	
		긍정적으로	부정적으로
학생들의 태도에 대한 반응으로 일어난 것	제시된 것	적극적인 강화 (칭찬, 상, 표시)	벌1(매, 비난)
	제거된 것	벌2(특권의 상실)	소극적인 강화 (변화된 환경)

했다. 강화는 개인적으로 뿐만 아니라 대신하여 성취될 수 있다. 사회 학습 이론은 네 단계로 나타난다. 교사의 설명이나 동료의 모범에서 배울 수 있도록 학습자는, (1)명령이나 지시, 도형으로 보여지는 적절한 반응과 같은 자극에 주의해야 한다. (2)기억 속에 적절한 단서를 기호화하거나 가지고 있어야 한다. (3)자극이 반복될 때 바람직한 행동을 정확하게 재현해야 한다. (4)모든 단계를 통해 수행할 동기가 주어져야 한다.[9] 사회 학습은 학습자의 마음에 외부로부터 지식을 전하는 다른 접근법을 필요로 하기도 한다.

고안된 지식. 학습이 자극과 반응의 연쇄 반응이라고 생각하는 파블로프의 연구 결과는 오랫동안 문제로 받아들여지지 않았다. 쾰러(Kohler)

는 영장류의 동물을 대상으로 연구한 실험에서 동물들이 임의의 활동에 따르지 않고 문제를 해결하는 여러 가지 예들을 관찰했다. 그 대신 그들은 그것을 이론화하는 것 같았다. 퀼러는 지성이 직접 학습 과정에 참여하는 증거는 통찰 가능한 이 능력이라고 보았다.[10] 긴밀한 전체에 정보가 이성적으로 통합될 때 그 해결책으로 학습이 이루어지는 것이다.

패턴이나 유형에 해당되는 독일어인 게슈탈트(Gestalt) 이론 지지자들은 단순히 도식적인 이론을 만들지 않는다. 학습이란 분명한 실체의 개념들을 만들기 위해 많은 감각 정보의 복잡한 과정과 관련이 있다는 것이다. 과거 사건들의 회상이 기억의 잔재로 저장되어 시간이 지난 다음 화일의 여러 항목처럼 상기된다. 이런 기억들은 정확한 통찰을 이끌어낼 수도 있고 방해할 수도 있다. 교사가 맡고 있는 교육적인 임무는 더 복잡하지만 통제는 약하다. 학습이 학생마다 가지고 있는 나름대로의 독특한 내적 과정에 주로 의존한다면 효과적인 지도 계획은 가능한 일인가?

스위스 심리학자 쟝 피아제(Jean Piaget)의 기술적인 연구는 그런 점에서 통찰력 있는 연구라고 할 수 있다. 자세하게 기록하고 분석한 수십 가지의 개인적인 관찰에 기초하여, 피아제는 어린이의 학습 능력은 나이에 따라 연속적인 단계로 발달한다고 말한다.[11] 각 단계는 모든 어린이에게 거의 일정하며, 본질적으로 문화나 경험에 영향을 받지 않는다. 네 단계(또는 다섯 단계)는 각각 인지 성숙을 향한 불연속 단계이다. 유아기 때는 정보를 체계화하고 조직화하는 능력에는 한계가 있지만, 언어 습득은 복잡하게 여러 가지 능력으로 확대된다. 전형적으로 인간이 이성의 모든 능력을 사용하는 것은 청년기에 이루어진다.

피아제의 이론에 따르면 인간의 마음은 **쉐마**(schema), 즉 지식의 그물을 형성함으로써 작동하기 시작한다. 이런 쉐마가 형성되고 두 가지 기본 과정이 확장될 때 학습이 일어나는 것이다.

동화(assimilation)는 기존의 쉐마 속에 새 정보를 고정시켜 준다. 예를 들면 아이는 애완 동물과의 경험을 바탕으로 새끼 고양이에 대한 쉐마를 만든다. 네 다리, 털, 꼬리와 같은 표면에 나타난 유사성 때문에 다른 동물들을 흔히 '새끼 고양이'라고 부르는 것이다. 꼬리를 가진 네 발 달린 모든 짐승이 '새끼 고양이'의 기준과 일치되지 않는다. 궁극적으로 그 깨달음은 동화를 가져온다. 이로써 '동물'이라는 더 새롭고 광범위한 쉐마가 개발되는 것이다. '새끼 고양이'는 '개'나 '참새'와 같은 하부 쉐마를 이룬다. 지식은 환경과 관계없는 전달로서라기보다는 근본적으로 정신 작용, 체계화, 조직화 등 상호 관계있는 것으로 얻어지게 된다.

〈그림 3〉 피아제의 인지 발달 단계

단계	연령	특성
감각 운동기	출생~2세	간단한 지각과 운동 기술. 간단한 반사 운동에서 좀더 조직적인 운동으로 진전.
전조작 단계	2~4세	개념 발달을 도울 수 있는 단어 사용. 분류하고 범주화하는 것을 배움.
직관 단계	4~6세	일반적 인상으로부터 결론을 만든다. 개념을 형성하기 위해 언어에 덜 의존한다.
구체적 조작	7~11세	구체적인 대상의 조작과 관련된 논리를 사용, 결과를 상상할 수 있음.
형식적 오락	11~14세	추상적이고 구체적인 생각을 할 수 있다. 귀납적인 추리뿐만 아니라 연역적으로 다룰 수도 있다.

두뇌 연구. 학습 이론과 관련 있는 것으로, 학습에서 인간의 두뇌와 그

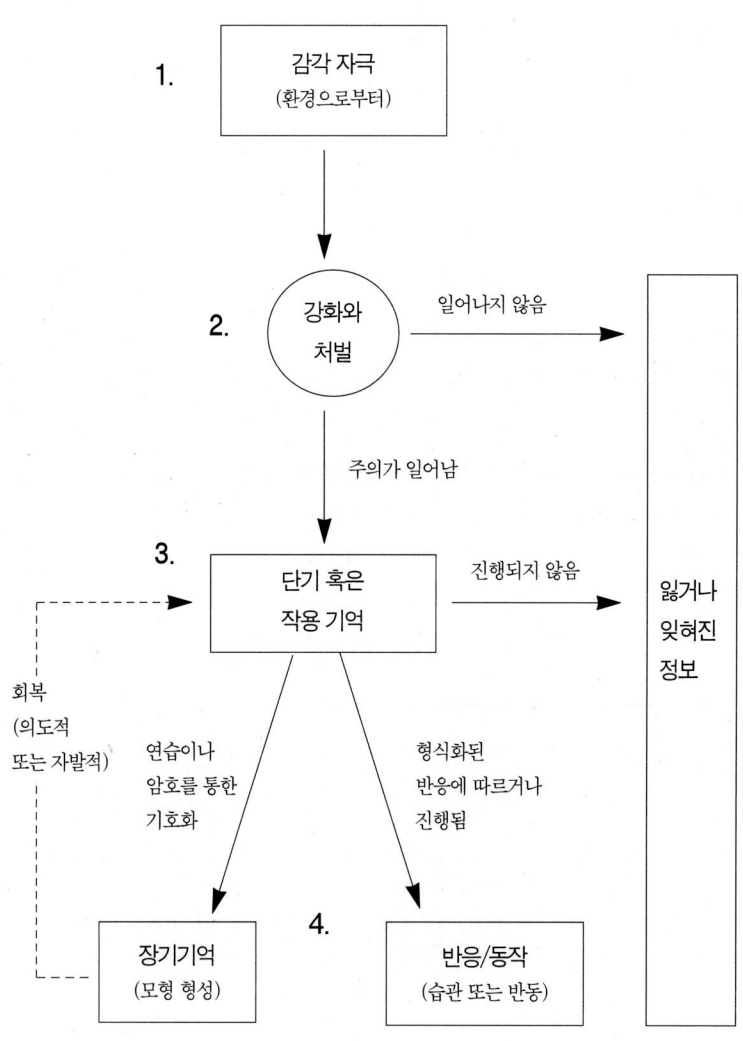

〈그림 4〉 기억 기능 모형(인지 과정)

역할에 대한 이해를 넓히는 것을 목적으로 한 연구다. 이 놀라운 기관을 구성하고 있는 것은 수백 만 개의 신경 세포, 즉 뉴런이다. 마찬가지로 몇 개의 뇌의 하부 구조도 뉴런으로 나누어지며 각각은 별개의 기능을 가지고 있다. 그 중에서 가장 규모가 큰 외피는 기억 장소로, 가장 목적 의식적인 인지 학습이 일어난다. 외피 자체는 앞에서 뒤로 달리는 중앙 열구에 의해 나뉘어진 두 부분으로 구성된다. 그 두 반구는 정보를 서로 다르게 처리한다. 왼쪽 반구는 논리적, 분석적, 그리고 연속적으로 생각하고, 언어와 상징을 효과적으로 다룬다. 즉 현재의 맥락 속에서 작용하는 것이다. 이와 대조적으로 오른쪽 반구는 경험적으로, 종합적으로, 그리고 예술적으로 생각하고, 이미지와 그림을 다룬다. 즉 그것은 창조하고 직관하는 기능이 있다.

손상당하지 않는다면 두 반구는 원활하게 정보를 교환한다. 그러나 사람들은 몸으로 하는 일에서 오른손 잡이나 왼손 잡이로 개발되듯이, 정신 작용에서도 어느 한쪽 반구를 선호하는 경향이 있다.[12] 독서와 수학을 비교적 능숙하게 하는 것은 왼쪽 뇌가 발달한 사람의 특성이다. 오른쪽 뇌가 우세한 사람은 대체로 예술이나 음악에 재능이 있으며, 과정을 이해하지 않고 정확한 답을 선호하는 경향을 보여준다.

두뇌 연구 결과, 기억은 단지 자극을 보유하는 것보다 훨씬 더 복잡한 것으로 나타난다. '기억'은 단 하나의 사건으로 일어나는 것이 아니라 〈그림 4〉에서 요약한 것처럼 연속적인 그물망 체계이다. 매순간 우리의 감각에 영향을 주는 외부의 자극 중에 아주 적은 부분만이 실제 우리 의식의 주의를 끈다. 이 식별 기능은 또 다른 신경 구조인 망상 활동 조직(reticular activating system)에 속한다. 이 체계를 통과한 감각 인상은 단기 기억 속으로 들어간다.

지속 기간과 용량이 제한되어 있는 단기 기억은, 필요하다면 반사성 신체 반응을 불러일으키거나 정보를 장기 기억으로 통과시키며 부적절한 정보를 버리기도 한다. 단기 기억은 들어오는 감각을 분류하는 정신적인 작업대로 작용하여 10여 개의 정보를 몇 초 동안 보유한다. 정보를 보유하는 학습자에게 감각 자극은 (1)주의를 불러일으켜야 하며, (2)단기 기억에서 장기 기억으로 넘겨야 하고, (3)효과적인 재생을 위해 하나나 그 이상의 정신적인 쉐마를 가져야 한다. 함축적으로 가르치는 방법과 표현하는 문맥은 기억과 반구의 처리 과정에 강한 영향을 준다.[13]

성경적인 관점의 개발

생활과 사역에서 성경 지향적인 교사는 진리의 고결함을 영원한 의무로 여긴다. 모든 진리의 궁극적인 근원이신 하나님께서는 당신이 창조하신 우주에 그 진리를 부여하시고 거듭나지 않은 사람에게조차 그 진리의 요소를 드러내신다. 그렇기 때문에 크리스천들은 인간 행동의 경험적 연구가 가져온 유익한 결론이 갖는 가능성을 임의로 무시하지 말아야 한다. 또한 크리스천은 진리가 성경에 더욱 명백하게 선언되어 있음을 이해해야 한다. 일반 계시의 진리는 특별 계시를 통한 진리와 일관성을 이루고 있어야 한다.

진리를 통합하는 데 있어서 우리는 위험한 두 가지 경향을 경계하고 피해야 한다. 첫번째는 성경만을 교육에 일관성 있게 접근하는 안내자로 삼고 유일한 것으로 여기는 것이다. 성경은 사람을 신앙과 영적 성숙으로 인도하는 데 있어서 가르침의 역할을 강조하고 있지만 효과적인 방법에 대해서는 별로 말이 없다. 또 다른 위험은 성경의 진리에 비추어 검토해 보지 않고 과학적인 지식을 의심 없이 받아들이는 것이다. 행동 과학의 판단에 상당한 주의를 기울여야 하기 때문에, 이제는 성경적 요소를 말할 차례이다.

기독교적 가르침을 말하면서 마크 페케마(Mark Fakkema)는, 교육에 대한 성경적 안내로 그가 이름 붙인 '세 가지 기초석' 즉 창조, 죄 그리고 구속에 일차적으로 초점을 두라고 강권한다.[14] 이 근본적인 이론은 성경적 관점에서 비롯된 전체적인 학습 이론에 기여한다.

성경의 기록에 의하면 인간은 진화의 우연한 소산물이 아니라 하나님의 목적에 따른 직접적인 창조물이다. 성경 제1장은 영성과, 생각하고 알고 의도하는 능력을 가진 이성을 포함하여 하나님을 닮은 인간의 모습을 분명히 언급하고 있다(창 1:26). 인간의 지성은 무한한 하나님의 지성을 유한하게 반영하고 있다. 그러나 인간의 지성은 비이성적인 창조물들의 비이성적인 수준을 뛰어넘을 수 있는 잠재력을 함축하고 있다.

인간의 지성을 신체의 한 부속물로 여기는 관념은 하나님의 형상대로 창조되었다는 생각과 양립될 수 없다. 그래서 우리는 왓슨이 표명한 다음과 같은 입장을 전적으로 반대하는 것이다. "행동주의자는 인간과 짐승 사이에 경계가 없다고 인정한다. 그는 그의 실험실에서 지성을 찾을 수 없었을 뿐만 아니라 그 어디에서도 볼 수 없었다."

이와는 대조적으로 사도 바울은 영적 변화에 필요한 지성의 역할을 강조한다(롬 12:2). 결과적으로 그는 교회의 가르치는 의무에 우선권을 두었다.

죄는 타락 이후 인간의 영적 능력뿐만 아니라 지적 능력에도 부정적인 영향을 주는 피할 수 없는 실체를 대표한다. 이 내적 불완전성이 지식의 습득과 보유에 영향을 주며 특히 하나님에 대한 지식 면에서 더욱 그러하다(고전 2:14~16). 기독교 교육에서 가장 중요한 것은 양육 이전에 반드시 복음을 전하는 것이다. 구원은 영적인 지식보다 선행한다. 구원에서 하나님의 자비와 성령의 역사를 떠나서는 진리를 인지하는 어떤 능력도 불완전하다.

학습 이론에 대한 성경적인 견해는 어떠한가? 첫째, 인격에 대한 본래의 모습은 인간이 지성이나 몸, 신체나 영이 아니라 하나의 통합체임을 강조한다. 학습 과정이 물리적인 차원과 정신적인 차원을 가능하게 해준다는 것은 이 통일체에 대한 성경의 강조로 분명히 밝혀졌다. 그 과정을 자세히 밝히는 것이 계시의 주된 관심사는 아니지만, 외부 자극에 대한 반응에 의해 지식을 습득한 지성의 모형은 스스로 존재하는 하나님의 형상을 가진 인간의 창조와 다소 관련이 있다. 가르침과 훈련에 대해 성경이 언급한 부분은 점진적인 발달을 암시하고 있다. 몇 단락은 교육으로부터 배우고 얻는 점진적인 능력을 강조한다(신 6:5~8, 눅 2:52, 고전 13:11). 끝으로 우리는 효과적인 훈련의 기본적인 요소로써 잠언에서 언급된 보상과 정당한 벌의 역할을 인정해야 한다.

성경적인 관점에서 볼 때 우리가 논의한 어떤 학습 이론도 특별하게 정통성 있는 이론이라고 할 수 없다. 그 이론들이 내포하고 있는 진리의 요소는 성경의 계시와 불일치하는 가정과 암시로 뒤섞여 있다. 기독교 교육학자라면 쭉정이와 알곡을 가려내기 위해 끊임없는 경계를 해야 한다. 그러나 학습 이론들은 과학적으로 가르치는 기술을 연구하는 데는 공헌하고 있다. 교육의 효과는 그 기술적인 이행에 달려 있다.

학습 이론들로부터 얻은 교육적인 교훈

학습과 가르침은 같은 것이 아니다. 그 중 하나는 나머지 하나와 독립적으로 일어난다. 그러나 가르침에서 교사의 접근 방법은, 넓게는 인간의 지적 기능에 대한 교사의 생각을 반영한다. 특히 교육 목적이 하나님의 계시가 나타내는 진리를 통합하는 것일 때, 우리는 고무적인 학습 효과를 위한 교육 방법이 필요하다.

모든 방법이 모든 교사에게 똑같이 효과적인 것은 아니다. 가르치는 기술은 교사와 학생 그리고 과목이라는 특별한 맥락에서 가장 적절한 전략을 찾는 데 있다. 교육 목적, 물리적인 환경, 자원 등과 여러 요소가 특별한 교수법을 사용하도록 결정한다. 몇 가지 연구에 기초하여 할 수 있는 제안들은 다음과 같다.

과제 분석(Task Analysis)

학습 방법을 찾으려는 시도는 가르침을 위한 한 가지 방법만을 찾으려 했기 때문에 거듭 좌절되었다. 과제가 신발끈을 묶는 법이나 산수 문제를 푸는 법 혹은 리포트 쓰는 법 등을 배우는 것일 때, 교육학자는 '방법'이 주로 '내용'과는 독립되어 있다고 생각한다.

가그네(Gagne)는 다양한 학습 요구에 따라 다양한 지도 방법이 채택되어야 한다는 것을 알아냈다.[15] 또한 교육적 시도에 상응하는 뚜렷한 목적들을 분류했다. 의도하는 결과를 분류하는 것은 효과적인 방법을 선택할 수 있도록 도와준다. 그는 다음과 같이 다섯 가지의 분명한 '학습된 능력의 다양성'을 열거하고 지도 목적을 요약했다.
 1. 기초적인 지적 기술을 부여한다(처리 지식).
 2. 어휘 지식을 확장한다(서술 지식).
 3. 인지 전략의 발달을 쉽게 한다.
 4. 태도를 향상시킨다.
 5. 신체적인 운동 기술을 고양시킨다.
 이와 같이 명시된 목표를 통해 교사는 교수 전략을 더 잘 선택할 수 있다.

 목록 중 첫번째 세 항목을 포함하는 인지 학습은 단계적으로 나누어 볼 수 있다. 학생들은 가장 낮은 단계에서 고전적인 조건화와 비슷한 과정에 따라 정보를 습득한다. 지시를 따르는 것과 글자와 숫자를 학습하는 것은 가그네가 '신호 학습'이라고 부른 것을 뜻하며, 신호 학습에서는 특정한 자극과 반응에 대한 연상이 시각이나 청각과 특정한 행동 사이에서 만들어진다. 몇 가지 간단한 행동을 결합시키는 것, 즉 연결시키는 것은 그 다음 단계다. 이는 단어들을 연결하거나 해야 할 연속적인 행동을 연결하는 것이다. 충성의 맹세를 암기하는 것과 차의 시동을 거는 등 일련의 지시를 따르는 것은 연결과 관련이 있다. 이 간단한 작업을 위해 교사는 적당한 연습과 강화 기술 같은 행동주의 요소를 찾게 된다.

 학교 학습의 많은 부분은 좀더 복잡할 필요가 있다. 학생들은 항목과 사실들을 분류할 수 있어야 하고, 개념을 형성해야 하며, 개념을 연결하는 규칙을 추론하여, 이 규칙을 문제를 해결하는 데나 문제를 평가하는 데 적용해야 한다. 실례를 사용하고 사회 학습 이론의 비슷한 요소를 사용하는 것은 효과적일 수 있다. 그리고 학생이 자신의 성취 전략을 시작할 수도 있다.

의미 학습

학습 이론가들은 대개 직접적인 지식 전달을 목표로 하는 가르침을 경시하는 경향이 있다. '가르치는 수단으로서 말해주는 것'에 반대하는 사람들은 그 경험적인 근거를 가지고 있다. 연구 결과에 따르면 기계적인 암기로 배운 자료는 빨리 잊어버린다고 보고하고 있다.[16] 그러나 데이빗 오수벨(David Ausubel)의 언어 학습 이론은 자료가 학습자에게 의미가 있을 때 기억이 향상된다는 것을 보여준다.[17] 오수벨의 전략은 의미를 높이기 위한 '전진적인 조작자(advanced organizer)'를 사용할 것을 강조하고 있다. 전진적인 조작자들은 학생들이 학습한 자료를 축적하여 기억하는 것을 돕기 위해 수업 전에 제공되는 정보로 구성된다. 이 예비 정보는 그 수업에 나오는 용어와 개념 정의를 포함하고 있다. 분석, 예화, 시각 자료의 명시화, 자세한 줄거리 제공 등이 그것이다. 오수벨의 전략은 피아제 이론의 인지 발달 접근을 기본으로 한다. 전진적인 조작자는 교과 내용에의 적응과 조절을 쉽게 해준다. 오수벨의 이야기를 들어보자.

만일 단 한 가지 원리에 모든 교육 철학을 축소해야 한다면 나는 이렇게 말할 것이다. 학습에 영향을 미치는 가장 중요한 단 하나의 요소는 학습자가 이미 알고 있는 내용이다. 이것을 확실하게 해주고 거기에 따라 그에게 가르치라.[18]

학습 유형

두뇌 연구는 학습이 고도로 개인화된 활동이라는 사실을 강조하고 있다. 우리는 각자 지식을 통합하는 독특한 전략을 개발한다. 그 전략은 내적인 성향, 경험, 그리고 과거에 교육받았던 방법을 반영하고 있다. 포괄적인 표현인 '학습 유형'은 다양한 접근 방법을 포함하고 있으며, 그 각각을 다른 학생들이 배우는 특정한 방식에 조화시킴으로써 더욱더 효과적으로 지도할 수 있다.

학습은 일반적으로 다섯 감각 가운데 하나를 통해 정보를 주변으로부터 통과시키는 것이 필요하다. 사람들마다 감각 지적 능력이 상대적으로 현저하게 다르다. 어떤 연구는 특히 나이가 어릴수록 강한 감각 양상을 가지고 있다고 말한다. 국민학교 학생 중 약 30%가 시각 정보를 더 잘 받아들였고, 25%가 청각 자료에 더 강한 반응을 보였다. 만지면서 학습하는 근육 운동 지각을 더 선호하는 15%의 학생들은 표정으로 말하는 근육에 특별한 주의가 필요했다. 나머지 30%는 뚜렷한 형식 없이 여러 종류의 감각에 적절한 기능을 보여주었다.[19]

학습 유형 연구는 학생의 성취도에 미치는 신체적 환경의 영향 또한 고려했다. 불안이 주의를 분산시킨다는 것은 새로운 사실이 아니다. 최근의 한 연구는 불안의 요소가 항상 명확하지 않다는 것을 밝혔다. 학생들은 빛의 높이와 방안의 소리, 온도, 시간에 따라 다르게 반응한다. 사회적인 맥락 안에서 선호하는 것, 즉 혼자 공부하기와 그룹으로 공부하기 등 다양하다. 유능한 교사라면 각 수업에서 개인적인 성향의 다양성을 인정하고 이용해야 할 것이다.[20]

결론

　가르치는 방법은 인간 지성의 본성에 대한 신념에 따라 다양하다. 행동주의 연구를 이해하는 것은 좋은 교육학의 필수적인 요소이다. 효과적인 교사는 가르치는 일에 중요한 학습 원리를 통합한다. 그러나 어떻게 가르치느냐 뿐만 아니라 무엇을 가르치느냐를 결정할 때, 교사는 인간의 특성에 대한 성경적인 견해에 의존해야 한다. 교사가 경험적으로 얻은 이론 구조를 교수 철학으로 통합하여 적용할 때만이 경험에서 얻는 이론은 이 타당성을 갖게 된다.

　기독교적인 가르침이 요구하는 것은 결코 쉽지 않다. 복음주의와 제자도의 거룩한 명령은 최대한으로 효과적인 방법을 사용할 것을 요구한다. 하나님께서 각 학생에게 주신 창의적인 독특성과 학습 과정을 서로 보완하며 작용하도록 돕는 지도 방법을 개발하는 것이 곧 성숙을 증명하는 길이며, 이것이 바로 가르침의 예술이다.

제 2 부

기독교 교수의 유형과 과정 세우기

7 아이들도 제대로 가르칠 수 있나요?

로버트 요셉 천 2세(Robert J. Choun, Jr.)

서문

성경은 하나님의 자녀들을 가르치라고 명령하고 있다.[1] 오늘의 어린이는 내일의 부모가 되며, 21세기 교회의 지도자가 될 것이다. 어린이 사역에 대한 필요성을 강하게 역설하는 다음 세 학자의 말을 생각해 보라. 그들의 논지는 어린이를 가르칠 준비를 할 때 도전과 함께 자극을 준다.

20세기 말이 가까워지면서 이 세계와 기독교 지도자들 모두가 어린이와 어린이 교육의 중요성을 크게 강조하고 있다. 부모는 자녀에게 교회와 학교에서 탁월할 것을 요구한다. 나는 기독교 교육의 가장 기본 단위라

할 수 있는 가정의 강건함의 중요성을 알고 있다. 따라서 교회에서 어린이를 고쳐 세우는 것이 훗날 그들이 성인이 되어 잘못을 고치는 것보다 훨씬 낫다.[2]

크리스천의 85%가 18세 이전에 예수 그리스도를 믿었다고 보고한 CCC(대학생 선교회)의 통계를 읽은 적이 있다. 따라서 교회의 목표는 어린이들을 교회 지체의 한 부분으로 훈련시키는 것이다. 우리의 소망은, 어린이들이 예수 그리스도를 구세주와 주로 믿고 그 안에서 성장하여 다른 사람을 가르칠 정도로 열매 맺는 것을 보는 것이다(딤후 2:2).[3]

성경은 부모에게 자녀를 가르칠 의무를 주었다(신 6:4~9, 시 78편). 무엇을 어떻게 할 것인가에 대해 부모를 훈련시킴으로써 교회는 부모를 도와야 한다. 그들을 주일학교에 보내는 것이 가정 사역을 위해 가장 좋은 방법이다. 부모들은 자신의 시간과 재능을 들이면서 체육 프로그램, 일, 놀이방, 여가 활동 등과 재정도 담당하고 있다. 가정에서도 이와 같은 자원을 기꺼이 투자할 수 있는가? 그것은 고도의 소명이라고 할 수 있다.[4]

성경의 명령과 이와 같이 언급한 세 목사의 이야기를 고려해 볼 때 이런 물음을 해 볼 수 있다. "하나님을 기쁘시게 하는 방법으로 어린이들을 효과적으로 가르칠 수 있는 방법은 무엇인가?" 여기에 교사와 부모가 이 임무를 훌륭하게 달성할 수 있도록 도와주는 계획이 있다.

어린이 지도를 위한 교육 순환도

교육 순환도는 효과적인 교수 사역이 계획되고 프로그램화될 수 있는 방법들을 제시한다.[5]

성경의 방법들

하나님의 계시는 자녀들마다 개별적인 반응을 하도록 요구하고 있다. 성경은 어린이 사역에서 무엇을 하라고 말하고 있는가?

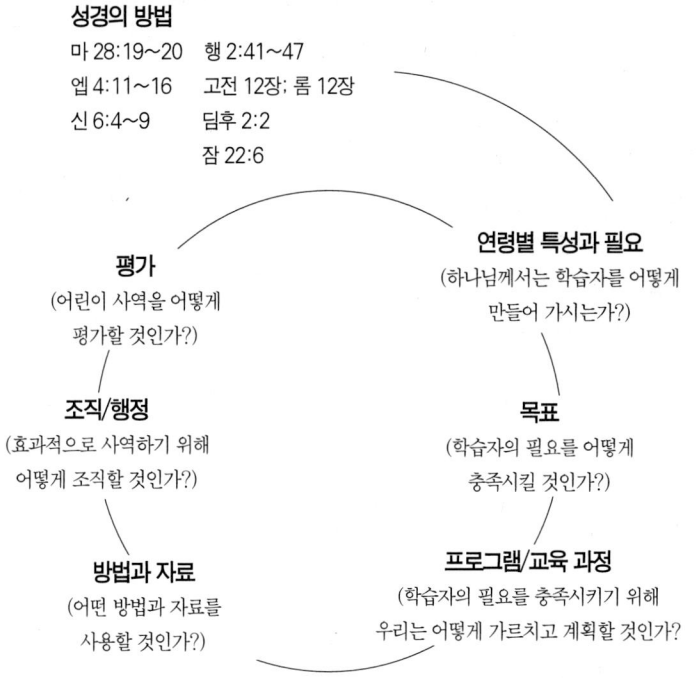

마태복음 28장 19~20절: 이 본문은 분명히 "제자를 삼으라"고 명령하고 있다. 제자를 삼으려 할 때 우리는 먼저 어린이를 포함하여 모든 사람에게 하나님의 말씀을 가르쳐야 한다. 이 본문과 관련있는 것은 복음을 모든 사람과 나누는 복음 전도와, 각 사람이 예수 안에서 성장하여 제자 만드는 사람이 되도록 돕는 "제자도"이다. 어린이들이 올바른 방법으로 양육된다면 복음 전도와 제자도는 효과적으로 이루어질 수 있을 것이다.

신명기 6장 4~9절: 모세는 자녀에게 하나님의 말씀을 부지런히 가르치되 평범하고 자연스러운 방법으로, 그리고 주요 방법으로는 생활 방식을 사용하여 가르치라고 부모에게 명령했다. 이는 경건한 성인의 모델을 제공할 뿐만 아니라 어린이 양육에 도움을 줄 것이다.

잠언 22장 6절: 이 짧은 잠언 말씀은 아이를 가르치는 것에 대한 간단한 통찰력을 제공한다. 교사는 어린이 마음속에 하나님의 방법에 따라 살며 하나님의 것에 대한 소망과 경험이 생겨나도록 기대해야 한다. 지도할 때는 어린이의 개성과 지적 능력, 신체적인 발육을 고려해야 한다. 어린이가 하나님 안에서 올바르게 양육된다면, 그 어린이는 자신의 궁극적인 소원을 하나님의 것에 둘 것이다. 이 잠언을 확대 해석한다면 이렇게 될 것이다. "하나님께 드리라. 그리고 그 나이에 맞게 어린이 마음속에 하나님의 것들을 향한 열망을 창조하라. 그러면 성숙하게 되었을 때도 영적인 훈련에서 떠나지 않을 것이다."

사도행전 2장 41~47절 : 이 단락은 성령의 오심과 교회의 시작에 대한 짧은 설명이다. 또한 여기에서는 신약 시대 공동체 생활 속에 있었던 네 가지 주요한 요소를 통해 오순절의 결과를 볼 수 있다. 믿는 자들이 기도하고 떡을 떼며 찬양하고 주를 경배하는 예배, 사도들의 가르침에 자신들을 헌신했던 교육, 복음을 전파할 목적으로 한 서로의 교제, 믿는 자들은 교화와 격려를 통해 그리스도의 지체로서의 자신을 표현했고 복음 전도를 통해 세상 사람들에게 자신을 표현했다. 이 네 요소가 어린이 사역에도 포함되어야 한다.

에베소서 4장 11~16절, 고린도전서 12장, 로마서 12장 : 이 세 참고 본문은 성령의 은사를 통해 어린이 사역을 완성하시는 하나님의 방법을 보여주고 있다.

에베소서 4장 11~16절에서 우리는 예수님께서 가르치고 전도하는 사람과 목회자에게 그의 교회를 주었음을 배웠다. 주님께서는 믿는 자의 하나 됨과 지체의 성숙, 그리고 예수님의 본을 따르게 하기 위해 그들에게 교회를 맡기셨던 것이다. 이 지도자들은 성도들에게 가정, 교회, 학교에서 어린이 사역을 포함한 여러 사역의 담당하도록 가르쳐야 한다.

고린도전서 12장과 로마서 12장은 잃은 자를 찾는 것만으로는 충분하지 못하다는 것을 가르쳐 준다. 그들을 돌보고 먹이고 성숙한 크리스천이 되도록 이끌어야 하는 것이다. 우리는 자원을 어디에서 구해야 하는가? 이 두 본문이 우리에게 해답을 주고 있다. 성령은 하나님의 백성에게 사역할 능력을 주어서 다른 사람이 그리스도처럼 성장하는 것을 도우신다.

디모데후서 2장 2절 : 바울은 예수님께서 다시 오실 때까지 기독교 신앙이 전파되기 위해 각 세대에 일어나야 하는 배가 사역을 설명하고 있다. 기독교 지도자들은 어린이 사역의 모든 면에서 교사와 부모를 가르쳐 올바른 가르침이 각 학습자의 수준에서 가능하도록 해야 한다. 그렇게 될 때 복음 전도의 순환이 완성될 것이며, 제자들은 또 다른 제자를 기르는 크리스천이 될 것이다.

연령별 필요와 성격

하나님께서는 어린이들을 어떻게 지으셨는가?

어린이 사역에서는 연령별 특성과 필요를 이해하는 것이 중요하다. 하나님께서는 어린이를 어떻게 지으셨으며, 우리의 어린이는 어떠한가? 누가복음 2장 52절은 예수님께서 자라가면서 지혜와(지적으로) 키가(신체적으로) 하나님과(영적으로) 사람에게(사회적·감정적으로) 사랑스러워 갔다고 말하고 있다. 다음 표는 유아기(출생부터 5세)와 아동기(국민학교 1~6학년)의 전형적인 특성과 필요를 나타내고 있음을 기억하라. 어린이는 여러 영역에서 서로 다른 비율로 성장하며 항상 인격체로 대우받아야 한다.

출생 ~3세[6]

특 성	필 요
1. 계속적인 활동.	1. 활동을 위한 공간과 기회.

신체적	2. 배고픔의 자각. 3. 자발적이고 충동적인 반응. 4. 예민한 신경 구조. 5. 허약한 건강 상태, 인내심 한계. 6. 성숙에의 차이. 7. 작은 근육들은 통합되지 않는다. 8. 몸에 비해 작은 다리. 약 60cm 정도의 키.	2. 어린이가 볼 수 있고 들을 수 있고 만질 수 있고 냄새 맡을 수 있고 맛볼 수 있는 물질 사용. 3. 흥미 중심. 다섯 가지 감각 모두 사용. 4. 서두르거나 긴장을 주는 요인들은 피한다 - 정적이고 차분한 프로그램. 5. 좋은 건강 상태, 휴식과 간식 시간. 6. 개인에게 알맞은 프로그램. 7. 큰 근육들을 사용 - 크레용과 종이 등. 8. 의자 크기를 알맞게 - 닿을 수 있는 범위 내에서 장난감 놀이 등.
지적	1. 반복적이거나 규칙적인 일을 좋아함. 2. 상상력이 풍부하고 암시적임. 3. 좁은 경험, 구체적인 생각, 사실에 충실한 생각. 4. 제한된 지식과 어휘. 5. 개발되지 않은 음악 능력. 6. 짧은 주의력(2.5~3분) 7. 신뢰할 수 없는 기억력. 8. 호기심. 9. 많은 질문.	1. 익숙한 것 사용. 2. 이야기 사용, 방법과 수단 제시. 3. 경험을 넓히고, 추상적인 것과 상징적인 것을 피함. 4. 물체와 그림 사용, 어린이가 쓰는 어휘 사용. 5. 음악 프로그램. 6. 다양한 동작 프로그램. 7. 중요한 부분 반복 - 간단한 지시문. 8. 호기심을 불러일으키는 자료 제시. 9. 질문에 간단히 대답, 자세한 설명은 피함.
사회적	1. 개인적, 자아 중심적. 2. 의존적이고 주의를 끌고 싶어함. 3. 모방적임.	1. 개인적으로 보살펴주고 자유로운 놀이 시간 제공, 사회적 의식 개발. 2. 끊임없이 주의를 요함. 어린이가 책임이 없다는 사실을 지각. 3. 적절한 행동의 모범. 태도의 중요성. 생활과 말의 일관성.

	4. 부정적, 다른 사람을 기쁘게 하려고 함, '싫어요'를 먼저 배움. 5. 씩씩한 놀이에 관심.	4. 긍정적 행동 인정, 일치, 공로 인정. 5. 방 안에 의미 있는 놀이 기구 설치.
감 정 적 · 영 적	1. 소심하고 감정적으로 예민함. 2. 애정. 3. 자연스러운 신뢰를 영적으로 일깨움. 4. 예배드릴 수 있음. 5. 두려움과 경이감으로 가득함. 6. 두려워함. 7. 영적인 분위기에 민감. 8. 감수성이 예민함, 감동하기 쉬움, 가르침을 잘 들음. 9. 옳고 그름을 분별하는 분별력이 자람.	1. 용납하는 안정된 분위기 조성. 2. 하나님께로 인도. 하나님과, 그들에 대한 하나님의 사랑을 의식하도록 개발. 3. 개인적으로 간식 제공. 사람에게 신뢰를 둠. 4. 하나님께 인도. 능력을 과소 평가하지 말 것. 5. 감각 경험을 유발, 색깔과 미의 감상, 기도 습관 계발. 6. 개념만으로 알고 있는 보호하시는 하나님을 바로잡아주기; 두려움을 극복한 어린이 이야기. 7. 조용하고 크리스천적인 분위기, 그들의 필요와 반응에 민감함. 8. 진실을 말하고 분명하지 않은 것은 어떠한 것도 가르치지 말 것. 9. 옳고 그른것을 분별, 옳은 것에는 보상, 하나님이 정한 표준.

4-5-6세

특 성	필 요
1. 급속히 성장, 극단적인 행동. 2. 작은 근육, 불완전한 운동, 기술의 개발.	1. 부단한 변화, 활동과 휴식을 섞은 프로그램. 2. 크고 건전하고 독창적인 재료 공급, 그림 그리기, 색깔 칠하기, 점토 놀이 등.

신체적	3. 건강한 습관 습득. 자신에 대한 책임감 발달 4. 건강 허약, 쉽게 피로함, 눈과 귀가 쉽게 긴장, 질병에 걸리기 쉬움. 5. 적극적인 감각 과정. 6. 자발적인 동작 반응.	충분한 공간. 3. 크리스천의 의무에 도전을 줄 것. 응석을 받아주지 말 것, 도와주지 말 것. 4. 지나친 자극이나 긴장을 주지 말 것. 위생 상태 주의, 검역에 의해 격리시킴. 부모에게 표준 건강 상태를 설명. 5. 크고 튼튼한 그림, 직접 경험하고 봄으로써 배울 수 있는 기회 제공. 6. 직접적인 활동, 강요하지 말 것.
지적	1. 짧은 흥미 시간(5~10분) 2. 지적으로 미숙, 할 수 있는 이상의 것을 하려고 함, 어휘는 짧지만 급속히 성장. 3. 호기심이 많음, 정보를 얻기 위해 수많은 질문을 함, 처음으로 생각할 줄 알게 됨. 4. 공간과 시간에 대해 제한된 개념을 가짐 - 영원한 지금. 5. 사고는 구체적이고 사실에 충실. 머리 속에서 사물의 그림을 만듦. 6. 고도로 상상적임.	1. 게임이나 이야기, 프로그램을 계획할 때 이 점을 명심할 것. 2. 이해할 수 있고 할 수 있는 것들 제공. 천천히 그리고 분명한 설명. 이해를 분명히 할 것. 단순하고 분명한 일상적인 일, 한정된 선택. 3. 모든 질문에 정직한 대답. 질문 뒤에 숨어 있는 이유를 찾을 것. 스스로 생각하도록 격려. 4. 역사나 연대에 대해 언급하지 말 것. 현재를 강조할 것. 알고 있는 것에 대해 설명할 것. 그들의 경험을 늘여줄 것. 5. 구체적인 용어 사용. 상징을 피할 것. 6. 상상력을 길러줄 것. 사실과 상상을 구별할 것.
	1. 개인적이고 부정적임. 2. 모방적인 언어·태도·습관 등. 교사가 어떤 사람인가 영향을 끼침.	1. 복종과 올바른 일을 함으로써 기쁨을 느끼도록 가르칠 것. 필요한 제한과 제약을 받아들일 것. 2. 일관성 있는 모범이 될 것. 수용하는 태도를 배울 것. 적절한 행동과 안내.

7장 아이들도 제대로 가르칠 수 있나요? 155

사회적	3. 그룹을 인식함, 극도로 사교적임, 사람과 함께 있고 싶어하고 사람과 함께 놀고 싶어함. 4. 활동에서 리더가 되는 것과 다른 사람에게 적응하는 것을 배움. 독립심이 많아짐. 시야가 넓어짐. 5. 다른 사람들을 배려할 줄 아는 어머니와 같은 본능. 6. 노는 것에 강한 흥미. 7. 즐겁게 해주려는 강한 욕구. 어른이 동의해 주기를 원함. 8. 이야기하기를 좋아함.	3. 그룹 활동의 기회를 늘일 것. 주고받는 의무를 가르칠 것. 둘러앉아서 하는 게임, 상호 협동 놀이. 4. 지도자 활동을 인정하고 격려할 것. 재치 있는 안내, 봉사 계획. 5. 기독교 미덕에 관한 교훈. 가지고 놀 인형과 동물. 인형으로 성경 이야기의 예를 들 것. 6. 다양한 상호 협동 게임을 제공할 것. 7. 그들에게 하나님께서 약속하신 일을 전함. 8. 이야기할 기회를 줄 것. 생각할 장소를 줄 것. 가르침의 단서로 사용할 것.
감정적 · 영적	1. 강렬한 그러나 일시적인 감정. 2. 사랑에 대한 강한 열망. 3. 남을 쉽게 믿음. 4. 경이로움으로 가득참. 5. 배우고 싶어하는 열망.	1. 부정적인 감정이 일어나는 것을 피할 것. 2. 하나님께서 그들을 사랑하고 돌보고 계심을 강조할 것. 부모로부터의 사랑과 애정을 전함. 3. 진리를 가르칠 것, 배우지 않은 것은 가르치지 말 것. 하나님을 신뢰하도록 격려할 것. 4. 경배하고 싶은 그들의 욕구에 자극을 줄 것. 기도와 성경, 하나님의 집에 대한 존경심을 심어줄 것. 5. 학습자가 영적인 진리를 받을 준비가 되어 있나 주의해 볼 것. 시간과 인내, 성인 지도자들의 관심과 이해가 필요함.

초등학교 1~3학년(7-9세)

	특 성	필 요
신체적	1. 성장이 느림. 작은 손, 근육이 완전히 협동하지는 않으나 향상됨. 2. 에너지와 활력이 오르내림. 무리하기 쉽다. 3. 질병에 걸리기 쉬움. 저항이 큼. 감염 질병 시기. 4. 활동 수준이 높고 한시도 조용히 있지 못함. 5. 예민한 감각.	1. 큰 근육을 사용하라. 쉽게 할 수 있는 쉬운 과제를 내주라. 보통 크레용을 사용하라. 2. 무리하지 않게 한다. 균형잡힌 프로그램. 배출구가 될 만큼 과도한 에너지로 활동할 기회. 3. 의심스러운 병 증세를 가진 아기와 가까이 하지 말 것. 사람이 붐비는 곳을 피할 것. 4. 다양하게 활동할 광범위한 기회를 제공하는 프로그램. 탐색 방법. 5. 보고 다룰 수 있고 가르칠 대상물을 제공하라. 직접적인 지식.
지적	1. 광범위하게 독서할 수 있는 능력. 2. 경험을 넓히고 능력과 정확성을 증가시키며 합리적인 힘을 개발. 3. 구체적이고 사실에 충실함. 추상적인 개념을 생각하기 시작. 4. 자아 통제를 배우고, 자아 평가를 적용.	1. 자료를 구분하고 학급을 나눌 것. 성경 읽는 법을 가르칠 것. 좋은 독서 자료 공급. 노래, 리듬, 자연과 실제 이야기, 희극, 라디오, 영화 등으로 즐겁게 해줄 것. 다양한 교수법을 채택할 것. 2. 다양한 경험의 제공. 문제에 직면하여 고심하고 그들 자신의 문제를 해결하는 데 합리적인 능력을 훈련시킬 것. 3. 이해의 범위를 넘어서는 상징을 피하고 실례를 많이 들 것. 4. 자아 통제(성령의 열매)의 즐거움과 그것에 의존하는 것을 가르쳐라. 기준을 세우고 방해를 극소화하라.

지적	5. 집중 시간 증대(7~15분).	5. 생각하도록 도전하며 비난하지 말 것.
	6. 기억력 증가. 현재와 현실에 대한 관심에서 과거에 대한관심으로 발전.	6. 의미 있는 기억력 프로그램. 그들이 무엇을 왜 기억하는가를 이해할 것. 그들 자신의 발달 수준에서 자연에 대한 이해와 흥미를 받아들일 것.
	7. 말이 몹시 많아지고 수다스러움.	7. 자신을 표현하고 대화할 수 있는 기회를 많이 줄 것.
	8. 지혜롭기보다는 열심이고 호기심이 강함. 배우기를 갈망.	8. 활동적이고 직접적인 준비, 구체적인 학습 상황을 통해 가장 잘 배움. 성실한 반응.
사회적	1. 의존적에서 독립적으로 계속 성장. 더 큰 의무를 가짐.	1. 책임질 기회를 제공하라. 의존감과 독립심을 적절히 섞도록 격려하라.
	2. 모방적이고 창의적임. 연극을 즐김.	2. 상황 놀이. 위대한 성경의 인물을 따르게 하라. 자신의 말로 글이나 노랫말을 써오도록 격려한다. 음악에 성경을 적용하라.
	3. 아주 쉽게 친구를 만든다. 그룹에 관심이 있다.	3. 교회 친구들을 사귀게 하라. 그룹의 계획을 초안하고 그룹의 구성원들과 협동하는 것을 배우게 하라.
	4. 쉽게 동정심이 일어남. 극히 예민하고 계급과 인종에 대한 편견을 보이기 시작.	4. 의견을 표현하는 데 있어 신중하라. 성경적인 관점에서 동정심을 지도하라.
	5. 즐겁게 해주고 즐거워하고 싶어함. 어른의 감정에 민감함. 명령을 받는 것을 싫어함.	5. 수용하는 자세와 방법을 점진적으로 발전시키도록 도와주라. 어른의 동의가 필요함. 격려, 칭찬, 따스함. 어른으로부터의 인내.
	6. 감정적으로 미숙하고 이기적이며 개인적임.	6. 반응할 수 있는 능력 이상의 것을 가르치지 말라. 그룹의 아이디어를 살려주라. 모든 생활에서 하나님 중심.
	7. 우호적이고 협동적임. 전심으로 접근.	7. 함께 일하도록 격려하라. 열심에 쉽게 전염됨.

	8. 강한 정의감. 자신의 차례와 권리를 요구. 몹시 경쟁적임.	8. 모든 결정에 있어 평등과 정의. 그들이 자신의 규칙을 만들도록 격려하라.
감정적·영적	1. 감정이 쉽게 일어나고 쉽게 동함.	1. 미움에 대해 적절하게 반응하고 사랑하는 감정을 갖도록 훈련시키라. 분별력을 사용하라.
	2. 옳고 그른 일에 관심이 있다. 흑백 논리.	2. 성경을 현실에 적용하도록 도우라. 잘못을 고백하는 일에 신실하라. 잘 한 일은 보상하고 잘못된 것엔 엄격하라.
	3. 충돌로 인해 쉽사리 믿거나 확신이 없음.	3. 주님께로 향한 믿음을 지도하라. 변함없는 친구인 하나님과 동행하고 신뢰하도록 하라. 권위에 기초를 두라.
	4. 죄의식, 구원 의식.	4. 개인적으로 응답하도록 그리스도를 소개하라. 수업 후에 접근하라.
	5. 천국과 하나님께 매료됨.	5. 그들 자신의 경험 속에 나타난 영적인 진리를 가르치라.
	6. 초자연을 인정함.	6. 실제로 일어났던 이상한 것들을 강조하라. 기적.
	7. 사랑과 안정에 대한 점진적인 갈망.	7. 그들을 향한 하나님의 보호와 사랑.

초등학교 4~6학년(10-12세)

	특 성	필 요
신체적	1. 풍부한 에너지, 급속한 성장, 무슨 일이든 하는 것을 좋아함, 행동 먼저 생각은 나중.	1. 할 수 있는 다양한 건설적인 일들 제공. 능동적이고 극적인 놀이. 자신의 행동에 대한 결과를 생각하도록 격려.
	2. 강하고 건강함.	2. 규칙적인 출석을 기대하라. 어려운 일을 맡김. 좋은 건강 습관의 개발. 규칙적인 간격으로 충분한 휴식과 좋은 음식의 섭취.

사회적	3. 시끄럽고 싸우기 좋아함. 4. 옥외 활동을 즐김. 5. 어렵고 경쟁적으로 일하는 것을 인정하고 개인적인 차이나 능력을 분명히 함. 6. 어린 아기와 성에 대한 흥미와 호기심.	3. 학생이 도착하기 전에 도착하라. 할 수 있는 일거리를 주라. 조용한 활동, 안정된 분위기. 4. 하이킹, 캠핑, 산책, 여행 등. 5. 과제를 통해 능력에 도전을 주라. 성경 배우기 활동. 게임 기술 면에 훈련. 6. 신체적인 변화에 대한 질문에 성실한 대답 준비. 수준에 맞는 성 교육.
지적	1. 강한 지역 의식과 역사 의식. 사실 학습. 2. 수집자. 3. 호기심이 강함. 다양한 관심사. 백일몽 4. 읽고 쓰고 말하기를 좋아함. 다양한 능력. 5. 특히 성인에 대해 비판적임 6. 논리적으로 합리화하는 능력개발, 다른 사람의 생각과 신념을 점진적으로 알게 됨. 7. 최고의 기계적 암기력. 8. 사실에 충실하고 상징을 이해하기 어려워함. 9. 잘하고 싶어하지만 누가 말리거나 억압을 받으면 흥미를 잃음.	1. 성경에 나타난 연대기와 지리를 가르치라. 여행 경로를 추적하고 지도와 시간대, 모형을 만들어 사용하라. 2. 가치 있는 취미에 흥미. 선교, 우표, 동전, 골동품 등의 수집. 3. 질문에 대답하는 것을 도와줄 것. 실제와 대치되는 여러 분야의 흥미를 돋울 것. 4. 훌륭한 독서 자료의 제공. 전기물 등을 추천. 작문을 요하는 성경 공부 활용. 5. 사고와 친절의 모범. 그들과 이야기하고 그 이야기에 귀를 기울이라. 6. 합리적인 설명이나 행동을 선택할 기회 제공. 다양한 교수법. 다른 견해 등의 평가. 7. 성경 암송을 향상시키라. 8. 사고를 분명히 해주기보다 혼란시키는 실물 수업은 피할 것. 9. 이미 시작한 것을 끝마치고 새 활동을 시도하도록 격려. 끊임없는 도전과 칭찬.
	1. 책임을 받아들임.	1. 특별한 책임과 특정한 의무를 맡고 있는

		직원이나 위원회와 더불어 수업을 조직화하라.
	2. 권위를 좋아하지 않음. 모임이나 놀이에서 강한 정의감에 대해 논함.	2. 위협이나 최후 통첩 첨가. 안내자가 될지언정 명령자가 되지 말 것. 소유나 다른 사람에 대해 존경심을 논할 기회. 인생에 있어서 일관성 훈련. 기독교적인 시민권, 충성.
사회적	3. 강한 군집 본능. 그룹이나 팀.	3. 학급이 모임처럼 되게 하라. 소속감과 관심.
	4. 이성에 대해 비웃음. 동성과 긴밀한 우호.	4. 학급을 남녀로 분리하라.
	5. 영웅 숭배. 감명받기 쉬움.	5. 자신의 영웅으로 그리스도를 소개하라.
	6. 소비 문제에 대해 훈련되지 못하고 현명하지 못함.	6. 훈련된 습관을 개발. 용돈을 벌고 관리하는 기회 제공. 개인적으로 옷을 입고 단장하는 의무의 교육.
	1. 두려움은 거의 없으나 많은 문제를 가짐.	1. 무엇을 두려워해야 할지, 무엇을 두려워하지 말아야 할지 가르침. 사물에 대해 어떻게 느끼는지 배우라. 개인적인 상담.
감정적·영적	2. 성격이 급하고 자기 중심적임.	2. 분노의 원인을 피하라. 그리스도 중심의 생활.
	3. 애정을 겉으로 드러내는 것을 싫어함. 종교적인 감상주의를 싫어함.	3. 과시하지 말라. 영적인 문제에 대한 개인적인 상담.
	4. 예리한 유머 감각. 시끄럽게 떠듦.	4. 유머를 갖도록 하라. 즐거운 것과 즐겁지 않은 것을 평가하도록 가르치라.
	5. 죄를 죄로 인정.	5. 예수님을 죄에서 구원해주신 구세주로 가르치라. 좋은 일과 권할 만한 일에 대해 칭찬.
	6. 기독교에 대해 의문을 가짐.	6. 진실한 답변. 스스로 성경에서 답을 찾도록 도와주라.
	7. 종교에서 감정은 별로 중요시하지 않음.	7. 감정적인 이야기와 표현을 피하라.

8. 스스로 높은 표준을 설정하지만, 이상이 고정되지는 않는다.
9. 몹시 실제적이다. 격려와 영적 동기가 필요하다.

10. 가정 생활에 대한 염려 표현. 특히 사별이나 이혼 문제가 있을 때.

8. 당신 생활에 높은 기준을 만족시켜라. 성경적 기준 설정.
9. 듣는 사람이 아니고 행하는 사람이 되게 하라. 기독교는 어떻게 작용하는가? 가르침과 매일의 생활과 관련해 영적으로 성장하는 활동에 경건한 도움을 준다.

10. 어린이의 상황을 이해하고 민감하게 대처하라. 조롱하거나 비판적이지 말라.

이런 특정한 특성과 필요 이외에도 어린이들에게는 일반적으로 여섯 가지가 필요하다. 하나님의 말씀을 가르칠 때에도 이것을 고려해야 한다.

어린이에게는 **사랑**이 필요하다.
☐ 반갑게 대하고 이름을 불러 주라.
☐ 만지고 안아 주고 귀여워해 줌으로 사랑을 전하라.
☐ 이야기할 때 들어 주라.
☐ 어린이와 눈 높이를 맞추고 유지하라.
☐ 구체적으로 칭찬하고 자주 격려하라.

어린이에게는 **안정**이 필요하다.
☐ 긍정적이 돼라.
☐ 일관성 있게 훈련하라.
☐ 어린이가 잘 아는 활동을 하라.
☐ 하나님께서 변함없이 돌보고 계신다고 이야기해 주라.

어린이에게는 **인정**이 필요하다.
- ☐ 어린이 스스로 활동을 선택하도록 허락하라.
- ☐ 부정적인 감정을 가지고 있더라도 용납해 주라.
- ☐ 어린이의 행동을 용납할 수 없을 때라도 용납하라.
- ☐ 하나님께서 어린이들을 사랑하신다는 방향으로 대화를 이끌라.

어린이에게는 **훈련**(자기 통제)이 필요하다.
- ☐ 학급이나 가정에서 기대하는 것에 대해 현실적으로 일관성 있게 하라.
- ☐ 일관성 있고 분명하게 칭찬해 주고 격려하라.
- ☐ 그릇된 행동이 가져온 논리적인 결과를 경험하도록 하라. 결과는 그릇된 행동에 적절하게 해야 한다.

어린이에게는 **독립심**이 필요하다.
- ☐ 선택할 수 있는 몇 가지 학습 활동을 제공하라.
- ☐ 어린이 수준에 맞는 모든 자료와 기구를 배치한다.
- ☐ 어린이들이 스스로 할 수 있는 일을 대신해 주지 말라.
- ☐ 질문하고, 어린이가 혼자 할 수 있도록 돕는 대화를 하라.

어린이에게는 **가치를 인정해주는 일**이 필요하다.
- ☐ 어린이의 눈 높이에서 직접 이야기하라.
- ☐ 어린이에게 별명을 붙이지 말라.
- ☐ 어린이에게 정중하라.

☐ 전체 앞에서가 아니라 일대일로 행동 문제를 다루라.
☐ 어린이와 보내는 시간을 확실하게 하기 위해 교사와 학습자의 비율을 적절하게 정하라.

이러한 필요들을 만족시킴으로써 교사와 부모는 하나님의 말씀에 대해 이야기할 수 있을 뿐만 아니라 말하는 모형도 된다. 모형이 된다는 것은 하나님의 진리를 어린이에게 가르치는 아주 중요한 방법이다.

목표와 목적

어린아이의 필요를 어떻게 충족시킬 것인가?

교회, 집 그리고 학교 내의 가르치는 사역을 통해 이 필요들을 어떻게 충족시킬 것인가? 어린이 사역의 목표는 두 가지 영역으로 나눌 수 있다. 첫째 어린이에 대한 목표와, 둘째 가르침을 활용한 기관 즉 교회, 가정이나 학교의 목표가 그것이다.

목표를 발전시키는 한 가지 흥미로운 방법은 교회 지도자와 교사들이 한 주말을 계획 수립의 시간으로 보내는 것이다. 영적, 지적, 감정적, 사회적, 신체적인 각각의 영역과 각 연령/학년별로 의견을 모아 목표와 목적을 결정하라. 이 목표들은 지도자와 교사에게 다음 해를 위한 지침서가 된다. 이것은 또한 그 학년 말에 학습자의 생활 성취도에 대한 평가 기준을 제공할 것이다.

여기에 학교, 교회나 가정의 열두 가지 목표가 있다.

1. 어린이에게 하나님의 말씀으로 성경을 소개하라.
2. 중요한 성경 이론의 기초를 어린이의 정신과 영적 수준에 두라.
3. 어린이를 예수 그리스도께 인도하라.
4. 균형 있는 찬양, 지도, 교제와 표현 프로그램을 제공하라.
5. 내용과 적용 면에서 하나님의 말씀을 가르칠 기회를 가지라.
6. 연령 수준에 따른 어린이의 특성과 필요를 알고 이해하라.
7. 교사와 부모들을 계속적으로 훈련시킬 수 있는 프로그램을 만들라.
8. 교사와 학생을 적절한 비율로 배정하라.
  영아반 - 1~3세, 3~6세 - 1:6, 1~6학년 - 1:8~10.
9. 적절한 시설과 기구를 제공하라.
10. 어린이 사역에 대해 창의적인 방법과 재료, 선택의 다양성을 장려하라.
11. 방문자와 결석자를 점검하라.
12. 개선을 위해 특정한 목표와 더불어 강점과 약점에 따라 지도자, 교사, 학부모가 자신의 사역을 평가하도록 격려하라.

프로그램과 교육 과정

학습자의 필요를 충족시키기 위해 어떤 계획에 따라 어떻게 가르칠 것인가?

기독교 어린이 교육의 목표와 목적[7]

	출생~4세	5~6세	1~3학년	4~6학년
하나님	1.나를 사랑하신다. 2.모든 것을 만드셨다. 3.나를 돌보신다. 4.나는 하나님께 말할 수 있다.	1.사랑이시고 선하시다. 2.지혜이시다. 3.능력 있으신 분이다.	1.강하시고 믿을 수 있다. 2.거룩하시다. 3.용서하시는 아버지다. 4.하나님께 기도할 수 있다. 5.나를 돌보신다.	1.왕이시다. 2.나는 그분께 충성해야 한다. 3.율법을 주셨고 권위가 있으시다. 4.죄의 심판자이시다. 5.나를 위한 목적과 계획이 있으시다.
예수님	1.성탄절에 태어나셨다. 2.나의 친구이시다. 3.자라서 어른이 되셨다. 4.하나님의 아들이시고, 하나님께서 그를 보내셨다. 5.하나님이시다.	1.일상 생활에서 나를 도우시는 분이다. 2.내가 할 수 없는 것을 하도록 도우신다.	1.하나님이고 예수님이며 그리스도시다. 2.개인이 받아들일 수 있는 구세주시다. 3.어린이의 모범이시다. 4.신뢰할 수 있다.	1.최고의 영웅이시다. 2.나의 구세주시다. 3.나의 주인이시다. 4.공식적인 신앙고백의 대상이시다.
성경	1.하나님의 말씀이 담긴 책이다. 2.사랑해야 할 특별한 책이다. 3.우리에게 하나님을 기쁘게 해드릴 방법을 알려준다. 4.좋은 이야기들을 가지고 있다.	1.좋은 이야기들을 많이 가지고 있다. 2.우리에게 말해준다. 3.나의 언어로 배워야 한다.	1.기적 이야기가 있다. 2.내 인생에서 권위를 가지고 있다. 3.내 문제의 해결책을 찾을 수 있다. 4.암송해야 한다.	1.하나님의 표준을 알려준다. 2.배워야 할 연대기, 역사, 지리를 담고 있다. 3.내 문제의 해답을 알려준다. 4.일상 생활의 경건을 위해 사용되어야 한다.
교회	1.하나님의 집이다. 2.하나님에 대해 배우는 곳이다. 3.친구를 만나는 곳이다. 4.내가 속해 있는 교회다. 5.내가 행복한 시간을 보내는 곳이다.	1.큰 가족이고 나는 그 한 부분이다. 2.내가 책임을 가지는 장소다. 3.헌금을 통해 운용된다.	1.내가 책임을 맡고 있는 가족과 같다. 2.내가 배우고 싶어하는 모습이 있다. 3.내가 이해해야 되는 의식이 있다.	1.내가 회원이 되어야 하는 교회다. 2.나는 의무가 있다. 3.내가 내 친구에게 주님과 그 말씀을 소개하는 장소다. 4.경배의 장소다.
나의 생활	1.하나님을 기쁘시게 하기를 원한다. 2.다른 사람과 나누고 싶다.	1.내가 불순종할 때도 하나님께서는 나를 사랑하신다. 2.주님을 기쁘시게 해드리고 싶다. 3.생각과 동정, 나누는 생활을 통해 성장한다.	1.내 문제를 통해 하나님의 도우심을 구한다. 2.하나님의 뜻과 말씀의 관점에서 인생을 해석한다. 3.죄에 대해 슬퍼하는 태도를 가져야 한다.	1.하나님의 기준에 따라 살아야 한다. 2.다른 사람을 고려한다. 3.하나님께서는 내 생애의 계획을 갖고 계신다. 4.문제가 하나님의 말씀으로 해결된다.

어린이에 대한 이해를 바탕으로 프로그램을 계획하는 것이 학습자의 필요를 충족시킨다. 어린이는 어른의 축소판이 아니라 연령 수준에 따라 특별한 성격과 필요를 가진 독특한 인격체이다. 배우는 방법에 기초를 둔 프로그램은 이미 앞에서 언급한 성경의 명령들을 성취하는 데 도움을 줄 것이다.

성경은 두 가지 초점을 강조한다. 첫째, **복음 전도** : 어린이에게 다가가서 예수 그리스도를 구세주로 인정하도록 이끈다. 둘째, **제자도** : 하나님 말씀 안에서 성장하도록 이끌고 믿음을 나누도록 가르친다.

어린이들을 위한 효과적인 프로그램은 다음과 같은 지침들을 포함하고 있어야 한다.

1. 사랑과 수용. 돌보고 격려하는 지도자, 교사, 그리고 부모의 모형에 의해 어린이들은 하나님의 조건 없는 사랑을 느낄 필요가 있다. 가르치는 분위기는 사랑과 수용의 환경에 따라 결정된다.

2. 관계 세우기. 어린이는 개인적으로 깊은 관계를 통해 성경적, 신학적 진리를 배운다. 교사와 학생 사이에 관계가 없다면 프로그램은 아무 의미가 없다. 의미 있는 관계는 교사와 학생 비율이 작을 때 진전될 수 있다.

3. 적극적인 참여. 어린이는 오감을 사용함으로써 가장 잘 배운다. 학습은 수업에 적극적으로 참여할 것을 요구한다. 스스로의 발전을 통해 더 깊이 있는 기억력을 경험함으로써 어린이들은 적극적으로 참여하게 된다. 이러한 참여는 학습자가 성경을 생활에 적용하도록 태도 변화를 가져온다.

4. 생활에 적용. 교사와 부모가 학생들에게 하나님의 말씀을 생활에 적

용하도록 가르치는 것은 필수적이다. 야고보서 1장 22절에서 "너희는 도를 행하는 자가 되고 듣기만 하여 자신을 속이는 자가 되지 말라"고 했다. 학습 과정에서 지도하는 말과 활동을 같이 강조함으로써 하나님의 말씀이 어린이와 학생들의 생활에 실천될 수 있다.

5. 유도식 대화. 유도식 대화는 비공식적이지만, 계획적인 대화는 학습 활동이나 찬양 등 어느 때라도 가능하다. 이 방법은 성경적 내용과 함께 태도를 전해준다.

6. 선택. 어린이가 활동을 선택하도록 허락하는 것은 그들이 독립적으로 생각하고 자극을 받으며 학습 활동에 흥미를 갖도록 돕는다. 교실 안에서의 모든 활동이 하나님 말씀에서 찾은 같은 목적을 중심으로 이루어질 때, 어린이는 스스로 활동을 선택할 수 있고 성경 내용과 적절한 태도 그리고 생활에 적용하는 것을 배울 수 있다. 모든 어린이가 같은 방법으로 배우는 것은 아니다. 어떤 어린이는 수업을 위한 준비로 성경 사전을 찾는 도전을 더 좋아할 수 있고 어떤 어린이는 미술 활동을 즐거워할 수도 있고, 또 어떤 어린이는 수업 시간 동안 말씀을 배우기 위해 성경 암송 게임을 좋아할 수도 있다. 어린이들이 선택하도록 해주는 것은 배울 자유를 주는 것과 같다.

7. 전체 시간 교수. 첫번째 학생이 교실에 들어온 순간부터 마지막 학생이 교실을 떠날 때까지 학생들이 배우고 경험하는 모든 것은 수업 목표를 향해야 한다. 음악, 공작, 암송 구절, 이야기, 활동, 지도를 위한 대화들은 모두 명시될 수업 목표를 향해야 한다. 학생들, 특히 어린아이들에게 개념을 가르칠 때는 잘 가르쳐야 한다. 한 가지 개념을 알려주는 접근법은 그들이 일주일 동안 생활하면서 성경을 소화하여 그것을 자신의 생활

에 적용하도록 도와준다.

8. 대·소 그룹. 대개 어린이 사역에는 일하는 사람이 부족하다. 결과적으로 학급 규모는 크고 교사진은 부족한 형편이다. 교사와 학습자의 비율은 저학년일 경우에는 1:5~6명, 고학년일 경우에는 1:8~10명이다. 성경 말씀 나누기, 찬양, 게임 등에는 대그룹이 적당하고 성경 이야기, 학습 활동, 교사와 학습자 사이의 관계를 발전시키는 중요한 일 등에는 소그룹이 적당하다.

9. 단원별 학습. 어린이에게 가르치는 각 과는 소단원이라고 불리워지는 대단원의 일부다. 이 단원들은 하나님 말씀에서 나온 한 가지 목표와 주제에 초점을 맞추고 있다. 여러 방법을 통해 한 가지 주제를 배우는 것이 가장 효과적이기 때문에 대단원을 여러 소단원으로 나누는 것이 중요하다.

10. 교수 학습 과정. 어린이가 어떻게 배우는가를 이해하는 것이 가르치는 사역을 결정한다. 어린이는 직접 경험하고 활동적으로 참여하여 발견한 것을 통해 배운다. 예수님의 사역에 나타난 125가지의 가르치는 상황을 보면, 시간의 3분의 2 이상을 예수님께서 행하고 말씀하신 것에 반응하여 학습자에게 질문을 했다. 최고의 교사이신 예수님께서는 학습이 있으려면 말씀과 행동에 연관성이 있어야 한다는 것을 알고 계셨다. 예수 그리스도께서는 학습자들과 제자들에게 학습 과정에 적극적으로 참여할 것을 부탁하셨다. 예수님께 있어서 학습은 단지 전달하는 일뿐 아니라 그들을 세워나가는 과정이었던 것이다.

그러므로 어린이들을 위한 프로그램은 그들의 필요와 성경의 목표를 만족시키는 것으로 짜여져야 한다.

유아를 위한 시간표 - 출생부터 5세까지의 어린이

어린아이를 가르칠 때 시간의 양이나 목적은 다양할 수 있지만 원리는 동일하기 때문에 시간표는 대개 다음에 따라 비슷해 질 것이다.

1단계-성경 학습 활동(약 30~45분). 성경 학습 활동은 첫번째 어린이가 교실에 들어올 때부터 시작된다. 하나님 말씀에서 나온 목표에 초점을 둔 두세 가지 활동 중 한 가지를 선택한다. 유도식 대화와 거기에 따른 활동은 나머지 수업을 위한 준비일 뿐만 아니라 실제 학습이 되기도 한다. 이러한 활동은 성인 지도자가 있는 소그룹에서 일어난다.

2단계-찬양 시간(약 10~15분). 찬양 시간 동안 음악, 성경 암송, 헌금 그리고 그때까지의 수업 복습을 위해 그룹으로 함께 모인다. 찬양 시간이 끝나면 성경 이야기와 그밖의 활동 시간을 위해 매주 구성원이 같은 소그룹으로 나눈다.

3단계-성경 이야기와 활동 시간(약 10~15분). 소그룹에서 하는 성경 이야기는 매주 다른 방법을 사용한다. 활동 시간에 각 교사는 성경 이야기와 적용을 복습하고 강화시킨다.

4단계-마무리 시간(10분). 마무리 시간은 부모가 도착할 때까지 또는 다음 시간에 대한 광고를 할 때까지 여분의 시간을 제공한다. 보통 음악과 성경 암송의 복습, 정리 시간들로 짜여진다.

초등학생 시간표 - 1학년에서 6학년

1단계 - 성경 공부 시간(30~40분). 성경 준비 활동 : 두세 가지 준비 활동을 제시한다. 나머지 수업을 위해 어린이를 준비시킬 수 있는 활동들을 고안하라(사전 찾기, 지역 찾기, 예능 활동, 성경 암송 게임).

성경 이야기 : 어린이가 성경 이야기를 간접적으로 경험하도록 한다. 매주마다 방법을 다양하게 한다. 학습자는 그들이 서로 발견한 것을 나누고, 그리하여 학습에 관심과 동기를 가질 수 있도록 성경 시간에는 성경 준비 활동을 포함시킨다.

성경 적용 : 하나님 말씀에서 목표와 중심 진리를 이야기하고 성령의 능력으로 성경말씀을 학습자의 생활에 적용하도록 권한다. 각 어린이는 하나님의 말씀에 기초하여 변화받도록 도전받아야 한다. "이 과에서 내가 배운 것을 위해 지금 나는 무엇을 할 것인가?"

2단계 - 성경 공부 활동(15~20분). 성경 공부 활동은 성경 공부 시간에 배운 것을 복습하고, 상기시킬 필요가 있는 진리를 강화한다. 미술이나 드라마 같은 극적인 방법을 사용하라. 반복할 수 있는 이 기회는 학습과 적용에 필수적이다.

3단계 - 성경 나누기. 그룹으로 나누어 어린이들이 하나님 말씀으로부터 배운 것을 서로 나누도록 격려한다. 음악, 성경 구절 암기, 교사나 학생의 간증, 성경 공부 활동 중에 있었던 일들을 나누는 것은 가르치는 시간을 적극적으로 끝낼 수 있다.

4단계 - 학부모가 올 때까지. 교사는 대화를 통해 학생들과의 관계를 세우며 음악과 성경 암송 구절을 복습할 수 있다.

어린이들을 위한 프로그램은 다양성과 동시에 균형을 가져야 한다. 여기에 어린이들을 위한 1년 동안의 사역을 위해 도움이 되는 몇 가지를 제시해본다.

1. 주일학교는 하나님의 말씀을 가르침으로써 불신자에 대한 복음 전도 훈련과 제자 훈련을 시킨다.

2. 예배 시간에는 어린이들에게 연령 수준별로 찬양할 기회를 주며, 주일학교에서 사용된 많은 비슷한 활동을 하게 한다. 유치부와 유년부 어린이들의 효과적인 학습을 위해서는 반복과 계속성을 주도록 첫번째 시간과 그 다음 시간은 서로 연관성이 있게 진행해야 한다.

3. 주중 모임 프로그램은 동료 교사와 주일학교 지도자가 관계 정립을 하는 비공식적인 시간과, 전도, 제자 훈련, 성경 암송, 봉사 등을 포함한다. 여름 캠프와 특별한 여행을 할 수도 있다.

4. 주말 수양회는 한 가지 주제에 초점을 맞추고 부모와 지도자가 함께 멀리 떠나는 시간이다.

5. 1일 캠핑을 통해 비싼 비용을 들이지 않는 즐거운 캠핑으로 만드는 것이 좋다. 자연과 캠프에서의 다소 자유로운 경험은 새로운 관계와 새로운 기술을 발전시킬 기회를 제공한다. 자연에 둘러싸여 배울 때 성경은 흥미와 의미를 가진 생생한 체험이 될 수도 있다.

6. 캠핑은 기독교 원리들이 지도자나 친구의 생활 속에서 매일 실천되는 것을 봄으로써, 어린이에게 공동체 안에서의 생활과 관계 설정에 오랜 기억으로 남는다. 모닥불 놀이, 보물 찾기, 숲속에서 들은 성경 이야기, 호수에서의 수영, 카누 놀이 등은 캠프 동안 있을 즐거운 일 중 극히 일부에 불과하다.

7. 여름이나 겨울 방학을 이용한 성경 학교는 매우 효과적인 기회일 수 있다. 계절 성경 학교는 전체 주일학교 시간만큼의 분량을 일주일 동안

가르칠 수 있다.

8. 그룹 상담 시간은 어린이 사역의 일정한 부분으로 계획되어 있어야 한다. 성인들의 높은 이혼율과 사망률 그리고 어린이들의 생활에 쌓이는 긴장 때문에 정규적인 상담 프로그램은 매우 유용하다. 어린이와 대화할 수 있는 상담원을 쓰는 것도 좋다. 여기에는 지도가 필요하다.

9. 주일날은 교회의 모든 활동을 어린이 사역에 초점을 맞춘다. 예배 시간에 보여준 슬라이드, 성경 공부 활동과 사역에 흥미를 가진 교사와 부모가 하는 간증 등은 성도들에게 어린이 사역의 중요성을 느끼게 한다.

10. 음악 프로그램은 어린이에게 하나님께서 주신 재능을 사용할 기회를 준다. 어린이 성가대, 음악 그룹, 기악반, 인형극반 등도 성인과 어린이가 함께 사역할 수 있다.

어린이를 위한 프로그램은 그들의 특성과 필요에 맞게 사용하도록 만들어야 한다. 지도자와 교사는 프로그램을 계획하고 수행하고 평가하는 일에 참여해야 한다.

방법과 자료

어떤 방법과 자료를 사용하는가?

어린이들은 능동적으로 배우고, 구체적으로 생각하며, 상관하기를 좋아하고, 발견하기를 좋아한다. 이와 같은 어린이들의 특성 때문에 성경을 가르치는 일은 오감을 사용하는 직접 경험으로 해야 한다. 어린이가 하나님 말씀과 교사와 더 많이 관계하고 상호 작용할수록 수업은 더 효과적이다.

우리는 가르치는 방법을 하나의 매개 수단으로 사용한다. 하나님의 말씀에 초점을 둔 지도하는 말과 관련 있는 활동은 어린이의 이해와 적용에 기여할 수 있다. 어린이를 위해 방법과 자료를 선택하고 사용할 때는 몇 가지 원칙이 적용된다.

1. 방법, 자료, 설비, 대화 그리고 지도는 어린이 연령 수준에 맞아야 한다.

2. 가능한 한 선택권을 자주 주라. 어린이에게 활동을 선택하게 할 때 그들은 그 활동을 시작하고 끝마치도록 자극을 받는다. 가르치는 시간 동안 하는 모든 활동은 한 가지 주제에 초점을 맞추라.

3. 방법과 자료를 사용하는 데는 다양성이 중요하다. 교사가 지난 주에 사용한 방법을 이번 주에도 똑같이 반복하는 것은 가장 나쁜 방법이다. 활동을 다양하게 하라. 성경 이야기를 말할 때 다른 방법들을 사용하라. 놀라운 요소들이 살아 있게 하라.

4. 각 학습 활동에 명확한 지시를 하라. 어린이가 글을 읽을 수 있으면 지시문을 칠판에 쓰라. 각 어린이가 무엇을 하고 있으며 잘 이해했는지를 확인할 수 있도록 교사는 교실을 순회해야 한다.

5. 계획된 질문들은 어린이들로 하여금 그들이 하고 있는 것을 통해 생각하도록 돕는다. 어린이가 개념을 알고 이해하는 것만으로는 충분하지 않다. 그것을 적용할 수 있어야 한다. 기술적으로 표현된 질문은 어린이가 스스로의 결론에 이르도록 돕는다.

6. 지도와 격려는 어린이의 학습 활동을 자극한다. 어떤 활동을 완성하는 데는 20~30분이 걸린다. 어린이는 집중 시간이 짧다는 것을 기억하라. 완성된 일에 구체적인 칭찬으로 지도하고 격려하라.

다음에 제시하는 최소한 일곱 가지 영역이나 방법이 모든 연령의 어린이에게 해당될 수 있다.

1. 미술 활동. 이 활동은 어린이가 하나님의 말씀을 배우는 흥미롭고 즐거운 방법이다. 미술을 사용할 때 어린이가 하는 생각의 과정은 그가 달성한 작품보다 더 중요하다. 이 활동을 하는 동안에는 특별한 칭찬과 격려가 필요하다.

2. 연극 활동. 성공적인 학습 경험을 위해 어린이의 상상력과 감정, 그리고 행동을 연결시켜라. 연극은 어린이로 하여금 바벨론 궁전에 글씨가 쓰여질 당시의 다니엘이 되게도 해준다. 연극은 또 어린이가 홍해를 건너게도 할 수 있다. 그런 흥미 있는 역할 놀이는 어린이들에게 성경을 생생하게 다가오게 해준다.

3. 구두 대화. 대부분의 어린이는 말하기와 자신의 생각과 경험을 나누기를 좋아한다. 그것은 어린이로 하여금 성구 암송, 듣기, 문제 해결, 필요를 나누는 데에 기술을 개발하도록 돕는다.

4. 창조적인 쓰기. 이 방법은 어린이가 자신의 생각을 구체화하는 데 도움을 주는 방법이다. 성경 사건을 설명하여 쓰는 것은 어린이가 관습과 역사적 배경, 고고학적 유물 등을 연구하는 데 격려가 된다.

5. 음악 활동. 시편 150편에 "나팔 소리로 찬양하며 비파와 수금으로 찬양할지어다 소고 치며 춤추어 찬양하며 현악과 통소로 찬양할지어다"(3~4절)라는 말씀이 있다. 어린이는 목소리와 간단한 악기로 주님을 경배하고 찬양할 수 있다. 예배 시간 동안 사용되는 음악을 통해 어린이는 하나님의 말씀과 그분의 전능하신 역사에 대해 반응하도록 격려받는다.

6. 연구 활동. 이 활동은 어린이로 하여금 성경의 진리를 이해하고 적

용할 수 있는 연구 기술을 발전시키도록 돕는다. 성경 사전, 성경 핸드북, 지도, 고고학에 대한 책들은 어린이들의 연구 활동을 돕는다. 연구 활동은 글을 읽을 수 있는 고학년 학생에게 가장 효과적이다.

7. 성경 게임. 어린이들은 노는 것과 배우는 것을 모두 좋아한다. 성경 게임은 어린이들이 내용을 배우면서 특정한 진리를 기억할 수 있도록 돕는다. 여러 출판사에서 나온 게임들은 성경 공부를 복습하고 강화하는 데도 사용된다.

독창적인 방법과 자료는 어린이들로 하여금 하나님의 말씀을 알고 이해하고 적용하도록 돕는 가치 있는 도구이다. 교사와 부모들은 다양한 방법과 이용 가능한 자료를 효과적으로 사용할 수 있는 훈련을 받는 것이 중요하다.

조직과 행정

사역을 효과적으로 하기 위해 어떻게 조직할 것인가.

조직과 행정은 흔히 어린이 사역에서 잊혀진 분야이다. 적당한 행정, 자원, 기구, 교육 과정, 시설 등에 주의하지 않으면 가르치는 사역은 방해받을지도 모른다.

어린이 사역이 효과적이려면 지도자는 각 영역마다 주의를 기울여야 한다.

1. 교사 모집과 교사 및 학부모 훈련. 모집과 훈련은 이어지는 과정이다. 프로그램에는 언제나 지도자와 교사가 필요하다. 각 연령에 맞는 적

절한 교사가 있으려면 모집의 중요성을 알아야 한다. 다음에 열거하는 아홉 단계의 모집 과정은 도움이 될 만한 것들이다.

① 모든 사람이 모집에 관계하라.
② 교육 사역을 홍보하라. 일 년 중 특정한 때에 회중들이 어린이 사역에 대해(무엇을 하고 있고 어떻게 사람들이 도울 수 있는가) 알아야 한다.
③ 각 직분에 맡겨진 일들을 기술하라. 사람들이 기대하고 있는 것을 알려주는 것은 미지의 것에 대한 두려움을 없애준다. 일의 역할 기술은 사람들에게 자격과 명령 계통, 그리고 책임 정도를 알려준다.
④ 예상 가능한 사람을 찾아보기. 모집을 시작하는 첫 작업은 할 만한 사람들의 이름을 찾아보는 것이다. 조사를 해보는 것은 과거 사역의 경험과 현재의 관심과 유용성을 준다.
⑤ 지원에 대한 동의. 일단 명단이 작성되면 교회 이사회나 교육 담당 위원회에 보내질 것이다. 봉사할 수 있는지 묻기 전에 동의를 받도록 하라.
⑥ 일할 수 있는 사람과 만나서 이야기해 보라. 이 단계는 모집 과정에서 매우 중요하다. 후보자와 자리를 함께 해보는 것은 서로를 알게 해주면서 사역과 자격 등을 알게 해준다. 후보에 오른 사람들이 헌신에 대해 생각하고 기도할 수 있도록 1주간의 여유를 주라.
⑦ 관찰할 시간을 주라. 후보자에게 학급이나 사역 현장에 앉아보도록 부탁하라.
⑧ 결정에 대한 처리. 후보자가 승락했을 때 주님을 찬양하라. '노(no)'라고 말했을 때는 그 사람이 그 임무를 맡고나서 3주만에 그만

두는 대신 정직하게 사양한 모습에 대해 하나님을 찬양하라. 무엇보다도 주 예수 그리스도께 영적으로 헌신할 수 있는 결정을 내리도록 하라.

⑨ 사역을 위한 훈련. 지도자들은 새로 모집한 사람들이 학생들의 필요를 만족시켜줄 수 있도록 적절한 훈련을 시켜야 한다.

2. 효과적인 학습을 위한 시설. 프로그램이 어떤 시설을 갖춰야 하는지 결정하는 요소다.

유치반은 한 어린이 당 약 3.15㎡의 공간이 필요하고 국민학생은 한 어린이 당 1.8~2.25㎡의 공간이 필요하다. 한 방에 너무 많은 어린이를 수용하는 것은 답답하고 꽉 조이는 느낌을 준다.

시설은 학습할 때 어린이에게 초점을 맞춰야 하고 학습 활동과 관련된 공간으로 제공되어야 한다.

3. 어린이의 필요를 충족시키는 교육 과정. 어린이 사역은 전문적으로 계획된 교육 과정이 필요하다. 우수한 많은 교육 과정이 이미 나와 있기 때문에 이것들을 잘 이용하는 것이 좋다. 교회 근처의 서점에 나가보는 것도 좋다.

교육 과정을 평가하고 선택할 때는 다음과 같은 질문들로 점검해 보는 것도 좋다.

① 하나님의 말씀인 성경에 중심을 두고 있는가?
② 전도를 장려하고 있는가?
③ 학습자에게 초점을 맞추고 있는가? 또한 연령별 특성과 필요를 염두에 두었는가?
④ 능동적인 학습자 참여를 유도하고 있는가?

⑤ 변화된 생활을 목표로 움직이고 있는가?

어린이 사역을 조직할 때는 고려해야 할 분야가 아주 많다. 교회나 학교가 이 세 분야에서 협력한다면 어린이들의 생활에는 많은 변화가 있을 것이다.

평가

어린이에 대한 사역은 어떻게 평가할 수 있는가?

다음에 적은 20가지 질문이 어린이에 대한 사역을 평가하는 데 도움을 줄 것이다. 교사 스스로 평가하기 위해 사용할 수도 있고, 1년을 단위로 지도자가 교사를 평가하기 위해 사용할 수도 있다.

1. 나는 어린이들에게 얼마만큼 동기를 부여했는가?
2. 나는 개인적이고 의미 있는 수업을 했는가?
3. 나는 기도했는가? 학습자의 생활에 결과를 기대했는가?
4. 나는 일어날 사건 모두를 예상해 보았는가?
5. 나는 각 영역에서 학습자의 필요를 만족시켰는가?
6. 나는 사랑을 가진 따뜻한 태도로 어린이들을 대했는가?
7. 나는 오늘 사역을 위해 얼마나 준비했는가? 어떻게 더 향상될 수 있는가?
8. 나는 무조건적 사랑과 훈련을 잘 조화시켰는가?
9. 나는 성경 공부 활동을 적용했는가? 방법은 다양하게 했는가?

10. 나는 내 변화를 의도했는가? 그것은 의미 있는 일이었는가?
11. 나는 오늘 학습자가 능동적으로 참여하도록 유도했는가?
12. 나는 학습자가 오늘은 좀더 나아졌다는 것을 알게 되었는가?
13. 나는 성경에 나오는 목표를 강조하기 위해 시간을 사용했는가?
14. 나는 음악을 사용했는가? 말씀을 정확하게 가르쳤는가?
15. 나는 수업 시간 마지막 몇 분까지 계획했는가?
16. 나는 수업 목표를 달성했는가? 융통성은 있었는가?
17. 나는 지난 주 수업에 의존했는가? 복습은 했는가?
18. 나는 이번 주에 성경의 진리를 내 생활에 적용할 수 있는가?
19. 나는 다음 주 경건의 시간을 계획했는가?
20. 나는 다음 주 수업을 언제 어떻게 준비할 것인가?

어린이들이 예수님처럼 살려고 노력하는 것을 볼 때 교사의 사역은 도전받고 보람을 느끼게 될 것이다. 특히 오랫동안 봉사하며 어린이를 가르친다는 것은 노력이 필요하지만, 그들이 하나님의 말씀에 가까워지는 것을 보는 것은 기쁜 일이 아닐 수 없다.

요한복음 13장에 기록된 예수 그리스도 이야기를 기억하라. 예수님께서는 실제로 대야에 물을 가져다가 제자들의 발을 씻기셨다. 열두 사람에게 심지어는 자신을 배반하려는 사람에게까지 겸손히 섬김으로써 모범을 보이셨다. 예수님께서는 제자들에게 이와 같이 실천적인 교훈을 주시면서 질문하셨다. "내가 너희에게 행한 것을 너희가 아느냐"(요 13:12). 이 구절의 진실은 14절과 15절에서 찾아볼 수 있다. "내가 주와 또는 선생이 되어 너희 발을 씻겼으니 너희도 서로 발을 씻기는 것이 옳으니라 내가 너희에게 행한 것같이 너희도 행하게 하려 하여 본을 보였노라."

교사와 부모들은 이 고결한 소명을 진지하게 받아들여야 한다. 오늘의 학습자는 곧 내일의 지도자들이다. 어린이들 자신의 삶과 결정을 하나님의 말씀 위에 어떻게 놓을 것인가?

하나님, 어린이 사역이라는 가까이 있는 큰 사역에 헌신하도록 우리를 도우소서!

# 포기하고 싶은 청소년, 청소년 교육

로버트 요셉 천 2세(Robert J. Choun, Jr.)

서문

하나님께서는 우리에게 젊은이들을 가르치라고 명령하셨다. 오늘의 십대는 곧 내일의 지도자들이다. 그들은 목표를 정하고 선택할 뿐만 아니라 자신의 결단에 따라 생활한다. 따라서 청소년들을 가르치는 사역은 탁월한 사역이 되어야 한다.

청소년은 교차로에 서 있는 것과 같다. 오늘날 청소년들과 접촉하는 대부분의 사람은 그들이 점점 복잡해지고 가속화되고 있다는 불길한 위기 의식을 느끼고 있다. 이제 중요한 어떤 다른 결정이 필요한 것이다. 청소년 사역은 이제 위기에 봉착해 있으며, 이것을 알고 있는 사역자들은 청소년 사역을 낮게 평가하는 사람보다 한발 앞서가고 있다.[1]

청소년에게는 교회 생활이 있기 때문에 청소년을 가르치는 일은 교회의 중요 사역 가운데 하나이다. 청소년은 성인으로 성장해 가면서 중대한 결정을 하게 된다. 따라서 청소년답게 생활하도록 그들을 도울 뿐 아니라, 그들이 하나님께 순종하는 지도자가 되도록 이끌기 위해 청소년 교육은 필요하다. 우리는 청소년에게 크리스천으로서의 인격과 성격을 심어 주려고 하는 것이다. 청소년 사역자의 뚜렷한 목표는 청소년이 하나님의 말씀 안에서 성장하고 그리스도를 나누는 생활을 하도록 돕는 것이다.[2]

대개 청소년은 지도자에게서 해답과 반응을 찾는다. 지도자는 그들을 격려하고 흥미를 돋운다. 청소년 사역자는 그들이 청소년으로 보내는 몇 년 동안 선택과 결정의 기로에 서 있음을 알아야 한다. 우리는 그들에게 하나님, 가족, 친구, 그리고 스스로와 어떻게 바람직한 관계를 설정할 것인지 가르친다.

우리는 세상으로부터 상처받은 청소년을 구하기 위해 일한다. 많은 청소년이 강간당한 경험을 가지고 있을 뿐만 아니라 신체적으로나 정신적으로 학대받고 있다. 파탄에 이른 가정에서 버림받은 수많은 청소년이 이 도시에 살고 있다. 우리는 그들을 사랑하고 돌보며, 결코 그들을 버리시지 않는 하나님을 깨닫고 느끼도록 해주어야 한다. 청소년을 가르치는 것은 훌륭한 일이지만 한편으로는 엄청난 도전과 의무가 뒤따른다.[3]

청소년 사역에 대해 이렇게 생각하는 세 목회자의 의견을 전하다보면 다음과 같은 질문이 자연스럽게 생긴다. "내가 어떻게 하나님께서 기뻐하시는 방법으로 청소년 사역을 효과적으로 감당할 수 있을까?" 교사와 부모가 이 임무를 잘해낼 수 있도록 도와주는 여러 계획들을 살펴보기로 하자.

청소년들을 가르치기 위한 교육 순환도

7장의 교육 순환도는 효과적인 교수 사역을 계획할 수 있도록 여러 가지 지시 사항을 제시하고 있다.

성경적인 명령

청소년 사역에 대한 성경의 명령은 어린이 사역에 대한 명령과 같다. 교사와 부모는 제자를 삼도록 부름을 받았다. 일상 생활에서 진리의 모형이 되고, 학습자를 하나님께 인도하며, 찬양과 교훈, 교제 그리고 하나님께 영광을 돌리는 활동에 참여케 하며, 하나님께서 교사와 부모에게 주신 재능을 통해 청소년들을 이끈다. 참고 자료를 원하면 7장의 "성경의 방법들"을 살펴보는 것이 좋겠다.

연령에 따른 특성과 필요

하나님께서는 청소년들을 어떻게 창조하셨을까?

청소년 사역에 들어가기 전에, 먼저 그들의 특성과 필요에 대한 이해가 있어야 한다. 하나님께서는 청소년들을 어떻게 창조하셨는가? 청소년들은 어떤 특성을 가지고 있는가? 누가복음 2장 52절은 "예수는 그 지혜와 (지적으로) 그 키가(신체적으로) 자라가며 하나님과(영적으로) 사람에게 (사회적으로, 감정적으로) 더 사랑스러워 가시더라"고 말씀하고 있다.

다음에 나오는 연령별 특성은 중학교와 고등학교 학생에 대한 것이다. 이것은 기본적인 특성과 필요를 언급한 것임을 기억하라. 모든 청소년들은 각 영역마다 서로 다르게 성장하므로 한 사람 한 사람을 독특한 인격체로 대우해 주어야 한다.

교사나 부모가 청소년의 특성을 알기만 한다면 그들을 이해하는 것은 어렵지 않다. 사도행전 17장에서 바울은 자신의 이야기를 듣고 있는 사람들을 아주 잘 알고 있었다. 아레오바고에서의 바울의 가르침은 그가 자신의 청중과 그들의 배경, 문화, 문학을 알고 있었음을 입증하고 있다. 그는 자기의 주장을 관철하기 위해 그들의 시 한 편을 인용했다. "내가 두루 다니며 너희의 위하는 것들을 보다가 알지 못하는 신에게라고 새긴 단도 보았으니 그런즉 너희가 알지 못하고 위하는 그것을 내가 너희에게 알게 하리라"(행 17:23).

청중을 이해하는 것이 성공적인 사역의 첫 단계이다.

중학생의 특성

신체적 특성
1. 빠르게 성장한다.
2. 소년보다 소녀가 더 빨리 성장하다.
3. 내적으로 많은 신체 변화를 겪는다.
4. 보통 자신의 성장에 대해 어색해 한다.
5. 피곤한 동안에도 대치될 수 있는 무한한 에너지를 가지고 있다.

지적 특성
1. 예리한 기억력을 가지고 있다.
2. 모험과 발명에 관심이 많다.
3. 실제적인(추상적인 쪽으로) 사고를 할 수 있다.
4. 권위에 대해 의문을 제기한다.
5. 판단력이 빠르다.
6. 능동적인 상상을 한다.
7. 뛰어난 유머 감각을 지니고 있다.

사회적 특성
1. 성인이고 싶어한다.
2. 성인들로부터 독립하고 싶어한다.
3. 그룹에 속하고 싶어한다.
4. 충성심이 강하다.

5. 대개는 자의식이 강하다.
6. 중학생이 일으키는 사회적인 문제에는 성적인 문제가 반영되어 있다.
7. 영웅과 같은 모델을 찾는다.

감정적 특성
1. 성인들과 친구들이 자신을 이해하지 못한다고 느낀다.
2. 감정이 극단적인 기쁨에서 극단적인 슬픔으로 빠르게 변한다.
3. 감정을 자제하는 능력이 부족하다.
4. 감정이 강렬하다.

영적 특성
1. 여기 그리고 지금과 같은 실제적인 신앙을 원한다.
2. 영혼은 복음을 받아들일 만큼 성숙되어 있다.
3. 섬길 비전을 가진다.
4. 기독교에 대해 많은 의문을 가진다.
5. 사고나 행동에 있어서 이상적인 것을 추구한다.

고등학생의 특성

신체적 특성
1. 신체 발달의 불균형에서 벗어난다.
2. 매력적이고 성숙한 외모를 지닌다.

3. 식욕이 왕성하다.
4. 신체적 습관이 형성된다.
5. 대개는 성적 본능에 대해 관심이 있다.

지적 특성
1. 합리적인 사고가 새로운 차원에 이른다.
2. 논쟁과 토론을 좋아한다.
3. 창의적이고 이상적이다.
4. 판단력이 발달한다.
5. 상상력은 보통 이성과 판단의 통제 아래 있다.
6. 대개는 다른 사람의 제안을 잘 받아들인다.

사회적 특성
1. 파벌이나 배타적인 집단에 소속된다.
2. 항상은 아니지만 이성에 매료당한다.
3. 개인적 특성과 외모에 많은 관심을 가진다.
4. 사회적 동의를 원한다.
5. 사회 속에서 자신의 지위를 찾으려고 한다.
6. 일반적으로 다른 사람을 도우려는 마음을 갖게 된다.

감정적 특성
1. 감정은 여전히 강렬하다.
2. 감정을 억제할 수 있는 능력이 날로 늘어난다.

3. 분위기에 약한 경향이 있다.
4. 안정을 원한다.
5. 흥분과 즐거움을 좋아한다.

영적 특성
1. 종교는 개인적이다.
2. 종교는 행동의 하나이다.
3. 신앙 생활이 감정적이다.
4. 신앙에 대해 많은 의심을 가진다.
5. 예배의 추상성과 분위기를 즐긴다.

목표와 목적

청소년들의 필요를 어떻게 충족시킬 것인가?

가정과 교회와 학교의 가르치는 사역에서 이 필요들을 어떻게 충족시킬 것인가? 청소년 사역의 목표는 두 범주로 나눌 수 있다. (1)개인에 대한 목표, (2)가르침을 용이하게 하기 위한 기관으로 가정, 교회, 학교의 목표.

아래의 개요는 훈련받은 학생을 설명한 것이다. 이것은 부모와 교사가 "우리가 이 청소년 사역을 마친 후에 청소년은 어떻게 변화되어 있을까?"라는 질문에 답을 주는 것들이다. 청소년은 각 영역마다 다르게 성숙해 가기 때문에, 지도자들이 이것을 계획하고 프로그램으로 만드는 데에 자료로 사용하면 좋을 것이다.

개인에 대한 목표[4]
훈련된 학생의 특징

다음에 적은 것들은 청소년 사역에 충실히 따라온 학생이 졸업할 즈음에 갖게 되는 특성들이다.
- a. 매일 하나님의 임재와 인도하심을 깨달으며 생활한다.
- b. 자신에 대해 생각하고 성령의 인도하심 아래 결정할 수 있다.
- c. 친구나 자신이 만나는 사람과 예수 그리스도 안에서 대화로 신앙을 나눈다.
- d. 하나님과 크리스천으로서의 생활에 대해 자신이 알고 있는 것을 다른 크리스천들과 나눈다.

1. 그리스도에 대한 훈련받은 학생의 점진적인 헌신.
  1) 이 원리와 태도는 학생이 하나님과 자신의 생활과의 관계를 결정하는 데 지침이 되어야 한다.
  ① 모든 결정을 내릴 때 하나님께로부터 인도를 구한다(시 119:9~11, 잠 3:5~6).
  ② 성령을 통해 자신의 성장에 책임을 지고, 자신이 배운 것을 적용하기 위해 필요한 조치를 취하려고 한다.
   a. 다른 사람들의 영적인 지도(요 14:26, 요일 2:27).

b. 개인적인 성격(영적, 지적, 신체적, 사회적, 정서적) (눅 2:52, 벧후 3:18).
　③ 자기 희생과 복종하는 마음을 가지며 예수 그리스도를 위해 살려고 하고 이기적이 아니다(요 15:10, 14, 롬 7:4, 갈 2:20, 몬 2장).
2) 학생의 영적 생활의 특성은 주님과 관계가 있다.
　① 이런 영역에서 자신을 기꺼이 드리기 위해 하나님께 끊임없이 자기 희생적으로 복종하는 모습을 보인다(마 5:16, 고전 6:20).
　　a. 일관된 성경 공부(딤후 2:15).
　　b. 성경 암송(시 119:11).
　　c. 하나님과 끊임없는 대화(엡 3:20, 살전 5:17, 벧전 3:15).
　　d. 성경에 대해 묵상(시 1:2, 119:15).
　② 성령님께 의지하는 모습을 보인다(엡 5:18).
　　a. 결정을 할 때(잠 3:5~6, 롬 12:2).
　　b. 하나님께 대한 주관적 또는 객관적인 간증을 나눌 때(요 9장, 행 1:8).
　　c. 성경을 공부할 때(요 14:26, 요일 2:27).
3) 이러한 특성들은 주님 안에서 학생들이 계속적으로 성장하는 모습을 보여준다.
　① 변함없는 사랑(마 22:37~38).
　② 끊임없는 복종(요 14:21, 15:10, 14, 행 5:29)
　③ 끊임없는 신뢰(잠 3:5~6).

④ 끊임없는 존경(시 2:11, 전 12:13).
⑤ 끊임없는 겸손(벧전 5:6).
⑥ 끊임없는 청지기 직분(말 3:8~10, 고전 16:2).

2. 그리스도의 몸인 크리스천에 대한 훈련받은 학생의 점진적인 헌신
  1) 다른 크리스천과의 관계에 대한 결정을 내릴 때 다음의 원리와 태도가 학생을 인도해야 한다.
    ① 자신보다 다른 사람을 더 중요하게 생각함(롬 12:3, 빌 2:3~8).
      a. 생애에서 중요한 사람(가족, 친구).
      b. 역경 가운데서(벧전 2:11~12).
    ② 높임 받을 분은 하나님이신 것을 깨닫는다(벧전 5:6).
  2) 아래 특성들은 다른 크리스천과의 관계 속에서 학생의 영적 생활을 나타낸다.
    ① 겸손히 인도하심을 구한다(시 25:4~5, 32:8, 잠 2:3~5, 3:5~6).
      a. 하나님께로부터(성경, 기도) (시 119:105).
      b. 다른 사람으로부터(잠 10:17, 12:15, 15:22, 행 2:42).
      c. 비판을 잘 받아들인다(잠 10:17).
    ② 자신을 드러내는 연습을 하고 가까운 관계를 세운다(마 22:39, 행 4:32).
    ③ 다른 사람을 돕는 데 시간을 사용한다.
      a. 그리스도와 함께 하는 생활(갈 6:1~2, 골 3:16, 살후

3:15).

　　b. 개인적인 사역(딤전 1:2, 딛 1:4).

④ 2, 3대 지도자를 육성함으로써 자신처럼 다른 사람도 기독교적인 삶을 살도록 가르친다(딤후 2:2).

⑤ 이런 사역 기술을 기꺼이 개발하려고 한다(빌 1:1, 딤전 4:12).

　　a. 어떻게 가르칠 것인가(딤후 2:2).

　　b. 영적인 은사를 어떻게 사용할 것인가.

　　c. 다른 사람을 어떻게 지도할 것인가

3. 그리스도의 사역에 대한 훈련받은 학생의 점진적인 헌신.

1) 세상에서 그리스도의 사역에 관한 결정을 할 때 이 원리가 학생을 인도해야 한다(마 28:19~20, 행 1:8, 벧전 3:15). 성령님의 능력에 의존하여 학생은 말로나 행동으로, 학교나 단체에서의 일상적인 접촉뿐만 아니라 모든 사역 프로그램에서 예수 그리스도의 사랑을 다른 사람에게 전하려고 할 것이다.

2) 학생의 영적 생활에 대한 다음의 특성들은 그리스도의 사역과 관계되어 있다.

① 모범적인 생활을 일관성 있게 한다(마 5:13~16, 딤전 4:12).

② 영적 생활에서 크리스천이 새롭게 성장할 수 있는 방법을 안다(롬 12:3, 엡 4:11~13).

③ 다른 사람과 믿음을 나누는 방법을 안다(벧전 3:15).

3) 학생은 세상에서 이런 유형의 관계를 가져야 한다.

① 학교에서 좋은 평판(딤전 3:7).
② 불신자 친구의 생활에 대한 깊은 관심(히 13:2).

교회나 학교가 이러한 과정을 만드는 역동적인 한 방법은, 지도자들이 한데 모여 '개인의 목표'라는 제목 아래, 열거된 각 영역에서의 필요와 목표가 무엇인지 의견을 모으는 일로 하루를 보내는 것이다. 훈련받을 학생의 특성은 무엇인가? 무엇을 포함시키고 삭제할 것인가? 청소년 사역에서 학습자에게 필요한 실제적인 목표는 무엇이라고 생각하는가?

교회와 가정 역시 목표가 필요하다. "훈련받은 학생이 어떻게 성장할 것인가?"라는 질문이 필요한 것이다. 청소년과 그들을 사역하는 지도자에게는 기타 자세한 여러 목표들을 포함하고 있는 다음 세 가지 주요 목표가 청소년 사역의 강점과 약점을 평가하는 데 도움이 될 것이다.

가정이나 교회, 학교에서의 청소년 사역 목표는 세 가지 영역으로 나눌 수 있다. 학생 자신, 스태프, 그리고 학부모. 이 목표에 비추어 자신의 청소년 사역을 평가해 보라.

청소년 사역 기관의 목표[5]

목적

청소년 사역의 목적은, 학습자가 사역의 한 분야에서 일할 수 있도록 그들을 복음화시키고 훈련시킬 수 있는 환경을 조성함으로써 하나님과 자신, 가족, 친구 그리고 다른 사람과의 관계를 발전시키도록 학생을 돕는 것이다.

목표 1 : 학생
학습자에게 다양한 경험과 기회를 제공한다.

소목표 1. 찬양 – 찬양을 표현할 수 있는 기회를 제공한다.
2. 교육 – 책임과 훈련을 위한 단체와 관계를 갖는다.
3. 교제 – 학생들이 함께 생활을 나눌 수 있는 정규적인 기회를 갖는다.
4. 전도 – 예수 그리스도를 모든 청소년들에게 소개한다.
5. 봉사 – 학생들이 교회나 선교, 지역 사회 그리고 곤경에 처해 있는 사람에게 봉사할 수 있는 기회를 제공한다.

목표 2 : 스태프
학생을 복음화시키고 훈련할 성인 스태프를 찾아 성장시키고 훈련시킨다.

소목표 1. 스태프 모집 – 스태프와 학생의 비율이 1 : 6~8 정도가 되게 한다.
2. 스태프 훈련 – 계속적인 훈련과 함께 교사에게 강습 기회를 제공한다.
3. 조직 구조 – 청소년 사역을 계획하고 조직화하여 운영한다.
4. 스태프 모임 – 훈련 계획. 교제 평가를 위한 정규적인 모임을 만든다.
5. 스태프 전도 – 학생들과 함께 개인적으로 전도하는 일에 스

테프를 포함시킨다.

목표 3 : 학부모
부모에게 훈련, 상담, 격려, 경건한 모형들을 제공한다.

소목표 1. 스태프와 부모의 관계를 발전시켜 친밀감을 형성한다.
       2. 부모의 특정한 필요를 알고 그들을 돕는 전략을 짠다.

일단 청소년 사역의 성경적인 목표를 세우면 그 목표들은 프로그램의 세부 항목들을 위한 지침이 될 것이다. 청소년을 가르치기 위해 어떤 프로그램을 개발해야 하는가?

프로그램과 교육 과정

학습자의 필요를 충족시키기 위해 어떤 프로그램을 짜고 계획을 세우며 가르칠까?
프로그램은 청소년이 어떻게 배우는가에 기초를 두어야 한다. 두 가지 초점은 다음과 같다. (1)전도 - 청소년에게 다가가 그들로 하여금 구세주이신 예수 그리스도에게 헌신하게 하고, (2)제자도 - 신앙을 나누게 하여 하나님의 말씀 안에서 성장하게 한다.
청소년을 위한 프로그램은 다음과 같은 지침을 포함해야 한다.
1. 모범을 보인다. 바울은 고린도교회 교인들에게 "내가 그리스도를 본받는 자 된 것같이 너희는 나를 본받는 자 되라"(고전 11:1)고 말했다. 교

사와 부모는 그리스도와 같은 태도와 행위를 모범으로 삼아야 하며 자신들이 가르치는 영적 진리를 보여주는 본이 되어야 한다. 청소년 사역의 표어는 "말하지 말고 보여달라"이다. 이것은 젊은 지도자와 교사의 활동이 교회나 학교 생활의 내부와 외부에서 일어나야 하는 것을 의미한다. 몇 학생과 점심을 나누고 운동 경기에 같이 참여함으로써 그리고 집에 초대함으로써, 교사는 하나님을 닮은 사람들이 참으로 어떠한가 모범을 보일 수 있다.

2. 학습. 야고보는 "너희는 도를 행하는 자가 되고 듣기만 하여 자신을 속이는 자가 되지 말라"(약 1:22)고 했다. 학습은 능동적이어야 한다. 수동적으로 배울 때 학습 효과는 감소한다. 올바른 학습 활동은 젊은이들을 말씀에 대한 지식으로부터 말씀이 말하는 것에 복종하도록 하게 한다.

교사와 부모는 청소년과 마찬가지로 배우는 입장에 서게 된다. 청소년은 자신들과 함께 성장하지 않는 교사를 위선자로 제쳐두기도 한다.

3. 사고. 구체적이며 글자 그대로의 사고에서 추상적인 사고로 발전해 가는 청소년에게 깊은 개인적인 관계의 맥락에서 성경의 진리를 가르칠 필요가 있다. 주님의 사역에서 가르침은 제자들과의 관계에서 시작되었다. 예수님께서는 제자들과 함께 앉아 제자들에게 가르쳤다. 그들은 예수님을 관찰했고 함께 먹었으며, 예수님께서는 제자들의 사역을 보았고 그들을 격려했다.

성경 공부 사역은 십대의 경험 속으로 직접 파고들어야 한다. 신학적 진리를 가르칠 때 오늘 역사하고 계신 하나님을 개인적으로 보여주라. 가르칠 때 찬양뿐만 아니라 스스로 경험한 유혹까지도 나누라. 십대들은 자신들의 교사들도 실패할 수 있는 사람임을 알 필요가 있다.

4. 전도. 교사와 부모는 전도에 관여해야 한다. 크리스천이라면 전도를 가르칠 수 있다. 전도란 "예수 그리스도를 구세주로 받아들이도록 복음을 선포하는 것"이다. 공격적인 전도에서 능동적이 되는 것은 또 다른 문제이다.

마태복음 28장 19절에서 찾아볼 수 있는 주님의 마지막 명령은 "그러므로 가서 제자를 삼아라"이다. '가서'는 실제로 '네가 갈 때' 또는 '가는 동안'을 의미한다. 예수님께서는 복음을 나눌 수 있는 모든 기회를 사람들이 가져야 한다는 것을 말씀하시고 있는 것이다.

5. 배가. 청소년 사역의 최종 결과는 다른 사람을 그리스도께 데리고 와서 그들을 믿음에 세우고 똑같은 일을 할 수 있는 학습자로 만드는 것이다. 배가할 목적으로 모범이 되고 배우고 생각하고 전도하라. 배가란 다른 사람이 예수 그리스도를 구세주로 알도록 데려오는 것이다.

6. 대소 그룹. 십대에게는 크고 작은 그룹속에서의 정체감이 동일시되는 것이 필요하다. 그러나 관계는 한 교사 당 8~10명의 학생이 배당되는 작은 그룹에서 가장 잘 발전된다. 큰 그룹은 교제와 음악 감상 등에 유용하다. 성경 공부의 핵심은 작은 그룹에서 이루어져야 한다. 이것은 더 많은 지도자를 모집하고 훈련해야 한다는 것을 의미하지만, 훈련받은 학생이라는 결과는 그것을 훨씬 더 가치 있는 것으로 만든다.

7. 학생들 세우기. 어떤 젊은이는 다른 사람을 지도할 수 있는 탁월한 능력을 가지고 있다. 학생들을 지도자로 이끌어 주는 교수 사역을 개발하라. 예를 들면 소그룹 성경 공부를 이끌 고등학생을 훈련시키는 것 등이 그것이다. 학교나 학교 부근에 그룹을 만들어 그들의 친구에게 영향을 미치도록 격려하라. 그들이 친구들에게 영향을 주려고 할 때 그들에게 사랑

과 찬사를 보내라. 성장은 개인이나 소그룹에서 일어날 수 있다.

8. 관계 설정. 십대의 생각 속에는 관계가 긴밀하게 연결되어 있으므로 그들과 개인적인 관계를 발전시킬 필요가 있다. 청소년 사역에 종사하는 교사와 지도자를 만나게 해주고, 사역에 참여하도록 허락하는 것은, 그들이 그리스도의 제자가 되는 데 발전적인 영향을 미치게 될 것이다. 이렇게 형성된 관계는 교사와 학습자의 현재와 미래에 도움을 줄 것이다.

9. 흥미 돋우기. 교사와 지도자는 예수님과 관계되는 일에 흥미를 가져야 한다. 출석자 숫자, 재정 그리고 프로그램은 청소년 사역에 모두 중요하다. 그러나 그것들은 주변적인 요소이다. 우리는 학생들이 참여하고, 나누고, 주 예수 그리스도의 제자가 되는 하나의 목적을 위한 프로그램에 관계하도록 격려해야 한다. 젊은이를 가르치는 목표는 기본적이고 성경적인 것으로서, 모든 십대들이 예수 그리스도를 통해 자신의 삶을 알아가도록 해야 하는 것이다.

10. 환경 조성. 인격화는 학생들이 예수 그리스도 안에서 성숙하도록 돕는 데 핵심되는 단어이다. 환경은 무엇을 반영하는가? 청소년은 지도자와 전도자가 되는 방향으로 어떻게 나아갈 수 있는가?

댄 스패더(Dann Spader)는 '청소년 전도와 제자도의 전략'이라는 주제의 세미나에서(무디 성경 학교의 사역) 청소년을 고무시킬 때 다음 그림에 나타난 피라밋 단계를 따르라고 권한다.

가정이나 교회 또는 학교에서의 가르치는 사역은 젊은이가 와서 들을 수 있도록 손을 내미는 것이어야 한다. 어떤 이는 반응하고 성장할 것이다. 어떤 이는 성숙하게 되어 다른 사람을 이끄는 방법을 배울 것이다. 대

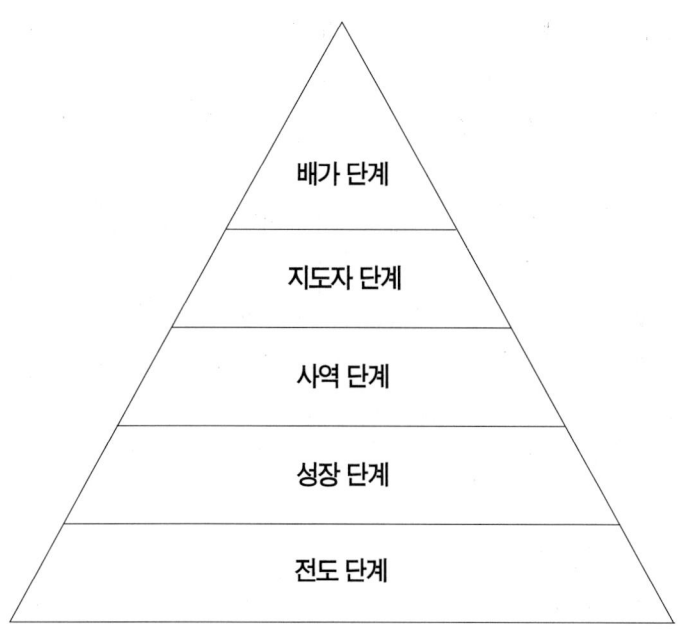

부분의 학급은 주요 지도자가 될 만한 정선된 소수를 조합하고 있다. 라인하트성경교회(Reinhardt Bible Church) 청소년 담당 사역자인 스티브 존슨(Steve Johnson)은 학생들을 배가 사역으로 이끄는 프로그램을 만들고 이 피라밋 단계를 성공적으로 사용했다. 그림에서 보는 것처럼, '청소년 사역 프로그램'으로 청소년 사역을 평가할 수 있다.

교사와 지도자가 청소년에게 가르치는 전략을 세웠다면, 거기에는 틀림없이 하나님의 말씀이 가지는 명령의 탁월함을 발전시키도록 도와주는 계획이 있을 것이다. 교사들이 가르치는 전체 과정을 활용하고 영적 성장을 위해 점검하는 것을 도우라. 또한 이 장 앞에서 언급한 지침을 참고하라. 더욱 완벽한 토의를 위해 10장 - 가르치는 순서를 이해하라 - 에 나타난 '청소년/성인' 부분을 참조하라.

특별한 프로그램은 청소년을 성장시키며 그들을 전도 단계에서 지도자 단계로 상승하게 한다.

1. 전도 단계. 교회와 학교 그리고 지역 사회에서 청소년에게 다가가는 다양한 프로그램을 만들 수 있다. 수양회 모임, 특별 파티·특별한 일, 음악회, 캠프, 문학의 밤 등은 비그리스도인을 초청하여 그들에게 기독교적인 분위기에서 긍정적인 경험을 하게 하며, 복음을 이해하고 받아들일 수 있도록 한다.

2. 성장 단계. 이 단계는 학습자를 성장과 성숙으로 향하게 한다. 주일 학교, 수양회, 주일 저녁 모임, 주중 성경 공부 등은 각 학습자가 하나님의 말씀 안에서 성장하도록 격려하는 일에 탁월한 발전을 보여왔다.

3. 사역 단계. 특정한 청소년들로 하여금 여러 영역에서 사역하는 것을 배우도록 돕는 특별한 훈련 과정이 마련될 수 있다. 어떤 사람은 시청각 자료들과 매체 만들기를 즐긴다. 어떤 사람은 연극을 계획하는 것을 즐긴다. 또 어떤 사람은 매달 소식지를 발간하기를 좋아한다. 성경 공부를 통해 동료를 양육하고 싶어하는 사람도 있다. 어떤 청소년은 주일이나 주중에 어린이 성경 공부반을 가르치고 싶어하기도 한다. 이런 학생들에겐 격려와 기회를 제공할 필요가 있다.

4. 지도자 단계. 청소년 그룹 중 지도자를 키우도록 계획된 이 단계에 포함되는 사람은 극소수다. 지도자를 키우는 흥미로운 한 방법은 어린이 여름 캠프 기간 동안 훈련 담당 상담자로 갈 사람을 모집하는 것이다. 그

들은 기꺼이 배우고 지도할 것이다.

5. 배가 단계. 지도자로서 준비되어 있는 고등학생은 극소수이다. 그들보다는 대학생과 성인들이 이 일에 더 적합하다. 배가 사역에 종사할 사람을 확장시키라.

프로그램은 이러한 요구를 만족시키는 특정한 목표와 함께 청소년의 필요에 기초를 두어야 한다. 적절한 지도, 전략적인 교수 계획 그리고 개념을 프로그램화함으로써 청년은 성장할 수 있고 지도자로서 봉사할 수 있다.

청소년을 가르치는 것은 그들이 어디에 있든지 간에 지도자들이 그들을 사역한다는 것을 의미한다!

방법과 자료

어떤 방법과 자료를 사용할 것인가?

청소년을 가르치는 것은 보상과 도전을 준다. 요즘의 십대들은 오락과 탐닉으로 가득 찬 빠른 생활 패턴 속에 살고 있다. 어떻게 비디오나 쇼와 함께 경쟁할 수 있는가?

중학생과 고등학생을 가르치기 위해 어떤 방법이 사용될 수 있을까? 성경 공부가 청소년에게 생생한 의미를 전달해 주기 위해서는 다음의 아홉 가지 방법과 자료가 도움을 줄 수 있다. 이 방법들은 주일 아침보다는 가르칠 만한 다른 시간에 더 잘 적용될 수 있다.

1. 미술 활동. 스티커 붙이기, 만화 그리기, 몽타주 사진 만들기, 콜라주

청소년 사역을 위한 프로그램[6]

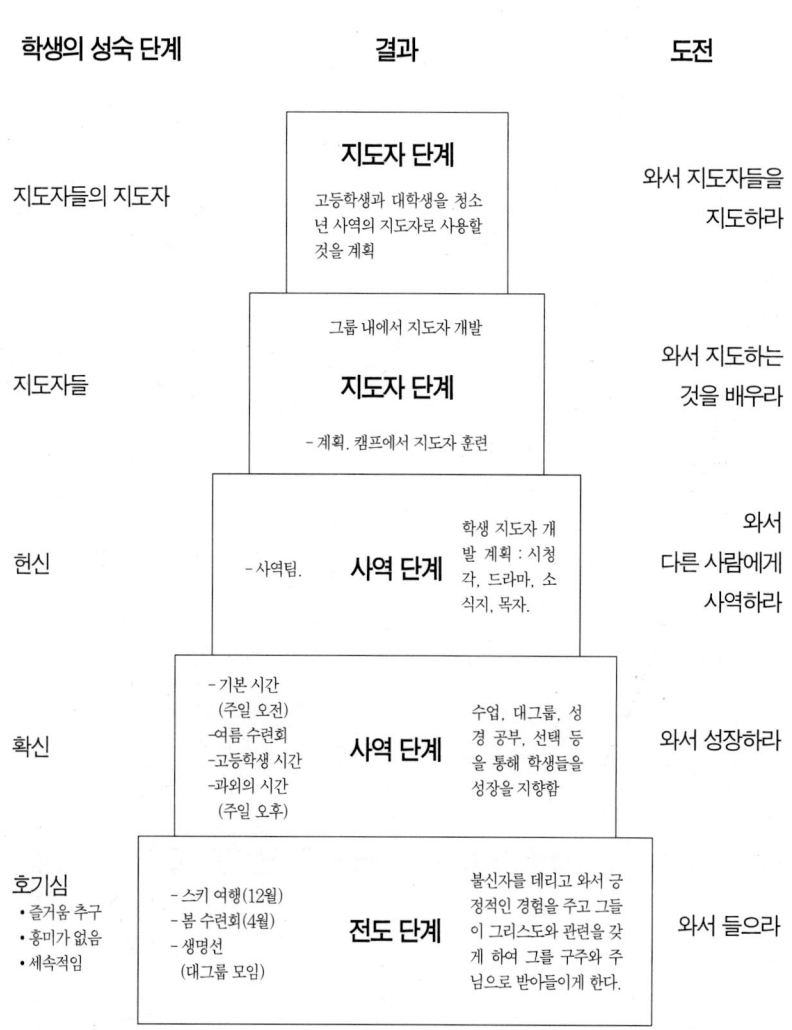

와 도면 만들기 등을 통해 학습자로 하여금 자신을 표현하도록 한다.

2. 독창적인 글쓰기. 글쓰기는 학습자를 성경 본문 속에 몰두하게 하는 가장 좋은 방법이다. 그들을 실제로 인물이나 사건 속에 몰입하게 하라. 그러한 활동은 글자 맞추기, 요약판, 현대판 비유, 낙서를 적는 포스터나 기도문을 쓰는 것이 될 수도 있다.

3. 토의 활동. 이것은 학급자를 지성적으로, 언어적으로 자극한다. 찬반, 공통된 의견 모으기, 그림 반응과 토론 이외에도 성공적으로 사용될 수 있는 많은 활동이 있다.

4. 연극 활동. 이 활동은 흔히 학습자 속에서 배우를 배출하기도 한다. 인터뷰, 역할극, 풍자극 등을 하라. 자신의 쇼를 녹화하도록 하라. 학생들을 자극하고 참여시키기 위해 연극을 활용하라.

5. 음악 활동. 대부분의 청소년들은 음악을 좋아한다. 가르칠 때에 상업성 있는 음률, 노래 짓기, 대중 가요에 귀기울임으로써 이것을 이용하여 흥미를 갖게 하라.

6. 구두 표현. 성경 읽기, 합창곡 읽기, 1분 설교, 독백 또는 토론은 학습자를 언어적으로나 정신적으로 참여시킬 수 있다.

7. 퍼즐과 게임. 학습은 재미있어야 한다. 이 활동은 학생들이 성경 본문의 요점을 파악하고 기억하도록 돕는다.

8. 연구 활동. 이것은 독서와 복습보다 더 많은 시간을 요한다. 어떤 학생들은 한 단락이나 책, 성경에 나오는 인물의 생애, 또는 뜨거운 논쟁이 되는 문제들을 깊이 연구하는 데 관여하고 싶어한다. 활동들은 책에 관한 보고, 개관, 현지 답사, 귀납적인 연구, 연구 보고와 같은 것을 포함한다.

9. 기타 다양한 활동. 이것은 다른 여덟 가지 활동에 포함되지 않는 활

동들이다. 여기에는 전시, 모형, 퀴즈, 봉사 활동 등이 포함된다.

몇 가지 지침들만 준수한다면 이 방법들은 성경을 가르치는 사역에 매우 효과적이다.

1. **점진적으로 시작하라.** 4,987가지의 서로 다른 학습 활동으로 첫번째 수업에 임하지 말라. 일반적인 것처럼 학습자의 반응을 평가하는 한두 가지 활동을 합하여 가르치라.

2. **명료한 지시를 하라.** 성공적인 활동을 위해서는 좋은 안내가 중요하다. 가능한 시간을 내서 지시 사항들을 칠판이나 도면에 기록하라.

3. **지도자와 각 그룹의 기록자를 선택하라.** 성공적인 활동을 위해서는 지도자가 있어야 한다. 지도자는 동료나 대학생이나 부모일 수 있다. 학습자가 성장하고 활동이 효과적일 수 있도록 먼저 계획을 세우라.

4. **실제적인 시간 제한을 두라.** 그룹 활동을 위한 시간 길이를 항상 미리 정하라. 흥미있는 활동을 중간에 중지시키는 것은 다음 주 수업에서 그들을 실망시킬 수도 있다.

5. **학생을 격려하라.** 교사가 학생들을 신뢰하고 있다는 것을 알게 하라. 각 그룹을 방문하여 기꺼이 질문에 답하거나 제안하라.

6. **혼자 하게 하라.** 학생들 스스로 할 수 있는 것을 교사가 대신 해주는 것은 교사로서 할 일이 아니다. 그들이 성공하고 가끔은 실패하도록 내버려두라.

7. **자료를 제공하라.** 모든 필요한 자료와 설비를 갖추고 사용 가능하게 하라.

8. **결과 나누기.** 학생들이 발견한 것이나 만든 것을 나눌 시간을 계획

하라. 과정은 학습 활동의 가장 중요한 부분이다.

9. 인정하라. 학생들이 어려운 일을 해낸 것을 인정하라. 그것은 참여했던 사람에게 의미 있는 일일 뿐 아니라 뒤에 앉아 관망하는 사람에게도 좋은 모델이 된다.

조직과 행정

효과적인 사역을 위해 어떻게 조직할 것인가?

청소년 사역을 위한 조직과 행정을 자세히 논의하기 위해 7장에 같은 제목으로 나오는 부분을 참고하라. 토론에는 (1)교사 모집과 훈련, (2)시설물, (3)교육 과정 등이 포함된다. 적절한 교육 시설을 위해 1인당 0.9~1.35m2의 공간이 필요함을 염두에 두라.

평가

청소년 사역을 어떻게 평가할 것인가?

평가는 청소년 사역에서 중요한 부분이다. 우리는 목표를 달성하고 있는가? 학생을 성장시키는 데 도움을 주고 있는가? 청소년 사역의 평가를 위해 여덟 가지의 질문에 대답해 보라. 각 항목을 읽을 때마다 교회나 학교에서의 자신의 사역을 평가해 보라.

1. 학습자가 믿음에 대해 강하고 선명한 모델을 가지고 있는가? 어떤

변화가 필요한가? 어떤 교사 훈련이 필요한가?

2. 수업 시간은 능동적인 학습을 제공하고 있는가? 가르침이 믿음 안에서 성장하는 지도자를 말하는가? 어떤 변화가 필요한가? 미래의 교사 훈련을 위해 무엇을 강조해야 하는가?

3. 가르침이 생각을 서로 연계시키는 데 고무적인가? 교사들은 수업을 통해 직접적인 경험을 나누는가? 어떤 변화가 필요한가?

4. 교사는 학습자가 성경의 진리를 적용하도록 자극을 주었는가? 프로그램이 배가를 위한 동기를 제공하는가? 학습자는 세계 복음화에 대해 어떤 명령을 받았는가? 그들은 학교에서 영적으로 자신들을 성숙시킬 수 있도록 동기를 부여받았는가? 이것이 일어나기 위해 어떤 변화가 필요한가?

5. 교사는 친구들을 예수 그리스도께로 인도하도록 학생을 지도했는가? 이 일을 위해 무엇을 해야 하는가?

6. 교사는 학생들이 지도자에 대하여 성숙한 크리스천과 제자를 만드는 사람으로 생각할 수 있도록 관계를 설정했는가? 그것은 가능한가?

7. 교사는 제자화 사역이라는 크리스천 생활의 기본적인 책임에 대해 관심을 갖고 있는가?

8. 개인 성장을 위한 학습 환경을 제공하는가? 학습자가 성숙하고 지도자로서 성장해 나아갈 수 있도록 동기를 부여했는가? 이것을 위해 어떤 변화가 필요한가?

평가로 인하여 낙망할 수도 있지만, 약한 분야에서의 성장을 위해 하나님을 의뢰하도록 도전을 줄 수도 있다. 사랑과 돌봄으로 평가하라. 교사와 지도자의 목적은 도움을 주는 데 있지 방해하는 데 있는 것이 아님을 알게 하라.

  청소년을 가르치는 것은 한 사람이 그리스도 안에서 성장하는 것을 돕는 것을 의미한다. 하나님께서 우리에게 주신 성경적인 원리들과 우리가 그 도전을 만족시킬 수 있도록 도와주는 교육 순환도를 기억하라. 또한 하나님께서는 우리가 그 일을 할 수 있도록 능력주시는 분임을 기억하라. 기도하지 않는 청소년 사역은 무용지물에 불과하다. 우리의 수업에서 불가능한 것을 이루시는 위대하신 하나님을 신뢰하라. 여러분이 어떻게 다루어야 할지 모르는 십대들을 치유하시고 회복시키시는 하나님을 신뢰하라. 마지막으로 하나님의 자녀를 가르치는 이 특별한 도전을 위해 하나님께서 택한 지도자가 될 수 있도록 당신을 도우시는 하나님을 신뢰하라.

9 아직 그들에게 가르침이 필요하다

케네스 O. 갱글(Kenneth .O. Gangel)

미국에서 1946년으로부터 1964년 사이에 태어난 사람들은 '베이비붐' 세대라고 불리워진다. 그들 중 7,600만이 50개 주에 흩어져 살고 있다. 미국에는 현재 6,000만의 독신자가 있고, 조사국에 따르면 "이성과 동거하는 사람(Persons of the Opposite Sex Sharing Living Quarters)"이란 말로 'POSSLQs'라 불리우는 사람도 200만 이상이 살고 있다. 1995년까지 35~55세 사이의 미국인 수는 현재의 1/3 정도 증가할 것이다. 편부모 가정은 1970년에는 전체 가정의 11%였으나, 1981년에는 그 두 배가 되는 21%였다.

오늘날 교회에서 성인들을 가르치는 것은 20년 전과는 확실히 다르다. 그러나 극소수의 교회에서는 그 차이를 이해하고 거기에 대해 효과적으로 대응해 왔다. 1990년의 인구는 대개 다음과 같이 나뉘어진다. 5세 이하 1,900만, 5~13세는 3,300만, 18~34세의 젊은 성인이 6,500만, 35~64세의 중년 성인은 8,500만, 65세 이상이 2,900만.

그것을 달리 표현하면 1950년과 1990년 사이 40년 동안 18세 이하는 35% 증가한 반면 18세 이상은 68%로 증가했다. 따라서 성인 교육은 현재 그리고 미래에도 주목해야 할 문제다.

그러나 인구 통계에서 수치적으로 알 수 있는 것보다 더 큰 문제는 성인 교육이 성경적인가 하는 것이다. 부모의 가정 교육에서의 역할을 제외하고는 기독교 교육은 어디에서도 지지받지 못하고 있다. 어린이와 성인을 가르치기 위해서는 최선이 필요하다. 그래서 이번 장에서는 이 사역의 전략적인 노력들에 집중해 보고자 한다. 그러나 성경은 본질적으로 성인 교육을 염두에 두고 성인을 목표로 성인을 위해 성인에 의해 쓰여진 성인의 책이다. 아마 바울이 젊은 목사 디도에게 보낸 편지보다 교회에서 성인 교육에 대해 더 정확하게 표현을 한 곳을 찾을 수는 없을 것이다.

"오직 너는 바른 교훈에 합한 것을 말하여 늙은 남자로는 절제하며 경건하며 근신하며 믿음과 사랑과 인내함에 온전케 하고 늙은 여자로는 이와 같이 행실이 거룩하며 참소치 말며 많은 술의 종이 되지 말며 선한 것을 가르치는 자들이 되고 저들로 젊은 여자들을 교훈하되 그 남편과 자녀를 사랑하며 …너는 이와 같이 젊은 남자들을 권면하여 근신하게 하되 … 종들로는 자기 상전들에게 범사에 순종하여 기쁘게 하고 거스려 말하지 말며 …너는 이것을 말하고 권면하며 모든 권위로 책망하여 누구에게든지 업신여김을 받지 말라"(딛 2:1~4, 6, 9, 15).

디도서 2장에 나오는 바울의 명령은 다양한 연령층에서 다양한 스타일의 성인 교육을 목표로 하고 있다. 디도 목사가 자신의 역할을 성인 교육에 기울이지 않았다면 그레데에서의 사역은 아마 비효율적이었을 것이다. 디도의 성인 교육의 대상은 다섯 개의 특정한 그룹으로 나눌 수 있다. 중년 남성, 중년 여성, 젊은 여성, 젊은 남성, 그리고 노예. 각 대상마다 특정한 목표와 내용의 개요를 짐작할 수 있다. 그레데에서의 성인 교육의 목표는 그리스도가 재림할 때를 기다리면서 열심히 선을 행하는 자제력 있고 거룩한 크리스천을 배출하는 것이었다(딛 2:12~14).

디도서 2장을 헬라어 성경으로 보면 교훈과 관련된 단어 11개가 기록되어 있고, 영어 성경 NIV에는 14개의 단어가 있다. 처음과 마지막 구절은 성인 교육의 중요성을 크게 강조하고 있다.

이 장의 목적은 성인 교육은 어떻게 다르며, 이 중요한 차원의 사역을 수용할 교회 교육 프로그램을 어떻게 재구성하며 재적응시킬 것인가를 파악하는 데 중점을 두기로 한다.

성인은 어떻게 다른가

성인은 다르다. 개개인이 다를 뿐만 아니라 교회에서 흔히 가르치는 연령별로 다르다고 자신을 보는 견해도 서로 다르다 그리고 그들은 개인적인 필요와 학습의 직접성을 훨씬 더 잘 알고 있다. 성인을 위한 교육 환경은 심리적으로, 신체적으로, 환경적으로 성숙하고 짜임새 있을 필요가 있다. 그것은 주로 형식 탈피, 참여의 기회, 내용을 즉시 역동적으로 관련시키는 것 등을 강조하는 방법들이다.

성인들은 어린이나 청소년과는 인생의 경험들이 다르기 때문에 학습 상황에 따라 풍부한 배경을 축적하고 있다. 이와 같은 점들은 성인들을 지식을 가진 학생으로서가 아니라 자원으로서 바라보도록 만든다. 그것은 그들이 자신에게 부과된 내용을 습득하기보다는 자신의 학습 필요를 진단할 기회를 가져야 함을 의미한다.

성인의 다른 점은 학습 준비에서부터 드러난다. 성인들은 배우는 과제에 대해 훨씬 자기 지시적이며 문제에 대해 선택적이다. 성인 교육의 동기는 불가분 소유권과 관계가 있다. 또한 교육의 유기적인 기능을 유지하기 위해서는 학습 경험들이 서로 관련되어 있으며, 인위적으로 꾸며진 것들이 아님을 분명하게 이해해야 한다.

끝으로 성인은 시간에 대한 관점도 서로 다르다. 그들은 현재 지향적이다. 바울이 디도에게 경건치 않은 것과 정욕을 다 버리고, 근신함과 의로움과 경건함으로 이 세상에서 살아야 할 것을(딛 2:12) 다른 사람에게 보이고 가르치라고 쓴 이유가 여기 있다. 성인들, 특히 청장년층은 어떤 다른 연령층보다 더 현세 지향적이다. 교육적인 의미로서의 교육 과제는 즉각적인 실용성과 특정한 문제 해결을 강조한다.

학습의 특수성

성인 교육의 특이성은 열거할 수도 없을 만큼 많지만, 그 중에서 교사가 성인들을 위해 극복하고 훈련해야 할 필요가 있는 두 가지를 선택해 보면 다음과 같다.

성인은 자기 자신의 주도 아래 배운다.

사실상 성인들의 학습은 자기 지시적이다. 어린이와 청소년은 자신을 가정과 학교에서 해야 할 결정을 어른들이 해주기를 끊임없이 기대하는 의존적인 사람으로 여긴다. 이것은 고학년이 되면서 변해가긴 하지만, 어린이와 십대 초반의 일반적인 특성이다. 우리는 끊임없이 어린이와 십대가 배울 수 있도록 동기를 부여하는데 그 동기는 흔히 외부적인 것들이다.

그러한 접근법들이 성인들에게 간단하게 적용될 수는 없을 것이다. 성인 교육에서는, 배우려고 하는 내부의 참된 소망들을 이끌어내야 한다. 그것들은 배우기를 시작할 수 있도록 해주는 온전한 기본 동기들이다.

성인은 일정한 주제에 대해 배우는 것이 얼마나 중요한 것인가를 알고 싶어한다.

성인에게 학습은 목적이라기보다는 수단으로 작용하기 때문에 자신들을 어린아이처럼 다루는 학습 상황을 유쾌하게 생각하지 않는다. 이것은 자아 개념에 있어서 성인의 다른 점일 뿐만 아니라, 앞에서 언급했던 폭넓은 기본적인 생활 경험과도 관련있는 것이다. 때때로 공식적인 학교 교육에 의해 의존적인 절차에 잘 길들여진 아이들이 스스로 배우는 것을 어떻게 다시 배울 수 있는지 성인에게 가르칠 필요가 있다.

목표의 특이성

어떤 사람들은 기독교의 모든 가르침은 사람들을 그리스도 안에서 성숙하게 하는 것을 목표로 하기 때문에, 연령에 따라 교육 목표가 다양하지 않다고 주장한다. 목적이라는 단어를 사용한다면 일리 있는 이야기일 수도 있다. 그러나 학습 목표와 교수 목표의 준비와 더불어 좀더 구체적인 지침이 필요하다. 성인 수업과 관련된 학습 목표는 논의되어온 발달과 학습의 특이성을 참조하여, 다음 장에서 다룬 연령별 그룹에서 자세히 살펴보기로 하자.

간단히 말하면, 교육적인 발달 과제는 길고 느린 학습 과정이라기보다는 규칙성 있는 사다리처럼 계단 오르듯 노력 없이도 달려갈 수 있는 평지와 같은 것으로 여긴다.[1] 학습 과정은 요람에서 무덤까지 계속되기 때문에 그것은 모든 성인을 포함하며, 그것에 의해 성인은 만족스럽고 생산적이 되도록 학습에 접근하는 발달 과제를 이해하게 된다. 한 개인은 성장하면서 점점 늘어나는 어려움에 대처할 새로운 신체적, 정서적, 심리적 자원을 발견한다. 그 어려움은 신체적인 것에서뿐만 아니라 문화적 압력이나 인간에 대한 가치 체계에서 비롯되는 것들이다.

성인을 가르치기 위해 준비할 때에는 블룸(Bloom), 크로스월(Krathwohl)과 그 동료들이 인정하면서 설명한 세 가지 유형, 즉 인지적·정서적·능동적 학습을 고려해야 한다. 인지적 목표는 정신 작용을 다루는데, 성인 학습자가 알고 이해하고 적용하고 분석하고 종합하고 평가하는 것에 그 목표가 있다. 그러한 목표는 배운 것을 기억하고 재생할 것을 강조한다. 그들은 학생에게 주어진 정보를 다시 정리하거나 지적인 문제를 해결하는 데 초점을 둔다. 대부분의 교실 수업은 인지적 목표를 이루기 위해 자극하는 경향이 있기 때문에, 대부분의 교사들은 이 영역을 두드러지게 강조한다.

그러나 정서적 영역은 상당히 불분명하다. 정서적 목표는 학생들의 느낌, 감정, 태도를 수용하고 반대하는 정도를 강조한다. 기독교 교육을 담당하는 교사가 자신의 사역 영역에 대해 지대한 관심을 가져야 한다는 것은 분명한 일이다.

교육에서 말하는 세번째 학습 유형은 일반적으로 근육이나 동작 기술, 재료와 대상물의 조작, 손과 눈의 조정을 강조하는 심리 운동을 말한다. 기독교 교육의 학습 유형들이 그런 범주에 속하기는 하지만, 어떤 사람은 그것을 수행 능력을 기본으로 하여 기술을 다룬다는 뜻의 '인지적인' 이라는 말로 대치한다. 간단히 말하면 인지는 학생이 알고 있는 것을 다루고, 정서적인 것은 어떻게 느끼는가를 다루며, 능동은 그가 할 수 있는 것을 다룬다. 에스피치(Espich)와 윌리엄즈(Williams)는 차를 운전하는 동안 멈춤 표시에 다가가는 사람의 예를 들어 이것을 설명한다.[2] 심리 운동은 세번째 영역이지만, 능동적인 것은 기계적인 반응뿐만 아니라 기술을 묘사한다. '능동적인' 이란 단어는 '목적을 가지고 행동하다' 라는 의미보다 두번째 의미인 '시도하려는 행동' 이라는 말의 명사형 '능동' 의 형용사형이다.

첫번째 사각형에서 학습자는 멈춤 표시의 의미를 차를 세우라는 명령으로 해석한다. 정서적인 영역에서는 학습자가 멈춤으로써 안전한 운전 기사와 좋은 시민이 되는 것이 중요하다고 느낀다. 심리 운동 즉 능동의 영역에서는 학습자가 멈추고 싶을 때 브레이크를 밟는 무의식적인 습관을 발전시킨다. 그렇다면 목표 행위는 무엇인가? 다른 차나 경찰이 주변에 없을 때조차 학습자는 멈춤 표시에서 차를 멈추는 것이다.

30년이 넘게 나는 대학, 신학 대학, 교회, 협회, 세미나 그리고 여러 상황 속에서 성인들을 가르쳐왔다. 나는 학습 목표와 교수 목표가 학생의 필요와 부합하는 방식을 고려하면서 이 특이한 세 가지 목표가 균형을 이루도록 애썼다. 쉬운 일은 아니었지만 성인을 가르치는 데에는 불가피한 일이었다.

내가 목표에 대해 이야기할 때 '행동적인'이라는 말이 잘 사용되는 단어임에도 불구하고 자주 사용하지 않았음을 알 수 있을 것이다. 사실 '행동적인'이라는 단어는 너무 광범위해서 인지적, 정서적, 능동적인 부분을 모두를 포함할 수 있다. 우리는 인지적 차원의 지식이나 이해 차원에서 머물러서는 안 된다. 레로이 포드(Leroy Ford)가 표현한 것처럼 우리는 "그래서 무엇?"이라는 상태에서 "아하!"라는 감탄 상태로 학생을 이끌어야 한다.[3]

규칙을 준수하는 행위와 3가지 학습 영역과의 관계

인지적	정서적	능동적
학습자는 멈춤 표시의 의미를 해석할 수 있다.	학습자는 안전하게 운전하는 것과 시민으로서 자신의 역할을 가치 있게 여기는 것이 중요하다고 느낀다.	학습자는 멈춤 표시를 준수하기 위해 브레이크에 발을 디디는 습관을 길렀다.

준수하는 행위
다른 차나 경찰이 주위에 없을 때라도 학습자는 멈춤 표시 앞에서 멈춘다.

성인 연령층 이해

이 부분은 성인을 어떻게 가르쳐야 하는가에 대한 가장 임의적인 분석을 낳는다. 어떤 주일학교는 성인들을 연령층으로 나누지 않고 성별로만 나누기도 한다. 어떤 사람들은 연령별로 나누는 것을 20대, 30대, 40대 등과 같이 정확히 십년 단위로 분리해야 한다고 주장한다. 여기에서 우리의 목표는 성인이 주일학교에서 어떻게 나뉘어져야 하는가에 초점을 둘 것이 아니라, 일정하게 일반화된 연령층의 필요를 어떻게 이해할 것인가에 초점을 두어야 한다. 이러한 상황에서도 선택은 대개 임의적이다. 우리는 18~35세까지의 사람들을 청년으로 본다. 장년은 35~60세, 노년은 60세 이상. 사실 이런 식으로 범주를 나누는 것을 좋아할 사람은 아무도 없다. 그러나 교회 사역에서 그들의 필요를 만족시키기 위해서는 기본적으로 연령에 따라 세 부류로 나눈 특성에 익숙하도록 구분해야 한다.

청년 : 18~35세

어떤 교회든 주의를 요하는 청년들은 다섯 그룹으로 나뉘어질 수 있다. 먼저는 여러 해 동안 결혼하지 않거나 결혼과는 상관없는 18세 이상 즉 고등학교 졸업 연령 이상의 성인으로, 보통 대학생이나 직장인 그룹으로 불리우는 성인들이다. 우리가 젊은 부부라고 부르는 두번째 그룹은, 막 결혼한 20대들이다. 이들도 여전히 교육을 받는 위치이거나 직업을 갖고 있지만, 결혼했기 때문에 첫번째 그룹과는 구별된다.

젊은 부모라고 구별할 수 있는 세번째 그룹은 대학이나 대학원에 재학 중이거나 둘 중 하나는 직업을 가지고 있다. 그러나 그들은 하나 혹은 그 이상의 자녀가 있기 때문에 앞의 두 그룹과는 다르다. 네번째 그룹은 십대 자녀를 둔 부모들로 구성된 그룹이다. 이 그룹은 실제로 장년과 중복되긴 하지만, 35세 이하의 많은 사람이 십대의 부모이므로 이 범주로 구분한다. 끝으로 이 장의 마지막 부분에서 우리가 다룰 독신 그룹은 특별히 주의가 필요한 그룹이다.

청년들을 이해하고 효과적으로 사역하기 위해서는 연령별로 나누어야 한다. 그러나 연령만 따져서 성인을 다섯 영역 가운데 어느 한 영역에만 가두어서는 안 된다. 예를 들면 독신 여성은 18세든 33세든 독신 성인이고, 젊은 부모는 19세든 29세든 심지어 39세라도 젊은 부모 그룹일 수 있다. 직업을 선택하는 그룹은 젊은 반면 대학생 그룹은 나이가 많을 수도 있다. 이렇게 다양성을 인정하는 것이 청년을 다루고 인정하는 데 적용되어야 하는 유연성을 이해하는 데 도움을 준다.

어떻게 이 사람들을 이해할 수 있을까? 첫째는 우리 모두가 이 연령층에 속하거나 속했었다는 것이다. 개인적인 경험은 큰 도움을 준다. 에릭슨(Erikson)의 연구는 큰 변화나 어떤 특별한 비탄이 없는 연령층에서는 '친밀감'이 중요하다고 강조한다.[4] 고등학교 친구, 대학교 친구와 헤어져 지냄으로 친밀한 관계가 깨어지면 결혼한 상대방이 가장 좋은 친구가 되는 것이다. 성인 세계로의 변화는 그들로 하여금 "이것이 참으로 내가 기대했던 것인가?"라는 질문을 하게 한다. 그들은 그들 부모의 역할과 생활 양식과는 다른 성인의 역할과 생활 양식을 경험하게 된다. 특히 20대의 10년 동안 잠깐 직업에 헌신할 뿐이다. 전반적인 통계에 의하면, 보통 미국인은 그 기간에 직장(job)을 일곱 번 바꾸고 성인 기간 동안에는 직업(careers)을 세 번 바꾼다고 한다.

발달 과제에 대한 연구로 유명한 로버트 J. 하비허스트(Robert J. Havighurst)는 성년 초기에 여덟 가지 과제를 제시했는데, 나는 여기에 기독교 성인에게 특별히 적합하다고 여겨지는 두 가지를 덧붙였다.[5]

1. 배우자 선택.
2. 배우자와 함께 사는 것을 배우고 두 사람을 하나로 융화시킨다.
3. 자녀를 낳기 시작하며, 첫째 아이를 성공적으로 얻는다.
4. 대가족과 새 가족 생활과 관련된 심리적 문제에 적응하며 아이를 기른다.
5. 가정 경영.
6. 직업을 갖는다.
7. 시민으로서의 책임을 갖는다.
8. 마음이 맞는 교제 그룹을 발견한다.
9. 교회에서 직분을 맡게 된다.
10. 자신과 가족 그리고 다른 사람에 대한 기독교적 지도력과 훈련하는 법을 배운다.

장년 : 35~60세

장년이란 나이는 어떤 나이인가? 사람들은, 당신이 너무 많은 사람을 만나서 그 모든 사람이 당신에게 '이 사람, 전에 만난 사람 아니야?' 라고 상기시켜 주는 나이가 '장년' 이라고 말한다. 또 경찰관이 10대처럼 보이고, 청년은 아주 꼬마처럼 여겨지는 나이라고 한다. 다니엘 르빈슨(Daniel Levinson)은 성인에 대한 그의 유명한 연구에서, 30대 후반의 안정기와 40대 초반으로 이어지는 중년기 변화(위기)에 대해 말했다.[6]

지나간 청년 시절의 장미빛 낙관주의도, 만년의 힘든 현실도 아직 오지 않았지만, 중년은 일반적으로 인생을 꽤 만족스러운 것으로 아는 경향이 있다. 그렇지만 나이가 점진적인 감정의 성숙을 보장하는 것은 아니기 때문에, 이 시기에 환멸과 쓰라림을 느낄 수 있다는 데 그 위험이 있다. 안정이 주요 관심사로 대두되고, 중년 남성은 직업 지향적이기 십상이어서, 때때로 집안에서 문제를 일으킬 수도 있다. 어머니는 십대가 된 자녀들을 돌보느라 바쁘다. 자녀들이 성인기에 접어들면 부모는 조부모로 전환할 준비를 해야 한다.

어떤 사람은 장년에 대해 친교적, 정치적, 사회적, 종교적인 여러 단체에 가입하여 심오한 논제에 시간과 자원을 사용하는 소속인이라고 말한다. 이 기간의 후반을 흔히 '위험한 나이' 또는 '제2의 폭풍기'라고 한다. 이 기간 동안 신체적인 원기는 점차 감소되기 시작한다. 따라서 성인은 불안한 정서 상태가 나타나는 것을 막기 위해 가벼운 생활 패턴을 유지할 수 있도록 삶의 프로그램을 조정해야 한다. 그렇게 하지 않는다면 변화에 대한 저항은 가치관과 흥미 그리고 개념의 성숙을 방해할 것이다.

르빈슨은 20세, 30세, 40세, 50세, 60세에 일어나는 주요한 다섯 가지 변화를 발견했다. 중년의 변화가 시작되는 40대 초반의 성인은, 그것도 특히 남자 성인은 과거에 대한 평가와 불확실해 보이는 미래에 대한 준비로 인해 중년의 위기에 직면하게 된다. 청년의 경우처럼 장년의 발달 과제 중 도움이 될 만한 몇 가지를 열거해 보겠다.

1. 고도의 직업 기술을 배움.
2. 직업을 바꿈.
3. 퇴직 계획.

4. 직업을 가짐(여성).
5. 나이든 부모에게 적응.
6. 한 인간으로서 배우자와 관계 형성.
7. 새로운 흥미 발견.
8. 판에 박힌 일상적인 일에서 벗어남.
9. 생리학적인 변화를 보상함.
10. 인생에 대한 실제적인 시간 개념을 개발시킴.

노년 : 60세 이상

장년 후기(55~65세)의 마지막 십년 동안은 신앙이나 생활 방식이 원숙해지면서도, 한편으로는 유연성이 없어지고 필연적으로 다가오는 죽음에 대해 두려움을 느낀다. 그들은 여러 면에서 성숙된 모습을 보인다. 이렇게 성숙한 성인들은 자신의 부모들을 더이상 골치 아픈 사람으로 여기지 않으며, 자신의 배우자를 자기 생활에 부당한 통제를 가하는 사람으로 생각하지 않는다. 노인들은 우리 생활에 도전을 주며, 다음 세대 교회 사역의 주요 그룹이 될 것이다. 베이비 붐 시대에 태어난 사람 중 100만 명이 100세에 이를 것이고, 이들로 인해 서기 2,000년 후에는 미국 역사상 처음으로 미국에 젊은이보다 노인이 더 많아질 전망이다. 남침례회의 '교육 과정과 교육'의 전문가 맨실 에젤(Mancil Ezell)은 노년을 말할 때 '축하'라는 말을 사용한다. 그는 이들이 60년 이상 동안 활동하고 일해왔고 마침내 일정한 생활 수준에 도달했기 때문에, 그들에게 해당되는 시제는 **현재**라고 말한다.[7]

이 범주에 속하는 사람은 성경이 장로들에게 준 존경과 권위를 얻는다.

신체적 힘은 쇠잔해졌지만 모든 경우에 '쇠퇴'라는 말이 사용되는 것은 옳지 못하다. 우리는 젊은이를 우대하는 사회에 살고 있기 때문에 교회에서만이라도 노인들을 인정해 드려야 한다. 우리는 정년 퇴직한 사람을 현재의 모습이나 미래에 이루어질 모습이 아니라, 과거의 그들이나 과거에 그들이 성취한 것에 비추어 바라보기 때문에, 그들이 퇴직당했다는 부정적인 느낌을 갖는다. 그러나 그리스도의 지체들은 균형잡힌 견해를 가져야 한다. '은빛(silver)'과 같은 말조차도 양로원이나 휠체어, 의료 보호 등을 떠올리게 된다. 현명한 교회 교육자는 노인에 대한 부정적인 명칭이나 말을 피할 줄 안다.

교회는 지적인 관계와 인간 상호 간의 관계를 발전시킴으로써 노인 사역에 대응할 수 있다. 성인이 더이상 배울 수 없다고 믿는 것은 어리석다. 학습 능력은 소멸되지 않는다. 학습의 속도는 감소할지 모르지만 능력은 여전히 남아 있다. 사람은 누구나 이 능력을 계발해야 하며, 노인들이 스스로 지적인 면을 훈련시킬 필요가 있다는 것을 인정하도록 격려해야 한다. 쇠약해진 근육처럼 학습 능력도 사용되지 않는다면 약해지기 쉽다.

교회 교육에서 가장 중요한 것은 성경이 노인들을 깊이 존경하고 있다는 사실을 인정하는 것이다. 하나님께서는 가정이나 그보다 넓은 사회에서도 노인을 비웃거나 무시하는 것을 용납하지 않으신다. 우리는 이 연령층의 사람을 중요하게 여기는 성경의 원리에 근거한 프로그램을 채택해야 한다. 데이빗 모버그(David Moberg)는, "영적인 양육은 노인을 향한 교회의 첫번째 과제이다. 그러나 영적으로 올바르게 교육하면 다른 사역들을 수행하기가 수월해지고 교회의 효율성 또한 증대할 것이다"라고 말했다.[8]

덧붙여서 말콤 노웰즈(Malcolm Knowles)의 연구에서 응용한 발달 과제의 목록을 제시한다.[9]
1. 정년 퇴직에 적응.
2. 자신에게 유용한 새로운 방법 발견.
3. 사회적 안정, 의료 보험 그리고 다른 은퇴 프로그램의 이해.
4. 줄어든 수입에 적응.
5. 혼자 사는 것을 배움.
6. 손자 손녀들과 관계를 가짐.
7. 나이가 들어가는 것을 받아들임.
8. 높은 의욕 유지.
9. 적절한 외모 유지.
10. 죽음을 맞을 준비.

노인들을 무시하거나 교회 사역에서 그들의 기여도를 경시하기보다는 그들이 교회에 특별한 요구를 하도록 해주어야 한다. 실제적인 의미에서 교회 사역에서 목소리를 내고 그들의 역할을 감당할 기회를 주어야 한다. 요즘의 교회 문화가 교회의 역할을 제대로 알지 못하는 십대들만을 대상으로 할 뿐 하나님의 영이 50년 이상 역사했던 사람들을 소홀히 대한다는 것은 참으로 수치스러운 일이다.

성인이 어떻게 배우는가 이해하기

이 장의 첫 부분에 "성인이 어떻게 다른가 이해하기"라는 제목 아래 많은 부분이 소개되었다. 그러나 특히 학습 이론과 관련지어 더욱 자세히 상술하는 것이 유익할 것이다. 우리는 이미 에릭슨, 하비허스트, 르빈슨 그리고 노웰즈에 대해 말했다. 이것이 성인 학습 이론에 대한 전체가 되려면, 얼마나 다양한 성인 학습 이론들이 우리의 전체적인 이해에 증언했는가를 설명하는 보엘런(Boelen)의 다섯 단계와 로저 굴드(Roger Gould)의 일곱 단계를 추가하는 것이 필요하다. 그러나 성인 교육에 대해 말했던 주요 인물은 성인 교육의 이론과 실제인 성인 교육론을 강조한 말콤 노웰즈다.

그 용어는 1833년에 독일의 교사인 알렉산더 카프(Alexander Kapp)가 처음으로 사용했고, 1954년 T. T. 텐 해브(T. T. ten Have)교수가 네덜란드에서 성인 교육론에 대해 강의하고 글을 쓴 후 유럽 교육계에 관심을 불러일으켰다. 1966년 암스테르담 대학이 성인 교육론 박사 과정을 신설했다. 노웰즈는 1950년 「비형식적 성인 교육(Informal Adult Education)」이라는 책을 펴냈고, 연이어 1975년에 출판협회에서는 노웰즈가 쓴 「성인 교육의 현대적 실천(The Modern Practice of Adult Education)」이라는 책을 포함하여 많은 책들을 발간했다.

노웰즈는 발달론자이다. 그래서 성인 교육론을 내용보다는 학습 과정 중에 일어나는 문제에 초점을 맞춘 '과정 모형'으로 이야기한다. 노웰즈는 어떤 이론적인 관점도 주지 않았기 때문에, 복음주의 교육자들은 과정에 대한 노웰즈의 생각에 비추어 내용에 대해 적절하게 강조하면서 균형을 취할 필요가 있다.

노웰즈에 의하면 성인 교육론은 7단계로 전개된다.

1. 학습을 유발하는 분위기 조성. 1단계의 목표는 모든 단계에서 참여와 학습을 고무하는 물리적이고 지적인 분위기를 유지하는 것이다.

2. 상호 계획을 위한 메커니즘 창조. 과정에 참여하게 하는 최상의 의사 전달 모형을 정하는 일에 학생 자신이 교사와 관계를 갖도록 학생을 고무한다.
3. 학습을 위한 필요 사항들의 진단. 개인적인 필요와 단체의 필요가 제시되고 충족되어야 한다.
4. 프로그램 목표 정하기. 이 단계는 3단계에서 나타난 필요를 충족시킬 수 있는 자료의 내용을 결정하도록 돕는다.
5. 학습 경험의 유형 형성. 필요가 무엇이고 교사와 학생이 서로 어떻게 그것을 만족시킬 것인가 결정되면, 이러한 목표를 달성하도록 돕는 매체를 선택한다.
6. 적절한 기법과 재료로 학습 경험 지도. 여기에서 학습 과정을 완성한다.
7. 학습 결과 평가. 이 마지막 단계에서 과정과 내용의 완성과 수용이 실제로 어떻게 사용되었는가를 관찰한다.

노웰즈가 자신의 초기 저서에서 성인 교육론을 교육학과 대조하여 논의했음을 주목해야 한다. 그는 교육학과 함께 사용되어야 하는 학습자에 대한 다른 예상 모형으로 성인 교육론을 제시함으로써 자기 견해의 완성도를 높였다.

이것은 오랫동안 사용되어온 교육 순환도와 아주 흡사하다(7~8장 참조). 그러나 이러한 성인 교육론의 독특성은 개인의 책임, 자발성, 직접성, 학습 결과의 실용성을 강조하고 있다.

끝으로 나는 성인 교육론의 원리에 기초한 성인 학습에 좀더 고도로 접근하는 **공동교육론**(synergogy)에 대해 언급하지 않을 수 없다. 공동교육론은 "동료 그룹 학습 상황에 성인 교육론의 원리를 적용한 학습자 중심의 가르침"이다. 권위를 학습 계획으로 대치하고, 학습자로 하여금 자신의 학습에 책임지는 능동적인 참여자가 되게 하기 때문에, 다른 교수법과는 크게 구별된다. 중요한 것은 학습자들로 하여금 경쟁하기보다는 서로 협력하게 하고, 동기를 높이기 위해 동료끼리 연합하게 한다는 것이다.

공동교육론은 학습 계획과 방법을 통하여 학습자에게 의미 있는 명령을 해준다. 교사는 지식과 태도와 기술(인지적, 정서적, 능동적)을 얻기 위해 질서 정연한 단계의 도식을 제시함으로써 학습 과정을 구성한다. 과정에 대한 많은 예들이 있는데 그 중에서 가장 간단한 것은 '효과적인 팀 계획'이다.

'효과적인 팀 계획' 모형에서 교사는 학급의 모든 구성원에게 공통되는 것을 개인적으로 준비하도록 할당한다(읽기 숙제, 인터뷰, 비디오 보기). 그리고 주요 학습과 개념을 확인하는 선다형 시험처럼 지식을 평가할 수 있는 적절한 방법을 고안한다. 학생 모두에게 시험을 치르게 한다.

토의는 일치를 목표로 하고 이 과정을 통해 그룹은 규칙을 정한다. 목표는 개인 점수보다 팀 점수를 높이는 것이고, 그것은 바로 상호 노력(경쟁보다 협동)이 개인만의 노력보다 더 나은 학습 과정을 낳는다는 것을 깨닫게 한다.

유진 트레스터(Eugene Trester)는 그것을 이렇게 설명한다.[10]

성인의 성경 학습에 관심 있는 많은 교육자는, 가장 적당한 학습을 위해서 스스로 성인 학습의 기본적인 과정을 용이하게 하는 기술을 습득할 필요가 있다는 것을 깨닫기 시작한다. 교육자들은 이미 알긴 했지만, 최근에 와서야 교육의 핵심이 가르침이 아니라 학습이라는 예전의 통찰력을 실천에 옮기게 되었다. 풋내기 교사가 학습 초점을 자신으로부터 학습자의 필요로 옮기기까지는 몇 년 동안의 교실 경험이 필요하다. 학습 준비, 일정 부분의 망각 기능, 성인의 상호 의존 학습을 용이하게 하기 위해서는 많은 경험과 이론에 대한 지식이 필요하다는 것을 인정하는 성인 성경 교육자가 점점 더 늘어나고 있다.

특별한 필요 그룹들에 대한 이해

「리더십(Leadership)」이라는 잡지 기사에서 데이빗 메인스(David Mains)는 내가 알고 있는 대부분의 목사와 성인 교사의 희망을 잘 표현했다.

나는 내 설교가 실제로 사람들이 느끼는 진정한 필요에 대한 구체적인 대응으로 전달되기를 원한다. 그리고 나는 그들이 자신의 세계에 뿌리 내리기를 원하는 설교에 호의적인 반응을 보이고 있다는 것을 알고 있다. 그들은 더 많은 개념을 원하지 않는다. 명석한 분석이나 형식적인 글에 매료당하지도 않는다. 나는 그들이 신학을 극히 사랑하고 성경의 방대한 지식을 좋아한다고 생각할 수조차 없다.
나는 항상 이렇게 묻곤 한다. "사람들이 들은 것에 반응하도록 하기 위해 나는 어떻게 실제적으로 제시할 것인가?" 이것은 중요한 질문이다. 내가 그 질문에 적절히 답한다면 청중들은 자신이 들은 것을 감사하게 여길 것이다. 그리고 그것으로 말미암아 도움받게 될 것이다.[11]

분명히 다양한 '특별한 필요 그룹들'이 거의 모든 교회 성인들 사이에 존재하고 있다. 특별한 네 그룹과 거기에 속한 사람들을 간단히 살펴보자.

독신자

네 가지 유형의 독신을 생각해 보라. 선택에 의해서든 환경에 의해서든 한 번도 결혼하지 않은 사람, 결혼한 적이 있고 배우자가 살아 있는 사람(이혼이나 별거), 혼자 된 사람, 배우자가 주님을 모르는 크리스천 즉 '영적인 독신자.' 이 네 그룹의 사람들은 나름대로 다양성이 있지만 우리 사역은 그들의 유사성, 특히 필요의 유사성에 초점을 맞추어야 한다. 그들이 필요를 느끼는 많은 부분이 같지 않다면 비교가 가능하지만, 독신자 유형 중에서 '혼자 된 부모'는 따로 떼어내서 다룰 것이다.

독신자들의 필요는 무엇인가?

독신자들에게는 다른 사람들의 용납이 필요하다. 고독과 싸우는 사람으로써 하나님 아버지와 하나님의 사람들로부터 받아들여지고 있다는 것을 인정할 때, 그들은 다른 모든 사람으로부터 받아들여지고 있음을 깨닫고 자신을 수용할 수 있게 된다.

독신자들은 또한 강한 자아 가치를 필요로 한다. 도나 피터슨(Donna Peterson)은 이렇게 말한다 :

많은 크리스천 독신자들은 긍정적인 주체를 발견하려고 노력하는 것 같다. 하나님의 형상대로 지음받았고 예수 그리스도께서 그들을 사랑하시기 때문에 그들을 구원하기 위해 십자가에서 죽으셨다는 것을 믿는 크리스천이 빈약한 자아상을 가지고 있는 것은 모순이다. 하나님의 자녀로서의 자아 가치를 계발하는 대신 그들은 결혼하지 않았기 때문에 열등감을 가진다. 크리스천의 교제와 격려의 장소인 교회는 기독교 가정과 결혼에 대해 강조하기 때문에 독신을 소외시키고 있다.[12]

독신자들에게는 소속감이 필요하다. 소속감뿐 아니라 소속되어 있다는 확신에 찬 행동과 태도가 고독과 불안감을 없애준다. 그러나 교회가 독신자들 사역에 지나치게 종사하면 주요 회중으로부터 동떨어져 있는 사회 하위 문화를 낳는 결과를 가져온다. 지체의 연합은 소속되지 않았다는 느낌을 없애줄 뿐만 아니라 신약 교회의 성경적인 모델이기도 하다.

독신 부모

교회는 하나님께서 부모가 다 크리스천인 전통적인 가정에 임명한 부모의 사역을 결코 대신하지 말아야 한다. 교회는 오히려 하나님께서 부모가 하기를 원하시는 것을 보완하는 역할을 해야 한다.

그러나 한쪽 부모만 있는 경우에는 어느 정도 대리 부모가 필요하며, 그리스도의 지체들이 그것을 도울 수 있다. 여기에서 중요한 것은 긴장에서 해방되는 것이다. 독신의 고독감에 대해 말해 보자면, 여기서 얘기되었던 대부분의 것이 독신 부모들에게 훨씬 더 고도의 심리적, 감정적 긴장 요소일 수 있다. 이것은 말하자면 가정의 긴장을 더 복잡하게 만든다. 특히 한쪽 부모만 있는 가정에서는 자녀들이 학교와 친구 관계에 적응하기 위해 애쓰기 때문에 가정에는 긴장이 생기게 된다. 한정된 수입으로 인해 때때로 효과적으로 부모 노릇을 해야 할 오후나 저녁 시간에도 일해야 하기 때문에 재정적인 긴장도 일어난다. 사회적인 긴장은, 독신 부모가 데이트를 해야 할지, 다시 결혼을 해야 할지, 아니면 결혼한 친구와 많은 시간을 보내야 할지 자문해 보는 과정에서 생겨난다. 이러한 긴장 속에 쌓여 도움이 필요한 사람에게 교회는 안정과 평화를 가져다주어야 한다. 실제적이면서 도움이 되도록 그들 생활의 실제적인 문제를 다루어야 한다.

이혼한 경우

분명히 많은 독신 부모들이 '독신'으로 분류될 수 있고 많은 이혼한 성인들도 독신 부모로 분류될 수 있다. 그러나 이혼은 교회가 좀 다른 시각에서 따로 다루어야 할 문제이다. 코네티컷 주의 뉴헤븐에 있는 예일 어린이연구소 소장 알버트 솔닛(Albert Solnit) 박사는, 이혼은 1980년대에 어린이가 직면하는 가장 심각하고 복잡한 정신 건강 위기 중 하나라고 말한다. 매년 백만 이상의 어린이가 가족 이산을 경험하고 있고, 이 전염병은 국가와 전세계에 퍼지면서 교회에 영향을 주어왔다.

이혼의 옳고 그름에 대한 이견을 논하기 전에, 이 상황에 처해 있는 성인들을 위해 어떻게 사역할 것인가에 문제를 한정시켜 보자. 용서는 매우 중요한 문제이다. 회개하고 하나님의 뜻을 따르려고 할 때 그리스도의 지체들은 판단하거나 비난하지 말아야 한다. 어떤 단체에서는 지위에 특정한 제한을 두긴 하지만, 이혼한 사람은 지체 가운데서 교제를 회복해야 한다.

목사는 특히 어느 정도 공식적인 방법으로 지체가 할 수 있는 상징적인 반응을 보여줌으로써 이혼한 사람에게 시간을 내주어야 한다(갈

6:1~5). 끝으로 이혼한 사람들로 구성된 모임 같은, 그들을 돌보는 그룹이 만들어질 필요가 있다. 관계, 의존할 수 있는 그룹, 기도 모임 등이 이런 종류의 사역 가운데 하나이다.

여기에서는 지체의 태도가 가장 중요하다. 독신 부모인 데이빗 램버트(David Lambert)는 "이 모든 상황 속에서 교회는 어디에 있는가?"라고 묻는다. 독신 부모는 설교 중 자신과 같은 사람들에 대해 이야기하는 것을 듣는다. 그것은 기독교 사역이 앞장서야 할 부분이다. 그러나 대부분의 독신 부모는 그것을 단지 놀림거리로 받아들이고 있다.[13]

램버트는 아는 것은 단지 도움의 시작이라고 주장한다. 재정적인 도움에서 사랑을 받아들이는 것에 이르기까지 모든 태도와 반응은 이혼한 사람들을 위해 교회가 사역하는 데 중요하다.

가족

성인 교육의 주요 목표 중의 하나는 가정을 견고하게 세우는 것이며, 그것을 통해 유치부에서부터 조부모 사역을 다루는 노년반에 이르기까지 기독교 교육의 순환도가 재창조된다. 주일학교와 교회의 다른 교육 경험들은 20세기 후반에 부모와 아이들이 실제로 직면하는 문제에 초점을 맞추어야 한다. 부모들은 스스로가 관심 있어 하는 그룹을 열거한 양켈로비치(Yankelovich)의 연구를 알아야 할 것이다.[14]

1. 자녀 양육과 참석자의 문제(34%).
2. 자녀들의 성교육(31%).
3. 징계의 문제(36%).
4. 자녀의 마약 오용 문제(49%).

5. 자녀에게 금연할 것을 가르침(37%).
6. 새 학급의 교수 방법 이해(42%).
7. 종교에 관해 자녀에게 가르침(32%).

부모에 대한 자녀의 의무와 자녀에 대한 부모의 의무는 현대 사회에서 불분명해졌지만, 교회를 통해서는 성경적으로 재확인될 필요가 있다. 강단 설교, 특별 주일학교 수업, 주말 세미나, 가족 캠프, 그리고 모든 가능한 수단이 교회에서의 가정 생활 교육 사역을 개발시키기 위해 논의되어야 한다. 우리는 부모들에게 모형과 사역 그리고 배가에 있어 효과적이도록 가르쳐야 한다. 모형과 사역, 배가 그 모든 것은 분명해야 한다.

기독교 교육에서 전문적으로 일하는 사람은 흔히 가르침을 '배가 사역'이라고 말한다. 모든 부모가 교사이고 양육 또한 배가 사역이다. 양육은 분명히 신체적 재생산을 포함하지만 한편으로는 영적인 재생산을 의미한다. 그리스도인 부모들은 예수 그리스도와 그의 교회에 헌신되고 기독교 가치를 소유한 자녀들을 양육할 필요가 있다. 성인을 위한 교육 프로그램은 이러한 목표를 충분히 감안해야 한다.

교회에서 성인들을 가르치는 사역은 초대 교회의 잔유물이며 시대 착오적인 것인가? 아니면 효과적으로 양육받기 원하는 소아병적인 소망인가? 덴버(Denver) 신학교가 운영하는 교회 통계 서비스에 따르면, 교회에 참석하는 성인의 78%만이 적어도 2주에 한 번 주일학교에 참석한다고 한다.

한편 라이러 샤리(Lyle Schaller)는 20년 전보다 더 많은 성인이 성경 공부에 참석한다고 보고하고 있다. 해럴드 웨스팅(Harold Westing)은 성인 주일학교는 우리가 살펴본 것처럼 그들 생애의 일정한 기간 중에 성인에게 필요한 것을 목표로 삼으라고 권하고 있다. 그는 '공통된 목표가 있는 학습', '우호적인 수업', '정기적인 선택 과목' '교제 촉진', '세포 그룹', '끊임없이 새 그룹을 시작하는 과정' 등을 주장했다.

성인 교육은 흥미로운 미래를 맞을 것이다. 교육 지도자가 그들 사역에서 성인 교육을 중요 관심 분야로 만들려고 노력한다면 말이다. 그런 종류의 초점은 선택적이 아니라 필수적이다. 그리고 웨스팅이 주장하는 것처럼 이루어 질 것이다. "지도자들이 변화하는 사회에 적응하려고만 한다면 교회는 성인 주일학교의 성장 상태를 여전히 유지할 수 있을 것이다."[15]

10 가르침, 좀더 창의적으로 하고 싶을 때

로버트 요셉 천 2세(Robert J. Choun, Jr.)

완전한 교사이신 예수 그리스도께서는 창조적인 방법을 선택하고 사용하는 데 모범을 보이셨다. 혼(Horne)은 "예수님께서 이상적인 교사로서의 자질을 보여주셨던 것은 놀라운 일이 아니다. 다만 그전에 우리가 가지고 있었던 인상을 확인한 것"이라고 말한다.[1]

예수님께서는 사람들을 학습 과정에 실제로 참여시키기 위해 다양한 방법을 사용하셨다. 그분은 자신의 행동과 말을 일치시키셨다.

1. 예수님께서는 "내가 세상에 있는 동안에는 세상의 빛이로라"(요 9:5)고 말씀하셨다. 그리고 나서 날 때부터 소경인 사람을 고치셨다. 그 소경은 "내가 소경으로 있다가 지금 보는 그것이니이다"(요 9:25)라고 대답했다.

2. 예수님께서는 "나는 부활이요 생명이니 나를 믿는 자는 죽어도 살겠고 무릇 살아서 나를 믿는 자는 영원히 죽지 아니하리니 이것을 네가 믿느냐"(요 11:25~26)라고 말씀하셨다. 그리고 나서 죽은 나사로를 살리셨다(요 11:43~44).

3. 예수님께서는 "내가 곧 생명의 떡이니 내게 오는 자는 결코 주리지 아니할 터이요 나를 믿는 자는 영원히 목마르지 아니하리라"(요 6:35)고 말씀하셨다. 그에 앞서 예수님께서는 오천 명을 먹이셨다(요 6:1~14).

예수님의 방법은 사실에 대한 단순한 지식으로부터 적절한 태도와 행동에 이르기까지 언제나 청중을 감동시켰다. 이 최고의 교사는 학습이 "낡은 생활에서 새로운 생활에로의 변화"라는 것을 알고 계셨던 것이다.

예수님께서는 가르침과 사역에서 다음과 같은 방법을 사용하셨다.

1. 실물 학습(요 4:1~42) — 사마리아 여인에게 생소한 '생명의 물'을 이해할 수 있도록 그녀가 잘 아는 물을 사용하셨다.
2. 접촉점(요 1:35~51) — 안드레, 요한, 베드로, 빌립, 나다니엘과 관계를 맺기 위해 기회를 사용하셨다.
3. 목표(요 4:34) — 사람들을 행동하도록 감동시키는 것이었다.
4. 문제 해결(막 10:17~22) — 사람들이 예수님의 말씀을 이해하고 적용하도록 마음을 움직이셨다.
5. 대화(막 10:27) — 사람들이 복종하도록 감동시켰다.
6. 질문 — 복음서에 기록되어 있는 것처럼 사람들이 생각하고 진리를 찾도록 하기 위해 100가지 이상을 질문하셨다.
7. 대답 — 예수님께서는 사람들을 영적으로 성장시키기 위해, 그들이 있는 곳에서 그들이 필요로 하는 곳에 이르기까지 감동시킬 수 있는

대답을 사용하셨다. 예수님께서는 사람들이 진리를 발견할 수 있도록 격려하셨다.

8. 강의(마 5~7장, 요 14~17장) — 예수님께서는 사람들을 진리 가운데로 인도하고 확신시키기 위해 강의를 사용하셨다.
9. 비유(요 10:1~21, 15:1~10) — 예수님께서는 익숙한 상황들을 통해 영적인 진리를 설명하며 가르치셨다.
10. 성경 — 예수님께서는 사람들에게 하나님의 진리를 가르치기 위해 구약 성경에서 광범위하게 인용하셨다.
11. 가르칠 수 있는 기회(요 4:5~26) — 예수님께서는 평범한 상황을 가르칠 수 있는 상황으로 만들 정도로 모든 기회를 사용하셨다.
12. 대조(마 5:21~22, 33~34, 38~39, 43~44) — 예수님께서는 그의 나라와 세상 기준을 대조시키고 사람들에게 복종을 선택하도록 기회를 주셨다.
13. 구체적이고 확인 가능한 예들(마 6:26~34) — 예수님께서는 신뢰, 위대함, 호의, 제자도와 같은 추상적인 진리를 가르치기 위해 구체적인 사실들을 사용하셨다.
14. 상징(마 26:17~30, 요 13:1~20) — 예수님께서는 제자들에게 큰 가르침을 주시려고 그의 죽음 전의 유월절이나, 발을 씻기시는 일 등을 상징으로 사용하셨다.
15. 대소 그룹(마 5~7장, 요14~17장) — 예수님께서는 큰 무리를 가르치셨고, 제자들과 같은 작은 무리에게도 가르치셨다.
16. 개인적인 가르침의 기회(요 3:1~21, 4:5~26) — 예수님께서는 사람들로 하여금 예수가 누구며 무엇을 하려는지 이해할 수 있도록

각 사람에게 개인적으로 다가갈 수 있는 기회를 만들었다.

17. 모범(마 15:32, 눅 18:15~17) — 최고의 교사 예수님께서는 진리 그 자체셨고 하나님을 사랑하는 것이 어떤 것인가 친히 모범을 보여 주셨다.

18. 동기(마 16:24~27, 20:21~28, 막 1:16~18) — 예수님께서는 자신을 따르는 사람들이 행동할 수 있도록 동기를 부여하셨고, 하나님께 순종하는 거룩한 사람들의 내부로부터 반응을 불러일으키셨다.

19. 감명과 표현(마 4:19~20, 7:20) — 예수님께서는 그를 따르는 사람들이 감명을 받아 행동하고 순종하도록 자신을 사용하셨다. 예수님께서는 육신을 입은 하나님이셨고, 그의 제자들이 스스로 결정하도록 도우셨다.

20. 그 자신(마 28:19~20) — 예수님께서는 위대한 교사의 자질을 갖고 계셨다. 원대한 시야, 인간에 대한 이해, 모든 지식에 능통함, 가르칠 수 있는 능력 그리고 자신이 가르치는 사람에게 모범이 될 만한 삶 등.

가르치는 사역에서 사람들에게 도전을 주고 순종하고 실천하도록 하는 적절하고 흥미 있는 교수법을 어떻게 선택하고 사용할 것인가? 창조적인 교수법을 선택하고 사용하는 다섯 가지 영역을 생각해 보자.

기준을 이해하라

일정한 연령 수준을 가르치기 전에 이해해야 할 기준 열 가지를 소개하면 다음과 같다.

학습 목적과 목표

학습 목적과 목표는 무엇인가? 하나님의 말씀에 근거하여 학습자들이 무엇을 알고, 느끼고, 하기를 원하는가? 수업 시간은 말씀에 대한 지식과, 가르치는 것에 대한 적절한 태도, 배운 것을 생활에 적용하려는 의지가 서로 균형을 이루어야 한다.

학습자의 수

큰 학급은 소그룹으로 나뉘어져야 한다. 각 소그룹은 자체 내에 리더가 필요한가? 리더는 인쇄된 지도서가 필요한가? 소그룹에는 어느 정도의 시간이 할애되는가? 전체 학급을 위한 시간은 어느 정도 주어지는가?

학급 규모

자신의 학급을 주의 깊게 평가해 보라. 학급을 소그룹들로 무리 없이 나눌 수 있는가? 다른 반으로 하여금 당신의 교수법을 활용하도록 부탁하는 것이 최선이라고 할 수 있는가?

할당된 시간

가르치는 시간이 얼마나 필요한가? 1시간이나 그 이상이라면 성경 공부와 많은 학습 활동을 병행할 수 있다. 시간이 짧다면 전체 그룹 활동에 드는 시간을 재평가하라.

설비와 시설물

학급 설비와 시설물들을 점검하고 평가하라. 작은 탁자는 따뜻하고 좀 더 친밀한 분위기를 조성하는가? 시청각 자료는 쉽게 이용할 수 있는가? 공간을 넓히기 위해 큰 가구나 시설물을 옮겨야 하는가?

자료와 교육 과정

자료와 교육 과정을 평가하고 그것들을 학습자의 연령에 맞추라. 학생들을 교수/학습 과정에 포함시키고 하나님께 순종하도록 동기를 부여해 주는 창조적인 방법을 제시하라.

교실의 위치

교실은 건물의 조용한 장소에 위치해 있는가, 아니면 우는 아이들로 가득 찬 유아실 근처에 있는가? 아침 햇빛이 창문으로 비춰들어 환등기 스크린을 보는 것을 방해하지는 않는가? 학습에 집중할 수 있도록 교실 공간을 배치하라.

학습자의 연령

학습자의 연령 수준에 맞는 시간표인가 검토해 보라. 어린아이들을 가르치는 것은 성인을 가르치는 것과는 아주 다르다. 따라서 학습자의 연령 수준에 따른 성격과 필요를 기억하라. 집중 시간, 구체적인 사고, 추상적인 사고, 어휘력 등은 방법을 선택하는 데에 아주 중요한 역할을 한다.

학급 분위기

이 사람들이 한 학급으로 얼마나 오랫동안 함께 공부해 왔는가? 그들이 6개월이나 그 이상의 시간 동안 함께 있었고 매달 교제 모임을 가져왔다면, 아마 친밀할 것이다. 그러나 서로에 대해 잘 알지 못한다면 깊이 있게 마음을 나누지 못할 것이다. 방법을 선택하기 전에 신뢰 수준, 기대와 헌신의 정도를 평가하라.

교사

당신이 유일한 교사인가? 만일 그렇다면 가르치는 데 필요한 모든 계획을 당신이 세워야 한다. 그러나 만일 한두 교사가 더 있다면 다음 달이나 다음 학기를 위해 적어도 한 달에 한 번 기도와 프로그램 계획을 위해 모이라. 팀 교수는 그것 자체만으로도 흥미롭고 교사들이 학급 학생들에게 관계의 모범을 보여줄 수도 있을 것이다(고전 11:1).

학습 과정을 이해하라

학생들이 어떻게 배우는가를 알고 그것에 따라 가르치는 것은 학생들로 하여금 하나님 말씀에 성장과 복종으로 반응하도록 도울 수 있다. 교사는 어떤 학습 과정을 따라야 하는가?

| 접근 | 탐구 | 발견 | 책임 |

접근

접근 활동이란 학습자를 수업 주제에 관련시켜 그 주제를 생각하도록 의도된 활동을 말한다. 이것이 어린아이들에게는 하나님의 말씀과 관련된 경험을 갖게 하는 활동을 뜻한다. 국민학교 어린이는 성경 공부를 위한 준비 활동으로 시작한다. 젊은이와 성인은 보통 특정한 주제에 대해 생각하고 그 생각을 표현하도록 도전을 주는 활동들을 좋아한다. 접근 활동은 첫번째 학습자가 교실에 들어와 수업을 받을 때부터 시작된다.

탐구

학습자로 하여금 하나님의 말씀을 탐구하게 하는 것은 가치 있는 일이다. 탐구 활동은 특별한 준비를 요하며 투자한 만큼의 보답을 받는다. 어린아이들은 하나님의 경이로움을 탐구하면서 자연 활동을 통해 많은 것을 배울 것이다. 어린아이들을 성경 공부에 참여시키는 것은 흥미를 갖게 하고 새로운 것을 탐구하는 흥분을 갖게 한다. 젊은이와 성인들 또한 새로운 관점에서 하나님의 말씀을 스스로 관찰하고 탐구할 필요가 있다.

발견

학습자는 하나님의 말씀을 탐구할 뿐만 아니라 관찰하고 발견할 필요가 있다. 요한복음 9장 1~41절에서 소경에게 일어났던 사건을 어린아이가 발견해 가는 과정을 상상해 보라. 한 어린이의 눈을 가린다. 눈을 가리운 어린아이가 다음 발걸음이 자신을 어디로 이끌지 알지 못한 채로 방을 이리저리 거닐면서 "나는 볼 수 없어"라고 불평한다. 그 다음엔 눈가리개를 벗고 "나는 볼 수 있어. 나는 볼 수 있어"라고 말한다. 그런 후에 교사가 "예수님께서 소경을 고치신 후 소경은 어떻게 느꼈다고 생각하지?"라고 묻는다. 단지 "예수님께서 소경을 고치셨어"라는 사실만을 간단히 말하는 것보다 이러한 실제적인 경험을 갖게 하는 것이 학습자의 기억에 더 오래 남을 것이다. 올바른 안내와 격려를 통해 젊은이와 성인들이 하나님의 말씀으로부터 놀라운 발견을 해낼 수 있고, 그 발견한 것을 나머지 학급 학생들에게 나누어줄 수 있다.

책임

예수님께서는 그의 가르침을 통해 사람들이 성숙하도록 격려하셨다. 그분은 자신을 따르는 사람들이 순종하도록 끊임없이 가르치셨다. 마가복음 10장 17~23절에서 예수님께서는 부자 젊은이에게 "가서 네 있는 것을 다 팔아 가난한 자들을 주라 그리하면 하늘에서 보화가 네게 있으리라 그리고 와서 나를 좇으라"고 하셨다. 야고보서 1장 22절은 "너희는 도를 행하는 자가 되고 듣기만 하여 자신을 속이는 자가 되지 말라"고 말씀한다. 학생들이 하나님 말씀을 생활에 적용하도록 돕기 위해 학급에서 시간을 갖는 것은 성장 과정을 돕는 것이다. 모든 유능한 교사는 학급 구성원의 생활이 변화되도록 일을 한다.

가르치는 순서를 이해하라

각 연령에 따라 학습자에게는 특정한 성격과 특별한 필요가 있다. 신체적, 정신적, 사회적, 정서적, 영적 발달 단계의 측면에서 학습자에게 도전을 주라. 각 연령별로 다르게 교수/학습 과정을 다루라.

유아기(출생 ~ 6세)

어린이 지능의 약 50%는 4세까지 개발되고, 30%가 8세까지, 그리고 나머지 20%정도만이 17세까지 개발된다는 연구가 발표된 적이 있다.[2]

어린 탐구가들은 자신과 세계를 발견하는 일에 많은 시간을 보낸다. 자신들의 연령에 맞는 특별히 고안된 활동과 창조적인 방법을 통해 그들은 배울 수 있다.

놀이는 어린이들의 생활에 많은 부분을 차지한다. 그리고 어린이들은 자발적으로 놀기 때문에 그들에게 노는 방법을 가르치거나 특별한 장난감을 줄 필요는 없다. 놀이에 대한 충동은 내부에서 일어난다. 어린이는 놀이를 통해 지식을 배우고 개발한다. 놀이는 세계에 대한 어린이의 이해를 반영하고 또 놀이를 통해 어린이들은 세계에 대해 끊임없이 테스트한다.[3]

어린이에게 성경을 가르치는 일에는 다음과 같은 것들이 포함되어야 한다.

1. 성경 학습 활동(30~45분). 성경 학습 활동은 첫번째 학생이 도착하면서부터 시작된다. 성경 학습 활동은 어린이들이 활동과 놀이를 끊임없이 요구하도록 유도한다. 이 활동은 어린이들의 흥미를 자극하는데 그 흥미가 어린이들로 하여금 학습 목표에 초점을 맞추도록 유도한다. 몇 개의 성경 학습 활동을 제시하므로써 자유롭게 활동을 선택하고 그 결정에 책임지도록 한다. 성경 학습 활동은 영적 진리를 일상 활동에 적용시키는데 필요한 대화의 기회를 제공한다. 마지막으로, 성경 학습 활동은 어린

이들에게 적합한 사회성 발달에 필요한 소그룹 경험들을 제공한다.

2. 예배 시간(10~15분). 어린이들은 예배 시간을 위하여 큰 규모로 모인다. 어린이들은 하나님 말씀에 초점을 둔 추가 활동에 참여한다. 교사는 음악, 기도, 암송 구절 반복, 손가락 놀이, 근육 운동, 율동, 생일 축하 헌금 등으로 어린이들을 지도한다. 직접 예배 인도에 관계하지 않는 교사는 어린이 사이사이에 앉는다.

3. 성경 이야기와 활동 시간(10~15분). 성경 이야기를 하는 주된 목표는 어린이에게 세세한 것을 기억하게 하는 데 있지 않다. 우리는 성경이 집에서, 이웃에서, 교회에서, 아이들 생활에 대해 말해주기를 원한다.

성경 공부 시간은 일년 내내 한 교사가 같은 아이들을 가르치는 소그룹 활동이다. 소그룹을 유지하는 것은 교사와 학생 사이의 중요한 관계를 형성하는 데 도움이 된다.

창조적인 이야기 방법을 사용하라. 가장 나쁜 방법은 지난 주에 성공적으로 사용한 방법을 금주에도 써먹는 것이다. 어린아이들은 반복을 다소 좋아하긴 하지만 좀 나이든 아이들은 그것이 단조롭다는 것을 금세 알아차린다.

활동 시간은 성경 이야기에서 알게 된 진리를 반복하고 강화한다. 색칠하는 곳, 간단한 과제물, 지도 말씀, 질문 등은 어린이들이 하나님의 말씀을 이해하고 적용하는 것을 도와준다.

4. 수업 후. 부모가 올 때까지 늘 게임과 놀이를 하는 교사는 현명하다. 노래와 게임을 결합시키는 것이 어린이들이 협동하는 데 도움이 된다. 교육 과정을 책으로 낸 출판사나 기독교 서적 센터에서 자료를 주문하라.

아동기(1~6학년)

주일 아침 시간을 효과적으로 어린이 학습 경험에 분배해야 한다. 퍼즐의 모든 조각들을 한 그림으로 만들기 위해 서로 잘 연결시켜야 하듯, 각 시간들이 전체 목적을 향해 밀접하고도 적절하게 조화를 이루어야 한다.[4]

1. 성경 공부(30분). 어린이 성경 공부 시간은 관련성, 이해, 적용 등 세 부분으로 나뉜다.

  a. 준비 활동(약 10분). 첫째 아이가 교실에 들어오기 전에 준비 활동을 하라. 아이들이 도착하면 성경 이야기의 이해를 돕는 한 가지 활동을 아이들이 선택하게 한다. 어린이들은 지정된 시간에 한 가지 혹은 그 이상의 활동을 한다.

  b. 성경 이야기(약 10분). 성경 이야기는 교사가 직접 실감나게 할 수도 있고, 녹음기나 비디오를 사용할 수도 있다. 준비 활동은 이야기 속에 삽입되어 사건에 대한 지리적, 역사적, 고고학적, 문화적 배경을 제공해 주어야 한다. 예를 들어 다니엘 5장의 '벨사살의 향연'에서 벽에 글씨가 나타나는 장면을 보여주기 위해서는 널판지 등에 크레용으로 스크래치 기법을 사용한다.

  c. 생활의 적용(약 10분). 이 시간은 어린이들이 하나님의 방법대로 살도록 격려하기 위해 계획된 것이다. 활동, 토의, 결정 속에서 그들이 배운 성경 진리와 매일매일의 경험들 간의 관계를 발견하도록 도와주어야 한다. 학생 지도서의 사용과 함께 미리 계획된 질문은 하나님 말씀을 학습자의 마음과 가슴, 그리고 행동 속에 심어줄 수 있다.

2. 성경 학습 활동(20~30분). 성경 학습 활동은 배운 성경 이야기와 진리를 복습하고 강화한다. 이 활동은 미술, 음악, 글씨 변형, 드라마, 성

경을 이용한 게임과 다른 기술을 다루는 소그룹과 관계가 있다. 그 활동이 무엇이든지 간에 어린이들은 자신의 능력 수준에 따라 활동하게 된다. 다니엘 5장을 위해 크레용으로 스크래치 기법을 사용했던 학급이 같은 장에 나오는 모든 사건을 묘사하는 띠를 만든다. 후에 교실 벽에 그것을 전시하여 교사와 학생들이 다니엘의 생애와 그가 경험한 사건들을 걸어두고 볼 수 있게 한다. 또한 이 띠를 교회에 전시하여 부모들이 어린이들이 만든 과정을 볼 수 있게 한다.

3. 성경 말씀 나누기(10~15분). 이 시간은 방금 배운 하나님의 말씀에 초점을 맞춘 모든 활동을 포함한다. 음악, 기도, 성경 암송, 교사와 학생의 간증, 헌금 등은 어린이를 하나님의 말씀으로 이끌고 하나님의 말씀이 각자에게 의미하는 바를 지적해 준다.

4. 수업 후. 부모가 도착할 때까지 기다리는 것이 어린이 사역에서는 문제가 될 수도 있다. 따라서 성경 게임과 노래를 준비해 두는 것이 도움이 된다. 자료들은 출판사나 기독교 서점으로부터 얻을 수 있을 것이다.

청소년/성인(중학생~대학 졸업 후)

1. 교제 시간(수업 시작 전에 일찍 도착한 사람). 청소년과 성인들에게는 친밀한 교제가 필요하다. 그들은 동료들과의 교제를 즐기고 이 의미 있는 교제에 따른 활동도 즐긴다. 때때로 이것은 이야기와 기도, 간단한 다과를 나누는 것일 수도 있다. 교제 시간에는 그룹 내에서 온정과 용납의 분위기를 불러일으켜야 한다. 학급은 청소년과 성인들이 편안함을 느끼고 다른 사람에게 사랑받고 있음을 느끼는 장소다. 이 시간은 또한 방문객을 환영하는 시간이기도 하다.

2. 접근(10분). 접근 활동은 그날 배울 내용에 학습자가 흥미를 갖게 한다. 그 방법은 토론식 질문이거나 퍼즐이나 그림 기둥 등 100가지 이상의 방법이 될 수도 있다. 반 구성원들은 학습자의 자세로 반에 오는 경우가 드물다. 이전 주일 이후 그들은 여러 가지 사건과 시련 속에서 한 주간을 보냈을 것이다. 접근 활동은 그날 배울 주제에 대해 생각하게 한다.

3. 하나님의 말씀 탐구(30~40분). 여러 가지 창조적인 방법을 통해 하나님의 말씀을 탐구하고 발견하는 것은 각 학습자에게 의미 있는 것이다. 이 시간 동안 학습자는 단순히 앉아서 강의를 듣는 대신 하나님의 말씀 속에 빠져든다.

청소년과 성인을 가르치는 교사는 이 연령층을 위한 수업을 준비할 때 다음과 같은 단계를 고려해야 한다.

a. 수업 목적을 결정하라. 목표는 무엇인가?

b. 가르치고자 하는 하나님 말씀의 핵심은 무엇인가? 그것을 기억하기 쉽게 단순화시키라.

c. 2~5가지 정도의 부주제를 열거하라. 그날의 본문을 쉽게 가르치기 위해 어떻게 나눌 것인가?

d. 수업 조직과 기술을 다양화시키라.

e. 그 과를 명료하게 이해할 수 있도록 다양한 자료를 준비하라(환등기, 차트, 지도, 그림 등).

f. 할당 시간을 고려하라. 교사가 전달하고 학습자가 참여하는 시간을 고려하라.

g. 학습자가 참여하도록 계획을 세우라. 연습 문제지, 인쇄물 자료, 소그룹 토의, 요약, 질문, 실물 교수 등과 같은 방법을 사용하라.

h. 가르치는 시간들 사이사이를 어떻게 진행할 지 계획을 세우라. 또 접근 활동에서 하나님의 말씀 탐구로 옮겨갈 때는 어떻게 할 것인가?

i. 계획을 점검하라. 연령별로 수업의 성격과 학습자의 필요를 고려했는가?

j. 거울 앞에서나 녹음기로 수업할 내용을 연습해 보라. 교사의 말과 동작에 학습자들은 어떤 반응을 보이는가?

4. 결론/결단(10~15분). 일단 학습자가 여러 교수 방법을 통해 하나님 말씀에 도전을 받으면, 마지막 중요한 단계에 임할 준비가 된 것이다. 그 단계가 청년과 성인을 격려하여 하나님의 말씀이 그들에게 무엇을 말하고 있으며 어떻게 적용할 것인가를 결론내리게 한다. 청년과 성인을 가르칠 때 교사는 흔히 이 단계를 잊어버리곤 한다. 그리고 하나님의 말씀을 아는 학생들이 그것을 자동적으로 적용하지 않을 가능성도 있다.

어떤 학급은 여호수아 1장을 공부한 후 목록 카드에 그들의 두려움을 적었다. 소그룹 기도 후에, 각 학생은 방 앞에 가서 하나님께서 자신의 기도를 들으시고 응답하셨다는 의미에서 그 목록 카드를 불 속으로 던졌다.

적절한 방법을 선택하라

일단 교사가 일정한 기준과 학습 과정, 그리고 연령별 교수 순서를 이해하면 창조적인 방법을 선택할 수 있다. 참고 도서들을 자세히 참고해 보면 각 연령에 따라 수백 가지 방법을 찾을 수도 있다.

창조적인 교수 방법 가운데 중요한 여섯 가지 지침을 열거해 보면 다음과 같다.
1. 방법이나 활동이 학습자의 능력 수준과 성숙도에 적합한지 확인해 보라.
2. 학습자의 흥미를 유발하는 몇 가지 활동을 제시하라.
3. 학습자의 관심을 지속시키고 지루함을 막을 수 있는 다양성을 제시하라.
4. 학습자의 성공을 보증해 주는 분명한 지침들을 포함하라.
5. 학습자가 지식, 이해, 적용의 과정을 통해 생각하도록 도와주는 질문들을 포함하라.
6. 학습자의 관심과 동기를 지지해 주는 지침과 격려를 포함하라.

평가

평가가 끝날 때까지 교사는 수업을 끝마친 것이 아니다. 평가는 가능한 한 수업 후 즉시 해야 한다. 교사는 아래 여덟 가지 질문에 답하기 위해 학급 학생에게 질문을 할 수도 있다.

1. 모든 방법과 활동이 목표를 성취하도록 도와주었는가?
2. 나의 지시가 모든 사람들에게 분명하게 전달되었는가?
3. 요약과 결론은 모든 수업 내용과 연관이 있는가?
4. 나의 방법이 가르치는 내용을 통합시켜 주었는가?
5. 나는 꼭 필요한 부분에서 자료를 준비했는가?
6. 질문들이 지식, 이해, 적용의 과정에서 생각하도록 자극을 주었는가?

창조적인 방법의 선택과 사용

기준을 이해하라
1. 학습 목적과 목표 2. 학습자의 수 3. 학급 규모 4. 할당된 시간 5. 설비/시설물 6. 자료/교육 과정 7. 교실의 위치 8. 학습자의 연령 9. 학급 분위기 10. 교사(들)

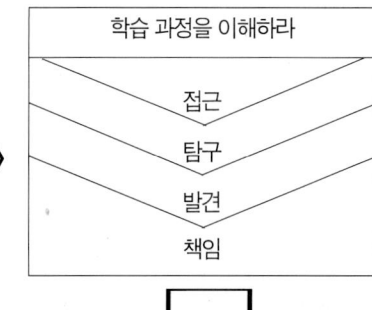

학습 과정을 이해하라

접근
탐구
발견
책임

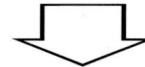

가르치는 순서를 이해하라

부모가 오기 전 게임/음악과 청소	성경 이야기와 활동. 가르치기, 복습, 강화	예배 시간. 음악/기도 찬양/암송	성경 학습 활동. 능동적인 참여, 놀이를 통한 학습, 준비 설정	유아기 2~6세
	성경 말씀 나누기. 음악/기도 찬양/암송	성경 학습 활동. 복습과 강화	성경 공부. 준비 활동, 성경 이야기, 생활 적용	아동기 1~6학년
결론과 결정 생활 적용	하나님의 말씀 탐구	접근. 주제에 초점을 맞춤	교제. 따뜻한 분위기를 만듦	청소년과 성인

적절한 방법을 선택하라
안내:방법들을 제시하면 다음과 같다. 1.학습자의 연령 수준에 맞추어라. 2.선택할 수 있는 것을 여러 가지 제시하라. 3.다양하게 하라. 4.분명한 지침을 포함하라. 5.질문을 계획하라. 6.학습자에 대한 격려와 안내를 포함하라.

평가
1.활동들이 목표를 성취하는 데 도움을 주었는가? 2.지시 사항은 확실했는가? 3.학습자가 요약과 결론을 내렸는가? 4.방법이 그 과에 적당했는가? 5.방법과 자료가 적절한 시간에 준비되었는가? 6.질문들이 생각을 촉진시켰는가? 7.활동들이 다양한 능력 수준에 맞는 학습을 제공했는가? 8.몇 개의 그룹이 사용하도록 활동들을 다양하게 계획했는가?

7. 활동들은 학습자들의 능력에 맞게 제시되었는가?
8. 여러 그룹이 사용할 수 있도록 학습 방법을 다양하게 제공했는가?
   학급 규모에 적절했는가?
   그밖의 어떤 다른 질문들을 할 수 있을까?

적절하게 사용되기만 한다면, 창조적인 교수 방법은 가치 있는 도구가 될 수 있다. 부적절하게 사용되면 가르친다기보다는 순간적으로 혼란만 가중시키는 부정적인 효과를 가져올 수 있다. 무엇보다도 학습자의 필요가 가장 먼저 고려되어야 한다. 왜냐하면 그것이 성경의 어떤 부분이 그들의 현재 발달 단계에 가장 중요한가를 보여주기 때문이다. 이 장에서 생각해 본 다른 요소들과 함께, 학습자의 반응을 의도하는 각 과의 교수 목표는 그 과에 가장 최상의 방법을 선택하고 사용하도록 교사를 도와준다. 어떤 방법이 예상만큼의 결과를 낳지 못했다면, 다른 과에서나 학습자가 더 나은 적용을 할 기회를 얻을 때까지 축적해 두라. 너무 고상하거나 이국적인 방법은 그 과를 더 모호하게 만들 수도 있지만, 완전한 메시지나 매체는 새로운 지식을 주입시킬 뿐만 아니라 태도와 생활을 변화시킨다.

11 개인용 PC는 깡통이 아니다

스튜어트 S. 쿡(Stuart S. Cook)

어쩌다 한번 찾아오는 조용한 순간에 제니퍼 톰슨은 학급을 대충 둘러보았다. 그러면서 그녀는 과거 개인용 컴퓨터의 도움 없이 일했던 교사들의 곤혹스러움을 깊이 생각하게 되었다. 바로 엊저녁에 그녀는 오늘 오후 수업 준비를 위해 학습 자료를 교정하고 프린트하는 등 자신의 컴퓨터를 이용했다. 훨씬 이전에 그녀는 시험을 치르기 위해서 컴퓨터 프로그램을 통해 답안지가 딸린 2종류의 시험 문제지를 편집한 적이 있었다. 후에 그 컴퓨터는 학생들이 완성한 답안지의 자동 채점과 분석을 해냈고, 전자 평점표에 각 학생의 점수를 기록하는 일을 하기도 했다. 그녀는 조용한 학급 광경을 관찰하면서, 그 학급의 컴퓨터 앞에 앉아 컴퓨터가 속도를 조정해 주는 독서 프로그램에 열중해 있는 제이슨을 보았다. 그는 책을 느리게 읽는 편이다.

컴퓨터 기술은 교사에게 더 효율적이고도 효과적으로 가르칠 수 있는 길을 열어주었다. 뿐만 아니라 컴퓨터로 인하여 이전에는 불가능했던 개인에 대한 집중도를 더욱 높일 수 있게 되었다. 컴퓨터를 통해 교사들이 더욱 효과적으로 가르칠 수 있도록 많은 가능성들이 열렸다.

개인용 컴퓨터란 무엇인가

컴퓨터는 입력되는 지시와 자료들을 받아들여, 주어진 명령에 따라 그 자료들을 분석한 다음, 여러 다양한 출력 장치를 통해 정보를 나누어 주는 기능을 가진 고도의 전자 장치이다. 얻어야 하는 결과들을 위해 컴퓨터가 어떤 입력을 필요로 하는지 알고 있다면, 굳이 컴퓨터의 자료 분석 과정을 이해할 필요는 없을 것이다. 개인용 컴퓨터(PC)는 마이크로프로세서(microprocessor)를 중심으로 이루어진 컴퓨터, 즉 마이크로컴퓨터로 불려지기도 한다. 일반적으로 책상 위에 놓을 수 있는 적당한 크기이지만, 서류 가방이나 핸드백에 들어갈 만큼 작은 것들도 있다. 개인용 컴퓨터는 한 번에 한 사람이 편리하게 이용할 수 있으며, 각 개인의 사무와 관련된 기능들을 행한다.

현대 사회에서 컴퓨터는 모든 산업의 거의 모든 방면에서 사용되고 있다. 개인용 컴퓨터들은 사용면에서는 더욱 간편하고 효율적으로 발전되어가는 반면, 크기와 가격 면에서는 점점 작아지는 추세이다. 몇 년 전만해도 개인용 컴퓨터의 사용법을 이해할 수 없다고 생각했던 사람들도 요즘에는 매일 컴퓨터를 사용하면서, 도대체 그동안 컴퓨터 없이 어떻게 그 일들을 해왔는지 의아해하기도 한다.

컴퓨터의 대중화는 지난 수년 동안 급작스럽게 가속화되어 왔다. 20세기에 향유해온 기술들이 대부분 그런 것처럼, 컴퓨터의 발달도 처음에는 천천히 이루어졌으나 후반부터는 급속도로 이루어졌다. 1630년에 계산자(slide rule)가 고안되었고, 곧이어 1642년에는 파스칼의 가산기(adding machine)가 발명되었다. 1970년대 중반까지 컴퓨터 본체를 위한 주요 입력 매개체인 구멍 뚫는 펀치 카드(punched card)를 활용한 최초의 기계는 1801년에 발명된 자카드(Jacquard)의 펀치 카드 찍기였다. 1834년 아다 러브레이스(Ada Lovelace)의 프로그램들과 더불어 바베지(Babbage)의 분석 기계 장치는 최초로 프로그램이 가능한 컴퓨터를 만들어냈다. 그것은 전자 컴퓨터라기보다는 오히려 기계적인 컴퓨터에 가까운 것이었다. 현대식 컴퓨터가 이루어지기까지 다른 두 가지 선행 발명품들이 1800년대 중반에 나타났다. 하나는 1854년 불리안(Boolean) 논리의 발견이었고, 다른 하나는 1868년의 타자기 발명이다.

20세기 중반의 전자 컴퓨터에 대한 첫 소개는 현대 컴퓨터 시대의 시작을 예고하는 것이었다. 컴퓨터 기술의 혁신은 일반적으로 네 단계 또는 네 세대에 걸쳐 일어난 것으로 보여진다(도표 1을 보라). 1946년에 소개된 전자 컴퓨터 첫 세대의 주요 구성 요소는 오늘날 수준에 의한다면 느리고 신뢰할 수 없는 진공관(vacuum tube)을 가진 것이었다.

최초의 진공관 컴퓨터의 하나인 '월윈드(Whirlwind)는 건물 전체를 차지할 만큼 부피가 컸지만, 매초마다 20,000개의 산수 계산을 처리할 수 있었다. 그것은 대개 정교한 휴대용 계산기가 오늘날 처리할 수 있는 양

컴퓨터 세대	시작 년도	주요 혁신	컴퓨터 명칭
제1세대	1946	진공관(Vacuum tube)	본체(Mainframe)
제2세대	1959	트랜지스터(Transister)	본체(Mainframe)
제3세대	1965	집적회로(Integrated circuit)	미니 컴퓨터(Minicomputer)
제4세대	1977	초고밀도 집적회로(VLSI)	마이크로 컴퓨터(Microcomputer)

〈도표 1〉 컴퓨터 세대

에 불과했다.[1] 컴퓨터 프로그램에서 '벌레들(bugs)'이라는 표현이 진공관 컴퓨터로부터 유래되었는데 이것은 곤충들이 진공관에 날아들곤 했기 때문이다. 이러한 문제는 빈번한 업무 중단과 함께 때때로 정보 손실을 야기시키기도 했다.

컴퓨터 제2세대 출발은 1959년 트랜지스터의 발명에 의해 그 출발이 엿보였다. 트랜지스터는 진공관보다 부피가 더 작지만 더 신속하고 신뢰할 만하며, 적은 전력을 필요로 한다. 대체로 제2세대 컴퓨터들은 제1세대 컴퓨터보다 부피가 작고 훨씬 빠르며 더욱 신뢰할만했다. 제1세대와 제2세대 컴퓨터는 작동하는 데 특별한 환경 통제와 훈련된 조작자들을 요구하는 거대하고도 신속한 그리고 다용도 기계의 의미를 지닌 '본체(mainframe)' 컴퓨터로 불리운다.

1965년에 발명된 집적회로는 컴퓨터의 제3세대를 출현시켰다. 이러한 발전은 역시 작고 빠른 컴퓨터의 생산을 가능하게 했다. 이 제3세대 컴퓨터는 미니 컴퓨터로 불리운다.

　마이크로 컴퓨터로 알려진 제4세대 컴퓨터는 1977년의 초고밀도 집적 회로(VLSI)의 도입과 더불어 시작되었다. 이 VLSI는 수만 개의 부품들을 포함하고 있는 집적 회로들이 한 개의 실리콘 칩 안에 넣어지는 과정이다. VLSI 기술은 한 개의 칩 속에 넣어진 완전한 컴퓨터 프로세서인 마이크로프로세서의 개발로 귀착되었다. 이와 같은 초소형화의 성공으로 전체 마이크로컴퓨터 시스템을 개인 책상 위의 한 부분이나 심지어는 서류 가방에 넣어서 들고 다닐 수 있을 정도로 작게 만드는 것이 가능해졌다. 여러 건물에 나누어 배치해야 할 만큼 거대했던 제1세대의 컴퓨터에 비해 얼마나 놀라운 발전인가! 이 제4세대 컴퓨터는 곧 교사들이 학생들을 가르칠 때 사용할 수 있는 개인용 컴퓨터의 세대인 것이다.

컴퓨터가 할 수 있는 것과 할 수 없는 것

　컴퓨터 기술은 많은 사람들이 그 기계 자체에 대해 경이감을 가질 만큼 매우 급속도로 발전해 왔다. 컴퓨터는 체스 게임으로부터 유인 우주선을 유도해 주는 것까지 무엇이든 처리할 수 있는 것처럼 보인다. 그러면 컴퓨터들이 사고할 수도 있는가? 지능을 소유하고 있는가? 아마도 그 대답은 '예' 이면서도 '아니다' 일 것이다.

　컴퓨터 기계 자체는 생각하는 능력을 가지고 있지 않다. 컴퓨터가 그런 능력을 가진 것처럼 보이는 것은 아마도 컴퓨터를 가동하는 소프트웨어의 정교함에 달려 있는 것 같다. '소프트웨어' 라는 용어는 컴퓨터에게 작동을 지시하기 위해 주어진 일단의 명령들을 의미한다. 컴퓨터는 언제든지 지시된 것만 행한다. 그것은 어떤 지시들을 따라야 할 것인가를 결정할 수 없다. 컴퓨터는 언제나 프로그래머에 의해 주어진 명령들만 따른다. 우리가 컴퓨터에게 명령을 내려야겠다고 생각하는 것을 하지는 않는다. 반면 컴퓨터는 받아들여진 지시들(물론 고장 나지 않았을 때)에 대해서는 반드시 작동한다.

컴퓨터의 처리 능력이 점점 빨라지고 더 많은 명령들을 기억할 수 있게 됨에 따라(더욱 많은 기억 용량), 컴퓨터에 실린 소프트웨어의 정밀함이 엄청나게 증가하고 있다. 그러므로 오늘날 컴퓨터들은 수년 전 우리가 단지 꿈으로만 여겼던 업무들을 처리한다. 심지어 '인공 지능' 같은 용어들도 나오고 있는데, 그것은 컴퓨터에게 문제를 해결하기 위해 인간이 사용하는 절차들을 모방하거나 본뜬 소프트웨어 프로그램이 주어질 수 있다는 개념을 표현하는 말이다. 그러나 그 지능 자체는 여전히 인간에 의해 부여되어야 한다.

컴퓨터가 교실에 있는 것이 당연한가

새로운 기술이 있다는 자체가 이 새로운 도구를 학생들을 가르칠 때 사용해야 한다는 것을 자동적으로 의미하지는 않는다. 그럼에도 불구하고 컴퓨터들은 실질적으로 현대 사회의 각 분야에서처럼 가르칠 때도 사용되고 있다. 문제는 "가르칠 때 컴퓨터를 사용할 것인가?"가 아니라 "가르칠 때 컴퓨터를 어떻게 사용할 것인가"에 있다. 마이크로컴퓨터가 소개된 직후, 크리스토퍼 에반스(Christopher Evans)는 마이크로컴퓨터가 특별히 의학과 교육의 전문 분야의 쇠퇴를 야기시킬 것이라고 예측했다.[2] 그는 많은 컴퓨터의 지시 기능들 때문에 결국 컴퓨터가 교사들을 대체해버릴 것이라고 전망했다. 그러나 아직까지도 이 예측은 들어맞지 않았다.

교육에 미친 마이크로컴퓨터의 가장 큰 공헌은, 교사를 대체하는 것이 아니라 교사의 업무를 향상시키는 것이다. 향상은 두 가지 일반 분야에서 일어날 수 있다. 첫번째는 컴퓨터를 정규적인 수업에서 하나의 수단으로 사용하는 것을 의미한다. 두번째는 지시를 내리고 기본적인 기술에서 학생들을 훈련시키거나 질문하는 학생들을 위한 자원이 되는 가르치는 기계(teaching machine)인 가정교사로서 컴퓨터를 사용하는 것이다. 이러한 두 가지 적용점이 이 장 나머지 부분에 대한 일반적인 개요이다.

도구로서의 컴퓨터

컴퓨터 프로그램 중에는 교사들이 정기적으로 해야 할 지루하고 세속적이면서도 어려운 업무들을 도와줄 만한 것이 많이 있다. 더욱이 컴퓨터 사용은 업무 시간을 줄여 주기 때문에, 교사들이 수업을 준비하는 과정에서 창조적인 시간을 더 많이 갖도록 해줄 것이다.

교육 자료들의 준비는 컴퓨터 기술을 사용함으로써 강화될 수 있다. 사실 타자기를 이용해 처리할 수 있는 것은 워드 프로세서 소프트웨어를 사용하는 컴퓨터를 가지고 훨씬 빨리, 쉽게 그리고 확실하게 처리할 수 있다.[3] 워드 프로세서 소프트웨어는 교정이 필요할 때 다시 타이핑할 필요 없이 복잡한 기록들을 다시 만들고 편집할 수 있다.

더욱이 밑줄 긋기, 서체 조정, 이탤릭체, 중앙 정렬, 여백 조정, 각주, 주석, 줄 긋기, 철자법 확인 등과 같은 워드 프로세서 소프트웨어의 특이한 면들은 서류 작성을 위해 타자기를 사용하는 것을 완전히 진부하게 만들어버렸다. 워드 프로세서 소프트웨어를 통해 학생들을 위한 작업표, 수업용 노트, 시험 문제들, 그리고 많은 종류의 지시용 서류들을 기계적으로 처리할 수 있는 것이다.

창조적인 사고를 통해 그래픽 소프트웨어를 사용해 지시하기 위한 시각적 보조물을 만들 수 있다. 많은 뛰어난 프로그램들이 교사로 하여금 학생용 노트에서나 또는 오버헤드 슬라이드(overhead slide)의 제작을 위한 원본들로 사용되기 위해 그래픽 시각자료를 준비할 수 있도록 해준다. 만일 여러분이 마이크로 컴퓨터에 부착된 컬러 모니터(color moniter)를 가지고 있다면, 화면 영상의 컬러 슬라이드를 만들어서 가르칠 때 필요한 시각자료로 사용할 수 있다.

요즘 마이크로 컴퓨터 세계에서 가장 화제를 모으는 것은 탁상 출판(DTP:desktop publishing)이다. 컴퓨터 기술의 발전, 특히 레이저 프린터의 출현 덕분에 교사들은 마이크로 컴퓨터, 탁상 출판 소프트웨어 그리고 양질의 레이저 프린터를 가지고 거의 식자 인쇄술에 버금가는 시각자료, 뉴스 레터, 심지어는 책까지 간행할 수 있다. 탁상 출판은 워드 프로세서 과정과 그래픽의 특징들을 하나로 묶어준다. 많은 프로그램들을 통해 교사가 그래프와 도표, 심지어는 그림들을 하나의 워드 프로세서를 가지고 교과서를 만드는 데 이용할 수 있다. 대개 그 결과는 교사와 학생들 모두에게 만족을 준다.

기록 보관

점수를 기록하고 평점을 내는 일은 많은 시간이 들면서도 보람은 가장 적은 일 가운데 하나로서 많은 교사들에게 상당한 타격을 주고 있다. 스프레드시트(spreadsheet)라는 소프트웨어는 성적표를 작성하는 데 적합

	A	B	C	D	E	F
1						
2						
3						
4						
5	이름	시험 1	시험 2	과제1	과제2	평균[4]
6						
7	다함스	85	88	89	92	88.9
8	포오츠	86	87	72	93	84.1
9	헐	90	95	80	88	87.4
10	힐	77	80	88	90	84.8
11	홀트	95	94	86	90	90.6
12	존슨	99	96	85	97	93.6
13	존슨	100	99	90	96	95.6
14	레이	65	78	82	88	79.6
15	마티니	90	92	90	93	91.3
16	놀스	88	89	66	90	82.2
17	오브라이언	84	88	90	87	87.5
18						
19	평균	87.2	89.6	83.5	91.3	87.8
20	표준편차	9.5	6.2	7.6	3.1	4.6
21	제일 높은 점수	100.0	99.0	90.0	97.0	95.6
22	제일 낮은 점수	65.0	78.0	66.0	87.0	79.6
23						

〈도표 2〉 성적표로 활용되는 스프레드시트

하게 가로열과 세로열로 나타나 숫자가 들어가는 과제를 훨씬 쉽게 해결한다.

도표 2는 성적표로 사용되는 스프레드시트의 일부를 보여준다. 쉽게 알아보도록 가로줄에는 숫자로, 세로줄에는 알파벳으로 분류해 놓은 것에 유의하라. 각각의 과제물에 대한 개별적인 평균과 통계치들(평균, 표준 편차, 제일 높은 점수와 제일 낮은 점수)이 스프레드시트의 기본적인 표준 기능에 따라 자동적으로 계산된다. 이 소프트웨어는 워드 프로세서와 같은 비슷한 장점들을 많이 가지고 있다. 그것은 교사들이 다시 타이프를 치거나 손으로 계산하지 않고도 자료를 입력하고 편집하고 계산하여 보고할 수 있게 만들어 준다.

스프레드시트 소프트웨어의 장점이 되는 주요소는 숫자와 분류 표시와 함께, 기재 사항으로서 공식들을 수용할 수 있는 능력을 갖추고 있다는 점이다. 따라서 스프레드시트는 과제와 시험에서 얻어진 점수의 숫자들을 받아들이며, 교사가 입력한 일정한 공식에 따라 최종 평균이 자동적으로 계산된다. 이러한 장점은 교사가 직접 손으로 계산하여 평균 내는 일을 하지 않아도 되게 해준다. 완성된 스프레드시트는 자료를 입력하면 인쇄되어 기록표를 만들라는 명령에 따라 작동한다. 정보를 보고하는 것은 스프레드시트 소프트웨어에 포함된 융통성 있는 인쇄 명령처럼 더불어 손쉽게 행해진다.

시험 문제 출제, 채점 및 분석

학생들을 테스트하는 과정을 훨씬 쉽게 만들기 위해 소프트웨어를 이용할 수도 있다. 시험 문제 출제 소프트웨어는 교사에게 연관된 주제에서 문제 항목들을 뽑을 수 있도록 해주며, 또 그러한 문제 항목들을 한 시험지 안에서 서로 다른 형식으로 결합시키거나 다른 강조점을 가진 여러 개의 시험지들을 만들도록 해준다.

정밀한 소프트웨어를 통해 서로 다른 난이도, 형식(예-아니오, 짝 맞추기, 사지선다형, 단답식, 주관식) 그리고 이외의 다른 기준들을 가지고 문제 항목들을 선택할 수 있다. 이런 종류의 소프트웨어는 빈번히 비슷한 문제들을 사용해야 할 때 큰 도움이 될 것이다. 학생들이 완전히 똑같이 만들어진 문제에 익숙해지는 것을 방지하기 위해, 같은 문제 항목들을 다른 순서로 배열하여 또 다른 형태를 가진 문제지를 만들 수도 있다.

컴퓨터(또는 재래식)로 만들어진 시험지와 연필 검사(paper and pencil tests)는 컴퓨터 기술을 통해 채점되고 분석될 수 있다. 감각이 뛰어난 독자와 같은 입력 장치들은 학생이 연필로(soft lead pencil) 기입한 객관식 형태의 답안지를 훑어보면서 탐지한다. 각 학생의 답안들은 마그네틱 디스크에 저장되어 검사 결과의 분석과 통지용 프로그램을 위한 입력으로 사용될 수 있다.

이 체계에서 교사는 항목 난이도의 검사에서 학급 전체 성적에 대한 분석뿐만 아니라, 각 학생의 성취도를 자세히 알려주는 인쇄된 기록 용지를 받게 된다. 객관식 형태의 검사 항목들을 위해, 이 체계는 그 검사 결과를 채점하고 분석하는 수고스러운 작업으로부터 엄청난 시간을 절약할 수 있다.

소프트웨어의 평가와 선택

편리한 도구인 컴퓨터에 대해 살펴보면서 이 장에서, 나는 컴퓨터 소프트웨어의 사용을 통해 향상될 수 있는 여러 종류의 교육 기능들을 제안하고 싶다. 특별한 소프트웨어나 하드웨어 제품들을 명명하지는 않겠다. 다만 소프트웨어를 선택하려고 할 때, 다음에 열거한 방법들이 도움이 될 것이다.

첫째, 도구로서 컴퓨터를 사용하여 작업하려는 업무를 주의 깊게 정의 내린다.

둘째, 관심을 가지는 일반 분야에서(그것이 워드 프로세서이든 그래픽이든, 탁상 출판이든, 시험이든 아니면 다른 분야든지) 어느 제품들을 확보할 수 있는지를 알아보기 위해, 여러 상점들을 다녀보라. 만일 이전에는 필요하다는 것을 몰랐던 여러 기능들을 발견하게 되면, 정말로 필요한지 평가하기 위해 첫번째 단계로 돌아가 검토한다.

셋째, 업무를 수행하기 위해 필요한 소프트웨어의 가격과 기능들을 평가해 보고, 예산을 세웠던 범위 내에서 최고의 효과를 낼 것이라고 여겨지는 제품을 선택한다. 필요하지도 않으면서, 정말로 근사해 보이는 기능들을 가진 소프트웨어에 미혹되지 않도록 주의해야 한다. 그렇지 않으면 실속 없는 것을 위해 과외의 돈을 지불하게 될지도 모르기 때문이다.

가정교사로서의 컴퓨터

프로그래머에 의해 미리 만들어진 지시들을 저장하고 활성화시키는 일이 개인 컴퓨터에서 어렵지 않다는 점은 학생들에게 지시를 내리는 일에서도 개인 컴퓨터를 활용하게 만든다. 효과적인 상호작용을 명확히 규정하기만 하면, 가르치는 수업 과정이 프로그램되어 컴퓨터를 반복적으로 사용할 수 있다. 이러한 면은 교사의 필요를 제거하는 것이 아니라, 교사의 역할을 다소 변화시킨다. 학생들과의 개별 훈련의 필요성을 없앰으로써, 컴퓨터는 인간에게 더욱 걸맞는 업무들을 수행하도록 교사들을 자유롭게 만든다.

최근의 연구들은 재래식 학습 지도에 비해 개인별 학습 지도 방식의 탁월성을 보여준다. 가정교사 제도 아래 학습한 학생들의 평균 성취도는 재래식 수업 방식에서 공부한 학생들의 성취도보다 98%가 더 좋았다.[5]

개별 학생에 대한 컴퓨터의 가정교사화는 단지 부유층을 위한 것일 뿐 모든 사람을 위해서는 너무 비싼듯이 보인다. 개인 지도가 공립 또는 사립 교육에 대한 대안인 것은 의심의 여지가 없다. 그럼에도 불구하고 교실에 비치된 개인용 컴퓨터는 적어도 일부 학생들의 학습 일과 시간 단축, 즉 경비를 절약하는 대안으로 사용될 수 있다.

가르치는 최초의 기계(teaching machine)는 1926년 오하이오 주립대학의 시드니 프레세이(Sidney Pressey) 교수에 의해서 소개되었다.[6] '프레세이 시험 기계'라고 불리우는 그 기계는 '시험하고 가르치는' 기계로 선전되었다. 프로그램된 명령에 대해 여전히 역할을 발휘하는 이 개념은 질문에 대답한 결과에 대해 즉각적인 이해를 얻는 학생들을 중심으로 한다. 정확한 응답들은 재삼 강화되고, 틀린 응답들은 강화되지 않고 시정된다.

1954년 B. F. 스키너(B. F. Skinner)는 산수를 가르치기 위한 기계를 시범적으로 선보였다.[7] 이 기계는 단지 (부수적인 학습에서) 학생을 시험하는 것이 아닌 계획된 순서에 따라 학생에게 새로운 정보를 제시하는 면에서 볼 때, 프리세이의 개념에서 더 향상된 것이었다. 이 기계는 학생이 좀더 단순한 하부 과제들을 통과하면서 결과적으로 복합 기술을 얻도록 되어 있다. 이 기계는 학생에게 자료를 제시하고, 한 번에 한걸음씩 기술을 연습할 기회를 주었다. 스키너는 이 단계에서 프로그램된 지시들에 대해 언급하기 시작했음을 기록하고 있다.

프로그램된 지시는 1960년대에 교육계에 일시적으로 유행되었으나 적절한 전달 체계의 결핍 때문에 쇠퇴했다. 1970년대 개인용 컴퓨터의 출현은 실제적인 학습 환경을 조성하기 위해 충분한, 복합적인 하나의 프로그램된 명령 전달 체계를 위한 기반을 만들어 주었다. 컴퓨터 원조 명령(CAI : Computer Assisted Instruction)으로 알려진, 컴퓨터에 프로그램된 명령의 현 상태는 여전히 유아기에 머물고 있다.

상당히 많은 양의 이용 가능한 지시용 소프트웨어가 빈약한 디자인과 프로그램화에서 곤란을 겪고 있다. 전통적인 교습 방법과의 비교에서 CAI의 효과에 대한 많은 연구들은 혼합된 결과들을 보여준다. 확실히 컴퓨터 기술의 현 상태와 CAI 소프트웨어의 복잡 미묘함은, 지시 효과에 있어 혁명적인 향상뿐만 아니라 더욱 많은 발전들이 선행되어야 한다. 그럼에도 불구하고 지시용 하드웨어와 소프트웨어의 발달이 날마다 일어나고 있고, 조만간 가정교사로서의 컴퓨터는 모든 사람의 교육 경험에서 정규적인 일부분이 될 것이다.

가정교사로서의 컴퓨터에 대한 접근들

CAI 소프트웨어를 사용하는 적어도 네 개의 주요 모형들이 제작되어

왔다.

첫째, 훈련과 연습 소프트웨어에서 일정한 과목에 대해 지시를 받는 학생은 컴퓨터와의 상호 작용에 의해 그 과목 내용과 관련된 기술을 연마한다. 예를 들어 학생은 수학 문제들, 단어 철자법 또는 외래어 등과 만나게 되며, 그때 정확한 응답을 생각해 입력시키게 된다. 학생은 그 기술을 완전히 습득할 때까지 자신의 응답의 옳고 그름의 여부를 즉시 알게 되며, 틀린 답을 고칠 기회를 갖게 된다. 이 지시 모형은 '세계에서 가장 비싼 플래시 카드(Flash Card)'라고 비난하는 투로 칭해져 왔다.[8] 코올(Kohl)과 몇몇 학자들은 컴퓨터는 아주 많은 잠재력을 가졌으므로 그와 같은 하찮은 일들로 컴퓨터를 '낭비할' 수 없다고 말한다. 이런 의견에도 불구하고 훈련과 연습은 오늘날 학교에서 여전히 컴퓨터의 으뜸된 교육 용도로 남아 있다.[9]

비록 훈련과 연습 소프트웨어가 단지 전자 플래시 카드만 제공한다 할지라도, 교사의 시간적 압박감 때문에 학생이 받을 수 없는 피드백과 더불어 그 학생이 개인별 연습 시간을 가질 수 있다면, 이러한 연습은 교육 시간을 가치 있게 사용하도록 해준다. 더욱이 훈련과 연습 소프트웨어는 학생의 응답을 분석하고 피드백을 줄 뿐만 아니라 틀린 응답들의 유형을 분석하여 자료의 완전한 습득을 가로막는 학습 문제점들을 진단하는 기능을 포함하는데, 이것은 더욱 정교화되고 있다. 발견된 진단점은 교사에게 전해지거나 학습 문제점을 줄이기 위해 컴퓨터에 의해 전달되는 지시를 직접적으로 유도하는 데에 사용될 수 있다.

둘째, CAI 소프트웨어는 한 가정교사에게 기대할 수 있는 것과 가깝게 충족되는 개별 지도 방식으로 이루어진다. 개별 지도 소프트웨어는 학생에게 새로운 자료를 제시하고, 그 자료와 상호 작용하도록 해주며(어떤 경우에는 가정교사인 컴퓨터에게 학생 자신의 질문들을 하게 하며), 학습 진도를 결정하고, 그것에 기초하여 학습 경험을 구성한다. 이러한 전략, 즉 이 프로그램이 단지 한 명의 특별한 학생이 아니고 전반적인 학생들을 대상으로 개발되어야 한다는 것은 컴퓨터 프로그래머들에게 상당한 도전을 준다.

인간 가정교사를 적절히 모방한 개별 지도 소프트웨어는 아직까지 널리 활용되지 못하고 있다. 현재 활용되는 모든 개별 지도 소프트웨어는 학생이 가정교사에게 기대하는 역할 중 하나 혹은 그 이상이 아직 부족하다. 그럼에도 불구하고 발전은 계속되고 있으며, 학생이 자신의 보조에 따라 새로운 자료를 배우되 완전히 익히도록 하기 위해, CAI 프로그램과 다른 매개체에 실린 자료들과 함께 공부하도록 하는 소프트웨어를 활용할 수 있다.

교육용 소프트웨어의 세번째 유형은, 모의 실험과 게임들이다. 이 소프트웨어는 과거 또는 현재의 실제 상황을 가장하거나, 어떤 게임들의 경우에는 환상을 불러일으키는 상황을 학생에게 제시한다. 학생은 한 문제와 더불어 그 문제를 해결하기 위한 일정한 규칙들과 자료들을 만나게 된다. 그는 그 문제에 대한 해결을 보충시키고, 그의 해결 방안이 얼마나 잘 작용하는가 보는 것을 통해 학습한다. 이 프로그램은 그가 그 문제에 대한 적절한 해결을 계속 찾아가도록 만든다. 해결 방안을 찾는 일에 계속 실패한다면, 이 프로그램은 왜 그 해결책들이 작용되지 않는가 하는 이유들을 설명해 주거나 암시를 주기도 한다.

역사를 가르치기 위해 모의 실험을 할 수도 있다. 예를 들어 학생에게

게티즈버그 전쟁에서 미합중국(Union)과 남부 연방 11주(Confederate armies)에 대하여 서술된 활용 가능한 자료들이 제시될 수도 있다. 그가 어느 군대를 지휘할지에 대한 선택권이 주어지며, 그런 후 그의 병력을 전개하는 것 등등에 대해 내려야 하는 첫번째 결정권이 주어지게 될 수도 있다. 컴퓨터 프로그램은 그의 선택들을 분석하고, 그 소프트웨어 디자인의 일부인 모의 모델(simulation model) 또는 연산 방식(algorithm)을 사용해 그 전투의 첫 부분의 결과들을 제시한다.

그러면 그 학생은 자신의 첫번째 전략이 얼마나 잘 작용했는가를 분석하여 다음 결정을 내릴 때 그 정보를 이용한다. 모의 모형의 정확성을 가정하는 이런 유형의 상호 작용은, 이런 방법이 아니라면 역사를 공부하는 어린 학생들에게 비현실적으로 보이는 동떨어진 주제를 '생생한' 경험들로 만들어 준다.

모의 실험은 현실 경험이 없는 학생에게 지나치게 비용이 많이 들고, 주로 위험한 환경이 상황으로 설정된다. 예를 들어 잘 다듬어진 컴퓨터 모의 실험은 비행 조종사들의 훈련에서 굉장히 많이 이용된다. 조종사들은 진짜 747 비행기를 조종하도록 허락받기 전에 여러 시간을 모형 비행기와 함께 보낸다. 이 모형 비행기는 진짜 비행기처럼 보이고 느껴지며 소리나고 반응하지만, 학생이 저지르는 최악의 실수도 비극이 아닌 단지 당황스러움만 가져다 준다.

모의 실험과 교육 게임들은 훈련과 연습, 그리고 개별 지도 프로그램들에 필요한 것보다 프로그램하는 데에 더 많은 시간과 더욱 정교한 하드웨어를 필요로 한다. 그러므로 그것들은 CAI 소프트웨어 상인들이 팔려고 내놓은 제품 중 극히 일부다. 그럼에도 불구하고 그것들은 컴퓨터를 통해 효과적인 교육 모델로 전망이 밝다.

CAI의 네번째 모형은, 학생이 자신의 마음속에 있는 목표를 가지고 접근하는 자원으로서의 컴퓨터 프로그램을 계획한다. 처음 세 모형에서는, 학생이 소프트웨어와 어떻게 상호 작용할 것인가를 지시자가 고려하여 그 소프트웨어의 목표들과 매개변수(parameter)를 결정하였다. 학생이 필요할 때 활용할 수 있는 자원으로서 컴퓨터를 간주하는 것은 정보를 모아 사용하는 수단과 방법들을 제공하면서 상당한 범위까지 학생이 자신의 학습을 조절하도록 한다.

자원으로서의 컴퓨터의 한 예는, 인간의 문제 해결 방식을 흉내낸 정보를 기억시킨 컴퓨터 소프트웨어인 인공 지능(AI : artificial intelligence) 영역이다. 전문가 체계라고 불리우는 AI 소프트웨어의 한 유형은(일정한 주제에 대해 알려진 것을 대표하는), 사실과 그 사실들이 연관되어 있는 방식들, 즉 규칙들을 포함한다.[10]

한 주제에 대한 정보를 담고 있는 전문가 체계는(AI의 응용 개발 프로그래머들) '지식 기술자(knowledge engineers)'에 의해 발전될 수 있다. 학생이 완성된 전문가 체계 앞에 앉아서 그 체계의 내용에 대해 토론할 수 있다. 그런 토론에서 학생은 표준 영어를 사용하고, 전문가 체계는 영어 문장들로 반응한다. 컴퓨터 자연어 접촉 영역(natural language interface)을 가진 이런 유형의 상호 작용은 인공 지능의 방법들을 활용하는 프로그램들의 특성 가운데 하나로 불리운다.

CAI 소프트웨어 선택과 고안에 있어서 교사들의 참여

교실에서 어떤 컴퓨터 소프트웨어를 사용할 것인가를 결정하는 일은 관련된 세 수준들 중에서 선택이 이루어진다. 소프트웨어 또는 코스웨어 (학과, 단원, 또는 수업 목표들에 밀접하게 묶여 있는 소프트웨어에 대해 말하는 용어)는 교사의 상부 기관인 교육부에 의해 선택되고, 교과 과정의 교과서 또는 다른 보조물로 사용될 수도 있다. 이 수준에서는 제시된 소프트웨어를 사용하기 위해 간단하게 조작법을 익혀야 한다.

학과 목표를 분명하게 명시하고, 어느 소프트웨어가 그 목표들을 달성하기에 적합한지 결정해야 한다. 그리고 어느 프로그램들이 가장 유용한지 결정하기 위해 적절한 소프트웨어를 검토하고 평가할 수 있어야 한다. 컴퓨터를 다루는 정기 간행물들은 소프트웨어를 직접 보기 전에 그것을 평가하는 데 도움이 되도록 교육용 소프트웨어들에 대한 개관이 실려 있다.

소프트웨어 평가를 심사하기 위해서는 두 가지 지침을 따른다. 첫째, 소프트웨어의 지시용 디자인을 살펴보아야 한다. 그 소프트웨어가 아름다운 컬러 영상을 펼치고, 학생들이 다니고 있는 학교의 교가를 연주해 보이더라도 그것이 허술한 지시들을 사용한다면, 교육 목표들을 성취하는 데에는 그다지 도움이 되지 않을 것이다. 교육용 소프트웨어의 지시 디자인에 대한 다음의 8가지 질문에 답하고 점검해 보는 것은 소프트웨어의 질적인 평가에 도움이 될 것이다.[11]

1. 이 소프트웨어는 학생에게 소극적인 관찰자가 되기보다는 그 프로그램과 상호 작용을 하도록 되어 있는가?
2. 학생의 반응은 교육 목표들을 성취하는 데 도움을 주는가?
3. 학생들은 프로그램들의 주요 부분에 대해 반응해야 하는가?
4. 화면이 담고 있는 내용들은 응답을 위해 필요한 것인가?

5. 각 화면에서는 학생들에게 적어도 두 가지 정도의 선택 기회가 주어지는가? ('계속해가기' 위해 스페이스 바(Space Bar)와, '멈추기' 위해 ESC나 QUIT를 누르는 것 이외의 어떤 다른 것)
6. 학생들이 그 프로그램을 공부해나갈 때마다 진보를 확인할 수 있는가?
7. 학생들이 그 프로그램을 공부해나갈 때 실패로 인해 좌절되기 보다는 대부분 성공적인가?
8. 반복적으로 사용될 시리즈 또는 학과에 대해 그 프로그램은 학생의 성취 수준에 따라 조절되는가?

둘째, 그 소프트웨어의 기술 또는 프로그램 작성의 질적인 면을 고려해야 한다. 다음과 같은 질문들은 그 디자인이 얼마나 잘 만들어졌는가 결정하는 데 도움이 될 것이다.

1. 학생들이 그 프로그램을 사용하기 쉽다고 느끼는가?
2. 그 소프트웨어는 도해법, 컬러 그리고 음향 같은 특질들을 얼마나 잘 활용하는가?
3. 그 프로그램은 기대되는 만큼 일관성 있게 작동하는가?
4. 첨가된 설명서는 교사가 그 프로그램이 어떻게 사용해야 하는가를 이해하고 학생들에게 설명하도록 되어 있는가?

교육용 소프트웨어의 선택과 제작에 참여하는 세번째 단계는 교사를 CAI 제작자의 역할에 놓는다. 많은 교사들은 교육용 소프트웨어를 제작할 시간과 지식을 갖고 있지 않다고 생각한다. 그러나 프로그램들의 제작에서 CAI 제작자들이 활용할 수 있는 도구들의 발전과 더불어 CAI 제작은 더욱 많은 교사들의 손이 닿을 수 있는 곳에 있다.

저작 체계(authoring system) 또는 저작 언어(authoring language)를 사용하는 CAI 프로그램들을 만들 수도 있다. PILOT(Programmed Instruction for Learning of Teaching, 교육용 학습을 위해 프로그램된 지시)는 마이크로 컴퓨터를 기초로 한 저작 언어들 가운데 가장 잘 알려진 것 중의 하나이다. 교사는 프로그램하는 최소한의 실력을 가지고 개별 교습 또는 훈련과 반복 프로그램들을 만들기 위해 PILOT를 사용할 수 있다.

셸(shell)은 저작 언어들과 관련이 있다. 한 셸은 학과 내용을 주는 교육 활동들을 마련해 준다. 예를 들어 애플 컴퓨터에 의한 셸 게임들은 한 개의 짝 맞추기 게임과 여러 개의 다른 학습 기법들을 제시하는 절차를 포함하고 있다. 교사는 단순히 '토마스 에디슨-전구', '엘리 휘트니-조면기' 등과 같이 대칭된 짝들의 모음을 자세히 적어 넣는다. 셸은 매번 지루하지 않도록 두 개의 목록들을 재배치하면서, 짝 맞추기 게임을 열거하기 위해서 위의 내용들을 사용한다. 셸은 프로그램 실력을 거의 또는 전혀 요구하지 않는다.

저작 언어를 가지고는 생산할 수 없는 원본 소프트웨어를 만들고 싶은 교사는 프로그램 언어들을 이용할 수 있다. 베이직(Basic), 파스칼(Pascal), C 언어(C language), 그리고 프롤로그(Prolog)는 마이크로 컴퓨터에 활용할 수 있는 다양한 언어들을 대표한다. 프로그램 언어를 학습하는 것은(비록 어떤 사람은 컴퓨터 교육에 대한 자신의 정의에 있어서 컴퓨터 프로그램을 하는 능력을 가지고 있을지라도)[12] 모든 사람들을 위한 것은 아닐지 모른다. 그러나 종종 어려운 문제들에 대해 독특한 해법을 발견해 내는 것을 즐기는 사람들에게는 이렇듯 컴퓨터를 프로그램하는 것이 대단히 흥미있는 일일 수 있다.

　컴퓨터 기술은 교사들에게 하나의 도구로서 또 가정교사 역할로서 커다란 영향을 미치기 시작했다. 더욱더 흥미진진한 발전들이 가르칠 때 도구로 활용되는 데, 가정 교사로서의 컴퓨터의 사용하는 것에 뿐만 아니라 그와 관련된 다양한 기술 진보 가운데 계속될 것이다.

12 써먹은 만큼 가르침이 빛을 발하는 보조자료

도널드 P. 레기어(Donald P. Regier)

한 비행사가 로스앤젤레스 국제 공항에 점보 제트기를 원만하게 착륙하도록 조정하고 있다. 그는 택시 정류장을 바라보면서 고속도로 위에 끝없이 늘어진 자동차 불빛들의 행렬을 쳐다본다. 이제 곧 그는 그 무시무시한 교통 체증을 뚫고 집으로 돌아가야 한다! 그런데 그는 갑자기 자신이 지금 로스앤젤레스에 있는 것이 아니라는 것을 깨닫는다. 그는 지금 달라스에 있는 훈련용 모의 비행기 안에 있었던 것이다. 실제 상황은 아니었지만, 이 훈련을 통해 그는 훈련 조교에게 자신이 비행기를 조정할 수 있고, 학습을 잘 받았다는 것을 보여주었던 것이다. 이로써 이 비행학교의 철학은 바른 것임이 인정되었다. 이와 같이 우리는 확실히 실습을 통해 배운다.

비행기를 조정해봄으로써 비행하는 법을 배울 수 있다. 마찬가지로 주일학교에서 한 반을 가르쳐봄으로써 주일학교 학생을 가르치는 법을 배운다. 또 성지 순례를 함으로써 성지에 대해 배운다. 그러나 가끔은 시청각 자료들이 더 안전할 뿐만 아니라 가격 면에서 더욱 효과적일 때가 있다.

훈련용 모의 비행기는 첨단 기술을 이용한 약간 색다른 대체물이다. 그러나 좋은 시청각 도구는 어느 정도 모의 실험 장치가 할 수 있는 것을 해내기도 한다. 시청각 자료들은 실제 경험이 너무 위험스러울 때나, 시간과 공간 면에서 제한될 때 실제 상황의 대체물들을 이용한다. 2천년 전에 세계의 다른 한쪽에서 일어났던 일을 시청각 미디어를 통해 오늘날 우리의 경험 속에서 확인하는 것이다. 한때 모호했던 성경 이야기들은 시청각 자료들을 통해 볼 때 실제 상황으로 다가올 수 있다. 눈으로 볼 수 없었던 영적인 실재들은 영사기 화면을 통해 눈으로 볼 수 있다. 우리가 시청각 자료와 만나게 될 때, 그것은 우리 경험의 일부가 된다. 모든 감각들이 그런 과정과 연관이 있기 때문에 우리는 배우게 되고, 또한 행함으로써 배운다.

시청각 보조자료란 무엇인가

'시청각'이란 단어는 시각과 청각을 동시에 이용한 정보의 표현을 말한다. 이러한 정의 아래 우리는 폭넓은 가능성을 발견할 수 있다. 단순한 시청각 보조 개념으로 볼 때, 미디어는 단지 전통적인 교실 상황을 반영한다. 슬라이드, 영사기와 같은 친숙한 도구들은 교사가 말하고 있는 내용을 강조하고 그 효과를 향상시키기 위해 오랫동안 사용되어 온 것들이다.

그러나 많은 교육가들은 이러한 기술이 시각 보조자료의 개념보다 더 빨리 발전해 왔다고 믿는다. 교육상의 기술 개념에서 시청각 미디어는 학생들이 시청각 메커니즘과 상호 작용하면서 각자의 진도에 맞춰 혼자서 공부할 때 실제적으로 교사의 역할을 대신해 줄 수 있다.

시각 교육 운동의 전성기인 60년대와 70년대에, 일부 교육가들은 미디어의 역할이 우세한 교육에 대해 새로운 접근을 주장하였다. 미디어 교사인 마샬 맥루한(Marshall McLuhan)은 "우리는 새로운 비유법, 생각, 감정을 재구성해야 한다. 이 새로운 미디어는 인간과 자연 사이를 연결하는 다리가 아니다. 그것은 자연 자체다"라고 말했다.[1]

그때 이후로 더욱 새로운 미디어들이 추가되어 왔다. 극소 전자공학적 혁명은 시청각 자료들이 생산되고 표현되는 방식에 영향을 미쳐왔다. 따라서 오늘날 광적인 시청각주의자들의 활용 가능한 도구의 종류는 마이크로 컴퓨터, 비디오 디스크, 케이블 텔레비전, 인공 위성, 그리고 통신 모뎀으로 확장되었음을 알 수 있다.

학습에 시각과 청각의 방법들이 하나로 융합됨에 따라 '시각 청각(audio visual)'이란 표현은 '시청각(audio-visual)'으로 되었고, 계속 사용됨에 따라 하이픈마저 생략된 새로운 단어가 되어버렸다. 시청각 분야의 용어 변천 과정 자체가 이 분야의 발전을 반영한다. 윌버 쉬람(Wilber Schramm)은 '시청각 보조물'은 '시청각 교육'으로 변했고, 그 이후에는 '교육상의 기술'로 발전했는데, "각각의 변화는 연관된 개념들의 폭이 넓어지고 깊이가 깊어짐을 시사한다"고 기록하고 있다.[2]

마크 헨드릭슨(Mark Hendrickson)은 "이와 같은 교육 이론은 시청각적인 지원 개념과는 동떨어진 미디어다. 그 미디어는 예전의 교실에 도움을 주었을 따름이다. 이런 교육가들은, 미디어가 교습을 온전히 이해시키는 데 사용되기만 한다면, 교육을 위한 혁명적인 접근법으로서 통합의 일부가 될 것"이라고 지적했다. 더욱이 그는 "이와같이 접근할 때, 교육용 미디어는 교사를 보조해줄 뿐만 아니라 교사 대신으로도 소용될 수 있다"고 덧붙인다.[3] 미디어에 대해 이런 자신만만한 견해가 존재할 수 있는 합당한 이유들은 과연 있는가?

시청각 자료는 무엇을 할 수 있는가

시청각 자료는 흥미를 북돋울 수 있다. 인간의 눈은 동작, 밝기, 색깔에 따라 주의가 변한다. 영사기 하나를 켜는 것 같은 단순한 동작도 그 방 전체의 움직임, 색깔, 밝기를 바꾸기 때문에 사람들에게 거의 무의식적인 주의를 불러일으킨다. 현명한 의사 전달자라면 가르칠 수 있는 이 순간을 포착하여 무의식적인 주의를 의식적인 것으로 전환시킬 수 있다. 적절한 시청각 자료는 주의를 집중시키고 유지하게 만든다.

시청각 자료를 선호하는 사람들은 사람은 오감 모두를 통해 학습하는 데 미디어를 사용하는 것은 한 번에 하나 이상의 감각을 이용하는 것이라고 강조한다. 즉 더 많이 열중하게 되므로 자연히 더 많은 흥미를 끌어낸다는 것이다. 한 연구는 우리가 감각을 통해 배우게 되는 것을 다음과 같이 나누고 있다.

1% – 미각을 통해
1.5% – 감각을 통해

3.5% - 후각을 통해

11% - 청각을 통해

83% - 시각을 통해[4]

테리 홀(Terry Hall)은 "시청각이 정말 압도적으로 94%나 차지한다면, 이들 두 감각만을 독점적으로 사용하는 것으로 만족해야 하는가?"라고 묻는다. 그는 "그렇지 않다. 그것은 단지 두 손가락으로 책을 들어 올리는 것과 마찬가지다. 만일 그 책이 그리 두껍지 않다면 두 개의 손가락을 가지고 책을 들어 돌릴 수 있겠지만, 다섯개 손가락을 모두 이용하면 더욱 잘 움켜쥘 수 있다. 교사가 학생들의 모든 감각에 호소하면 할수록 가르침은 더욱 효과적이 될 것"이라고 강조했다.[5]

시청각 자료가 흥미를 자극하는 일만 한다 하더라도, 우리는 그 사실만으로도 시청각 자료들을 정당화시킬 수 있을 것이다. 그러나 그 이외의 다른 가치들이 있다.

시청각 자료는 학습을 가속화할 수 있다

항공 비행 교육이 종래의 교육 방법에서 훈련용 모의 비행기 사용법으로 전환되었을 때, 훈련 시간은 3분의 1이나 절반 정도로 줄었다. 대부분의 교회 교육 경험을 통해 알 수 있는 것처럼, 한 주 동안의 아주 짧은 시간 동안 단지 한 사람에게만 영향을 미친다면, 우리는 시청각 자료와 같은 방법으로 시간을 절약하여 시간 사용을 극대화하는 것이 좋을 것이다. 사실적인 자료와 관계가 깊은 부분이라면, 좀더 짧은 시간에 더 많은 것을 가르칠 수 있을 것이다. 그렇게 된다면 교사는 성경의 생활 적용 훈련에 더 많은 시간을 할애하게 된다.

시청각 자료는 잘못 생각하지 않도록 도와준다

주일 저녁 식사 시간에 나는 다섯 살 된 아들에게 주일학교 분반 공부 내용에 대해 물어보았다. 아이는 "고래에 대한 것이었어요"라고 대답했다.

"그래, 그 고래들은 무엇을 했지?"

"아주 많은 낙타, 황소, 양에게 물을 주었지요."

"정말이니? 어떻게 그 고래들이 그렇게 했지?"

"글쎄, 그들이 입만 벌리면 물이 흘러나왔어요."

나는 마침내 그 수업이 고래(whale)가 아니라 구약시대의 족장들이 사용하던 우물(well)에 대한 것이었음을 짐작할 수 있었다. 두 발음이 비슷해서, 아이는 우물을 고래로 알아들었던 것이다. 따라서 그 교사가 어떤 시각 자료도 사용하지 않았음을 짐작할 수 있었다.

위의 주일학교 체험담은 한 가지 문제를 입증해 준다. 시각적인 보조물 없이 가르치는 것은 언어 표현의 심각한 문제나 의미의 오해를 낳을 수 있다. 그래서 교사는 '우물(well)'이라고 말했는데, 아이는 '고래(whale)'로 알아들었던 것이다. 10년 후 나와 아들이 함께 이스라엘을 여행했을 때, 그는 소들이 고래에게서가 아니라 우물로부터 물을 마신다는 것을 알게 되었다. 수년 동안 잘못 알고 있었던 것은 적절한 시기에 적절한 그림으로 교정될 수 있을 것이다.

시청각 자료는 기억을 향상시켜 준다

다음 도표에서 알 수 있는 것처럼, 미디어를 사용하는 것이 기억에 얼마나 많은 영향을 끼치는지 여러 연구를 통해 나타나고 있다.[6]

의사 소통의 방법	3시간 후 회상	3일 후 회상
청각만 사용	70%	10%
시각만 사용	72%	20%
시청각 동시 사용	85%	65%

시청각 미디어의 교육적인 가치를 인식하면서, 일부 교사들은 시청각 사용만이 교육의 유일한 방법이라고 선언하기도 했다. "말만 사용하는 강연자는 다른 사람들은 잠자고 있는데 계속 이야기하는 사람이다"라고 비아냥거리면서, 마치 강연이 전혀 필요없다는 느낌을 심어 주었다. 그들은 시청각 교육 방법이 여러 다른 방법 가운데 하나임을 잊어버린 사람들이다.

이미 오래 전에 에드가 데일(Edgar Dale)은 분명하지 않은 새로운 교육 미디어에 지나치게 현혹되는 것은 위험한 일이라고 경고한 바 있다.

일반 학교, 대학, 기업, 정부 기관에서 필름, 녹음 테이프, 텔레비전을 통해 인상적인 결과를 도출해내는 것을 보면서 이전의 교수 방법들이 모두 '잘못되고 낭비적이며 비효과적'이었다고 결론 짓는 일부 사람들도 있다. 그래서 구습의 교과서들은 폐기하고 교육 원리는 완전히 새로 분석해야 한다고 결론 내릴 수도 있을 것이다. 이와 같은 극단적인 태도는 실제 사실에 비추어볼 때 그 정당성이 인정되지 않는다. 더욱이 그것은 새로운 미디어에 대한 완전히 비현실적인 견해다.[7]

시청각 미디어가 학습을 증진시킨다고 주장하는 것이 곧 다른 교수 방법이 열등하다는 것을 의미하지는 않는다. 한 편의 나쁜 비디오보다는 좋은 강연으로부터 더 많이 배울 수도 있기 때문이다.

기독교 교육에서의 시청각 보조자료

기독교와 의사 소통은 불가분의 관계이다

우리는 하나님께서 그 자신을 알려주셨기 때문에 그분을 알 수 있었다. 하나님께서는 당신의 창조물과 오랫 동안 의사 소통을 해오셨다. 그러한 소통은 주로 감각을 통해서였고 언어 없이 이루어져 왔다.

시편 19편에서 시편 기자는 "하늘이 하나님의 영광을 선포하고 궁창이 그 손으로 하신 일을 나타내는도다"(1절)라고 노래했다. 3절을 직역하면 "그들이 언어를 가지고 있지 않으며 아무 말도 없다. 그것들로부터 아무 소리도 들리지 않으나"가 된다. 그럼에도 불구하고 이것은 인간에 대한 하나님의 위대한 의사 소통 가운데 하나다. 사실 이것은 너무나 뚜렷하여 하나님의 영원하신 능력과 거룩함에 대해 증거가 되기 때문에 반박하는 자들은 핑계치 못할 것이다(롬 1:20).

히브리서 1장 1절은 "옛적에 선지자들로 여러 부분과 여러 모양으로 우리 조상들에게 말씀하신 하나님이"라고 선포하고 있다. 이러한 '여러 방법들'은 결코 음성어에만 국한된 것이 아니다. 선지자들은 때때로 에스겔서 4장에서 볼 수 있는 것처럼 언어 사용 없이 하나님의 말씀을 전달하는 등 시각적인 방법들을 폭넓게 사용했다. 하나님께서는 에스겔에게 바벨론 군대의 손에 예루살렘이 멸망할 것을 묘사하는 실용적인 한 모형을 세우도록 지시하셨다. 에스겔은 390일 동안 좌편으로, 그후엔 40일 동안 우편으로 누움으로써 포위당할 미래를 극적으로 표현했다. 이 시청각 자료는 언어 없이 그 내용을 전달한 좋은 예다.

복잡한 세부 장식을 갖춘 구약시대의 성막은 피흘림을 통해 하나님께 나아가는 방법을 시각적으로 나타내고 있다. 각각의 가구들은 그것의 의미를 마치 그림처럼 전달한다.

히브리서 저자는 그 다음을 "이 모든 날 마지막에 아들로 우리에게 말씀하셨으니"(히 1:2)라고 히브리인들에게 이어 말한다. 위대한 스승인 하나님의 아들은 가르치는 법에 대해 최고의 본보기를 보여준다. 테드 워드(Ted Ward)는 "예수님께서는 한 줄로 나란히 의자를 정렬시키지 않으셨다"라고 비꼬는 것처럼 이야기한다. 예수님께서는 다양한 표현과 시각적인 은유 기법, 그림을 보는 것 같은 문장들을 뒤섞어 가르치셨다. 또한 자신의 메시지를 설명할 때 일상사를 가지고 하셨다. 심지어 예수님의 기적들도 메시지에 대한 시각적 증명을 해준다. 우리는 잠언 20장 12절에 비추어 이것을 예상할 수 있다. "듣는 귀와 보는 눈은 다 여호와의 지으신 것이니라."

의사 소통과 미디어는 불가분의 관계이다

교육 목사의 미디어 사용 프로그램 입문서는 이것을 잘 설명해 주고 있다. 의사 소통을 원치 않는다는 사실을 전달할 때에도 의사 소통 방법을 사용할 수밖에 없는 것처럼, 미디어를 사용하지 않겠다고 결정할 수는 없다. 언어만 사용하여 강의를 하겠다는 결정은 사실상 미디어에 대한 결정이다. 그러므로 문제는 미디어 사용 여부에 있는 것이 아니라 오히려 어

떤 미디어를 사용할 것인가의 여부에 있다.[8]

크리스천도 오늘날 의사 소통 미디어를 사용해야 한다

한 유머 작가는 "말씀이 육신이 되었으므로 신학자들은 그것을 다시 말씀으로 돌려놓아야 한다"고 적었다. 그러나 하나님께서는 언제나 사람들이 이해하는 언어로 말씀해오셨다. 오늘날 미디어는 전세계적으로 이해되는 문명어 가운데 하나다. 그러나 동시적이면서 초문화적인 의사 소통의 엄청난 가능성이 존재하는 반면 심각한 위험성도 도사리고 있다.

기독교 교육자들은 교수 및 학습 과정에서 교사와 방법의 역할에 대해 진지하게 생각해 볼 필요가 있다. 에이놀 W. 비흠(Anol W. Beahm)은 "크리스천들은 언제나 성령과 동행할 수 있었음에도 불구하고 성경에 접근하기 위해서는 인쇄 작업이 필요했다. 이제 고도의 기술 혁명은 크리스천들이 기독교적 전통의 모든 자원에 즉각적으로 접근할 수 있게 해주었다"고 적고 있다.[9]

비흠은 크리스천들이 몇 개의 어려운 질문들을 재고해야 할 필요가 있다고 경고한다.

교회가 새로운 기술을 채택함으로써 교사의 역할에 변화가 일어난다면, 어떤 변화가 나타날 것인가? 주일학교 분반 공부 시간을 맡고 있는 전문가급 성경 교사들이 유선 방송과 비디오 테이프를 아주 잘 사용하고 있는 교회에서는 교사들이 스스로를 어떻게 생각하고 있는가와 또 성도들이 그들을 어떻게 생각하는가에 큰 변화가 따를 수도 있다.[10]

비록 기계가 어떤 사실적인 정보를 가르치는 일을 더 잘 할 수 있을지도 모르지만, 의사 소통은 할 수는 없다는 것을 기억해야 한다. 그러나 사람들끼리는 의사 소통을 할 수 있다. 기독교 교육에서는 언제나 교사를 위한 자리가 반드시 있어야 한다.

크리스천들은 미디어를 사용해야 할 뿐만 아니라 제작할 수도 있어야 한다

존 R. W. 스토트(John R. W. Stott)는 미디어 시장에서 기독교적인 방송의 필요성에 대해서 말한 바 있다.

크리스천들은 TV 방송 작가, 프로듀서, 연기자처럼 대중 매체의 세계로 들어가 그들 스스로를 준비시키도록 힘써야 한다. 만일 우리가 기술적으로 앞서지는 못하더라도 최소한 동등한 수준이나 더욱 유익한 대안들을 내놓기 위해 건설적인 주도권을 잡지 못한다면, 우리는 현재의 낮은 수준의 많은 프로그램들에 대해 불평하지 말아야 한다.[11]

오늘날 이와 같은 문명에 도달하려는 의사 전달자들 앞에 많은 기회가 열려 있다. 그것은 사람들의 눈과 귀, 오감 모두를 통해 그들의 정신 세계에 이르는 문이다. 가장 간단한 시청각 자료들을 가지고 시작함으로써 기독교 교사는 그 문을 통해 전진해 나갈 수 있다.

시청각 미디어의 두 종류

시청각 자료는 두 가지 유형으로 분리될 수 있다. '강사 보조 자료' 와 '단독형 자료' 가 그것이다.

강사 보조 자료는 말하고 있는 강사가 발표 효과를 높이기 위해 사용하는 것이다. 여기에는 그래프와 차트 같은 시각자료와 영사기나 슬라이드 같은 시청각 자료들이 포함된다. 이러한 보조물들은 단순한 물체로부터 복잡한 여러 영상체까지 다양하지만, 그 초점은 강사에게 맞춰진다. 우리의 토론은 오버헤드 슬라이드와 35mm 슬라이드, 즉 여러 도구 중 두 제작과 사용에 맞춰질 것이다.

단독형 자료는 발표하는 사람의 자리를 대신한다. 때때로 '녹화된 AV' 라고 불리우는 이 자료들은 전체 내용과 발표를 포함하는 슬라이드, 필름, 비디오 테이프, 그밖의 다른 미디어를 포함한다.

입체 음향이 곁들여진 녹화된 다중 슬라이드 쇼를 보고 난 다음, 제작자는 '돌아가서 그와 같이 만들고 싶은' 강한 충동을 느낄 수도 있다. 이런 특징을 가진 제작물들을 만들어 보는 것은 흥미 있어 보인다. 그것들은 정말로 재미있다. 시청각 분야의 매력 가운데 하나는 아마추어들도 훈련 없이 참여할 수 있다는 점이다. 그러나 경험이 얼마 없는 사람들은 그와 같은 연구 계획안의 장비와 절차의 복잡성에 압도당할 수도 있다. 그러므로 소규모 계획으로부터 시작해서 큰 계획으로 개발해 나가는 것이 좋을 것이다.

오버헤드 슬라이드, 35mm 슬라이드와 같은 강사 보조자료를 만드는데 창조적인 노력을 기울여 나가는 시작하는 것이 좋을 듯하다. 하나의 취미로 시작하기에 좋은 것이 가르치기 위한 새로운 방법도 될 수 있고, 나아가 일생의 직업이 될 수도 있을 것이다.

시청각 자료의 제작 - 고유한 나만의 것을 만들 수 있다

모든 크리스천 교사는 유구한 진리를 새로운 방식으로 전달하는 창조적인 방법을 찾는 것을 좋아한다. 시청각 자료는 창조적인 표현을 위한 새로운 방식의 기회를 제공해 준다. 또 의사 소통의 성공과 예술적인 성취 모두에서 교사에게 보람을 느끼게 해준다.

그러나 '창조적' 이라는 말이 나오자마자 보통 교사는 "아, 저는 창조적이지 못해요. 저는 그림을 못 그려요"라고 쩔쩔매는 소리를 내기 마련이다.

창의성을 시각적인 한 작품과 같은 것이라고 생각하는 것은 전혀 이상한 일이 아니다. 창조주 하나님께서는 시각적인 자극들로 넘치는 세계를 창조하셨다. 사실 그것들은 너무나 풍부해서 하나님께서는 사람에게 하나님께서 손으로 하신 일을 통해 하나님에 대해 배울 책임이 있다고 여기신다. 그래서 하나님의 창조 사역인 자연의 위대한 시각자료들에 대해 증언하기를 거부하는 "사람들은 변명의 여지가 없다."

우리는 하나님의 창조물이다. 조상으로부터 우리는 창조 욕구와 능력을 이어받았다. 죄 가운데로의 타락은 그러한 창조 과정을 복잡하게 만들었고, 우리는 번번히 이런 창조 의욕이 좌절되는 것을 경험하게 된다. 또 스스로도 창조력이 많이 결핍된 사람으로 본다.

그러나 창조에 대한 좌절감은 종종 부적절한 기대로 말미암는다. 우리는 스스로 하나님이 아님을 기억해야만 한다. 우리는 '무에서' 유를 창조할 수 없다. 단지 하나님만이 무로부터 창조하실 수 있다.

하나님께서 창조하신 사람들이 일할 때, 창조는 "옛것으로부터 어떤 새로운 것을 만들어 내거나 옛것을 새로운 방식으로 조정하는 것"으로 정의되어 왔다. '해 아래 새 것이 없음'을 기억할 때, 모든 작업은 독창적이어야 한다는 느낌을 떨쳐버릴 수 있을 것이다. 교사들이 효과적인 시각자료를 만들어 내기 위해 특별히 예술가가 될 필요는 없다.

국민학교 3학년 이후로 크레용을 잡아보지 않았더라도, 용기를 가지라. 당신이 직접 크레용을 잡을 필요가 없을지도 모른다. 도움의 손길은 집 가까이에 있는 화방만큼이나 가까이 있다. 월러스 우드(Wallace Wood)의 화법들을 행동으로 옮겨보라.

1. 복사할 수 있는 것은 절대로 그리지 말라.
2. 그릴 수 있는 것은 절대로 복사하지 말라.
3. 오려서 쓸 수 있는 것은 절대로 그리지 말라.

당신이 시각 예술가가 될 필요는 없다. 더욱이 창조적인 방식으로 의사전달용 시각자료를 만들기 위해 그림을 그릴 수 있어야 하는 것도 아니다. 시각자료를 만들 수 있는 새롭고 흥미 있는 자원들은 활용 가능한 것들이다. 몇몇 자원들을 살펴보도록 하자.

창조적인 자원들

삽화집을 이용하라

카메라로 찍어놓은 '발췌 삽화'들은 시각자료, 전단지, 통신, 책표지,

소책자 그리고 그밖의 것들에 쓸 수 있도록 하기 위해 저작권에 걸리지 않는 자유로운 그래픽들로 발전해 왔다. 전형적인 삽화에는 선 그림, 상징, 테두리, 질감, 풍자 만화들이 포함되어 있다. 기독교 서점에 최신 삽화집들이 나와 있을 것이다. 아니면 가까이 있는 화방의 서가를 둘러보라. 거기엔 아마도 저작권과 상관 없는 여러 도해집들이 나와 있을 수도 있다.

레터링을 사용하라

손으로 하는 레터링은 여러 시각자료들로 쓰여질 수 있는데, 아마도 그것은 '집에서 만든' 것처럼 보일 수도 있다. 신문과 잡지의 커다란 표제들을 모아놓고 글씨를 본뜸으로써 손으로 하는 레터링 실력을 향상시킬 수 있다. 또는 아마추어와 프로 사이의 차이를 만들 수 있는 이용 가능한 상업용 보조자료의 일부를 빌릴 수도 있다. 단지 자신의 일이 아마추어의 입장에 있기 때문에 서툰 것처럼 보여야 하는 것은 아니다. 여기에 이용 가능한 몇 개의 예를 소개한다.

1. 식자법. 이 방법은 시각자료에 전문화된 글자를 첨가시키는 가장 빠르지만 가장 비용이 많이 드는 방법이다. 가까운 지역의 인쇄소를 방문해 식자 인쇄를 위해 인쇄물에 필요한 활자를 지정해 넣는 방법에 대해 지시한다. 그러면 전문적으로 인쇄된 종이를 받아보게 되는데, 자신의 시각자료나 원본에 그것을 오려 제 위치에 붙이면 된다.

2. 타자기. 활자가 충분히 크다면 타자기로 친 글자 역시 영사 시각자료들을 위해 유용하게 쓰여질 것이다. 오버헤드 슬라이드를 만들 때 또렷이 읽을 수 있는 최소의 글자 크기는 24포인트임을 기억하라. 자신의 타

자기로 이러한 크기가 나오지 않는다면, 복사기로 글자를 확대시켜 보라. 사진 크기(3×4인치)만한 용지 안에 글자를 타이핑한 다음, 그것을 A4 용지 크기 만큼 확대시킨다면, 글자가 화면에 투사될 때 아주 선명하게 읽을 수 있을 것이다.

3. 템플리트나 스텐실. 전문가가 쓴 것처럼 보여지는 비싸지 않은 레터링을 위해, 미술 용품 화방에 가서 그 도구들을 살펴본다.

4. 크로이와 같은 레터링 기계들은 슬라이드를 만들기 전에 시각자료에 직접 풀 없이 붙일 수 있는 접착 테이프 끝에 글자를 새겨넣는다. 이러한 기계들은 한 글자를 만들기 위해 커다란 핸들을 돌린 다음 작동키를 누르면 작동한다. 더욱 복잡한 모형들은 키보드로 움직인다.

5. 드라이 전사 또는 문지르기식 글자들. 한 번에 한 글자씩 이런 글자들을 만들어 낸다면 인쇄 질은 전산 식자와 맞먹을 수 있다.

미술 보조품들을 사용하라

잉크와 자로 일직선을 그려본 적이 있는가? 아니면 잉크와 둥근 밥공기로 원을 그리려고 해본 적이 있는가? 당신은 웃을지도 모른다. 그러나 그것은 아마도 스스로 그릴 수 없다고 결정했을 때 그렇게 했을 것이다. 이제는 그럴 필요가 없다. 기하학적인 도형, 상자, 테두리선, 윤곽선, 화살표, 그밖에 많은 것들이 뒷면에 접착 처리되어 오려 붙이기 쉬운 형태로 나와 있어서 쉽게 활용할 수 있기 때문이다. 이것은 화방에서 구입할 수 있을 것이다. 이와 같이 유용한 미술 자료들은 마스터 용지에 접착하여 복사기나 다른 슬라이드 제작기로 투명한 플라스틱 필름에 복사할 수 있다. 아니면 슬라이드를 만들기 위해 사진으로 찍을 수도 있다.

컴퓨터 그래픽을 사용하라

그래픽용 컴퓨터를 가지면 앞에서 말한 어느 것도 필요하지 않다. 왜냐하면 컴퓨터가 그 모든 일을 해내기 때문이다. 레터링부터 그림 그리기, 심지어는 색깔까지도 키보드와 여러 명령을 통해 다할 수 있다. 결과적으로 전문 시청각 자료 제작자는 오늘날 이전에는 전혀 그림을 그릴 수 없었던 사람들과 경쟁해야 할 판국이다. 새롭게 등장하고 있는 '기술 예술가'는 그래픽뿐만 아니라 컴퓨터를 이해하는 의사 소통의 새로운 한 유형이다. 그래서 우리는 월러스 우드를 위해 새로운 하나의 규칙을 제안해야 할지도 모른다. 컴퓨터를 가지고 만들어낼 수 있는 것은 결코 오려서 붙이지 말라.

새로운 레이저 프린터들은 개인용 컴퓨터의 질을 대폭 향상시켜 왔다. 매우 선명하게 인쇄되는 이 '식자 인쇄에 가까운 질'을 가진 프린터들은 이전에 글자들의 끝선이 계단 모양으로 들쑥날쑥했던 것들이 전혀 나오지 않는다. 아직 레이저 프린터를 구입할 수 없더라도, 공동으로 사용할 수 있는 방법이 있을 것이다. 연결망을 통해 여러 컴퓨터가 한 개의 프린터를 동시적으로 사용할 수 있기 때문이다. 또한 어떤 인쇄 서비스 사업들은 적당한 가격으로 레이저 프린트를 해주기도 한다. 디스크만 가지고 와서 높은 선명도를 가진 원본이나 슬라이드를 찾아갈 수 있다.

시각 자료들을 이런 식으로 만들 형편이 안 된다고 걱정하는가? 그런 근심에는 또 좋은 소식이 있다. 점점 복잡해지면서 가격이 내리고 있다는 사실이다. 10년 전만 해도 분명히 큰 주식회사들만이 그 비용을 감당할 수 있었다. 그러나 오늘날은 교회와 학교, 심지어는 개인들도 거의 똑같은 정도의 정교한 컴퓨터를 소유할 만큼의 여유가 생겼다. 관심을 갖고 중고 시장이나 주위를 살펴보라. 더 새로운 기계들로 제품을 바꿀 때, 중고품들을 어린아이들에게 주거나 인하된 가격으로 중고 시장에 내다파는 경우가 있다.

시각 자료의 사용은 그것을 생산하는 컴퓨터 덕분에 최근에 보다 극적으로 성장해왔다. '정보 시대'가 열림으로써 의사 소통을 하는 사람들은 언어적으로 뿐만 아니라 시각적으로 자신의 메시지를 보여주려고 애쓴다. 연간 보고서, 제품 판촉물, 판매 전단지들은 말뿐만 아니라 정교한 시각물들로 주목받고 있다. 시청각 자료들은 성공적임에 분명하다. 그렇지 않다면 약삭 빠른 사업자들이 시청각 자료물, 서비스, 장비에 연간 수십억의 돈을 투자하려고 하지 않을 것이다.

이것은 한 주 내내 탁월한 시각 전달 미디어에 노출된 일반 사람들을 대상으로 복음을 전달하는 우리들에게 얼마나 엄청난 도전인가! 그들이 교회에서는 시시한 미디어에 접해야 되겠는가?

강사 보조 시각자료들의 유형

연설문 개요

간단한 '성구문장 슬라이드(word slide)'를 특별히 타이포그래피 기법이나 그래픽 기법으로 표현해 본다면 더욱 관심을 끄는 힘을 갖게 된다.

학습 개요나 설교 개요를 뽑을 때, 각각의 요점에 대한 '문장 시각자료'를 만들라. 글씨 크기를 너무 작게 하면 시각자료를 만들 때 흔히 실수하기 쉬우므로 최대의 효과를 얻기 위해서는 인쇄 글자는 '크고 굵게' 만

> 히브리서 12장 1절
>
> 우리 앞에
> 당한 경주를
> 경주하며

개념을 소개하는 데 기본적인 '문장 시각 자료'를 사용할 수 있다.

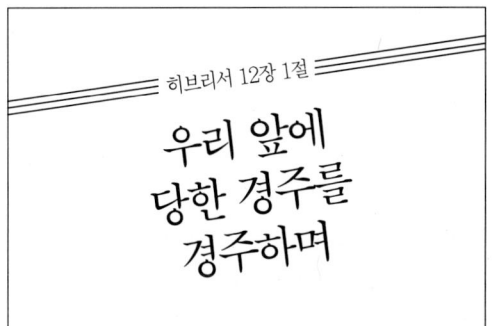

'크고 굵은' 글자와 약간 비스듬하고 경사가 지게 편집해 놓은 것이 이 시각자료를 더욱 효과 있게 만들어 준다. 컬러색을 넣으면 더 주의를 끌 수 있다

그림을 첨가시키는 것은 문장 시각자료를 더 재미있게 해준다.

들어야 한다는 것을 기억하라.

현실감 있는 사진

사진은 현장에 없는 사람들에게 보여주기 위해 '현장'을 시각적인 기록으로 제공한다. 널리 보급되고 있는 35mm 슬라이드는 가격이 적게 들고 제작이 쉽다는 점에서 이런 유형의 시각물을 대표한다. 실제 장면의 확대형 오버헤드 슬라이드도 35mm 슬라이드로 제작될 수 있으나, 가격 면에서 엄청나게 비싸다.

이 사실적인 사진은 표제 때문에 더 호소력이 있게 느껴진다.

도해적 상징

상징은 사진이 표현할 수 있는 사실을 좀더 간단한 형태로 보여준다. 상징의 이해는 문화적·언어적 장애를 넘어 의사 소통을 가능하게 한다. 여러 언어로 듣지만 한 가지로 이해하는 것은 무엇 때문인가?

시사 만화

이 상징 시각자료는 모든 사람에게 이해될 수 있다.

시사 만화들은 유머를 표현 속에 집어 넣는다. 사람들이 웃는 동안에 받아들인다는 사실은 놀랍기 그지없다!

도표와 도해

도표와 도해는 기원, 발달, 결과, 비교 및 대비 등을 묘사하기 위해 그림, 선, 직사각형, 원, 화살표를 사용하여 사실을 나타낸다. 교회 역사의 흐름은 시간대별 그림으로 설명될 수 있다. '율법과 은혜'는 도표로 대조될 수 있다. 많은 성경 교사들은 전체 성경이나 일부를 시각적으로 제시

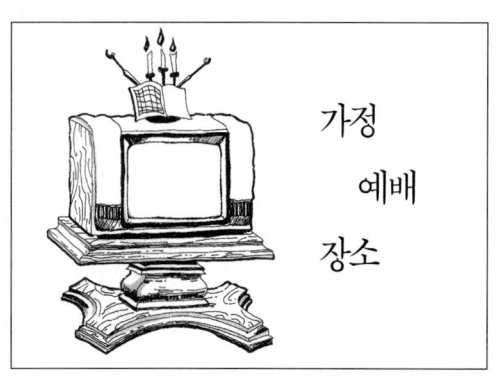

이 시사 만화는 자칫 따분한 주제가 될지도 모르는 것을 가벼운 필치로 접근하고 있다.

하기 위해 도표들을 사용한다.

강사 – 보조 시각자료의 설계

시청각 자료의 창조적이면서도 자극적인 양상 가운데 하나는 교사 스스로 시각자료들을 설계할 수 있다는 사실이다. 다음 설계 원리들은 시각자료를 통해 좀더 효과적으로 뜻을 전달하도록 도와준다.

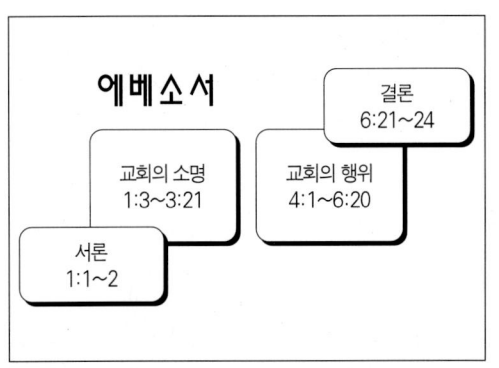

이러한 성경 도표는 에베소서 전체를 종합적으로 다루고 있다.

간단하게 만들라

커다란 대리석 덩어리로 시작해서 불필요한 부분들을 조금씩 쪼개냄으로써 말 조각품을 창조했던 미켈란젤로 이야기는 급소를 찌르는 적절한 예다. 많은 시각자료에서 흔히 볼 수 있는 단점은 너무 많은 정보를 말해 주므로써 그 그림이 혼자 독립된 것처럼 보인다는 것이다. 미켈란젤로의 말 조각처럼, 우리는 우리가 원하지 않는 부분들을 모두 쪼개내야 한다.

시각자료의 메시지와 맞지 않는 모든 요소를 제거하라. 시각자료를 보고 기억하기 훨씬 쉽게 모든 혼란한 부분들을 제거하라.

인기 있는 주석 성경으로 더 잘 알려진 C. I. 스코필드(C. I. Scofield)는 시각자료에 너무 많은 메시지를 담는 것은 문제가 있다고 지적했다. 1912년의 한 편지에서 그는 이렇게 쓰고 있다. "시각을 통한 모든 가르침에는 불변의 한 원리가 작용한다 = 단순성, 단순성, 단순성…. 일반적으로 일어나는 도표의 실수는 모든 것을 말하려는 데 있다."12

통일성 있게 만들라

"통일성은 모든 구성의 가장 기본인 응집성, 일관성, 동일성, 통합을 뜻한다"라고 메이트랜드 그레이브스(Maitland Graves)는 말했다. "구성은 통일성을 암시한다. 한 구성에 통일성이 결여되어 있다는 것은 이미 뭔가 잘못되어 있는 것이다. 그것은 구성이라고 할 수 없다."13 서로 다른 모양과 유형의 얼굴들을 계획성 없이 함께 섞는다면 아마 질서 없는, 통일되

이 어수선하게 흩어져 있는 시각자료를 그린 교사는 중요한 사항을 빠뜨릴까를 걱정한 나머지 너무 많은 정보를 담는 우를 범하고 있다. 이런 식의 세부 묘사는 한가한 시간에 읽기에는 적합할지 모른다. 그러나 이런 세부 사항들은 선명하게 기억되지 않을 것이다. "의심스러운 부분이 있다면 그것을 제외시키라."

적은 정보가 더욱 효과적이다.

지 않은 쓰레기 더미만 만들어내게 될 것이다.

흥미 있게 만들라

다양함은 시청각 자료를 보여줄 때 '졸음을 없애는' 한 가지 요소이다. 시각자료의 대비 형태, 크기, 색깔을 사용하여 더욱 흥미 있게 만들라.

초점을 강조하여 만들라

시각자료에는 눈길이 머물 만한 초점이 있어야 한다. 전체 그림은 이

이 시각자료는 조화와 통일성이 결여되어 있는데 그것은 다양한 요소들의 모양이 일관성이 없기 때문이다.

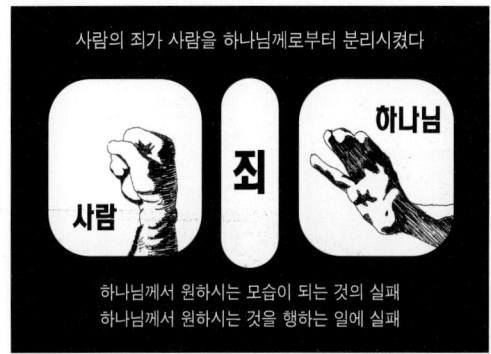

ⓒ 1988, 돈 레기어

비슷한 형태의 반복은 동일성과 조화의 느낌을 준다. 모든 것이 통합된 작품 안에서 잘 짜여진 것처럼 보인다.

주된 개념을 보여주어야 한다. 노란색, 오렌지색, 빨간색 등 따스하고 밝은 색깔들이 주의를 가장 많이 끌 수 있음을 기억하라. 전체 시각자료를 무지개빛 색깔로 채울 필요는 없다. 단지 초점만 강조하라!

때때로 초점은 흑백으로 강하고 두드러지게 하는 반면, 전체 배경은 차분한 색조로 칠할 수도 있다.

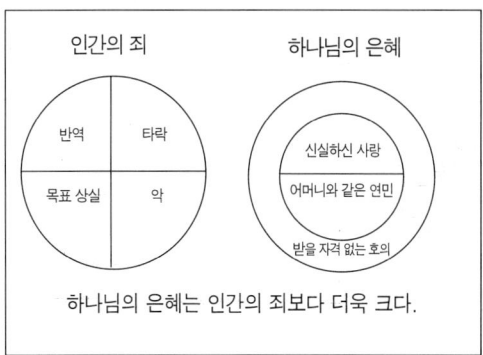

너무 지나친 단순성은 따분한 그림이 되어버릴 수도 있다.

이렇게 단순한 원리는 시각 자료의 내용을 향상시키지는 못할지도 모르지만 빈약하나마 삽화 기술이 이를 보완해 줄 것이다.

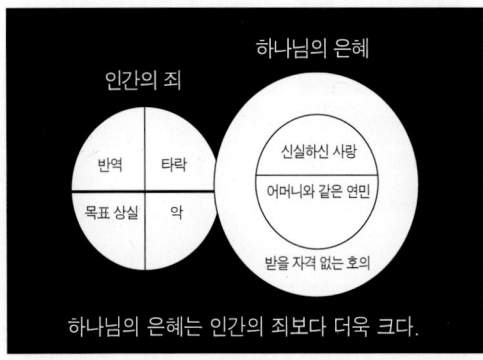

이 똑같은 도해는 한 요소, 즉 한 원이 다른 원보다 클 때 훨씬 더 재미있게 보인다. 색상 대비 또는 '보조 자료'는 개념을 서로 대비시켜 보여준다. 이 시각자료에서 우리는 통일성을 위한 충분한 반복, 그러나 재미있게 만들어진 충분한 변화를 볼 수 있다.

시각자료 만드는 법

비싸지 않은 시각자료를 만들기 위한 많은 방법들이 있으며, 다양한 컴퓨터와 프린터는 선택의 폭을 넓혀준다. 싼 가격, 그러면서도 전문적인

책을 읽는 것처럼 눈은 왼쪽 상부의 한쪽 구석에서 이 시각자료를 읽기 시작하여 오른쪽 하부에서 마친다. 색깔은 초점을 강조한다.

ⓒ 1988. 돈 레기어

품질을 위해 열처리 오버헤드 슬라이드를 제작하는 방법과 35mm 슬라이드 접근법을 살펴보고자 한다. 이것들은 많은 시청각 자료 사용자들이 실험하고 검증한 훌륭한 방법들이다.

종이에 원본 하나를 만든다

이 방법은 종이에 그려진 원본으로부터 시작된다. 구식 도해 미술 자료를 가지고 구식으로 만들거나, 컴퓨터에 있는 그래픽 프로그램을 가지고 최신식 원본을 만들 수 있다. 플라스틱 판에 직접 만든 슬라이드와 달리, 종이 원본은 필름으로 만들기 전에 잘못된 부분을 수정할 수 있기 때문에 매우 중요하다. 더욱이 원본은 다음에 정정하거나 최신 자료로 보완하기 위해 보관해 놓을 수도 있다. 원본이 만들어진 다음에 오버헤드용 필름(문방구에서 구하기 쉬운 것으로 아스테지가 있음)에 전사하거나, 슬라이드를 만들기 위해 35mm 필름에 사진을 찍어넣거나, 아니면 가정용 비디오 카메라로 비디오 촬영을 해놓을 수도 있다.

원본에 대한 세부 사항

1. 크기. 원본은 사용할 미디어에 맞는 적당한 비율이나 화면 비율에 맞추어 만들어져야 한다. A4 용지로 시작해, 복사해도 나오지 않는 파란 연필로 가장자리에 경계선을 그려 넣는다. B5 지면 안에서 그리는 것이 오버헤드 필름이나 비디오를 위해서는 좋다. 왜냐하면 세로와 가로 비율이 3 : 4이기 때문이다. 즉 시각자료의 가로는 단위가 4인 반면 세로는 3이다. 이 경계선 밖에 놓인 것은 필름 마운트(필름을 보호하기 위해 사방을 싼 테두리)로 가려질 수 있다.

시각 자료를 35mm 슬라이드로 만들고 싶으면 2:3의 비율을 사용하라. 15×22cm(B5용지보다 약간 작음) 크기의 지면이 슬라이드 원본으로는 적당한 크기다. 이 규격은 표준 크기다. 사실 슬라이드를 만들 때 원본은 우표처럼 작거나 건물만큼 큰 것이 될 수 있다. 카메라를 가까이 움직임으로써 작은 물체도 확대시킬 수 있음을 기억하라. 이와 같은 자유로운 변형은 오버헤드 필름에서 비싼 장비 없이는 이용할 수 없다.

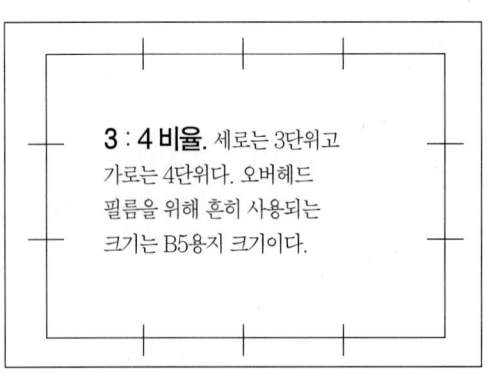

3 : 4 비율. 세로는 3단위고 가로는 4단위다. 오버헤드 필름을 위해 흔히 사용되는 크기는 B5용지 크기이다.

오버헤드용 필름, 영사 슬라이드, 비디오용으로는 3:4 비율을 사용하라.

2. 글자 크기. 보는 사람이 시각자료를 읽을 수 없다면, 그것은 아무 소용이 없다. 모든 준비는 화면으로부터 가장 멀리 있는 사람과 영사 상태가 가장 좋지 않을 경우를 감안하여 계획해야 한다. 읽을 수도 없는 자료 때문에 흥미를 잃거나 실망했던 때가 얼마나 많았던가를 생각해 보라.

A4 크기만큼의 원본을 만들 때는 24 포인트보다 큰 활자를 사용한다. 이것은 1/4인치의 크기에 해당한다. 이보다 작은 글자는 교실 맨 뒷줄에서는 잘 보이지 않을 것이다. 큰 활자는 확실히 명료성과 흥미를 더해준다. 활자는 클수록 더 좋다!

3. 오려붙이기. 삽화, 테두리선, 선을 두른 테, 그리고 그밖의 다른 요

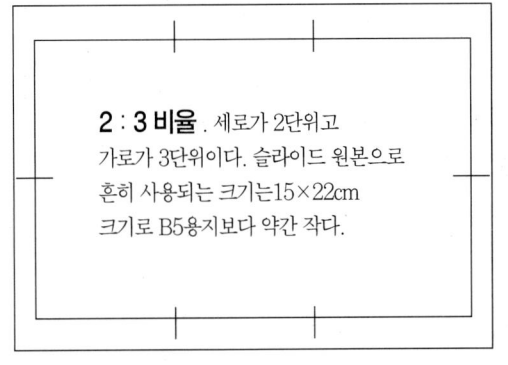

2 : 3 비율. 세로가 2단위고 가로가 3단위이다. 슬라이드 원본으로 흔히 사용되는 크기는 15×22cm 크기로 B5용지보다 약간 작다.

35mm 슬라이드로는 2:3 비율을 사용한다.

소들을 고무풀이나 분무식 풀 등을 이용해 원본에 붙인다. 대부분의 그래픽 아트 필름들은 검은 상만 재생하고 회색 음영은 복사하지 않기 때문에, 풀칠한 가장자리 부분들은 보이지 않을 것이다. 그러나 가능한 한 가장자리들을 깨끗하게 잘라내는 것은 좋은 습관이다.

열처리 오버헤드 필름 만들기

열처리 과정 작업법

'건열', '전이열', '적외선'에 의한 열처리 오버헤드 필름들은 적외선 필름 제작기처럼 기계를 사용하여 순식간에 만들 수 있다.

적외선은 열 필름(투명화)들을 만들어 낸다. 원지에 있는 검은 상이 램프의 열을 끌어당겨 방사능 감지성 필름 속에서 연소시킨다. 그것으로 인해 만들어지는 필름은 흰색 바탕에 검은 상이거나 색깔이 가미된 바탕에 검은 상, 또는 흰색 바탕에 일정한 색으로 나타날 수 있다. 반전 현상의 필름도 가능한데, 이것은 검은색이나 색깔 있는 바탕에 흰색 상을 표출시키지만 일관성 있는 결과들을 얻기는 힘들다.

열처리 방법으로 제작하기 위해서는 원지에 있는 모든 요소들이 탄소를 함유해야 한다. 그러므로 먹, 복사된 활자들, 연필을 사용해야 한다. 매직과 볼펜은 나오지 않을 것이다. 원본에 제작할 수 있는 부분이 있으면, 미리 복사해 두어야 할 것이다. 대부분의 복사기 토너는 탄소를 이용하고 있다.

열처리 과정의 대안

일부 오버헤드 필름 사용자들은 열처리 복사를 하는 대신 복사기를 통해 직접 필름을 만든다. 사용하려는 특별한 복사기에 적합한 필름을 사용하는가에 관심을 기울이라. 기계가 손상되지 않도록 제작자의 명세서를 확인해 보라. 그렇지 않으면 보증받지 못할 수도 있다. 열처리 기계 대신 일반 복사기를 사용하는 것을 선택했다면, 여러 방법들을 이용해 색채를 넣을 수도 있다.

교정하기

열처리 필름 제작 절차를 밟기 전에 원본에 있는 잘못된 부분을 수정한다. 가장 좋은 방법은 수정 부분 위에 잘못된 부분을 놓고, 예리한 칼이나 제도용 칼로 두 종이를 함께 자른다. 원본을 뒤집어 잘못된 부분을 제거하고, 그 뚫린 부분에 함께 자른 종이 조각을 붙여넣는다. 반드시 원본 뒷면에는 테이프를 붙인다.

필름에 상 입히기

이제 오버헤드 필름을 만들 준비가 모두 되었다. 원본 위에 필름판을 올려놓고, 필름과 원본이 함께 열처리 필름 기계를 통과하도록 한다. 몇 번 시험해 본 다음 적절한 속도를 정하는데, 일단 정해진 다음에는 변경하지 않는다. 원본에서 상이 새겨진 필름을 떼어낸다.

색넣기

투명한 필름에 검은색을 사용하면 모든 요소들이 뚜렷하게 나타날 것이다. 다음 방법 중 한두 가지를 이용해 색깔을 넣는다.

필름 제작을 위한 설명서에 적절한 방향이 지시되어 있지만, 대개는 필름의 새김눈이 오른쪽 상부 구석에 놓이게 한다.

접착식 칼라 필름. 접착력을 가진 필름으로 색을 넣을 수 있다. 사용하는 필름이 영사용으로 제작되어졌는지 확인한다. 다시 말하면 투명해야 한다는 것이다. 필요한 것보다 약간 크게 필름 조각을 자른다. 그것은 접착력 있는 슬라이드 뒷부분(또는 그 슬라이드 위에 놓은 저렴한 투명 필름판)에 부착될 것이다. 끝이 뾰족한 칼로 정확한 크기로 자르고 여분의 부분을 벗겨낸다. 상의 검정 테두리만 영사될 때 나타나는 투명한 부분들에 오린 부분이나 자국이 남지 않도록 한다.

칼라 플라스틱. 색을 넣는 또 하나의 방법은 가격이 매우 저렴하면서도 효과적인 방법이다. 전문용품 매장에서 다양한 색깔의 플라스틱 커버를 구입해 슬라이드 위에 붙인다. 칼로 강조하고 싶은 부분을 모두 도려낸다. 그 부분들은 짙은 검은색과 흰색으로 강조되며, 전체는 다른 배경색으로 나타날 것이다.

칼라 열처리 필름. 칼라 열처리 필름에 새길 수 있는 각기 다른 원본들을 만들어 원본 부분들을 다양하게 분리시킬 수 있다.

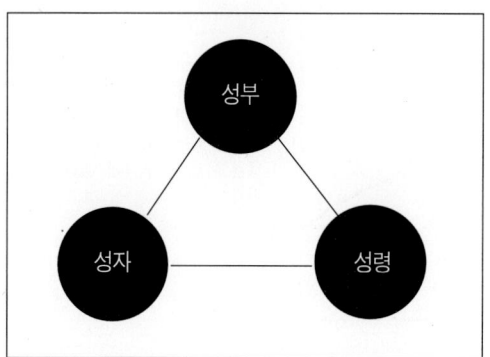

중요한 세부 사항들을 강조하기 위해 색을 넣는다.

필름에 마운트 붙이기

훌륭한 그림을 벽에 걸기 전에 틀을 끼워넣는 것처럼, 슬라이드 역시 사람들에게 보여주기 전에 테두리를 둘러야 한다. 테두리는 마지막 마무리가 되며, 가장자리 주변에 생기는 광선을 막아주고 슬라이드를 고정시켜 주며, 문자로 만들어진 부분에 경계선을 만들어 준다.

평평한 곳에 테를 놓고, 슬라이드의 앞면을 그 테 쪽으로 놓는다. 테와 필름이 포개진 사방의 모서리들을 투명 테이프로 고정시킨다. 마지막 필름을 고정시킨 후, 먼지 방지를 위해 테 가장자리를 둘러 테이프를 덧붙인다.

수업할 때 O.H.P. 필름 사용

오버헤드는 사용하기가 매우 쉽다. 오버헤드 프로젝터(O.H.P.)를 사용하는 것은 일반 책상용 램프를 조작하는 것만큼이나 쉽다. 그렇지만 몇 가지 사전 정보를 알아두면 그 기계를 사용하는 데 도움이 될 것이다.

수업 시간 전에 미리 설치해 놓는다. 시작하기 전에 렌즈와 유리판 표면이 깨끗한가를 확인하고, 영사된 영상이 화면과 초점 중심에 위치하고 있는지 점검해본다. 세 개의 받침이 달린 스크린 윗쪽에는, 밑부분으로 갈수록 줄어드는 '종석 현상'을 제거할 수 있는 장치가 있다. 아니면 스크린 밑부분을 뒷쪽으로 기울일 수도 있다. 스크린 화면은 경사가 질 수 있도록 벽으로부터 약간 떨어져 부착해야 한다.

값이 싼 칼라 플라스틱을 사용해 배경색을 첨가한다. 초점이 강조되고 있다.

ⓒ 1988, 돈 레기어

화면의 상이 아래쪽으로 오면서 줄어들고 있는
잘못된 모습

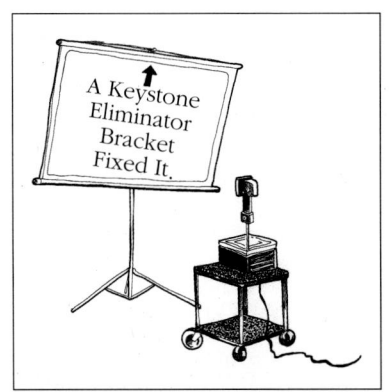
화면을 뒷쪽으로 기울여 바로잡은 모습

사람들의 주의를 화면으로 옮기려고 할 때, 이미 제자리에 놓인 시각자료를 위해 오버헤드 프로젝터를 켠다. 이것은 불필요한 혼란을 막아주고 교사의 발표 준비가 더욱 세련되게 보이도록 해준다. 설명 보완을 위해 시각자료를 사용한 다음에는, 기계를 끄고 다음 번 자료를 그 위에 올려놓는다. 필름을 바꾸는 동안에는 램프를 켜놓지 말라. 그렇지 않으면 교실 전체가 필요 이상으로 산만해진다.

오버헤드는 보는 사람과 시선을 맞추도록 해준다. 수업 시간중 판서를 하기 위해 등을 돌리는 것은 여러 돌발 사태를 가져올 가능성이 있다. 오버헤드는 교사가 시종 학급을 마주 대할 수 있도록 친밀한 학습 환경을 조성해 준다. 한 부분을 강조하기 위해 화면을 향해 고개를 돌리지 않고, 말하기 위해 프로젝터에 지시봉을 사용한다.

오버헤드는 교실의 전등을 모두 켜놓은 채 사용할 수 있다. 영사기의 강한 불빛으로 오버헤드 필름을 보여주기 위해 일부러 전등을 어둡게 할 필요가 없다. 화면 위에 직접 비치는 빛이 없는지만 확인하라. 그렇지 않으면 스크린에 비친 영상이 흐릿하게 될 것이다.

콘트라스트가 큰 슬라이드 필름 만들기

오버헤드 필름을 만들기 위해 사용하는 같은 종류의 마스터 용지는 35mm 슬라이드를 만들기 위해서도 사용될 수 있다. 한 가지 차이는 2:3의 종횡비에 있다. 35mm 슬라이드는 길이가 오버헤드 필름만큼 길지 않다. 또 잉크의 탄소에 대해서도 염려할 필요가 없다. 백지에 새겨진 어떤 검은 영상도 잘 반사될 것이다.

그렇다면 왜 슬라이드를 사용하는가? "우리들이 슬라이드를 사용하도록 했다면, 주님께서는 우리에게 오버헤드 프로젝터를 주시지 않았을 것이다"라고 생각할지도 모른다. 슬라이드를 사용하면 이동이 쉽고 가격이 저렴하다는 중요한 이점이 있다. O.H.P. 기계는 비행기 좌석 밑에 놓을 수도 있고, 슬라이드는 주머니에 넣고 다닐 수도 있다. 하이 콘트라스트 슬라이드들은 극소형화로 오버헤드 필름보다 경비가 훨씬 적게 든다.

대충 어두운 방 안에서 졸렬한 여행용 슬라이드만 접해본 사람들은 "전등이 켜진 방에서는 슬라이드를 볼 수 없잖아요"라고 불평할 것이다. 그러나 하이 콘트라스트 슬라이드는 볼 수 있다. 투명한 필름면과 밀도 있는 영상 때문에, 적절히 투사된 슬라이드는 화면에 최대의 광선을 받게 된다. 그러므로 강연자 보조용 슬라이드는 전등이 켜진 교실에서도 사용할 수 있다.

장비

여기에 환상적이면서 가격이 싼 슬라이드를 만들기 위해 필요한 것들을 소개한다.

싱글 렌즈 리플렉스 카메라. 여기서는 클로즈업 촬영 사진을 다루고 있으므로 사진기의 뷰 파인더(viewfinder)에서 정확히 맨 마지막 영상 부분을 볼 수 있어야 한다. 사진을 찍는 렌즈에서 분리된 뷰 파인더를 가진 일반 카메라는 필름이 촬영하는 부분을 볼 수 없다. 싱글 렌즈 리플렉스 카메라는 화상을 조망할 때나 사진을 찍을 때 모두 동일한 렌즈를 사용한다.

본이 15×22cm 규격(B5 용지보다 약간 작음)보다 크다면 일반 50mm 렌즈가 적합할 것이다. 더 작은 원본을 찍으려면, 렌즈 전면에 부착할 수 있는 저렴한 클로즈업 필터를 산다.

일광 조명에 의한 카피스탠드. 이러한 제품들은 전문 카메라점에서 구입할 수 있다. 사용하기에 가장 좋은 불빛은 250와트 ECA 램프다. 모든 복

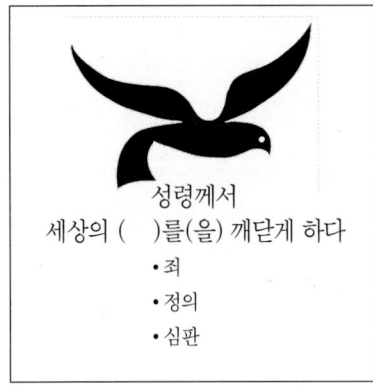

하이 콘트라스트 포지티브 필름

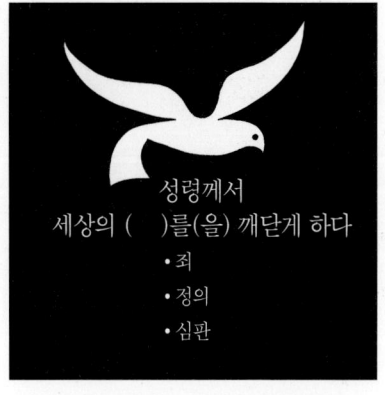

하이 콘트라스트 네거티브 필름

사 작업에서 일광 슬라이드 필름과 80A 컨버전 필터를 함께 사용하면 칼라 슬라이드가 인화되었을 때 좋은 효과를 얻을 수 있을 것이다.

양화(positive iamge)와 음화(negative image)를 위한 필름. 양화에는 코닥 고감도 필름 LPD-4(150′)를 사용하며 음화(실제의 어두운 부분은 밝게, 밝은 부분은 어둡게 현상된 필름)의 경우는 코달리스 오소독스 필름 6556의 3번(100′)을 사용한다. 만일 한 종류의 필름만을 원한

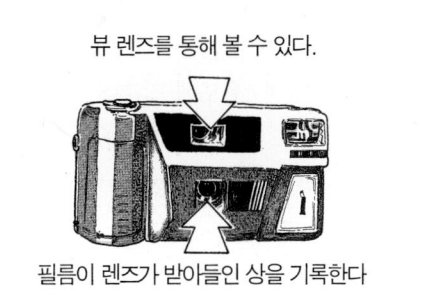

뷰 파인더 카메라

싱글 렌즈 리플렉스 카메라

다면, 네거티브 필름을 구입하라. 그것은 검은 배경을 바탕으로 더욱 흥미 있는 영상들을 만들어낼 수 있기 때문이다.

벌크 필름 로더. 만일 음화와 양화 필름 둘 다를 사용하려면, 두 개를 구입해야 한다.

다시 사용할 수 있는 필름 통들.

인화 탱크.

암실 및 15와트의 암실용 적색 안전광. 이 상설 암실을 마련할 수 없다면, 세면대가 있고 문을 닫으면 어두워지는 화장실을 쓰는 것이 좋다. 모든 장비들을 바퀴가 달린 손수레에 보관하면, 용도에 맞추어 이동하기에 편리할 것이다.

코달리스(Kodalith) 현상액. 이 현상액은 같은 양의 두 부분으로 나뉘어 있으며 1:1로 혼합하여 사용한다. 한번 혼합된 용액은 네 시간 또는 네 통의 필름이 현상되는 시간 동안 그 효과가 지속된다.

코닥 픽서(fixer). 이 용액은 사진의 상을 영구적으로 정착시킨다.

35mm 슬라이드 마운트.

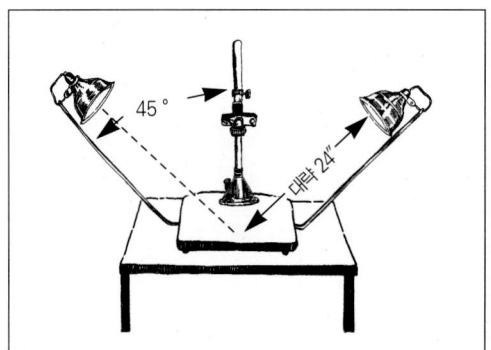

복사용 일광 램프 복사대는 불필요한 반사열과 고온점들을 방지하기 위해서 45도 각도로 부착되어야 한다. 전구를 끼우는 소켓이 250와트용으로 매겨졌는지 확인한다.

인쇄소 필름 작업용 잉크와 교정용 가는 붓.

투명 수성 물감. 화방에서 구입 가능한 이러한 칼라 염료는 네거티브 이미지에 선명한 색상을 더해줄 것이다.

차근차근 단계를 밟아 작업하라

1. 설명서를 참조하여 벌크 필름 로더(bulk film loader)에 필름을 감는다.
2. 몇 차례 시험 작동을 해봄으로써 적절한 노출 정도를 결정한다(카메라에 이미 설정되어 있는 노출 거리를 사용하지 말라. 따라서 필름 속도를 정하지 않아도 된다). 가장 커다란 렌즈(숫자가 가장 작은 번호, 아마도 f/2)에서 시작하라. 각 렌즈(1/2의 간격)뿐만 아니라, 각 렌즈의 눈금 하나하나를 모두 체크하라. 피사체를 하나 선택하여 사진을 찍는다. 양화 슬라이드들을 위해서는('B' 장치와 스톱워치를 사용한다) 8초, 음화를 위해서는 1초 간격을 유지한다.
3. 현상 탱크를 마련한다. 탱크에서 현상을 마친 다음 나머지 단계들은 조명을 켜놓은 채로 수행할 수 있다.
4. 현상액 파트 A의 150그램과 파트 B의 150그램을 혼합해서 젓는다. 현상액이 정착제로 오염되지 않도록 하는 것은 매우 중요하다. 현상액을 다루기 전에 항상 손과 기구들을 씻어야 한다.
5. 2분 45초 동안 현상한다. 현상액을 탱크에 부어 순간적으로 젓는다. 1분 30초가 지나면 현상액을 병에 다시 붓는다(4시간까지는 이 현상액을 다시 사용할 수 있다). 2분 45초가 지나면 정착제를 붓는다.

6. 자주 휘저으면서 적어도 2분간 정착시킨다. 정착제는 악취를 낼 때까지 재사용할 수 있다.
7. 약 10초간 실온의 흐르는 물에서 헹구어 준다. 헹구기가 끝나면 필름을 탱크에서 꺼낼 수 있다.
8. 빨래줄에 필름을 걸어서 말리거나 헤어 드라이어로 습기를 제거한다.
9. 가장 노출이 잘 먹은 사진을 얻기 위해 돋보기로 필름을 조사한다. 이것은 슬라이드 필름을 만드는 표준이 될 것이다.
10. 투명 수성 물감들을 가지고 색상 네거티브를 입힌다. 검은색 배경에 물감이 묻어도 걱정하지 말라. 그것은 완전히 투명하다. 면봉으로 물감을 슬라이드의 어느 한쪽 면에 칠한다. 색상을 펴바르고, 붓자국을 없애기 위한 비결은 면봉의 마른 쪽으로 즉시 닦아내는 것이다. 노란색은 검은색 배경과의 대비 효과 때문에 가장 극적인 색상들 중의 하나지만, 흰색 또한 좋은 색상인 것을 잊지 말라.
11. 끝이 뾰족한 붓(artist's brush)으로 흠집이나 작은 구멍들을 수정한다(밑에서 빛을 비출 수 있는 탁자 위에서 돋보기를 가지고 슬라이드를 검사한다).

슬라이드를 이용한 교육

적당한 화면 크기 선택

이것은 교실의 크기에 따라 조절해야 하며 가장 멀리 떨어져서 보는 사람에게도 잘 보이는 크기를 선택한다. 거리를 6으로 나누어 계산해 보면 정확한 화면의 폭을 산출할 수 있다. 예를 들어 가장 멀리에서 보는 사람으로부터 화면까지가 30m라면 화면 폭은 5m가 되어야 한다. 이러한 화면 크기 결정 방법은 OHP를 비롯한 모든 영상 매체에 적용된다.

배후 화면 영사

배후 화면 영사기를 쓸 수 있다면 강사 뒤에 영사기를 놓는다. 슬라이드들은 반투명의 화면을 통과해 영사되며, 강사는 화면에 그림자가 지지 않도록 하면서 화면 앞을 걸어다닐 수 있다. 배후 영사는 또한 더 많은 실내 조명하에서 영사되도록 해준다. 그러나 이것은 하이 콘트라스트 슬라이드에서는 문제가 되지 않는다. 그것이 조명이 있는 실내에서 보여질 수 있음을 기억하라.

원격 조정

익스텐션 코드를 표준 원격 제어 장치에 부착하면 영사기를 강사 뒤에 놓을 수 있어서 산만함을 줄일 수 있다. 그럴 경우 무선의 원격 조정 장치를 사용할 수 있으며 따라서 교사는 교실의 어느 곳이나 움직일 수 있다.

전문적인 기술들

OHP는 강사가 편리하게 사용할 수 있는 영상 자료이다. 두 개의 영사기와 화면 조정기를 가지고 영상을 가감하면서 사용할 수 있다. 화면이 필요 없을 때에는 검은 슬라이드를 사용한다. 검은 슬라이드는 쓰다 남은 필름을 몇 장 마운트에 끼워넣어 만든다. 최근에는 자동으로 슬라이드 필름을 넘겨주는 기계도 있다.

슬라이드에 글씨를 적어 넣는 법
정규 스크린 대신에 흰색 칠판에 영사하면 가르치는 동안 정보를 첨가 또는 강조하기 위해서 글을 써넣을 수 있다.

다음 단계는 무엇인가

시청각 자료 제작 경험이 얼마쯤 있는 사람은 그 기술을 계속적으로 발전시켜 나가고자 할 것이다.

다음의 이야기는 어떤 교사가 실제로 겪은 일이다.

메리는 별로 변화가 없는 한 교회에서 5학년 여학생들을 가르쳤다. 아이들은 이미 여러 번 성경 이야기들을 들어서 외우다시피 하고 있었다. 메리는 마침 다니엘서를 가르치게 되었는데, 어떻게 어린이들의 관심을 끌 수 있을까 걱정이 되었다. 어떻게 아이들을 교육 과정에 참여시켜 가르칠 수 있었겠는가?

첫째주 : "여러분들이 오늘 아침에 배운 것을 그림으로 그려보세요."

메리는 슬라이드를 제작하기 시작했다. 일주일 동안에 그녀는 아이들의 그림을 복사했다. 몇 개의 그림들로부터 그녀는 양화 슬라이드를 만들었고 다른 그림들은 음화 필름에 수록되었다.

둘째주 : "여러분은 다니엘서를 읽어 보았지요? 이제 그것을 화면에서 보도록 하지요."

"어? 저거 내가 그린 그림이야."

"그러면 이번 주에 공부한 성경 이야기들도 그림으로 그려보도록 해요."

흥미가 살아난다. 어린이들은 국제적인 언어, 즉 시청각 미디어를 통해 다니엘서를 말하는 의사 전달 과정에 참여하게 되었다. 그림들이 그려졌을 때, 그리고 모든 슬라이드들이 만들어 졌을 때, 메리는 그 위에 색을 칠했다. 또 다니엘서를 요약하는 글을 써서 카세트 테이프에 기록했다. 그리고 음향 효과까지 첨가했다.

그녀는 완성된 자료를 자기 반 어린이뿐만 아니라 주일 저녁에 전교인(많은 학부모들이 거기에 있었다)에게 보여 주었다. 심지어 동남아 선교 여행에까지 그것을 가져갔다. 그녀가 지구의 반대쪽에 있는 크리스천들에게 무엇을 가르쳤는지는 결코 상상조차 할 수 없을 것이다. 창조성! 시청각 자료! 당신도 자신의 시청각 자료를 창조할 수 있다.

13 이거 제대로 가르친 거 맞나요?

스튜어트 S. 쿡(Stuart S. Cook)

데이브(Dave)는 딕슨(Dixon) 박사의 사무실 문앞에서 이번 학기 과제물을 하기 위해 그동안 얼마나 애썼는지를 생각했다. 그는 기말고사 대신 창의적인 과제물을 하나씩 제출하도록 한 딕슨 교수에게 고마운 마음이 들었다. 데이브는 로마 제국하에서 기독교 전파를 나타내는 지도를 만들어 제출했다.

부드럽게 노크를 하자 안에서 "들어오세요"라는 소리가 들렸다.

"제 과제물을 돌려받으려고 왔습니다. 채점이 끝났습니까?" 데이브는 칭찬을 기대하며 이야기했다.

"물론 했지요." 딕슨 박사는 열심히 읽고 있던 때문은 책에서 눈을 떼며 대답했다. 이어서 그는 캐비닛에 뒤죽박죽 쌓인 자료 더미를 가리켰다. 데이브는 자신의 지도 세트를 찾아내면 바로 떠날 참이었다. 그러나 그가 막상 과제물을 들여다보았을 때, 아무데도 성적이 표시되어 있지 않았다. 그래서 딕슨 박사의 책상으로 다가가서, "여기에는 제 성적이 기록되지 않았는데요"라고 말했다.

딕슨 박사는 불쑥 손을 내밀어 과제물을 끌어당겨다가 재빨리 훑어보았다. 그리곤 "그것은 'B' 였어요"라고 말했다. 그때까지만 해도 데이브는 크게 흥분하지도 또 실망하지도 않았다. 그러나 사무실을 떠나려고 돌아섰을 때, 수업중에 딕슨 박사가 했던 말이 생각났다. 그는 차후에 수강하는 학생들에게 보여주기 위해 때때로 어떤 과제물들을 보관하곤 한다고 말했던 것이다. 그래서 데이브는 돌아서서 "혹시 교수님은 제 과제물을 보관하기 원하십니까?"라고 물었다.

딕슨 박사는 독서를 방해하는 데이브가 짜증스럽다는 듯이 "글쎄, 다시 한번 볼까?"라고 말했다. 30초 간의 야릇한 조사 후에 딕슨 박사는 "정확하게 이것이 무엇이지?"라고 물었다. 데이브가 과제물에 대해 간단히 설명하자, 딕슨 박사는 그가 만든 과제물을 가져가도 좋다고 확실히 밝혔다. 데이브는 문을 쾅 닫지 않으려고 애를 쓰며 밖으로 나왔다.

교수가 학점을 가지고 자신을 농락했다고 느끼는 데이브를 책할 수 있는가? 어떻게 그 교수는 과제물이 무엇을 뜻하는지도 모르면서 'B' 라고 평가할 수 있었을까? 교사와 학생은 물론 많은 사람들이 평가를 두려워하는 것은 당연하다. 시험이나 성적이라는 것이 사람들에게 부담스럽기도 하거니와 그것의 진정한 가치를 깨닫지 못하고 있기 때문이다.[1] 잘만 행해진다면 시험과 채점은 교육의 질을 크게 높여줄 것이다.

측정과 평가의 필요성

모든 일이 다 그렇듯이 교육에서도 평가의 실패는 재난을 부른다. 평가는 학습자가 학습 목표에 어느 정도 접근했는지를 알려준다. 평가를 통해 얻어진 정보는 교육 목표 설정, 교육 과정 선택, 반 편성 등 여러 교육·행정적 문제들을 결정할 때 유익하게 사용될 수 있다. 시험으로부터 얻는 정보 없이는 교육자들이 내리는 많은 결정들이 심각한 오류에 빠질 가능성이 높다.

측정과 평가의 핵심

교육 평가의 핵심은 교육 목표에 대한 성취도 측정에 있다.[2] 일단 교육 목표가 분명하게 정해지면, 교육 과정이 확정된다. 교육 목표에 대한 성취도를 점검할 때, 교사는 다음의 원론적인 질문을 해야 한다. "학생들이 어느 정도 학습 목표를 익혔는가?"

시험은 교육 목표에서 학생들이 수행할 수 있어야 한다고 밝힌 내용을 실제로 행할 수 있는지 적절한 상황을 통해 나타내 보이도록 제공하는 기회다. 만일 시험 결과가 목표에 상당히 접근해 있다면 학생 하나하나와 학급 전체에 미친 교육 효과를 검증하는 데 유용한 정보를 제공할 것이다.[3]

좋은 평가를 내리는 일에서 분명한 목표 설정이 갖는 중요성은 아무리 강조해도 지나치지 않다. 불확실한 목표는 부정확한 검사를 초래한다. 불분명한 목표와 거창한 시험들 때문에 학생들은 시험치는 것을 두려워하거나 싫어하게 되는 것이다.

시험 문제 만들기

학생들이 대하는 대부분의 시험지들은 교사가 만든 문제들에 기초한다. 이러한 시험지들은 교과서에 있는 한 장, 한 단원, 또는 한 주간 동안 배운 단어 철자법 등과 같은 한정된 양의 자료를 측정한다. 교사는 흔히 자신이 중요하다고 생각해서 평소에 따로 적어둔 메모나 교사용 학습 지도서에서 문제를 뽑아 각색한다. 그러한 시험들은 대개 상당히 짧고(일반적으로 한 번의 수업량), 한정된 양의 교과 내용을 담고 있으며, 교사 또는 어떤 기계적인 방법에 의해서 채점될 것이다.

이런 종류의 시험에서 교사의 역할은 문제를 만들거나 선택하거나 수정하며, 문제지를 한데 모아 채점·분석하고 점수를 매기는 것이다. 이제 그러한 과정들을 더 자세히 살펴보기로 하자.

객관식

객관식 시험 문제에는 진위형, 선다형, 짝맞추기와 단답형이 있다. 이것들 각각은 장점과 단점을 지니고 있으며, 나름대로 적절한 종류의 학습목표를 평가하는 데 효용 가치가 높다.

진위형. 진위형 문제는 학과 내용에 관한 문장을 주고 학생들에게 예, 아니오로 대답하게 하는 문제이다. 진위형 문제는 사실적 정보의 기억을 요구하는 목표들의 성취도를 검사한다. 진위형 문제들이 간단하고 정보의 기억 정도를 측정하는 좋은 수단임에도 불구하고, 학생들은 이런 형태의 문제를 싫어한다. 그 이유는 교사들이 이 체제를 오용하는 경향이 있기 때문이다. 따라서 진위형 문제를 만들 때는 다음 지침들에 유의하는 것이 좋다.

예, 아니오로 분명히 답할 수 있도록 정확하고 명료한 방식을 선택하라. 문제의 번호와 문장 사이에 답을 표시하는 자리를 마련하는 것도 한 방법이다. 다음의 예를 보라.

다음 문제에 대해 진술문이 맞으면 '예'에, 틀리면 '아니오'에 ○표를 하시오.
1. 예 아니오 창세기는 성경의 첫번째 책이다.
2. 예 아니오 출애굽기는 요셉이 노예로 애굽에 팔려간 후 어떻게 그의 가족을 구원했는가에 대한 이야기다.

이런 방식은 답이 확실치 않을 때 어중간한 곳에 표시를 하고 정작 정답이 발표된 뒤에는 자신이 정답에 표시했노라고 주장하는 경우를 미연에 방지하는 효과가 있다. 명확하게 맞거나 명확하게 틀린 진술문을 쓰라. 만일 그 반대 의견도 가능한 문장이라면 학생들에게 그 의견과 출처를 함께 제시하여 예, 아니오로 답하게 하라. 예를 들어, 문제 3은 명확하게 옳지도 틀리지도 않은 한 의견을 진술하고 있다.

3. 예 아니오 성경의 모든 말씀은 동일한 해석 원리를 사용하여 해석되어야만 한다.

이보다 더 나은 문제는 출처를 밝히는 것이다.

3. 예   아니오   교과서에 따르면, 성경의 모든 말씀은 동일한 해석 원리를 사용하여 해석되어야만 한다.

항상, 결코, 전부, 모든이나 단지 등과 같은 단어들의 사용을 피하라. 학생들은 이러한 단어를 포함하는 문장들은 정답이 아님을 이미 눈치채고 있다. 따라서 위에 주어진 예에서 '모든'이라는 단어를 뺀다면 더 좋은 문장이 될 수 있다.

4. 예   아니오   교과서에 따르면, 성경을 읽을 때, 읽는 성경의 양에 관계없이 일관성 있게 해석 원리를 따라야만 한다.

이중 부정이 포함되지 않는 비교적 짧고 간단한 문장들을 사용하라. 문항의 목표는 학생들을 골탕먹이는 것이 아니고, 교과 과정에서 얻은 지식에 비추어 그들이 쉽게 이해할 수 있는 명확한 진술문을 만드는 것이다. 전후 문맥이 없이는 이해하기가 어려운 문장을 사용해서는 안된다. 이 지침은 크리스천 교사는 학생의 적이 아니고 친구임을 상기시켜 준다. 대략 동일한 수의 예 문항과 아니오 문항을 만들도록 시도한다. 답이 아니오인 문제들은 만들어 내기가 어렵고 무의식 중에 한쪽으로 치우칠 수도 있으므로 스스로가 예와 아니오의 균형이 맞추어졌나 대조해 보라.

선다형. 선다형 문제는 질문, 정답, 몇 개의 함정 등 세 부분으로 이루어진다. 질문은 완전한 문장이나 단어 형태로 제시된다. 정답은 문제에 대한 정확한 해결을 의미한다. 함정은 정답을 정확히 알지 못하는 학생에게 그럴듯하다는 생각을 심어준다. 선다형 문항의 지시문은 대개 학생들에게 정답을 고르도록 지시한다. 높은 수준의 학습 성취도를 측정하는 경우, 학생에게 가장 좋은 답을 고르도록 지시문을 줄 수도 있다. 그 경우 한 개 이상의 답이 있을 수 있으나, 정답은 나머지 보기들에 비해 명확하게 우세한 답을 제공한다. 교사는 최상의 답을 요구하는 선다형 문제를 출제할 때 정답이 다른 항목들보다 확실하게 두드러졌는가를 확인해야 한다.

선다형 문제는 습득한 인지도를 평가하거나 그보다 수준 높은 교육 목표들의 성취도를 검증하는 데 사용될 수 있다. 선다형 문제는 이해력, 응용력, 또는 좀더 고급 기술들을 테스트할 때 최상의 객관식 문항 체제를 제공한다. 선다형 문제는 학생에게 정보의 기억을 요하거나 자료에 대한 이해를 증명해 보이고, 어떤 상황에 배운 개념을 적용하며, 여러 지적인 과제들의 수행을 요할 수 있다. 이러한 융통성 때문에 선다형 문제는 객관식 문항 체제들 가운데 가장 인기가 높다.

선다형 문항들을 구성할 때, 조심할 것은 다음과 같다. 학생이 스스로 고른 답안을 정확하게 기입할 수 있도록 분명한 방법을 제시한다. 가장 간단한 방법은 학생에게 정답에 해당하는 번호에 ○표 하도록 하는 것이다. 만일 OCR 카드를 사용한다면 학생은 답안지에만 그의 답을 표시한다.

해답을 결정하는 데 필요한 중요 정보들을 넣어서 명료하게 답을 내도록 문항을 만들어야 한다. 문제 상황을 제시하지 않는 문제는 피한다. 예를 들어 아래의 문항은 단지 문장이 연결되게 하는 머리 부분만을 제시하고 있을 뿐이다.

1. 성경은
   가. 위대한 책이다.
   나. 이슬람교에 대한 것이다.
   다. 65권의 책을 포함하고 있다.
   라. 히브리어로 씌어졌다.

이 문항이 평가하고자 의도하고 있는 교육 목표를 깨닫기는 대단히 어렵다. 그 목표가 "구약에서 가장 보편적으로 사용되는 원어를 아는 것(인지하는 것)"에 있었다고 가정해 보자. 그러면 그 문항은 다음과 같이 개선될 수도 있다.

2. 여러 구약성경들이 씌어진 언어는 _____ 이다.
   가. 아람어
   나. 그리스어
   다. 히브리어
   라. 라틴어

이 문항에서는 학생에게 기억해 내도록 요구하는 것이 무엇인지 명확하게 드러나고 있다. 질문의 요청에 따라 학생 자신이 정답을 고를 수 있는 네 개의 범주가 제시된다. 일정한 논리적 순서에 따라 정답과 교란시키는 함정들을 배열한다. 위의 문항은 영문으로 썼을 때의 알파벳순으로 배열되었다. 날짜나 숫자는 가장 작은 것에서 가장 큰 것으로, 성경의 책들은 정경으로 인정된 연대순 등으로 배열될 수 있겠다. 만일 질문 부분이 불완전한 문장으로 되어 있다면, 주어지는 보기들은 질문과 문법적으로 정확히 연속되는가를 점검해야 한다.

정답과 함정들의 길이는 동일한 것이 바람직하다. 대부분의 출제자들은 정답을 함정보다 약간 길게 만드는 경향이 있다. 이러한 불일치는 학생들에게 실마리가 된다. 모든 함정들은 그럴듯한 내용을 담고 있어야 한다. 정답을 알지 못하는 학생들에게 함정들 모두가 정답인 것처럼 보이도록 항목의 길이, 문법, 어휘를 점검해 본다. 전부, 모든, 결코, 절대 따위의 단어들을 가능한 한 쓰지 말라.

시험에 정통한 학생들은 이런 단어들을 통하여 함정을 찾아낼 수 있을 것이다. 그 어느 것도 틀렸다고 단정 짓기 어려울 때 비로소 학생들은 함정에 현혹될 것이다.

"정답 없음"이라는 항목을 주의해서 사용한다. 이 항목은 어떤 상황에서는 유용하지만, 조심스럽게 사용되어야만 한다. 그리고 항상 틀린 답으로 사용하지 않도록 하라. 그렇지 않으면 학생들은 그것을 아예 제쳐놓고 문제를 풀게 될 것이다.

연결형. 연결형 문제는 선다형의 한 변형으로 동일하거나 비슷한 항목들을 찾아내게 할 때 사용할 수 있다. 연결형 문제는 선다형처럼 세 개의 틀린 답을 만들어 내는 번거로움을 피하여 한 문항의 정답을 다른 문항의 함정으로 사용하는 이점을 갖고 있다. 연결형 문제는 여러 개의 항목으로 구성된 목록(또는 짧은 질문)과 그와 대비되는 항목의 목록으로 이루어진다. 연결형 문제는 대개 정보 축적 면에서의 성취도를 측정하는 데 사용된다. 아래의 예를 살펴보자.

다음에 제시된 발명품을 발명한 사람들의 이름을 찾아 그 번호를 빈칸에 써넣으라.

	발명품	발명가
_____	1. 전화기	가. 알렉산더 그레이엄 벨
_____	2. 방직기	나. 헨리 베세머
_____	3. 전구	다. 토마스 에디슨
_____	4. 비행기	라. 구글리엘모 말코니
_____	5. 무선 전신	마. 엘리 휘트니
		바. 오빌 라이트

위의 예는 짝맞추기 문제를 제작하기 위한 여러 주요 지침을 담고 있다. 문제를 설명하는 항목들과 고를 수 있는 보기 모두가 짧고, 성격이 동일하고, 표제가 붙여져야만 한다. 보기들은 모든 항목들에 대해서 일련의 그럴듯한 함정의 역할을 해야 한다. 문제 목록에 있는 각 항목에는 번호가 매겨져 있으며, 그 보기들은 숫자가 아닌 문자 부호가 적혀져 있다.

보기의 항목 수가 문제 수보다 많아야 한다. 이것은 마지막 문제가 노출되는 것을 방지한다. 한편 보기 하나에 여러 문제 항목이 연결될 수 있게 한다면 더욱 큰 효과를 볼 수 있다. 그러므로 보기들이 한 번 이상 사용될 수 있는지 그렇지 않은지를 지시문에서 명시하도록 해야 한다. 보기들은 항상 일정한 논리적 배열을 따라야 한다.

완성형. 완성형 문제는 선다형 문제와 유사하다. 학생이 단순히 정답을 찾아내게 한다기보다는 관련된 정보들을 기억해 내도록 요구한다는 사실에 차이점이 있다. 이러한 차이는 출제 의도를 확정하는 단계에서부터 마음속에 유념해야 한다. 만일 교육 목표가 기억을 요하는 것이라면, 이미 언급한 세 개의 문제 형태들은 거의 도움을 주지 못할 것이다. 완성형은 정보의 기억을 요구하는 유일한 객관식 문제다. 완성형 문제는 문제의 진술이 분명해야 하며, 정답에 대한 정보가 충분히 주어져야 한다. 완성형의 정답은 가능하다면 한 단어가 좋다. 만일 구(phrase)를 쓰는 경우, 짧고 간결해야만 한다. 완성형 문제를 만드는 데 필요한 지침은 다음과 같다.

여러 개의 정답을 가질 수 있는 비한정적 진술문을 피해야 한다. 예를 들어, "로마서는 ─────── 씌어졌다"라는 문제는 '서기 57년에(시기)' '고린도에서(장소)' '그리스어로(언어)' 등 여러 개의 정답이 가능하다. 만일 출제 의도가 학생에게 로마서가 씌어진 연대를 알도록 하는 것이라면 이렇게 묻는 것이 더 나을 것이다. "로마서는 서기 ─── 년에 씌어졌다." 이제 학생은 단 하나의 정답을 지닌 분명한 문제 상황에 직면한다.

일반적으로 빈칸은 한 문제에 하나로 족하다. "성경의 ─── 책은 ─── 에 의해서 씌어졌다"보다는 "성경의 첫번째 책은 ─── 에 의해서 씌어졌다"가 더 좋은 질문이다. 빈칸은 문장의 끝이나 또는 끝 가까이에 나타나야 한다. 또 불완전한 문장보다는 질문을 사용하는 것이 좋다.

주관식 교육. 목표들 가운데는 객관식 시험 문제들보다는 길고 복잡한 답안지를 작성함으로써 성취도를 측정할 수 있는 경우가 많다. 주관식 문제들은 그러한 목표들을 측정하기 위한 방법이 될 수 있다. 주관식 문제는 단답형과 논술형으로 나뉘어진다. 이 두 형태는 요구되는 답의 길이, 인지적 수준, 그리고 복잡성에서 차이를 보인다.

단답형 문제들은 길어야 한 개 또는 두 개 단락 정도의 답을 요구하지만 논술형 문제들은 여러 단락으로 답을 서술해야 한다. 논술형은 학생들에게 자료를 평가하고 조직하며 견해들을 선택하도록 요구한다. 이러한 기술들은 인지도의 분류·종합 및 평가에 적합하다. 단답형 문제들은 지식 축적, 이해, 적용, 분석 단계의 성취도를 평가하는 데 적합하다. 논술형은 답안의 길이와 복잡성 때문에, 수업중에 실시되는 시험보다는 학기 과제나 집에 가져다가 보는 시험에 더욱 적절한지도 모른다.

주관식 문제는 객관식 문제보다 뛰어난 몇 가지 장점들을 가지고 있다.
(1) 비교적 제작하기가 용이하다.
(2) 직접적으로 더 높은 인지적 기술들을 평가하게 한다.
(3) 어림짐작으로 답할 가능성을 줄인다.
(4) 의사 전달 기술을 강조한다.

반면에 주관식 문제가 갖는 결함도 적지 않다.
(1) 일관성 있는 채점이 곤란하다. 만일 다음에서 다룰 절차를 따른다면 이 문제는 대폭 해결될 것이다.
(2) 문항들을 만드는 데 시간을 절약할 수 있지만, 채점하는 데 그 이상의 시간이 소요된다. 이것은 학급의 규모가 클수록 심해진다.
(3) 주관식 문제는 지식의 심도를 측정함에서는 뛰어난 반면, 지식의 폭을 측정하기는 곤란하다. 주관식 문제에 답하기 위해서는 오랜 시간이 필요하므로 많은 문제를 낼 수 없기 때문이다. 이런 문제를 논리적으로 해결하기 위해 대부분의 시험들에서는 객관식과 주관식 문

항들을 혼용한다.

아래의 지침들은 주관식 문제를 출제할 때 유념해야 할 것들이다.
시험을 실시하기 전에 주관식 문항과 그것의 채점 기준을 정리하여 기록해 둔다. 채점 기준은 그 문제가 어떻게 채점되어야 하는가를 정확하게 나타내야 한다. 다음의 예를 살펴보자.

출제 의도 : 학생들에게 바울이 로마에 있는 교회를 향해 편지를 쓰고 격려했던 세 가지 목적을 설명할 수 있게 한다. 세 가지 목적과 해당되는 요절들은 아래와 같다.
  (1) 로마까지의 여행을 준비하고 서바나 선교를 제안하기 위해(롬 1:10~15, 15:22~29).
  (2) 한 번도 방문해 본 적이 없는 로마교회에 구원의 방법을 제시하기 위해(롬 1:16~17).
  (3) 하나님의 총괄적인 구원 계획에 있어서 유대인과 이방인 사이의 관계를 설명하기 위해(롬 14:1~6).

시험 문항 : 바울이 로마에 있는 교회에 편지를 쓴 세 가지 목적을 자신의 말로 설명하라. 각각의 목적에 대해 로마서의 말씀을 적어도 한 개 이상 제시하라(각 목적에 대해 1점씩, 지지 성경 구절에 대해 1점씩 계산하여 도합 6점. 철자법, 구두점, 문법에 대해서는 감점 없음).

채점 기준 : 열거된 각각의 목적들에 대해 1점. 그 목적과 함께 제시된

정확한 성경 구절에 대해 1점. 철자법, 구두점, 문법적 오류에 대해서는 감점 없음. 한 가지 목적에 대해 여러 성경 구절을 제시해도 추가 점수 없음. 직접 관련이 없는 답안은 무시한다.

    채점 기준은 객관성이 있어야 한다는 점에 주목하라. 학생에게 채점을 위한 기준을 말해주어야 한다. 위의 보기에서는 답안이 어떻게 채점될 것인지의 설명이 괄호 속에 나타나 있다. 이러한 정보는 학생이 그의 답을 정리할 때 지침의 역할을 해준다. 이렇게 제시된 채점 기준은 평소에 학생들에게 강조했던 학습 목표와 일치해야 한다. 학생들은 교사가 무엇을 원하는지 추측해야만 하기 때문에 시험 문제들에 대해 불평하게 되는 것이다. 평소 수업 시간에 학생들에게 분명한 목표가 제시되고 시험에서 명료한 질문과 채점 기준이 명시된다면, 학생들이 자신의 지식과 이해력을 나타내 보이기 위해 교사의 의도를 추측하는 게임을 벌이지 않아도 될 것이다.

    다음은 가장 보편적인 주관식 채점 기준들이다.
    학생의 신분을 알지 못하도록 이름을 가린 채 채점한다. 선입견을 피하기 위해서 주관식 문제를 채점하기 앞서 이름을 가리는 것이다.
    시험지 전체가 아니라 문제별로 채점하라. 이렇게 함으로써 교사는 그 문제를 더 효과적이고 일관성 있게 채점할 수 있을 것이다. 만일 채점 도중에 기준을 서로 다르게 적용해 왔다고 느낀다면 다시 돌아가서 다시 채점해야 한다.

시험 결과의 분석

　모든 시험은 분석해서 학급 평균과 표준 편차를 측정해야 한다. 평균은 학생들의 성적이 집중되었거나 밀집된 점수대를 나타낸다. 학생들에 대한 사전 정보, 시험의 난이도 등을 토대로 먼저 예상 평균을 산출해 보는 것이 좋다. 실제의 평균 점수가 예상 평균보다 낮다면, 시험이 생각보다 더 어려웠거나 또는 교사의 판단만큼 학생들이 자료를 완전하게 익히지 못했음을 나타낸다. 만일 시험이 생각했던 것보다 훨씬 어려웠다면, 모든 학생들에게 일정한 가산점을 주어서 평균을 올릴 수 있다.

　표준 편차는 개인 득점차의 정도를 나타낸다. 표준 편차가 클수록 예상 결과들에서 이탈이 더욱 크다. 시험을 실시할 때, 교사는 표준 편차에 대한 예상치를 갖는 것이 좋다. 낮은 표준 편차란 평균 주변에 점수가 빽빽하게 밀집되어 있는 것을 말하는데, 이는 시험이 너무 어려웠거나 쉬웠음을 나타낸다. 기대보다 큰 표준 편차는 학생들의 인지도가 더욱 분산되어졌음을 가리킨다. 이것은 그 자료를 다시 복습할 필요가 있다는 뜻이다.

　평균이나 표준 편차를 계산하는 공식을 배워야 하지 않을까 걱정할 필요는 없다. 통계 기능을 가진 값싼 휴대용 계산기들이 많이 나와 있기 때문이다. 문제의 난이도와 문항 식별도를 검사함으로써 결과를 분석하는 방법도 있다.

점수의 계산

　점수를 배정하는 것은 정답률을 계산하는 것 이상의 의미를 지닌다. 점수화는 숫자적인 시험 결과에다 양적인 평가액을 할당하는 과정을 포함한다. 한 학생이 시험에서 85%의 정답을 냈다면, 우리는 "그것이 얼만큼

잘한 것인가?"를 물어야만 한다. 그에 대한 대답은 "무엇과 비교해서?"라는 또 다른 질문을 일으킨다. 그렇다. 점수화를 위한 주요한 단어는 비교이다. 그동안 점수화를 위한 많은 방법들이 고안되었지만, 단지 두 가지 비교 방법만이 타당성을 가지고 있다.

(1) 다른 학생들과 비교하는 법.
(2) 설정된 표준들과 비교하는 방법.

한 학생과 다른 학생을 비교하는 점수를 산출하기 위해서는 평균과 표준 편차가 기본이 된다. 먼저 적절하게 나뉘어진 등급을 설정한다. 그런 후 수, 우, 미, 양, 가 등의 등급을 준다. 예를 들어 정답률 78%의 평균 정답률과 7이라는 표준 편차를 가진 시험을 생각해 보자. 이러한 점수들의 분포는 〈도표 1〉처럼 표시될 수 있다.

빈도		2	5	13	15	12	9
점수	57	64	71	78	85	92	99
표준편차	-3	-2	-1	0	1	2	3

〈도표 1〉 시험 점수들의 분포

우선 평균점 좌(71) 우(85)의 표준 편차까지를 한데 묶어 중간대를 형성하는 방법이 있다. 만일 그 체계가 '수'에서부터 '가'까지 이어진다고 하면, 이 그룹의 멤버들은 '미' 학점을 받게 된다. 다른 학점들은 86에서 92까지가 '우', 93에서 99까지가 '수', 57에서 63까지가 '가', 그리고 64에서 70까지가 '양'이 된다. 〈도표 2〉는 이것을 도표화한 것이다.

점수	빈도	퍼센트	학점
93~99	9	16.1	수
86~92	12	21.4	우
71~85	28	50.0	미
64~70	5	8.9	양
57~63	2	3.6	가
합계	56	100.0	

〈도표 2〉 점수 분포표

등급은 주어진 상황에 적합하도록 조절할 수 있다. 경우에 따라서는 거의 모든 학생들이 '수'부터 '미'까지에 해당될 것이다. 점수화에의 이런 접근은 시험이 완전하지 않다는 개념이 참작된다. 그 학급에게 아마도 시험은 너무 어렵거나 쉬웠을지 모른다. 우리가 점수화를 학급에서 수행하는 시험에 기초하기 때문에, 학생의 절대적인 수행이 아니라 상대적인 수행이 평가된다.

만일 그 학급의 수학 능력 및 점수 분포가 위에서 제시된 이론적인 모형에 적합하다면 이러한 접근은 효과가 있다. 그러나 뛰어나게 명석한 학생들로 구성된 학급에 배치된 평균 능력의 학생은 평균 성적보다 오히려 낮은 점수를 받게 될지도 모른다. 확실히 이것은 그에게 공평하지 못하다. 어떤 다른 방법이 이와 같은 상황에서 사용되어야 한다.

학점을 배당하는 두번째 방법은 어떤 고정된 표준을 가지고 학생의 성적을 비교하는 것이다. 학교들은 일정한 등급에 해당하는 학생의 비율을 정해 놓고 있다. 예를 들어 90~100은 '수', 80~89는 '우' 하는 식이다. 점수화 절차는 간단하다. 교사는 한 학생의 정답률을 계산하고, 환산표에서 그에 해당하는 학점을 찾아내기만 하면 된다. 이 체제는 단순성과 명백한 공정성 때문에 대단히 효과적이다. 왜냐하면 똑같은 표준이 시험을 보는 모두에게 적용되기 때문이다.

그러나 이 체제에도 결점은 있다. 첫째로, 표준이 정당함을 인정받기 어렵다. 둘째로, 이 체제는 모든 시험이 질적 표준들에 완전하게 들어맞는다고 가정한다. 이 체제가 효과를 발휘하기 위해서는 예상외로 쉽거나 어려운 시험에서 점수를 조절하는 방식이 필요하다.

앞에서 살펴본 바와 마찬가지로, 점수화는 주관적인 요소를 지닌다. 평가는 숫자로 된 점수를 문자로 된 학점으로 전환하는 것 이상의 과정이다. 모든 학업 성취도를 정확하고도 공정하게 평가하고, 그에 상응하는 학점들을 제시하기 위해서는 통찰력과 융통성이 필요하다.

시험 결과들의 해석과 활용

우리는 시험 결과에 근거하여 학생의 학업에 관한 대부분의 결정을 내린다. 그럼에도 불구하고 표준화된 시험 결과는 학생들의 진보를 평가하는 데 부수적인 통찰을 제공한다.

기준과 표준을 참조한 검사 해석

특정 학년의 수준이나 한 학교 및 과목의 수준을 검증·비교하는 데 있어서 표준화된 성취 검사는 대단히 유용하다. 표준화된 검사는 교사가 한 학생의 학력을 그 학생의 학급, 그가 다니는 학교의 동학년, 그 나라에 있는 같은 학년 학생들, 그리고 기독교 학교에 다니는 같은 학년 학생들의 학력과의 비교를 가능케 한다. 한 학생과 일정한 학생 집단 간의 비교를 통합하는 검사 및 해석을 **기준 참조적(norm-referenced) 검사 해석**이라고 부른다.

한편 한 과목에 대한 개별 학생의 이해를 그와 동급 학년에 있는 학생에 대해 전형적으로 기대되는 기대치와 비교할 수 있다. 우리는 그 과목에 대한 한 학생의 학업 성취도와 교과 내용의 이해를 비교하고 통합하는 해석을 **표준 참조적(criterion-referenced) 검사 해석**이라고 부른다.

기준 및 표준 참조적 검사 해석들 모두는 표준화된 검사 결과들에서 추출된다. 다른 학생들과 비교하여 특정한 학생의 학업 성취도를 평가할 때는 전자가, 한 학생이 가진 학업 성취도의 장단점을 진단할 때에는 후자의 해석이 사용된다.

타당도와 신뢰도

타당도와 신뢰도란 주어진 상황에서 검사의 유용성을 유지하게 만드는 특성들을 말한다. 타당도는 검사가 주어진 목적에 대해 적합한가를 판단하는 특성이다. 타당도가 높은 검사일수록 측정하고자 하는 내용을 정확하게 파악할 수 있다.

신뢰도는 검사가 얼마나 일관성을 가지고 있느냐를 판단하는 특성이 있다. 모든 표준화된 검사에서는 교사용 지침서에 타당도와 신뢰도에 대한 정보가 실려 있다. 검사가 사용 목적에 적합하고, 반복해서 사용될 때 일관성 있는 결과들을 산출해내기 위해 지침서를 참조하도록 하라.

검사 결과 보고서

검사를 실시한 뒤에는 다양한 결과 보고서를 만들 수 있다. 결과 보고서는 총점수와 부수적인 검사 결과들을 따로 배열하거나 나란히 배열하는 형식으로 작성하는 것이 좋다.

원점수(Raw score). 원점수는 정답을 맞춘 문항의 갯수를 나타낸다. 원점수 자체만으로는 시험 결과의 분석이 어렵다.

등가 학년 점수(Grade equivalent score). 등가 학년 점수(GE)란 성적을 공부한 시간에 대비하여 평가하는 것이다. 한 학년은 10개월로 나눈다. 가령 등가 학년 점수가 4.8이라면 그 학생은 4년 8개월 동안 공부한 사람이 얻을 수 있는 점수를 얻은 것이다. 만일 시험을 치른 학생이 그당시 3학년이었다면, 4.8이라는 점수는 평균 이상의 학습을 이루어왔음을 뜻한다. 그러나 3학년 학생이 4.8이라는 GE 점수를 얻었다 해서 4학년 교과 과정을 그만큼 성취했다는 뜻은 아니다. 검사 분석가들은 결과를 간단하게 보고하기 위해서 등가 학년 점수를 고안해냈다. 그러나 GE 학점은 도움이 되기보다는 오히려 사람들을 혼동시키는 경향이 있기 때문에 다른 점수 형태로 바꿀 필요가 있다.

백분율(Percentiles). 백분률 점수는 기준 집단 또는 비교 집단과의 비교에 기초한 점수 환산이다. 만일 조니(Johnny)가 수리 능력 검사에서 43점의 원점수를 나타냈고, 이 원점수는 89라는 백분율 등급을 가지고 있다면, 이것은 비교 집단에 있는 사람들의 89%가 43점 이하를 받았음을 뜻한다.

백분율은 사람들에게 비교적 선호되는 편이다. 그것은 GE 점수가 주는 혼동을 피하고 사람들에게 다소 익숙한 형식으로 정보를 제공한다. 만일 한 학생이 백분율 점수 50을 얻었다면, 그는 비교 집단에 있는 사람들의 절반보다 좋은 성적을 거둔 것이다. 즉 평균 이상의 점수를 얻었음을 뜻한다.

하지만 백분율에도 다소 결점들이 있다.

(1) 종종 백분율 등급을 시험에서의 정답률로 착각한다.
(2) 백분율은 단순하고 분명한 분석이 어렵다.

조니가 백분율 점수 89를 얻었고 수지가 92를 받았다면, 이 둘 사이에서 차별성을 볼 수 있는가? 아마도 많지 않을 것이다. 어떠한 검사도 완벽한 신뢰도를 갖고 있지 않기 때문에, 검사 결과는 우리가 얻기 원하는 것보다 분명하지 못할 수도 있다.

스테이나인(Stanine). 스테이나인은 평균 5와 표준 편차 2를 가진 점수 단위를 나타낸다. 가능한 검사 점수들의 전체 범위가 9개의 점수들로 나뉘어지기 때문에, 스테이나인은 표준적인 9개 점수를 대표한다.

스테이나인은 원점수에 대해 쉽게 이해할 수 있는 해석을 제공하는 이점이 있다. "1에서부터 9까지의 척도에서 학생은 8을 얻었다." 스테이나인은 단순 명료하다. 결과를 과도하게 해석하는 백분율들의 문제점을 피한다. 점수의 영역을 99가 아닌 9개의 부분들로 나누었기 때문에 성취에서의 자그마한 차이점들을 과장하는 유혹을 덜 준다. 이런 장점들로 미루어 스테이나인은 최고의 점수 환산법이다.

검사와 점수화는 교사 또는 학생에게 썩 달가운 일이 될 것 같지는 않다. 그러나 얼마 간의 이해와 기술들만 갖춰진다면, 좋은 검사지를 만들어 채점하고 해석하는 훌륭한 교사가 될 수 있을 것이다.

제3부

기독교 교수로 사람을 세우기

14 교사는 지도자다

하워드 G. 헨드릭스(Howard G. Hendricks)

오늘날에는 지도자들이 급속하게 사라지고 있다. 미국뿐만 아니라 세계 곳곳에서 지도자가 필요하다는 아우성 소리를 들을 수 있다.

유감스럽게도 이미 1960년대에 존 가드너(John Gardner)가, 미국의 젊은이들은 지도자 부재 현상이 더욱 악화된 상태인 반지도자 바이러스에 크게 영향 받게 될 것이라고 지적한 바 있다.

지도력에 대한 결정적인 필요는 여러 분야에서 충분히 입증되고 있다.

가정에 지도자가 필요하다

세상을 움직이는 하나님의 지렛대는 가정이다. 그래서 어느 사회든지 가정 생활이 붕괴된 이후에는 건재할 수 없었던 것이 놀라운 역사적 사실이다. 오늘날 가정 구조는 값싼 스웨터처럼 술술 풀리고 있다. 일하는 아내와 리더십을 잃은 소극적인 남편들이 우리 시대를 대표한다.

캘리포니아의 정신과 의사인 피에르 모르넬(Pierre Mornell)은 이렇게 고백한다 :

지난 몇 년 동안 나는 사무실에서 공통 분모를 가진 부부가 증가하는 것을 볼 수 있었다. 남편은 직장에서 활동적이고 똑똑하고 정력적이며 대개 성공적이다. 그러나 집에서는 비활동적이고, 매사에 흐릿하며, 무기력하게 위축되어 있다. 아내와의 관계 역시 소극적이다. 그리고 그 소극성은 아내를 미치게 만든다. 이러한 남편의 침체와 부딪힐 때마다 아내는 거칠어진다.[1]

불행하게도 가족의 분열 현상은 미국에만 국한된 문제는 아니다. 내가 방문했던 70여 개가 넘는 나라의 기독교 지도자들과 선교사들 모두가 풀리지 않는 가장 큰 숙제를 가정의 붕괴라고 입을 모았다.

교회에 지도자들이 필요하다

대부분의 미국 교회는 교인의 15~20%에 의해 움직여지고 있다. 많은 크리스천들이 참여하기보다는 구경만 하고 있다는 것이다. 실제로 교회

정문에 '도움 필요없음'이란 팻말을 붙일 수 있는 교회는 하나도 없을 것이다.

우리는 부족한 부분에 대해 하나님을 원망하지 않도록 극히 조심해야 한다. 하나님께서는 여전히 은사를 나누어주고 계시지만(고전 12:4~6), 우리들은 아직 은사를 계발하는 과정에까지 미치지 못하고 있다. 성령의 은사를 받고 교회에 보내진 사람의 으뜸되는 과제는 사역을 위해 성도들을 준비시키는 것이다(엡 4:7~16).

사회에 지도자들이 필요하다

저명한 역사가인 아놀드 토인비(Arnold Toynbee)는 역사의 흐름을 평가하면서, 한 사회의 생성과 소멸은 지도자의 질적 여하에 따라 거의 전적으로 좌우된다고 결론내렸다.

미국에서는 지도력의 위기가 사회의 모든 구석구석에 편만해 있다. 그것은 월스트리트 암거래상에서의 기밀 폭로, 운동 경기에서 약물 남용에 대한 경고의 증가, 정직하지 못한 대통령 후보들, 그리고 심지어는 종교 지도자들의 부도덕과 소비적인 생활 유형들까지 포함된다. 국가적인 우리의 생활 영역 가운데 그 어떤 부분도 이 암적인 부패를 피하지 못하고 있는 것이다. 유진 피터슨(Eugene Peterson)은 다음과 같이 우리의 정신적 안장에 쐐기를 박는다 :

문제의 수수께끼는 '왜 그렇게도 많은 사람들이 비참하게 사는가' 이다. 사악하지는 않지만 매우 공허하게, 아주 잔인하지는 않지만 아주 어리석게 살고 있다. 우리 문화에서 중추적인 위치에 있는 사람들에게 존경할 만한 부분은 거의 찾아볼 수 없으며, 모방할 것은 더욱 적다. 유명 인사는 많지만, 성자는 거의 없다. 대신 유명한 연예인들이 지루함으로 밤잠을 이루지 못하는 사람들을 즐겁게 해주려고 밤 늦게까지 방송을 진행하고 있다. 파렴치한 죄수들은 소심한 순응주의자들에게 비난을 퍼붓는다. 성급하며 부패된 운동 선수들은 게으르고 냉담한 관중을 위해 격렬하게 경기를 한다. 목적을 잃고 따분한 사람들은 하찮은 것들로 스스로를 즐겁게 한다. 선을 향한 모험도, 의를 추구함도, 뉴스에는 등장하지 않는다.²

도덕을 좀먹는 암세포들이 정치계의 심장부를 갉아대고 있다. 그로 인해 내부로부터 붕괴되어 기반이 허물어져 가는 소리가 들리고 있다.

모든 분야에서 지도자들이 절실하게 필요한데, 왜 그들의 모습은 전혀 눈에 띄지 않는가? 이 일에 대한 대부분의 비난이 교육의 탓으로 돌려지고 있다.

이번 장은 불안한 기운이 감도는 중에서도, 새로운 지도자가 될 세대에게 거는 가장 커다란 희망이 교사의 손에 놓여 있음을 다시 한번 살펴본다. 그리고 지도력은 가르침을 통해 생겨날 수 있고, 잠재력 있는 지도자를 교육 체계의 잘못으로 인해 미발육 상태로 방치하지만 않는다면 육성될 수 있다는 것을 설명한다.

헨리 브룩스 아담스(Henry Brooks Adams)는 이렇게 강한 경고를 보내고 있다.

"살인자의 행동은 생명을 취함으로써 그친다. 그러나 교사는 영원성에 영향을 미친다. 다시 말해서 그는 자신의 영향력이 중단되는 지점이 어디

인지 전혀 알 수 없는 것이다."³

자질 있는 지도자의 양육에 교사가 왜 그렇게 중요한가? 적어도 다음 세 가지 이유 때문일 것이다. (1)교사가 가르치는 대상은 이제 막 포장한 콘크리트 시멘트처럼 어리고 연약한 심성을 가졌기 때문에, (2)눈에 보이는 영향력을 미칠 수 있는 위치에 서 있기 때문에, (3)믿을 만하다든가, 엉터리라든가, 경건하다든가 그렇지 못하든가에 상관없이 교사는 영원한 흔적을 남길 사람이기 때문이다.

지도자의 정의

찰스 케터링(Charles Kettering)은 "정의가 잘 된 문제는 이미 절반쯤은 해결된 것"이라고 말했다. 따라서 우리의 주제를 가다듬기 위해서는 지도자의 정의를 내릴 필요가 있다.

지도자에 대한 나의 실제적인 정의는 다음과 같다. "**지도자란, 자신이 어디로 가는지 알고 있으며, 다른 사람들을 자신과 함께 나아가도록 설득할 수 있는 사람**"이다. 다시 말해서 지도자는 분명한 목표를 가지고 동기를 부여해 주는 사람이다. 그는 **새롭고 창의적인 생각**과 **사람들**에 대해 집중한다. 또한 **인간 지향적**일 뿐만 아니라 **과업 지향적**이다.

그리스도와 사도 바울의 삶에서 이와 같은 요소들을 분명하게 찾아볼 수 있다. "인자가 온 것은 섬김을 받으려 함이 아니라 도리어 섬기려 하고(목표) 자기 목숨을 많은 사람의 대속물로 주려 함이니라(동기)." 데살로니가전서 2장 8절에서 바울은 "우리가 이같이 너희를 사모하여 하나님의 복음으로만 아니라(목표) 우리 목숨까지 너희에게 주기를 즐겨함은 너희가 우리의 사랑하는 자 됨이니라(동기)"라고 표현하고 있다.

교사란 근본적으로 분명한 목표와 다른 사람을 변화시킬 동기를 가진 사람이다. 교사가 스스로 어디로 가고 있는지 알지 못한다면, 어떻게 다른 사람들을 인도할 수 있겠는가? 사람들이 그를 따르지 않는다면, 그는 지도자라고 할 수 없다.

지도자는 영향력 있는 사람이어야 한다

지도력은 어떤 지위 이상의 것, 즉 힘이다. 그것은 역할이 아니라 책임감이며 직함이 아닌 기능이다.

자신의 삶에 가장 큰 영향을 미친 사람을 천거할 때, 각종 생업에 종사하는 사람들이 대체로 떠올리는 사람은 교사이다. 심각하게 그리고 영구적으로 자신이 현재의 전문 분야를 선택하도록 삶의 방향을 구체화시킨 인물에 대해 언급하는 것이다. 그것은 교과서와는 거의 상관없지만, 진지하게 행할 수 있는 것과 관계가 있다.

가르침은 종종 손꼽을 정도의 순간순간들로 이루어진다고 말할 수 있는 이유가 바로 이것이다. 훌륭한 교사들은 종종 "선생님이 내 삶의 전부를 바꾸어 주셨어요"라는 말을 듣곤 한다.

재미있는 것은 그 영향력이 즉시 나타나기보다는 오랜 시간이 걸린다는 것이다. 교사의 옷장에서 인내라는 옷이 필수적인 이유가 바로 여기에 있다. 농부처럼 교사는 수확을 거두기 위해 씨를 뿌린다. 예수님 당시처럼 '감사하지 않는 아홉 사람들'은 현재도 매우 많이 존재한다(참조 ; 눅 17:11~19).

교사의 영향은 부정적일 수도 긍정적일 수도 있지만, 그것과는 상관없이 교사는 영향력을 가지고 있다. 어느 누구도 하우스톤 피터슨(Houston Peterson)의 일목 요연한 다음과 같은 논조에 동의하지 않을 사람은 없다 :

우리는 부적절한 교수법 때문에 사장된 책과 저자들의 무덤으로부터 벗어나야 한다. 역사나 수학처럼 과목 하나 때문에 실패할 수밖에 없었던 경험을 가진 사람도 많다. 강압적인 수업이나 왜곡된 가르침 때문에 셰익스피어나 워즈워드, 에머슨으로부터 영원히 멀어진 사람도 많은 것이다. 어쩌면 이것은 '범죄'라고 이름 붙이는 것이 어울릴지도 모른다. 왜냐하면 우리는 한 교사 때문에 흥미를 잃거나, 단순히 교사 때문에 시대에 뒤떨어진 과목을 수강하고 있다고 말하는 학생들을 자주 접하기 때문이다.[4]

교사들은 반드시 섬기는 사람이어야 한다. 섬기는 지도자야말로 예수님의 모델이다.

예수님께서는 자신의 삶을 요약해서 말할 때, "그러나 나는 섬기는 자로 너희 중에 있노라"라고 말씀하셨다(눅 22:27). 크리스천 교사는 인품으로나 전문적으로나 가능한 한 가장 높은 수준까지 자신을 발전시키기 위해 그외의 것들은 다음 순위로 밀어두어야 한다.

유감스럽게도 오늘날 섬기는 자로서의 지도력은 쓸모없는 이야기가 되어버렸다. 섬기는 자로서의 지도력은 적대 관계에 놓인 사람들보다 우호자들로부터 더 어려움을 겪고 있으며, 성경적인 미묘한 차이들은 무시되고 있다.

교사들 역시 섬겨야 하는데 그들은 지도함으로써 가장 잘 섬긴다. 섬기는 지도자들은 소극적이기보다는 적극적이다. 그들은 어떤 일이 일어나기를 기다리지 않고, 무슨 일인가를 벌인다. 우리 모두는 이런 생각을 받아들이기는 하지만, 어떤 의미인지를 정확하게 이해하지 못하고 있다. 그것은 행동 이상의 것을 포함한다. 그것은 우리의 모든 행동 속에서 드러나는 어떤 태도이다.

교사는 학생을 위해 존재한다. 비록 행정과 동료 교사, 학부모 등 그 세 부분 모두에 중요한 책임을 맡고 있다 하더라도, 교사가 그것들을 위해 존재하는 것이 아니다. 그는 과목 이상의 내용을 가르치며, 개별적으로 학생들을 가르친다. 학생이 학습되지 않았다면, 교사는 가르친 것이 아니다. 교사의 최고의 성취감은 학생들을 위해 주체적으로 헌신적인 삶을 내놓는 것으로부터 온다. 교사는 학생들을 섬기기 위해 사는 것이다.

경제적인 보상은 교사의 가장 큰 관심거리가 될 수 없다. 그들은 예수님처럼 "내게는 너희가 알지 못하는 먹을 양식이 있느니라"(요 4:32)고 말할 수 있다. 교사가 받는 보수는 자신이 이룬 성취, 또 다른 인간의 삶 속에 영원한 영향력을 주고 있다는 만족감의 일부분이다. 그는 가장 위대한 교육애라고 불리우는 '세족식'(요 13:1~17)의 일원이 된 것이다. 그는 반드시 인격자이어야 한다.

프레드 스미스(Fred Smith)는 그 문제를 다음과 같이 잘 요약하고 있다 :

알다시피 지도력은 어떤 사람이 지니고 있는 것과 행하는 것, 둘 다를 말한다. 그렇지만 효율적인 지도력은 인격과 더불어 시작된다. 지도자들이 실패하는 경우, 그것은 능력의 결여라기보다는 인격의 결여 때문인 경우가 더 많다.

　모든 크리스천의 목표는 그리스도의 모습에까지 성숙하고 닮아가는 것이다. 이 인격의 계발은 특히 지도자들에게 중요하다. 그리고 그것을 위해서는 과정이 필요하며, 편안하게 앉아서 그냥 얻어지는 것이 아니다. 전진하는 지도자들에게 성장이 멈추어지는 경우란 없다. 그들은 계속해서 앞서가기 위해 스스로를 훈련한다.[5]

　하나님께서는 신용 증명서로 계신 것이 아니라 인격으로 계시며 우리가 행하는 것에 의해서가 아니라, 어떤 사람이 되어가고 있는가를 통해 감동하실 것이다. 하나님께서는 행함의 근본이자 산물이시기 때문이다. 디모데전서 3장과 디도서 2장에 나타난 지도자 자격의 대부분은 경건한 인격 계발이 반영되어야 함을 가르치고 있다. 그 자격은 행함이라기보다는 존재 자체에 초점을 두고 있다. 즉 어떤 종류의 사람인가에 초점을 두고 있는 것이다. 그렇다면 그것은 왜 필요한 것인가? 왜냐하면 지도자는 아주 결정적인 역할을 감당하기 때문이다. 따라서 지도자는 존경받아야 한다.

　하나님의 모든 피조물처럼, 교사는 자기 나름대로 재생산을 한다. 그 결과는 오랫동안 지속적으로 나타난다. 그들의 사고 또한 오랫동안 유지될 것이다. 그래서 바울은 우리에게 "네가 어떻게 세우는가를 조심하라"고 상기시켜준다.

　오늘날 지도력의 가장 큰 위기는 인격의 위기이다. 키 워터게이트(Key Watergate) 증인인 존 딘(John Dean)은 모든 윤리적 타락과 유사한 과

정을 이렇게 말한다 :

나의 미래를 신용과 영향력을 지닌 위치에 올려놓기 위해, 나는 당파적인 권력 싸움, 부패 그리고 마침내는 명백한 범죄들을 통과해 가며 수렁으로 들어가야만 했다. 천천히 그러나 점진적으로 나는 대통령 내부 집단의 도덕적 심연의 꼭대기에 이르려 했지만, 나는 그곳에 빠져들고 있었다. 심연의 꼭대기에 있다고 생각했을 때, 나는 정말로 밑바닥까지 내려가 있음을 깨닫기 시작했다.[6]

우리 세대는 성실한 남녀, 진실한 사람들을 필요로 한다. 신약 성경은 결코 기독교 지도자들에게 완벽한 모델을 요구하지 않는다. 오히려 그보다는 진보의 모습을 보이기 원한다(참조 ; 딤전 4:15).
마크 해트필드(Mark Hatfield)는 널리 알려진 '긴장 속에서 유지하는 성실' 이라는 부분에서, "인격의 자질이 지도자를 만드는 것은 아니지만, 인격의 결여는 그 전체의 진보를 깨뜨린다"는 피터 드럭커(Peter Drucker)의 말에 주의를 집중시키고 있다.[7]
교사의 자질은 미래 지도자들의 지도력에 영향을 미치는 주요소이다. 그가 가르치는 학생들이 단지 벽돌만 쌓아 올리는 사람이 될 수도 있고, 대성당을 짓는 사람이 될 수도 있다.

교사만이 할 수 있는 특별한 기여

교사는 젊은이의 인생에서 가장 왕성한 발달 시기 동안 그들의 사고,

태도, 행동에 많은 영향을 끼친다. 지도자는 종종 한 사람 혹은 그 이상의 훌륭한 교육가들과 매우 가깝게 만나면서 형성된다. 그러나 그 교육가들이 반드시 교실에서 가르치는 사람들만은 아니다. 가장 중요한 교사들 중 몇몇은 교사라는 이름을 가지고 있지 않다.

가르치는 데 있어서 지도력이 중요하지만 쉽지는 않다. 요즘 사회는 청소년들에게 무능력과 함께 쓸모없다는 느낌을 주입시키고 있다. 존 가드너는 그 상황을 이렇게 평가한다 :

우리 젊은이들은 거대하고 비인격적이며 복잡하게 짜여진 사회 속에 태어나게 된다. 그들은 '지도력'이라고 부르는 것과는, 아주 무관하게 보인다. 사회는 전혀 그들을 필요로 하지 않는 것처럼 보인다. 사회는 젊은 지도자들에게 필요한 자신감을 심어주기보다는 혼란과 무능함을 갖게 하는 경향이 있다. 요즘 젊은이들은 자신의 행동이 사회의 거대한 흐름에 어떤 영향을 미칠 것이라고는 거의 생각지 않는다.[8]

사람들이 "왜 걱정하는가? 왜 당신 자신을 희생이 요구되는 헌신에 결부시키는가?"라고 물을 때, 젊은 크리스천이 안고 있는 문제점은 더 극명하게 나타난다.

이 세상에는 그와 같은 것에 자신을 결부시키지 않고도 즐길 것이 많다. 과거는 무덤과 같다. 그것을 무시해버려라. 미래는 대학살과 같다. 그것을 피하라. 제자도를 위한 아무런 보수도 없다. 인생 행로를 위한 목적이란 없다. 손쉬운 방법으로 하나님을 얻어라. 즉각적인 하나님의 은혜를

사라.⁹

지도력이 확고해지기 위해서는 먼저 그것이 싹틀 수 있는 조건들이 갖추어져야 한다. 확실히 교사는 지도력이 꽃필 수 있는 가장 알맞은 환경을 조성할 수 있는 이상적인 인물이다. 교사가 새로운 지도자 집단을 만들어 내는 것은 다음의 근본적인 두 가지 요소에 의해 결정될 것이다.

교사의 교육 철학

이 장은 교육 철학을 설명하려는 것이 아니다. 그렇지만 지도자 계발에 좀더 생산적인 학습 환경을 기대한다면, 그것은 중요한 문제가 아닐 수 없다. 학습 생활은 우리들에게 행해지는 것이 아니라 우리 안에서 계발되는 것이다. 그렇기 때문에 궁극적으로 가르침은 교사가 행하는 것이 아니라, 그에 대한 결과로서 학생이 행하는 것이라는 이해를 가져야 한다.

균형잡힌 교육 철학의 핵심은 다음 두 가지 질문에 잘 드러나 있다. (1)가르침이란 무엇인가? (2)학습이란 무엇인가? 가르침이 사람들로 하여금 배우게 하는 것이라면, 우리의 주된 관심은 "학생들이 어떻게 배우는가?"에 있어야 할 것이다.

가장 효과적인 학습을 위해서 학생에게는 소극적이 아니라 적극적인, 방관자가 아닌 참여자의 자세가 필요하다. 우리는 참된 지도력의 본질에 대해 거의 알지 못하지만, 지도자가 소극적인 방관자가 아니라는 것은 알고 있다.

잘 알고 있는 것처럼, 기독교 교육은 전반적으로 지나치게 소극적일 뿐만 아니라 비활동적이다. 기독교는, 사람들을 개혁하는 지구상의 가장 혁명적인 힘이다. 그러나 빈번하게 기독교는 콘크리트 판만큼이나 경직된 틀 속에 갇혀 있다.

최면 상태에서는 지도자가 재생산될 수 없다. 예레미야는 "네가 보행자와 함께 달려도 피곤하면 어찌 능히 말과 경주하겠느냐"(12:5)라고 예리하게 질문을 던진다.

교사의 자질은 질적 교육의 주된 요소라고 할 수 있다. 사람들은 시험을 거친 지도 능력을 지닌 사람들과 시간을 함께 보냄으로써 지도하는 것을 배운다. 한 교사가 주변 사람에게 영향을 미치려는 노력으로 지도력의 본을 보인다면, 그는 지도자들을 재생산하는 가장 좋은 방법을 취하고 있는 것이다. 교사는 지도력을 가르칠 수는 없지만 지도자들을 계발할 수는 있다.

교사의 교육 실천

철학은 언제나 실천으로 선행되어, 실천으로 끝난다. 능력 있는 교사는 분석과 실천, 추상적인 이론과 실제적인 실천 사이에서 가르침의 균형을 유지한다. 많은 학자들은 교육 과정이 자신의 주된 관심, 즉 자신이 관심 있는 주제에 도움이 안 된다고 생각하기 때문에 그 과정에 대해 별다른 주의를 기울이지 않는다. 전공학과는 개인에게 학위를 취득하게 할지는 모르지만 그것이 곧 교육으로 이끄는 것은 아니다.

다음 세 가지 요소들이 가르치는 일에 대해 우리에게 편견을 갖게 하는 것들이다.

첫번째는 과정을 밟아야 한다는 것이다. 교사는 언제까지나 행위자가 될 수만은 없다. 그는 배우는 사람도 되어야 한다. 교사는 일을 훌륭하게 처리할 수 있는 사람이어야 하지만, 더욱 중요한 것은 그들이 다른 사람들로 하여금 그것을 더 잘 할 수 있도록 가르쳐 줄 수 있는 사람이어야 한다는 것이다. 과정을 최고의 목적으로 삼으면, 자신이 만들어 놓은 한계를 가지고 다른 사람들을 제한하지 않게 된다. 교사는 학생이 갖고 있는 가능성을 능가하는 배움의 길로 학생을 인도하기도 한다.

헨리 아담스는 학습에 대한 필요성을 이렇게 강조한다. "사람이 어린 시절에 아는 것은 사소하다. 그러나 그들은 배우는 방법을 아는 사람을 충분히 식별할 수 있다."[10]

"사람에게 생선 한 마리를 주면, 하루 동안 먹게 된다. 그러나 고기 잡는 법을 가르쳐준다면 일생 동안 먹을 것이다"라는 격언은 진리이다.

우리는 학교 교육과 학습이 매우 다르다는 것을 이해할 필요가 있다. 유진 피터슨은 이렇게 설명하고 있다.

학교 교육에서는 사람이 거의 중요하지 않은 것처럼 보인다. 어떤 사실이 기억되고, 정보가 융합되며, 시험이 치러진다. 교사들은 일상적인 업무를 처리하도록 짜여진 일정한 감독 아래 놓여 있다. 그것은 교사들마다 대개는 비슷하게 움직이고, 거의 개인적인 접촉이 없이 책에 있는 정보를 학생의 머리 속으로 옮겨 놓는다는 것을 의미한다. 학교 교육에서는 개개인의 인격이 최소한으로 줄어든다. 표준화된 검사, 통제받는 교사들, 정보 지향적인 학생들이 이런 추세를 한몫 거들고 있다.[11]

수준 높은 가르침에는 시간이 필요하다. 오늘날 같은 인스턴트 시대에, 교육가들은 감히 그런 체제로 편입되고 싶어하지 않는다. 그러나 교사들은 영구적인 학습 과정을 위해 학생들을 가르쳐야 한다. 교사들은 대개 자신을 삶의 계발자라기보다는 정보의 전달자로 간주하는 오류에 빠지기도 한다. 학교에서는 지도자들을 길러낼 수 없을지 모르지만, 삶은 그 일을 할 수 있다는 것을 기억해야 한다.

두번째는 사람에게 맞춰져야 한다는 것이다. 학습은 가장 복잡하고도 개별적인 과정이라고 할 수 있다. 그것은 대량 생산될 수 있는 성질의 것이 아니다. 처칠(Churchill)은 "나는 배우는 것은 좋아하지만 가르침을 받는 것은 싫어한다"라고 말한 적이 있다.

학습은 다음과 같이 유추해 볼 수 있다 :

운항 체제에 이상이 생겨 종종 비행기가 고장을 일으키는 것을 경험한 조종사들처럼 지도자들도 앞을 내다보지 못한 채 몇 번이고 비행한다. 한 책에서 3,000개 이상의 연구들이 쏟아져나올 만큼 지도력에 대한 이론들은 셀 수 없이 많다. 대부분이 우리 마음을 현혹시킬 만큼 단순하지만 위험스러운 결점을 가진 가정을 근거로 하고 있다. 그것은 사람을 장기판의 말이나 졸병 같은 방식으로 다루고 있다. 파블로프의 침 흘리는 개처럼 외부 자극에 반응하여 예상 가능한 방식대로 반응을 보인다는 것에서는 어느 정도 믿을 만하기도 하다. 그러나 그러한 이론가들은 인간의 인간됨의 중요한 부분을 참작하지 않고 있다. 부조화를 심화시키는 인간의 특성 같은 것들이 그 예다. 화학이나 물리 현상, 즉 물은 언제나 100℃에서 끓지만 사람에게는 가끔 예상할 수 없던 방식대로 행동하는 골치 아픈 현실도 더러 있기 때문이다.[12]

이것이 바로 가르침에서 흥미를 자아내고 창조성을 요구하는 이유이다. 배우는 학습자들은 눈송이나 목소리, 지문이 다양한 것처럼 가지각색이다. 그래서 교육가들은 교육을 표준화시키려는 현 시대의 조류로부터 거스르기도 한다.

학습은 매우 상호 작용적인 성격을 띠기 때문에, 교사가 어떤 사람인가 하는 것이 하는 일을 결정한다. 학생들은 교사가 무엇을 알고, 거기에 어떻게 도달했는가에 관심을 가질 뿐만 아니라, 먼저 교사가 어떤 사람인가에 관심을 가진다.

그러므로 모델링(Modeling)은 가르치는 데 있어서 가장 중요하다. 그러나 대개의 교사들은 자신이 영향을 끼치려는 학생들과 너무 거리감이 있다. 서로의 마음이나 생각에 뿌리 깊은 골이 패여 있다면 대화할 수 없을 것이다. 그러므로 교사는 그 학습자와 얼마나 깊은 관계를 갖느냐에 비례하여 영향을 미친다.

커다란 네 개의 벽, 즉 실내가 효과적인 학습에서 가장 어려운 장애물이라고 나는 거듭거듭 확신해 왔다. 때때로 가장 위대한 학습은 교실 밖이나 비공식적인 상황에서 일어난다.

가르침의 예술은 완전하게 인간이 되게 하는 예술이다. 학생은 교사를 대할 때, 자신의 목표에 도달하기 위해 필요한 과정 가운데 만나는 의미 있는 한 사람으로서가 아니라, 교사가 처해 있는 상황 속에서 보기 때문에 비난하기 쉽다.

세번째는, 삶에 맞춰져야 한다는 것이다. 삶은 믿기지 않을 정도로 정돈되어 있지 않고, 예상할 수 없는 일 투성이며, 끊임없이 변해간다. 그것은 자그마하고 말쑥한 상자 속으로 단정하게 들어갈 수 없다. 또한 인생은 학교에서 배운 방식 그대로 나타나지 않는다. 그것은 우리가 익혀왔던 상아탑에 갇힌 비실용적인 사고와 경쟁할 상대도 아니다.

때때로 교사조차도 정답은 커녕 문제도 이해하지 못하는 경우가 발생한다. 교사는 더이상 존재하지 않는 과거 시대에 훈련받은 사람들이다. 이것은 학생들이 종종 "내가 받은 교육이 아무도 질문하지 않는 문제에 대한 해답은 주지만, 그 문제는 인간의 삶을 파괴시키는 것들이야. 우리에게는 토론해야 될 것들이 없어"라고 불평하는 이유가 무엇인지 설명해 준다. 현실적으로 이와 같은 분명한 결점을 없앨 수 있는 유일한 방법이 있다. 사람들에게, 문제를 생각하고 해결하며 더 많은 답변을 찾는 능력을 가르치는 방법, 즉 결정을 내리는 과정, 그것이다.

앤드류 르포(Andrew LePeau)는 기독교 문제를 다룬 한 책에서 그 문제를 이렇게 다루고 있다 :

사람들에게 그리스도를 위해 결정을 내리도록 요구하지만, 우리는 그것이 크리스천으로서 내리는 최후의 결정이라고 믿는 경향이 있다. 크리스천으로서의 삶은 결정과 십자가로 가득 차 있다. 메리(Mary)의 끊임없는 냉소에 대해 어떻게 대처할 것인가? 짐(Jim)의 아빠가 병원에 입원중인 동안 그를 도울 수 있는 방법은 무엇인가? 얼마나 많은 시간을 공부하는 데 보내야 하며, 얼마나 많은 시간을 교회에서, 그리고 이번 학기 동료들과 보내야 하는가? 만일 교사가 보살피는 과정에서 그들을 지나치게 보호한다면, 그들은 결코 스스로 그 문제들을 다루는 훈련을 받지 못할 것이다. 그래서 미성숙의 상태로 남을 것이다.[13]

크리스천 교사는 학생이 삶과 관련된 문제를 질문하는 데 자유로울 뿐만 아니라, 그렇게 유도하는 학습 환경을 조성해야 한다. 시급한 해결을 요하는 오늘날의 가장 커다란 문제는 학생들의 자아 가치의 결여이다. 마르바 콜린스(Marva Collins)는 그와 같은 가르침을 아주 잘 요약하고 있다.

많은 뛰어난 교사들처럼, 마르바 콜린스는 전통적인 교실을 벗어났다. 많은 뛰어난 교사들과 달리, 그녀는 교육으로부터 멀어지지 않았다. 오히려 그녀는 분노와 좌절로 낭비해온 에너지를 적극적으로 사용했다. 그녀는 청소년의 잠재력 계발을 방해해온 실패작의 교육 체제와 씨름하면서 가슴 깊이 간직해 왔던 하나의 꿈을 실현시켰다.

그녀는 안전하게 방부제만 잔뜩 넣은 것 같은 방에서 적절한 교육 이론이 무엇인가 하며 단지 논쟁만 하는 사람들 속에 끼지 않았다. 그녀는 자신의 신념에 찬 용기를 갖고 행동하며, 사람들이 공통적으로 가지고 있는 지혜나 상식의 원리 일부를 시험해 보기로 결심했다.

콜린스 부인은 "왜 쟈니는 읽지 못하지요?"와 같은 공허한 질문들을 없애버렸다. 그녀는 "기본으로 돌아가라"와 같은 진부한 생각에 얽매이지 않기로 했다. 그녀는 동기나 인지적 귀인 같은, 말만 거창한 이론들을 사용하지 않았다.[14]

교사의 궁극적인 목표는 어떠한 학습 장애도 극복하고, 평생 학습에의 호기심과 자기 훈련 및 지적인 정직을 계발하는 일에 헌신적인 자아를 가진 학습자를 기르는 일이다. 그것이 바로 변화된 가르침이다.

지도자들의 계발

조금만 주의 깊게 관찰해본 사람이라면, 20세기에 남아 있는 문제들 중 가장 절박한 문제는 지도력의 양성인 것을 알 수 있을 것이다. 그것은 전세계적인 요구 사항이다.

존 가드너는 자신의 역사적인 회고록에서 이렇게 경종을 울리고 있다 :

미국이 형성되던 당시 인구는 300만 정도였다. 그리고 우리는 그 가운데서 세계적인 여섯 명의 지도자들, 즉 워싱턴, 아담스, 제퍼슨, 프랭클린, 매디슨, 해밀턴을 배출했다. 다른 인물들도 있을 수 있지만, 일단 여섯 명으로 남겨두기로 하자. 오늘날의 인구는 2억 4,000만에 달하기 때문에 세계적인 수준의 지도자들은 80배가 많은 숫자를 기대해야 할지도 모른다. 480명의 제퍼슨들, 매디슨들, 아담스들, 워싱턴들, 해밀턴들, 프랭클린들을 말이다. 그들은 지금 어디에 있는가?[15]

가드너는 그들이 우리 중에 있다고 확신한다. "교육의 장 밖에서 흔히 볼 수 있는 것은 확실한 소명감도 없고, 자신의 내적인 잠재력을 거의 깨닫지 못하는 활동력 없는 지도자들이다."[16]

그와 같은 문제는 이런 질문들을 제기한다. 교사는 어떻게 그들을 깨우쳐 지도자로 양성할 수 있을까? 이런 잠재력을 갖고 있는 다음의 두 분야가 고려되어야 할 것이다. (1)채택된 원리, (2)탐구되어야 할 가능성들.

채택된 원리

하나님께서 창조하신 지도력은 지도자들이 부족한 것을 극복할 수 있도록 돕는 실제적이고 적용 가능한 원리에 대한 가장 좋은 예이다(참조 ; 마 9:37~38). 예수님께서는 매우 다양한 성격과 배경을 가진 보통 사람들의 한 집단을 택하셔서, 억압할 수 없는 지도력을 지닌 그룹으로 활기차게 만드셨다.

예수님께서는 그것을 어떻게 하셨는가?

주의 깊은 선택에 의해. 지도력의 가능성을 평가하는 데 따르는 어려움은 지도력 자체의 본질로부터 시작된다. 위대함과 바람직한 특징에 대한 약속들은 대개 깊이 묻혀서 조금씩만 나타날 뿐 표면화되지 않는다.

누가복음 6장 12~16절에서, 우리는 사람들을 선택하시는 주님을 보게 된다. 이때 세 가지의 기준이 채택되었고, 그것들은 모두 어느 교사에게나 유용 가능하다. (1)예수님께서는 자신의 선택들을 기도로 가득 채우셨다. 예수님께서는 아버지의 뜻을 구하면서 온밤을 지새우셨다. 요한복음 17장 6~9절에서는, 그들이 하나님께서 예수님께 주신 사람들이었음을 알려준다. (2)그는 입증된 면들을 갖고 각 개인을 선택하였다. 예수님께서는 이 사람들과(적어도 일 년, 어떤 이들은 더 많은 기간이라고 생각한다) 함께 살며 사역하는 광범위하고도 친밀한 관계를 가지셨다. (3)예수님께서는 자신의 선택 가운데 다양성을 채택하셨다. 예수님께서는 급진파, 노동자, 외향적인 사람들, 내성적인 사람들, 타고난 지도자들, 그리고 우리가 거의 알지 못하는 사람들을 선정하셨다.

교사들은 지도력으로 자라갈 잠재력을 드러낸다는 의미에서 중대한 신호를 포착하기 위해 예민한 안테나를 가질 필요가 있다.

친밀한 교제에 의해. 마가복음 3장 14절은 우리에게 그리스도께서 두 가지 목적을 가지고 사람을 선택하셨음을 알려준다. (1) '자기와 함께 있게 하시고' (2) '보내사 전도도 하며'. 대화 이전의 교제, 전도 이전의 고립으로 보이는 이 명령은 다분히 교훈적이다. 복음서에 나타난 12가지 경우에서처럼, 예수님께서는 제자들과 시간을 보내기 위해 매우 힘쓰셨다.

교사는 얼마간 떨어져서 사람들에게 감명을 줄 수 있지만, 충격은 가까이에서만 끼칠 수 있다. 교사는 학생 개개인과의 관계를 심화할 필요가 있다. 지도력은 가르쳐지는 것이 아니라 포착되어지는 것이다.

끊임없는 모델링에 의해. 제자들은 가르치고 병 고치며 토론하고 섬기는 활동중인 주님을 보았다. 왜냐하면 하나님의 방법은 언제나 성육신적인 것이기 때문이다. 그것은 우리 주님께서 이 땅에 오신 것(요 1:14)과 사도 바울의 생활 방식(빌 4:9)과도 일치한다. 사실상 바울은 고린도인들에게 "내가 그리스도를 본받는 자 된 것같이 너희는 나를 본받는 자 되라"(고전 11:1)고 권면했다.

대부분의 교사들은 학생들에게 영향을 미치기에는 너무 거리감이 있다. 학생들은 교사들을 단지 공식적이고 통제된 상황 아래서만 본다. 따라서 교사가 멀리 떨어져 있다면 지도자의 심장 박동 소리는 듣지 못하게 될 것이다.

창조적인 훈련에 의해. 마가복음 6장 6~13절은 지도력 양성의 한 사례이다. 예수님께서는 여러 가지 일을 하셨다. (1)예수님께서는 제자들이 무엇을 하기를 원하는가 보여주셨다. (2)예수님께서는 제자들에게 부정적·긍정적 제안들을 포함해 그들이 어떻게 행동할 것인가에 대해서도 지시하셨다. (3)예수님께서는 사역에 참여하도록 둘씩 짝지어 파견하셨다.

예수님께서는 사람들을 양성할 때 방법 면에서 전혀 제한받지 않으셨으며, 자신의 목표를 성취하기 위해 결코 사람들을 의존하지 않으셨다. 가드너는 다음과 같이 정확한 관찰을 이야기한다.

조금씩 조금씩, 방법과 기교와 절차를 중시하는 것은 목표를 추구하는 전체 과정보다 다소 우세해지고 있다. 어떻게 이루어졌는가의 문제가 그것이 이루어지는 것보다 더욱 중요하게 된 것이다. 방법이 중요하게 된 것이다. 사람은 절차에 사로잡히기 쉬우며, 어떤 목표를 성취하기 위해 만들어진 조직이 오히려 그 목표를 이루는 데 방해가 되기도 한다.[17]

예수님께서는 스스로 목표로 했던 것(율법적인 순응이 아닌 삶의 변화)을 성취하셨다. 예수님께서는 자신을 따르는 무리들에게 비전, 목표, 신뢰와 의미를 심어주셨다. 그 목표를 이루기 위해서 인간이셨던 구세주, 즉 위대한 '사람을 키우는 분'은 완전한 훈련 모델을 채택하셨던 것이다. 예수님께서는 그들에게 말하고 보여주고, 그들이 행동하도록 했고, 그런 다음에 그들이 행하는 것을 평가하셨다. 이 얼마나 최선의 지도자 모델인가!

개인적인 헌신에 의해. 요한복음 15장 16절에서 예수님께서는 제자들에게 "가서 과실을 맺게 하고 또 너희 과실이 항상 있게" 하기 위해 그들을 선택했음을 알려주셨다. 얼마나 놀라운 자신감을 주었을 것인가! 부활하신 다음에 예수님께서는 제자들에게 "아버지께서 나를 보내신 것같이 나도 너희를 보내노라(요 20:21)"고 용기를 주셨다. 얼마나 큰 용기가 생겼을 것인가! 위대한 명령으로 예수님께서는 "하늘과 땅의 모든 권세를 내게 주셨으니 그러므로 너희는 가서 모든 족속으로 제자를 삼아"(마 28:18~19)라고 말씀하셨다. 이 얼마나 놀라운 연속성인가?

교사들은 종종 학생들에게 그들에게 필요한 것 이상의 더 많은 것들을 보여주면 죄책감을 느낀다. 하지만 학생들을 위해 스스로 할 수 있는 것만 한다면, 그들은 교육적으로 불구자들만 배출하는 셈이 된다.

실제적인 기대에 의해. 누군가 "당신이 나를 믿는다면, 내가 내 자신을 믿는 일은 더욱 쉽다"고 말했다. 예수님께서 표현하신 기대치들은 제자들에게 놀라운 영향을 미쳤다. 베드로를 처음 만났을 때, 예수님께서는 "네가 요한의 아들 시몬이니 장차 게바라 하리라"(요 1:42)고 하셨다. 그것은 베드로가 걸어갈 순례의 약력이며, 베드로의 삶의 이전과 이후의 모습이었다. 이 얼마나 놀라운 도전인가! 누가복음 22장 31~32절에서, 주님께서는 "시몬아, 시몬아, 보라 사단이 밀 까부르듯 하려고 너희를 청구하였으나 그러나 내가 너를 위하여 네 믿음이 떨어지지 않기를 기도하였노니 너는 돌이킨 후에 네 형제를 굳게 하라"고 말씀하셨다. 얼마나 놀라운 위로인가!

교사가 학생들을 어떻게 이해하는가는, 지도력의 견지에서 볼 때 그들이 문젯거리가 될 것인지 아니면 잠재력을 지닌 가능성 있는 지도자가 될 것인지를 결정할 수 있다.

이 원리들은 말하거나 이해하기는 쉽지만, 체득하는 과정은 평생의 도전 거리이다.

탐구되어야 할 가능성들

관심사를 계발함으로써. 지도자는 영원한 학습자이며 배움은 그들의 주된 공급원이다. 그러나 유감스럽게도 대부분의 교육 실태는 지도자가 아닌 기술자를 양성하는 과정에 그치고 있다.

지도자는 대개 팔방 미인이어야 한다. 미래의 지도자는 훈련된 전문가 같은 삶을 시작할 것으로 여겨지지만, 지도자로 성숙하기 위해서는 조만간 전문화라는 어려운 과정을 넘어 사회의 구석구석을 분리시키고 있는 경계선을 극복해야 한다. 이렇듯 다방 면에서 능력 있는 지도자만이 현재의 지도자들이 직면한 다양하고 복잡한 문제와 대상들을 극복할 수 있다.[18]

나는 지도력을 위한 가장 최선의 준비는 학생들의 자원을 축척하여 넓히며 심화하는 인문 교육이라고 믿는다.

교사의 할 일은 학생들의 지성을 넓히는 것이다. 그들에게 새로운 관심 영역, 해결될 수 있는 문제들, 수용될 수 있는 도전들을 소개하는 것이다. 바울은 "만일 하나님께서 여러분에게 어떤 임무를 맡기셨다면, 진지하게 책임지라"고 주장했다(참조 ; 롬 12:8).

통찰력을 줌으로써. 아마도 통찰력 중 가장 위대한 것은 지식일 것이다. 사람은 스스로를 관리하는 법을 배우고 나서야 다른 사람들을 관리할 수 있다. 스스로를 이해한다는 것은 다른 사람들이 우리에게 갖고 있는 영향뿐만 아니라, 우리가 다른 사람들에 대해서 가지는 영향 또한 포함한다.

중년에 이르러 대부분의 사람들은 자신으로부터 자꾸만 도망치려고 한다. 그들의 자아 이미지는 부정적이며, 미래에 대한 두려움으로 마비되고 있다. 그럼에도 불구하고 윈스턴 처칠이 나라를 비참한 운명으로 이끌어 갔던 엉터리 지도자들 위로 부상했던 때는 66세였다.

가르침과 지도는 한 인간을 그 자신에게 소개하는 과정이라고 할 수 있다. 그렇게 함으로써 그는 자신의 강점과 약점을 이해하게 된다. 지도력의 역할에서 결과적으로 그는 자신의 장점을 기초로 지도할 수 있으며, 약점을 근거로 참모진을 둘 수 있다. 그와 같은 통찰력을 얻을 수 없다면, 그 사람은 둥그런 우리 안에 통통한 돼지처럼 어떤 것을 입증하려고 애쓰느라 자신의 남은 인생을 보내게 될 것이다.

워렌 베니스(Warren Bennis)와 버트 네이너스(Burt Nanus)는 지도자들은 네 가지 영역의 능력을 함께 나눈다고 결론내렸다. (1)주의력의 관리, (2)의미, (3)신뢰, (4)자아. 이 네 가지 영역의 능력은 스스로를 긍정적으로 보고 다른 사람들에게도 긍정적인 느낌을 고무해주는 것을 포함한다.[19]

대화 없는 효과적인 지도력이란 존재할 수 없다. 그럼에도 불구하고 대부분의 지도자들은 의사 전달 과정 가운데 잘못된 목표에 초점을 맞춘다. 주로 자신들이 말하고 생각하고 느끼는 것에 초점을 두는 것이다. 수용자 중심이 되는 것은 배워서 얻을 수 있는 가장 자유로운 기술이다. 듣는 사람이 무엇을 말하고 생각하고 느끼는가, 그것이 의사 전달의 궁극적인 통찰력이다.

참여를 격려함으로써. 교실 밖의 기회를 개발할 필요가 있다. 지도 기술을 검증할 수 있는 실험실 구실을 하는 활동들, 예를 들어 스포츠, 작문, 연극, 공익 사업, 기독교 선교, 다른 문화권의 사역 등등이 그것이다. 더욱이 해외나 낯선 지역에서의 경험들은 자신감과 그룹별 기술을 쌓을 수 있는 기회가 된다.

무엇보다도 청년에게는 가까이에서 지도자를 관찰하고, 긍정적인 지도자 역할 모델들을 접할 수 있는 많은 기회들이 주어져야 한다. 공식적으로나 비공식적으로 정신적인 스승과 제자의 관계를 경험할 수도 있다. 인턴십은 지도자를 양성하는 매우 교육적인 방법이다.

작업 할당량은 건전한 현실감을 주면서 기술을 사용하고 은사를 발휘하고 평가할 기회를 준다.

위의 모든 것들은 개인별 평가와 같이 할 때, 최대로 효과적이다. 솔직한 피드백이 값지기 때문이다.

결론

플라톤(Plato)은 "한 나라에서 존중받는 것은 그곳에서 재배된다"라고 단호하게 말했다. 교사가 지도자를 양성하는 데 자신이 얼마나 결정적인 역할을 하는가에 대한 새로운 비전을 가지고 있어야, 비로소 만성적인 지도력 위기에 중대한 변화가 올 것이다. 우리의 미래에 책임이 있는 이들이 다른 어떤 것보다 새로운 지도력에 대한 집중적인 연구를 최우선 과제로 삼아야 한다.

지도력을 키우기 위해서는, 반드시 지도력이 나올 만한 환경과 발전에 헌신된 사람들이 있어야 한다. 수용적이며 격리된 구조와 우호적인 환경, 그리고 사람들을 행동하게 하고 지도자들로 키우며 지도자들을 변화의 대행자로 바꾸어 놓을 사람들이 필요한 것이다.

현 시대의 도전과 빠른 변화는 위대한 생각들과 인물들을 필요로 한다.

이 시대에는 "당시에 하나님의 뜻을 좇아 섬기다가 잠들어"(행 13:36)라고 기록된 다윗 같은 사람들이 늘어나야 할 것이다. 부디 그의 족속이 늘어나게 하소서!

15 교사는 제자를 삼는 자다

제임스 R. 슬로터(James R. Slaughter)

신약 성경을 연구해 보면, 제자 훈련 사역은 믿음이 성숙되는 과정에서 모든 크리스천이 당연히 거쳐야 할 의무임을 분명히 알 수 있다. 지상에서 예수님의 마지막 말씀은 감람산 주변에 몰려든 제자들을 향한 것이었다.

"그러므로 너희는 가서 모든 족속으로 제자를 삼아 아버지와 아들과 성령의 이름으로 세례를 주고 내가 너희에게 분부한 모든 것을 가르쳐 지키게 하라 볼지어다 내가 세상 끝날까지 너희와 항상 함께 있으리라 하시니라"(마 28:19~20).

제자 훈련의 사역은 전도(영혼 구원, 세례)와 준비(양육, 가르침)이다. 성경은 그리스도를 아는 모든 사람에게 자신의 믿음을 나누고(살전 1:8, 벧전 2:9~10, 3:15), 다른 믿는 사람들이 신앙적인 체험 속에서 자랄 수 있도록 도우라고(롬 14:19, 골 3:16) 권고한다. 이러한 영혼 구원과 양육 과제는 단지 목회자뿐만 아니라 평신도들에게도 해당된다. 아굴라와 그의 아내 브리스길라(행 18장)의 사역에서도 분명히 알 수 있는 것처럼, 하나님께서는 삶의 모든 여정에서 크리스천들이 제자를 만드는 일꾼이 되라고 부르신다. 비록 직업은 천막을 만드는 자였지만(행 18:3), 아굴라는 제자를 키우는 사람으로서의 자신의 책임을 민감하게 인식했다. 이 부부는 성경에는 능하지만 아직은 미흡한 아볼로(행 18:24~26)를 위해 사역하였다. 오늘날의 크리스천 역시 삶의 모든 영역에서 제자를 삼으라는 소명을 더욱 뚜렷하게 인식하고 있어야 한다.

콜만(Coleman)은 자신이 쓴 글에서 이것을 잘 표현하고 있다.

주님의 지상 명령은 특별한 부르심이지만 성령의 선물은 아니다. 그것은 명령, 즉 신앙 공동체 전체에 부과된 의무이다. 거기에는 어떠한 예외도 없다. 은행장, 자동차 수리공, 의사, 학교 교사, 신학자와 주부, 즉 그리스도를 믿는 모든 사람이 주님의 사역에서 한 부분을 담당해야 하는 것이다(요 14:12).[1]

제자 훈련 사역에 있어서 교사보다 더 유리한 기회를 가진 크리스천은 없다. 교사는 대개 일주일에 한 번 혹은 그 이상 정규적으로 만나는 학생들이 있고, 진리와 그 진리를 생활에 적용하기 위한 안내자로서 교사를 바라보는 사람들과 함께 하고 있다. 모든 교사이자 제자 훈련가의 목표는, 영혼 구원과 양육 과정을 통해 학생이자 제자들을 더욱 예수 그리스도를 닮아가도록 만드는 것이다. 사도 바울은 이 목표를 분명하게 언급하고 있다. "우리가 그를 전파하여 각 사람을 권하고 모든 지혜로 각 사람을 가르침은 각 사람을 그리스도 안에서 완전한 자로 세우려 함이니"(골 1:28).

하나님께서는 성령의 도우심으로 한 학생이 온전한 성인이 되어 그리스도의 장성한 분량에까지 이르고(엡 4:13) 주님과 더욱 가까워지도록 모든 크리스천 교사들이 분발하기를 원하신다.

교사이자 제자 훈련가의 사역에 필요한 요소들

기독교 학교나 대학에서 성경을 가르치는 사람들은 자신의 사역이 어떻게 제자 훈련 과정을 포함하고 있는지 분명하게 알 수 있을 것이다. 그들은 성경과 연관된 자료를 가르치고 있는 것이다. 특별히 성경은 아니더라도, 그들의 교과 과정은 성경과 깊이 관련되어 있고 연관성이 뚜렷하다. 교사이자 제자 훈련가가 되도록 부르심을 받았지만, 기타 과목들을 가르치는 교사들은 그 관계를 분명히 느끼지 못할 수도 있다. 학생들에게 영어, 삼각 함수, 체육을 가르치는 동안 그들을 어떻게 제자화할 수 있겠는가? 영적 생활에 어떻게 분명하게 적용할 수 있겠는가?

다음의 다섯 가지 제자 훈련 원리들은 모든 교육 현장에서 특정한 방향성과는 상관없이 필요한 것들이다. 내용이 아니라 현장, 즉 영적 성장이 일어나도록 교사가 학생들과의 관계를 조성하도록 하는 데 초점을 두고 있기 때문에 보편적으로 유용하다고 하겠다.

헌신의 사역 : 학생들의 목자

'헌신'이란 말은, 하나님께서 쓰시도록 하기 위해 물건이나 사람을 따로 떼어서 하나님께 바치는 것을 의미한다. 모세와 솔로몬은 여호와를 위해 기물들을 따로 구별하여 고대 이스라엘의 장막과 성전을 헌납하였다 (레 8:1~11, 왕상 8장). 이스라엘의 제사장들도 주님께 봉사하기 위해 헌신된 삶을 살았으며, 하나님의 백성들을 대신하여 바쳐진 희생 제물들을 하나님께 헌납하였다(레 8:12~36).

신약 성경은 성도의 삶에서 제사장과 희생의 개념을 하나로 묶고 있다. 모든 크리스천들은 주님께 드리는 예배에서 "예수 그리스도로 말미암아 하나님이 기쁘게 받으실 신령한 제사"(벧전 2:5)를 드리도록 위임받은 제사장의 역할을 감당한다. 로마서 12장 1~2절에서 사도 바울은 성도이자 제사장이 드리는 제사의 성격을 더 구체적으로 표현하고 있다. "그러므로 형제들아 내가 하나님의 모든 자비하심으로 너희를 권하노니 너희 몸을 하나님이 기뻐하시는 거룩한 산 제사로 드리라 이는 너희의 드릴 영적 예배니라"(롬 12:1).

제사장은 자신의 삶을 제물로 드린다. 구약 시대처럼 생명이 없는 희생이 아니라, 계속적인 헌신으로 하나님께서 원하시는 살아 있는 제사를 말한다. 이스라엘의 구약 성경에 나오는 것처럼 제사장이 드린 제사의 제물들은 태우거나 제사장과 그의 가족들이 먹었다. 그러나 신약 성경에 나타나는 성도이자 제사장(자기 자신이 제물인)은 날마다 주님과 동행하며 지속적으로 주님께 봉사하게 된다.

산 제물이 되겠다는 이와 같은 헌신은 모든 크리스천 학생에게 해당되는 것이지만, 먼저 교사이자 제자 훈련가의 삶을 통해 이루어져야 한다. 그리고 난 후에 교사는 학생들에게 그들의 삶을 산 제사로서 바치도록 격려하고 권면할 것이다. 교사의 이런 헌신은 하나님의 말씀에 대한 정규적인 연구와 더불어 규칙적이며 생명력 넘치는 헌신적인 삶을 필요로 한다. 예수님 자신은 "너희가 내 말에 거하면(열중하기를 계속하며) 참 내 제자가 되고"(요 8:31)라는 말씀을 통해 분명하게 밝히셨다. 교사 자신이 제자로서 하나님의 말씀 안에 풍요롭게 거할 때만이, 학생들의 삶 속에 하나님께 헌신하려는 소망과 믿음의 체험을 길러나가고자 하는 소망을 불어넣어줄 수 있다고 기대할 수 있다.

제자를 길러내는 교사는 '헌신된 삶' 이라는 과정을 통해서 교육해 간다고 할 수 있다. 가르침은 교육 자료에서 제시한 것과 일치되도록 만들지만, 그럼에도 불구하고 이 자료는 주님께 영광을 돌리기 위해 사용되어야 한다. 바울은 고린도전서 10장 31절에서 "그런즉 너희가 먹든지 마시든지 무엇을 하든지 다 하나님의 영광을 위하여 하라"고 권면한다. 비록 그 특별한 말씀이 크리스천을 실족케 할 수도 있지만, 그 원리는 명백하게 삶의 모든 노력에 적용된다. 크리스천이 된 그리스도의 제자는 먹든지 마시든지, 글을 쓰든지, 변화를 만들든지, 다리를 건설하든지, 연설을 하든지, 하는 모든 일 속에서 하나님을 위해 따로 구별되며 거룩하고 헌신되어야 한다. 그래서 제자는 하나님의 영광을 위해 모든 것을 하는 것이다.

크리스천 교사는 여러 방법으로 헌신의 중요성을 전달할 수 있다. 교사는 자신의 간증과 생활 방식을 통해 분명하게 성경 신학적인 입장을 학생들에게 전해준다. 또한 주님의 축복과 사용하심을 위해, 또 주님께 그 시간을 맡겨드리기 위해 수업 시간이 시작되기 전에 성경을 읽거나 기도할 수도 있다. 교사는 학생들의 관심을 영적인 것으로 이끌기 위해 수업 시간 중에 때때로 찬송가나 복음 성가를 함께 부르기도 한다. 그 찬양은 성경의 진리를 표현하거나, 배우고 있는 것들이 그리스도를 위한 사역에서 어떻게 쓰이는지 보여주기도 한다.

교사이자 제자 훈련가는 자신의 믿음 생활에 진보가 일어나야 한다. 만일 그들이 아직까지 크리스천이 아니라면, 교사는 구주되신 그리스도를 향한 자신의 필요와 헌신을 학생들에게 전달하고 의견을 나누는 것이 얼마나 중요한지 알아야 한다. 더욱이 수학, 가정 경제학, 정치, 성경 등 그 과목에 상관없이 교사는 교실학습에서 학생들이 그리스도께 드리는 예배가 가능함을 알려주는 고귀한 작업이 이루어져야 한다. 교사의 첫번째 우선 순위는 자신의 헌신된 삶이어야 한다. 그런 다음 거룩함이 교사가 학급에서 제자 훈련 과정에 있는 학생들과 이야기하기를 원하는 첫번째 주제가 되어야 한다. 학생들의 목자인 교사는 학생들로 하여금 성경의 진리와 접하고, 헌신되고 구별된 삶을 살도록 도전을 주기 위해 끊임없이 일해야 한다.

사랑의 사역 : 학생들의 친구

유감스럽게도 교사와 학생들 사이에는 종종 바람직하지 않은 틈이 생길 때가 있다. 학생은 교사의 지식, 능력 그리고 경험을 우러러보면서도, 교사와의 관계에 대해서는 거리감을 가질 수 있다. 교사가 일정한 거리를 두고 공식적이면서 비인격적일 때, 혹은 그의 학생들에게 우월감을 과시할 때 상황은 더욱 나빠진다. 교사가 학생들을 좀더 효과적으로 제자 훈련을 시키고 싶다면, 자신과 학생들 사이에 존재하는 간격을 좁히기 위해 노력해야 한다.

그 간격을 좁히기 위해, 교사는 제자 훈련 사역에 매우 중요한 사랑을 도입해야 한다. 교사는 학생들을 인도할 뿐만 아니라, 그들을 사랑하고 돌보아 주며 받아들여 주는 친구가 되어야 한다. 여러 관점에서 비추어 볼 때, 교사의 제자 훈련 사역은 그 과정 속에서 교사의 헌신에 달려 있다. 제자를 만드는 사람은 올바른 내용을 제공하고, 일관성 있게 모범을 보이며, 자료를 적절히 통합할 수 있어야 한다. 즉 제자 훈련가는 사랑을 토대로 모든 일을 할 수 있다. 그러나 교사가 제자를 사랑하지 않는다면, 그의 사역은 열매 맺지 못할 것이다.

요한복음은 제자들을 사랑하는 예수님의 사랑의 깊이에 대해 기록하여 독자들에게 감동을 준다. "유월절 전에 예수께서 자기가 세상을 떠나 아버지께로 돌아가실 때가 이른 줄 아시고 세상에 있는 자기 사람들을 사랑하시되 끝까지 사랑하시니라"(요 13:1).

이어서 주님께서는 제자들의 발을 씻기심으로써 제자들에 대한 당신의 사랑을 확연하게 표현하셨다(요 13:2~11). 그후 주님께서는 제자들에게 서로에 대해 그 같은 사랑을 가지라고 명하셨다. "새 계명을 너희에게 주노니 서로 사랑하라 내가 너희를 사랑한 것같이 너희도 서로 사랑하라 너희가 서로 사랑하면 이로써 모든 사람이 너희가 내 제자인 줄 알리라"(요 13:34~35). 로마서 12장 10절에서 사도 바울은 모든 크리스천들에게 "형제를 사랑하여 서로 우애하고"라고 명령하였고, 고린도전서 13장에서는 참된 사랑에 대해 기술하고 있다. 사랑은 제자 훈련 사역에서 중요한 부분을 차지하고 있으며, 교사 자신이 먼저 실천해야 한다.

학생들을 제자 훈련시킬 때, 사랑이란 요소의 기본적인 두 가지 측면을 알아야 한다. (1)학생들을 돌본다는 측면과, (2)수용해 주는 측면이 그것이다. 이 둘은 모두 우리로 하여금 예수 그리스도의 사랑을 전달할 수 있게 해 주며, 교실에서 교사와 학생들 간의 관계의 간격을 좁혀준다. 교사이자 제자 훈련가는 관심, 사려 깊음, 그리고 인정으로 학생들을 돌본다. 교사는 학생이 스트레스를 받고 있을 때, 문제를 이야기할 때, 주의 깊고 심각하게 들어줌으로써 관심을 보일 수 있다. 학생이 필요한 부분을 이야기할 때 함께 기도해 주거나 전화를 걸어주는 것은 교사의 사랑을 나타내주는 좋은 예이다. 교사는 교사 나름의 전문적인 방법으로 유용한 정보나 의견을 확보할 수도 있다. 학생 제자를 돌보는 것은 필요에 따라 권면-"이렇게 하면 어떨까?", 격려-"할 수 있어!", 도전-"왜 이것을 안 했지?"-의 형식들을 취하게 된다.

관심과 배려는 학생을 돌보는 방법 가운데 하나이다. 그것은 성취해야 하는 합리적인 교과 목표와 요구 사항을 정하고, 숙제와 그외의 다른 책임을 정하는 일들을 통해 나타난다. 교사는 학생들을 품위 있고도 존중하는 마음으로 대함으로써 교실에서 사려 깊은 태도를 취할 수 있다. 학생들을 얕잡아보는 것은 성경적인 교육 자세가 아니며, 제자 훈련 사역에도 해당되지 않는다.

교사이자 제자 훈련가들은 학생들을 인정해 준다. 이것은 잘한 일에 대해 감사나 칭찬의 말을 표현함으로써 쉽게 이루어질 수 있다. 뿐만 아니라 정기적으로 교사가 학생을 진심으로 인정하는 모습을 보일 때 더욱 확대되며, 다른 학생들 사이에서도 서로를 인정하는 모습이 나타나게 될 것이다.

누군가를 인정한다는 측면에서, 모욕적인 유머의 사용은 제자 훈련 사역의 효과를 언제나 파괴한다는 것을 기억하라. 뿐만 아니라 인간 관계도 파괴하므로 피해야 한다. 어떤 사람은 모욕적인 유머를 사용해 친구를 만들 수 있다고 생각할지도 모르지만, 그것은 현실적으로 인간 관계를 긴장 속에 몰아넣음으로써 적대 관계로 만든다. 모욕적인 유머는 무조건 피하라.

학생을 수용하는 것은 사랑의 두번째 측면이다. 이것은 그 사람과 감정 모두를 수용하는 것이다. 하나님께서는 각 사람을 그 어머니의 모태에서부터 독특하게 만드셨다(시 139:13~16). 각 사람을 일정한 경향, 장점과 약점을 지니도록 지으셨다. 하나님께서는 각 사람에게 그 사람 고유의 성격과, 하나님께서 원하시는 사람이 되어 맡기신 일을 하도록 다양한 재능과 달란트를 주셨다. 교사에게는 학생들을 알 책임이 있다. 각 학생의 독특성, 각자가 그 자신의 재능을 사용함으로써 어떻게 공헌할 수 있는가, 학생의 장점과 약점이 어디에 있는가 등등을 알 책임이 있다. 어떤 학생은 표현을 잘하고 외향적일 수 있지만, 다른 학생은 조용하고 분석적일 수 있다.

교사이자 제자 훈련가는 한 학생에게 다른 학생과 같이 되도록 요구하는 잘못을 범해서는 안 된다. 제자 훈련가로서 교사는 하나님께서 그 학생에게 주신 장점과 제한점을 함께 수용해야 하며, 예수님을 위해서 그 학생 자신의 독자적인 방식으로 최선을 다할 수 있도록 도전을 주어야 한다. 돌봄과 수용은 사랑이란 면에서 교사의 제자 훈련 사역에 절대적으로 필요한 부분이라고 할 수 있다.

시범의 사역 : 학생들의 모델

'백문이 불여일견'이라는 속담은 제자 훈련에도 잘 적용된다. 언어가 믿는 것을 전달한다는 의미에서 중요하긴 하지만, 행동은 말하는 것보다 훨씬 더 큰 비중을 차지한다. 교실에서 교사가 성숙한 크리스천의 모습을 보일 때, 제자 훈련은 크게 향상된다. 제자도의 다른 요소들처럼, 모범을 보이는 것은 열두 제자들에 대한 예수님의 사역에서 중요한 위치를 차지하고 있으며, 신약 성경은 성화되기를 희망하는 사람들에게 끊임없이 예수님의 모델을 강조하고 있다. 제자들의 발을 씻김으로 섬김의 본을 보이신 예수님께서는 이렇게 말씀하셨다. "내가 주와 또는 선생이 되어 너희 발을 씻겼으니 너희도 서로 발을 씻기는 것이 옳으니라 내가 너희에게 행한 것같이 너희도 행하게 하려 하여 본을 보였노라"(요 13:14, 15).

빌립보서 2장 5~7절에서 바울은 모든 성도들에게 이렇게 권면한다. "너희 안에 이 마음을 품으라 곧 그리스도 예수의 마음이니… 오히려 자기를 비어 종의 형체를 가져 사람들과 같이 되었고." 예수님께서는 제자들에게 크리스천으로서의 삶을 어떻게 살아갈 것인가를 단순히 말로 이야기해 주는 것으로 만족하지 않으셨다. 예수님께서는 그들에게 어떻게 하는가 몸소 자신의 삶을 통해 모형을 보여주셨다. 성경은 크리스천 남편들에게 "그리스도께서 교회를 사랑하신 것"(엡 5:25)과 같이 아내들을 사랑하라고 명령하시면서, "이러므로 그리스도께서 우리를 받아 하나님께 영광을 돌리심과 같이 너희도 서로 받으라"(롬 15:7)고 모든 성도들에게 권면하고 있다. 다시 말해서 교사는 다른 사람들에게 어떻게 하라고 말하는 것으로가 아니라, 그들에게 어떻게 하는가를 보여줌으로써 거룩한 삶을 사는 방법을 가장 잘 훈련시킬 수 있다. 진정한 의미에서 제자 훈련가들이 크리스천의 삶의 모형을 보여줄 때, 그들 자신이 크리스천의 행동을 받아들이고 보여주는 것이 된다.

종종 예수님의 제자화 방법에는 학생들과의 연역법적 접근이 시도된다. 제자들은 예수님 자신과 예수님의 태도, 행동, 습관, 우선 순위들을 관찰했을 것이다. 예수님께서는 제자들에게 자신의 행동을 해석해 주고, 그들에게 예수님의 인도를 따르도록 격려하셨을 것이다. 예수님께서는 보여주고 이야기해 주며 격려하셨던 것이다. 그리고 제자들은 보고 이해하며 그렇게 행동했을 것이다. 예수님의 생애는 1세기 제자들과 더불어 이같은 접근의 중요성을 강조하고 있다. 그러므로 현대의 교사들은 현 시대의 학생들과 더불어 이것을 실천에 옮겨야 한다. 예수님께서 제자들에게 시범을 보이신 것처럼 교사가 학생들에게 모범을 보일 신앙 행동은 기도, 성경 암송, 사회적 책임감, 형제애, 불신자들에 대한 관심으로 나타날 것이다.[2] 예수님께서는 생명력이 넘치는 기도 생활을 모범으로 보이심으로써 제자들 스스로가 예수님께 "우리에게도 기도를 가르쳐주옵소서"(눅 11:1)라고 간구하도록 하셨다. 그후에 기도가 어떻게 드려져야 하는가에 대해 설명을 덧붙이셨다. 이처럼 교사 스스로가 정규적으로 학생들과 함께 학생 자신들을 위해 기도할 때, 그리고 학생들에게 교사가 응답받는 기도 생활을 철저히 실천하는 것을 보여줄 때, 교사는 학생들이 기도의 사람이 될 수 있는 동기를 불어넣어 주게 된다.

예수님께서는 자신의 사역을 통해 성경 인용의 훌륭한 예를 보이셨다(참조 ; 마 5:27~28, 12:18~21, 13:14~15). 아마도 베드로가 성경을 광범위하게 사용(행 2:17~21, 25~28, 벧전 1:24~25, 2:6~10, 3:10~12)한 것도 제자 훈련 과정에서 예수님의 모델을 통해 동기 부여가 됐고, 깨닫게 되었기 때문일 것이다. 교사이자 제자 훈련가 역시 그 자신의 삶에서 성경 진리가 적용되는 모범을 보이고, 특별히 의미를 주었던 구절들을 함께 나누어야 한다.

예수님께서 세금을 내고(마 22:15~22) 권위에 복종하는(요 18:10~13) 일을 통해 시민의 책임 있는 자세가 중요함을 모범으로 보이신 것처럼, 교사도 시민의 책임 의식을 모범으로 보임으로써 학생들에게 영향을 줄 좋은 기회를 가질 수 있다. 세금을 내고, 정규적으로 투표하고, 지명되었을 때 기꺼이 봉사하려는 일 모두는, 자신의 지도자가 가르친 것을 어떻게 행하는지를 지켜보기 위해 주목하고 있는 제자들에게 의미 심장한 일이다. 제한 속도 내에서 운전하고, 우선 멈춤 표지에서 멈추는 것을 포함해 법을 준수하는 것(롬 13:1~7, 벧전 2:13~17)을 시범으로 보여주는 것처럼, 정부 지도자들을 위해 기도하는 것 또한 시범으로 보여줄 수 있다(딤전 2:1~2). 권위에 기꺼이 복종하는 것과 시민의 의무를 다하려는 책임 의식은, 학생들의 성장을 위해 교사이자 제자 훈련가가 본을 보여야 할 기독교적인 특성들이다.

예수님께서는 제자들에게 크리스천의 형제애와 불신자에 대한 관심을 끊임없이 보여 주셨다. 열두 제자를 위한 예수님의 기도, 그들에 대한 가르침과 보호, 그들에 대한 방어와 공급은 신약 성경을 통해 잘 입증되어 있다. 예수님께서 제자들에게 위대한 사랑을 먼저 보여주셨기 때문에, 그들이 서로서로를 사랑하게 됐다는 것은 이미 오래전에 입증된 사실이다(참조 ; 요일 4:7~21).

예수님께서는 믿는 형제를 사랑한 것같이 불신자들에 대해서도 온정적인 사랑을 보여주셨다. 이스라엘의 존경받는 선생(요 3장)이거나, 사마리아의 미천하고 부도덕한 여자(요 4장)이거나, 불신자들도 예수님이 시간을 들이고 관심을 받을 가치가 있었다. 주님께서는 그 두 사람을 깊이 돌보셨고, 이같은 관심은 제자들에게 충격적인 계시였다(요 4:27). 잃어버린 자를 향한 사랑은 예수님의 마음에 언제나 계속적으로 나타났고, 그것은 또한 모든 크리스천 교사들 마음속에도 나타나야 한다. 믿음을 나누어 갖는 것을 학생들과 토론하고, 믿지 않는 친구들과 친척들을 위해 함께 기도하면서 그들이 믿음을 가질 때 기뻐하고, 복음이 들어가지 않은 지역과 나라들을 위해 학생 전체가 기도하는 것, 모두가 훈련 과정의 학생에게 동기 부여를 해주면서 잃어버린 자들에 대한 사랑을 모범적으로 보여주는 예다.

교사는 말한 것에 대해서뿐만 아니라 행한 것에 대해서도 끊임없이 생각해야 한다. 호온(Horne)이 말한 것처럼, "교사가 말한 것보다 그가 어떤 사람이냐가 학생들에게 더 많은 것을 가르친다는 것은 교육의 진리이다."[3] 이 견해는 제자 훈련가인 교사의 사역에서 시범이란 요소가 얼마나 중요한지를 단적으로 말해주고 있다.

섬김의 사역 : 종

크리스천 교사는 학생들을 섬기고, 그들이 차례로 섬기는 사람이 되도록 돌봄으로써 그들을 제자로 삼는다. 처음부터 끝까지 그리스도의 생애는 크리스천의 삶이 받는 삶이 아니라 주는 삶임을 보여준다.

마가복음 10장 32~42절은 이 사실을 더욱 분명하게 보여준다. 이 구절은 예수님의 관점에서 보면 중대한 시점을 기록하고 있다. 예수님과 제자들은 예수님께서 죽임을 당하기 위해 로마 관원들 손에 넘기워지게 될 예루살렘 쪽으로 여행하고 있었다. 예수님께서는 이 사실을 32~34절에서 설명하고 계시지만, 제자들은 그것을 이해하지 못했다. 그들은 예수님 사역의 시간 체계를 잘못 해석해 왔으며, 예수님께서 곧 왕국 시대에서, 문자적으로 완전한 그리스도의 지상 왕국의 천년 통치가 출범할 것이라고 믿었다. 예수님께서는 가시관과 십자가에 초점을 맞추셨지만, 그들은 왕권과 면류관에 초점을 두었다. 그래서 야고보와 요한은 예수님께 왕국에서의 특별한 지위와 호위를 구했던 것이다.

이 얼마나 아둔한 이기심인가! 그러나 흥미로운 사실은 주님께서 그들의 요구를 나무라지 않으셨다는 것이다. 예수님께서는, 진정한 위대함은 사회에서의 높은 지위에 의해서가 아니라 종과 같은 낮은 지위를 취함으로써 얻어진다고 말씀해 주셨다.

"…이방인의 소위 집권자들이 저희를 임의로 주관하고 그 대인들이 저희에게 권세를 부리는 줄을 너희가 알거니와 너희 중에는 그렇지 아니하니 너희 중에 누구든지 크고자 하는 자는 너희를 섬기는 자가 되고 너희 중에 누구든지 으뜸이 되고자 하는 자는 모든 사람의 종이 되어야 하리라"(막 10:42~44).

하나님께서 보시기에는, 종의 도가 진정한 위대함이며 참된 제자가 갖출 특징인 것이다. 예수님 자신은 완벽하게 종이자 지도자으로서의 도와 더불어 그 진리의 현실성을 모범으로 보여 주셨다. 예수님께서는 계속해서 "인자의 온 것은 섬김을 받으려 함이 아니라 도리어 섬기려 하고 자기 목숨을 많은 사람의 대속물로 주려 함이니라"(막 10:45)고 설명하신다.

주 예수님께서 종의 도를 그렇게 강조하셨는데, 오늘날의 교사이자 제자 훈련가가 어떻게 그것을 소홀히 다룰 수 있겠는가? 학생들은 대개 권위 세우기에만 급급한 교사로부터 배우는 것을 가장 싫어하여 그를 따르지 않는다. 학생들은 봉사로 삶을 바친 교사, 학생들에게 봉사함으로써 그 관계의 간격을 좁히는 교사에게 가장 잘 배운다. 이런 교사는 종종 자신을 학생들 속의 한 학생으로 생각한다.

이 주제를 화제로 삼으면서, 사도 바울은 사역을 위한 가장 중요한 신임장은 학문이 아니라 봉사의 신임장임을 주장함으로써 자신의 사역을 옹호하고 있다(고후 3장). 요점은 교육에서 학위가 중요하지 않다는 말이 아니라, 종의 마음을 가지지 않고 학위만으로는 효과적인 사역이 가능하다고 보장하지 못한다는 것이다.

교사이자 제자 훈련가는 학생들을 섬긴다. 대부분의 크리스천 교사들은 적어도 논리적으로는 이같은 개념에 이의를 제기하지 않는다. 그러나 봉사에 대해 적당한 인정과 감사를 받을 때, 그리고 편리할 때만 봉사하는 것은 자기 마음대로 섬김의 의미를 제한하는 것이다. 그런 사람은 종이 되는 것을 원치 않는다. 그는 학생들을 인격적으로 대하는 것을 원치 않는다. 그러나 예수님께서는 우리들에게 다른 사람의 필요를 충족시키기 위해 우리 자신의 욕구를 접어놓도록 가르치시지 않았는가?

교사이자 제자 훈련가가 학생의 필요를 채우기 위해 자신을 희생할 때, 학생의 입장에서 섬길 때, 비로소 참된 제자도의 길에 서는 것이다. 그것은 수업 전후로 숙제에 대해 학생들과 이야기하거나 교과서에서 제기된 문제들을 답해주는 귀중한 시간 투자를 의미할 수도 있다. 학생이자 제자를 섬기는 일은, 그에게 조언을 주고 그가 처한 어려운 가정 상황에 대해 함께 기도하기 위해, 그 시간이 교사의 '연구 시간'임에도 불구하고 사무실에서 학생과 만나는 것을 의미할 수도 있다.

학생을 섬기는 것은, 필요하다면 그들을 손님으로 자신의 가정에 초대하거나 긴급한 상황에서 그들의 자녀들을 돌보는 형식으로 나타날 수도 있다. 교사로부터 섬김을 받는 동안, 학생은 참된 종의 마음의 중요성을 배우게 된다. 그럼으로써 학생은 종의 도가 갖는 가치와 생산성을 이해하게 되며, 교사가 행동했던 것처럼 자신을 다른 이들에게 줄 수 있는 기회를 찾기 시작할 것이다.

통합의 사역 : 진리의 통합자

학생들은 종종 나무 때문에 숲을 보는 데 어려움이 있다는 것을 깨닫는다. 자잘한 과제들 때문에 전체적 그림을 보지 못하고, 분석하기에 급급해서 종합하는 방법을 무시한다. 뿐만 아니라 특별한 부분에 너무 관심을 기울이게 되어 하나님의 진리의 전체적인 모습을 깨닫지 못한다. 교사이자 제자 훈련가는 모든 학생이 기독교적인 세계관, 즉 성경적인 인생관을 형성하도록 돕는다. 그렇게 함으로써 교사는 학생이 그의 학문적 연구들을 성경의 체계와 정확하게 연결시키도록 돕는다. 이러한 통합의 과제는 교사의 몫이다. 그리고 이것이 바로 통합의 출발점이다.

학생은 모든 것을 세밀하게 보는 경향이 있으며, 교육으로부터 그가 얻은 경험은 가지각색이며 조각나 있는 것처럼 보인다. 그래서 연결점이나 공통점은 순전히 우연의 일치로, 아니면 서로 아무 관련이 없는 자료를 뜯어 붙여놓은 것처럼 보인다. 교사는 학생이 여기저기서 배운 교육의 조각조각을 한데 취하여 예수 그리스도가 중심에 위치한 하나의 통합된 체계를 형성하도록 돕는다. 일반적으로 그리고 개인적으로 우리의 세계는 그리스도의 주변을 회전해야 한다. 그러므로 우리가 공부하는 모든 것은 그리스도를 섬기는 것에서 그 궁극적인 목적을 찾아야 한다. 성경은 하나님께서 서로 다른 두 분야에서 자신을 인간에게 계시하셨다고 가르치고 있다. (1)성경의 계시를 통해서(특별 계시), (2)창조의 계시를 통해서(자연 계시). 시편 19편 1절에서 다윗은 하나님의 자연 계시에 대해 "하늘이 하나님의 영광을 선포하고 궁창이 그 손으로 하신 일을 나타내는도다"라고 찬양한다. 7절에서 다윗은 하나님의 특별 계시를 "여호와의 율법은 완전하여 영혼을 소성케 하고 여호와의 증거는 확실하여 우둔한 자로 지혜롭게 하며"라고 논하고 있다.

하나님의 진리는 창조물과 성경 모두에 나타나 있으며, 그것은 모두 크리스천을 위한 하나의 통합된 진리의 저장소에 해당한다. 학생들에게 세상의 여러 주제들이 성경의 진리와 어떻게 연결되는가 제시해 주는 교사의 과제는 제자 훈련에서 매우 중요하다. 교사는 모든 주제들이 결코 '세속적인' 것으로 해석되도록 해서는 안 되며, 성경적인 체계를 기초로 기독교적인 세계관의 일부로 해석되어야 함을 보여줘야 할 책임이 있다. 게벨라인(Gaebelein)은 우리에게 신성한 것과 세속적인 것을 구별하는 것과 모든 주제를 성경적인 목적 아래 볼 필요성을 상기시켜준다. 그는 이렇게 제안하고 있다.

"우리는, 성경에는 완전히 설명되지 않은 진리의 영역들이 있으며, 이러한 것 또한 하나님의 진리의 일부라는 것을 분명하게 보지 못하는 오류에 빠져왔다. 그래서 우리는 진리가 있는 곳에 그리고 그것이 진리인 이상, 거기에 하나님께서 계시다는 것을 잊어버리고 신성한 것과 세속적인 것을 오해하여 구분하지 못했던 것이다."[4]

교사는 학생들에게 수학의 정밀함이 정확하고도 진실된 하나님의 창작품의 한 구성 요소가 된다고 가르칠 수 있다. 하나님께서는 물리적 법칙들에 따라 정확하게 움직이는 질서 있는 우주를 창조하셨다(시19편). 뉴턴(Newton)은 하나님께서 실제화시키시고 이제 하나님의 명령에 따라 창조물을 다스리기 위해 인간이 사용하는 중력의 법칙을 발견했다(창 1:28). 직각 삼각형의 빗변의 성질을 발견한 공식은 피타고라스(Pythagoras)의 진리로서가 아니라 수학이라는 학문에서 인간이 사용하기 위해 수학 공식으로 피타고라스가 표현한 하나님의 진리로서 존재한다. 그러므로 하나님 안에서 수학의 궁극적인 자료와 목적 모두를 찾을 수 있는 것이다. 인간은 하나님께로부터 수학의 법칙들을 받아왔고, 그것들은 창조주 하나님께 영광을 돌리기 위해 과학적으로 사용된다.

문학은 성경적인 가치와 크리스천의 사고를 표현하기 위해 사용될 수 있으며, 거룩한 삶의 원리들을 강조하기 위해 가르쳐 진다. 교사이자 제자 훈련가는 성경적인 가르침의 차이점과 유사점을 설명하기 위해 다양한 문학 작품에서 표현된 가치들을 비교하고 싶을지도 모른다.

하나님의 포괄적인 진리에는 또 하나의 중요한 매체로서의 음악이 포함된다. 그러면 음악에서는 어떤 진리의 요소들을 발견할 수 있는가? 다시 한번 이것을 적절하게 설명하고 있는 게벨라인의 의견을 들어보자. "그것들이 값싸고 악한 방법을 취한다고 해서 표현의 정직과 진실성이 없는 것인가? 확실히 그것들 또한 단순성과 방향성 같은 요소들을 포함하고 있다."[5] 하나님에 대한 진리는 세속 음악과 크리스천 음악 모두를 통해 정직성과 통합성이 힘있게 표현될 수 있다. 교사는 음악 구성의 화음을 통해서 진리가 표현될 때, 학생들이 하나님의 진리를 납득하도록 이끌 기회를 찾을 수도 있다.

철학, 정치, 세계사, 체육, 생물학 같은 기타 과목들은 학생들에게 기독교적인 인생관을 불어넣을 수 있는 교사가 가르쳐야 한다. 가르침은 행동에 영향을 준다. 기독교적인 가르침은 학생이 비기독교적인 세계에서 자신의 삶에 그리스도의 임재를 반영하며 크리스천답게 살도록 돕는다. 록커비(Lockerbie)[6]가 말할 것처럼, 예수님께서는 우주의 중심, 즉 창조의 중심이며, 창조된 모든 것이 그 안에서 초점을 발견하게 된다.

사도 바울은 골로새인들에게 "만물이 그에게 창조되되… 만물이 다 그로 말미암고 그를 위하여 창조되었고"(골 1:16)라고 적었다. 이와 같은 이유 때문에 교사는 학생이자 제자들에게 '세속적인 것'과 '영적인 것'의 통합에 대해 지도할 수 있는 것이다. 학생은 모든 원리가 그 중심 되시는 그리스도와 더불어 통합된 전체 안에서 함께 조화되며, 이렇게 통합된 것은 믿음과 삶을 위한 체계를 형성한다는 것을 깨달아야 한다.

하나님께서는 모든 크리스천에게 제자를 삼으라고 부르셨으며, 크리스천 교사도 예외는 아니다. 진실로 그들은 가르치는 과목과 상관없이 학생의 발달을 가능하게 하는 독특한 기회를 가지고 있다. 교사는 학생들의 목자(헌신의 사역)로서, 학생들의 친구(사랑의 사역)로서, 학생들의 모델(시범의 사역)로서, 종(섬김의 사역)으로서, 그리고 진리 통합자(통합의 사역)로서의 역할을 함으로써 학생들을 제자화한다. 하나님의 성령께서 일하심을 통해 이와 같은 제자 훈련의 요소들은 학생이자 제자에 의해 동화되며, 거룩함에 이르는 성장 과정의 한 부분이 된다. 학생들에게 크리스천의 삶에서 이러한 중요한 요소들을 나누어준 교사에게는 세상에서 가장 귀한 경험을 맛볼 수 있는 특권이 주어지게 된다.

16 교사는 영원한 학생이다

로이 B. 주크(Roy B. Zuck)

1984년 세계 올림픽에서 경쟁하던 미국 운동 선수들은 "금메달을 얻기 위해 힘써라"는 슬로건을 자주 사용했다. 그들의 목표는 높다. 그들은 운동 경기의 완성을 위해 동메달이나 은메달이 아닌, 금메달 즉, 가능한 가장 높은 상을 얻으려 했다.

"금메달을 얻기 위해 힘쓰라"는 말은 사람들에게 높은 가치가 있는 것을 성취하기 위해, 또 높은 목표들을 세우도록 격려하는 슬로건으로서 그 올림픽 이래로 계속 사용되어 왔다.

그러나, 성경을 배우는 데 '금메달'을 받으려고 애쓰는 것보다 더 위대한 목표는 없다. 성경은 종종 금이나 루비 같은 것을 귀중한 필수품으로 언급하면서 그것의 높은 가치를 강조한다. 한 예로 다윗은 "여호와의 규례는 확실하여 다 의로우니 금 곧 많은 정금보다 더 사모할 것이며"(시 19:9~10)라고 썼다. 하나님의 말씀을 찬양하는 위대한 시인이 쓴 시편 119편은 전체 176절 중 거의 모든 절에서 이렇게 이야기하고 있다.

"주의 입의 법이 내게는 천천 금은보다 승하니이다"(72절). 같은 장에서 시편 기자는 그가 주의 계명을 '금 곧 정금보다 더' 사랑한다고 노래한다(127절).

크리스천 교사는 성경의 깊은 밑바닥까지 '갱도'를 파고 자신을 위해 성경 진리들을 추려내는, 성경의 금광을 채굴해야 한다. 말씀의 부요함에 대한 매일의 탐구는 교사의 삶을 풍요롭게 하며, 비슷한 탐구를 하는 다른 사람들을 지도할 수 있도록 해준다.

금을 캐야 하는 이유

성경은 모든 믿는 사람들과 크리스천 교사들이 왜 부지런한 성경 연구자가 되어야 하는지에 대한 여러 가지 이유를 분명하게 이야기한다.

첫째로, 성경은 우리가 영적으로 자랄 수 있도록 돕는다. "갓난아이들같이 순전하고 신령한 젖을 사모하라 이는 이로 말미암아 너희로 구원에 이르도록 자라게 하려 함이라"(벧전 2:2~3). 말씀을 먹지 않는 크리스천은 영적인 영양실조에 걸리게 된다. 음식은 성경이 자체를 비교하는 또 하나의 예가 된다. 주의 말씀은 "꿀과 송이꿀보다 더 달도다"(시 19:10)라고 말한다. 그리고 시편 119편 103절은 "주의 말씀의 맛이 내게 어찌 그리 단지요 내 입에 꿀보다 더하니이다"라고 기록하고 있다.

영적으로 강한 크리스천은 내적인 삶에서 성장하고 성숙하며 하나님의 말씀을 먹고 산다. 사도 요한은 요한일서 2장 14절에서 이 두 관계에 대해 이렇게 말한다. "…청년들아 내가 너희에게 쓴 것은 너희가 강하고 하나님의 말씀이 너희 속에 거하시고 너희가 흉악한 자를 이기었음이라."

둘째로, 성경은 우리를 안내한다. 스테레오 시스템, 잔디 깎는 기계, 오븐 등을 살 때는 설명서가 그 사용 방법을 알려주기 위해 같이 따라온다. 자동차를 사보라. 그러면 사물함 속에 있는 운전자를 위한 설명서가 그 차의 특징과 작동하는 방법, 돌보는 법을 설명해 준다. 성경 역시 이 설명서와 같다. 성경은 인생은 어떤 것이며, 가장 훌륭하게 사는 방법은 무엇인지 말해준다. 어빙 젠슨은 이렇게 적지 않았던가? "여러분은 성경을 '당신'이라는 생산품과 함께 나가는 설명서로 생각해본 적이 있는가? 성경과 여러분은 분리되지 않고 함께 나아가도록 계획되었다. 이 둘은 모두 똑같은 하나님의 생기로 말미암아 존재하게 되었다(창 2:7, 딤후 3:16). 성경은 여러분과 함께 하도록, 여러분을 위해 주어졌다. 이것은 확실히 하나님의 계획이다."[1]

하나님께서는 성경을 통해 우리 자신들에 대해, 하나님 자신에 대해, 우리의 현재와 미래에 대해 우리에게 말씀하신다. 그리고 그것은 우리가 올바른 결정을 내릴 수 있도록 우리를 정도(正道)로 안내하기 위해서 쓰여졌다. 시편 기자는 "주의 말씀은 내 발에 등이요 내 길에 빛이니이다"(시 119:105)와 "주의 말씀을 열므로 우둔한 자에게 비춰어 깨닫게 하나이다"(시 119:130)라고 적었다. 하나님의 '증거'는 믿는 자들의 '모사'이다(시 119:24).

셋째로, 성경은 죄로부터 우리를 지켜준다. 성경은 크리스천들이 깨끗한 삶을 살도록 지켜주는 효과를 가진다. 하나님의 진리의 광선이 자신의 삶에 비춰도록 할 때, 바르게 함과 깨끗케 함이 요구되는 영역들을 볼 수 있다. 다윗은 말씀으로부터 받는 이 유익에 대해 "주의 종이 이로 경계를 받고"(시 19:11)라고 썼다. 또한 시편 기자는 "주께 범죄치 아니하려 하여" 주의 말씀을 그 마음에 두었다고 적었다(119:11). 예수님께서는 열한 제자들에게 "너희는 내가 일러준 말로 이미 깨끗하였으니"(요 15:3)라고 말씀하셨다.

성경은 우리의 필요를 마치 거울처럼 반영해 주며, 말씀이 명한 것을 순종하는 사람을 하나님께서는 축복해 주신다(약 1:23~25). 크리스천이 죄를 지었을 때 말씀은 영적 회복을 가져다 주기도 한다. "여호와의 율법은 완전하여 영혼을 소성케 하고"(시 19:7).

넷째로, 성경은 우리를 영적인 성숙으로 격려한다. "모든 성경은 하나님의 감동으로 된 것으로 교훈과 책망과 바르게 함과 의로 교육하기에 유익하니 이는 하나님의 사람으로 온전케 하며 모든 선한 일을 행하기에 온전케 하려 함이니라"(딤후 3:16~17). '가르침'이란 단어는 성경이 옳은 방향으로 크리스천들을 인도하도록 돕는다는 것을 암시한다. '책망'은 크리스천이 빗나갈 때 주의를 환기시켜 주는 성경의 사역이다. '바르게 함' 또는 '회복함'은 크리스천을 제 위치로 돌아가게 하는 말씀의 사역을 말한다. 그리고 어린아이를 양육하는 일에 적용되는 말인 '교육함'은 크리스천이 말씀으로 회복된 후에 정도에 머물게 되는 것을 암시한다.

성령께서 삶의 이 네 가지 영역에서 하나님의 말씀을 사용할 때, 크리스천 교사는 "모든 선한 일을 행하기에 온전케" 된다. '온전케'라고 표현된 헬라어 단어는 알맞은 형태 또는 조건이라는 의미의 '적절하게'로 번역될 수도 있다. '준비된(equipped)'이란 뜻의 그리스 단어는 주어진 과제를 위해 적절하게 공급받은 것을 시사한다. 그리스 사본들에서 이 단어는 2개의 노를 가진 배, 또는 기름 짜는 틀을 말할 때 쓰인다. 하나님의 말씀을 여러 형태로 자신의 삶에 적용시킬 때, 우리는 하나님께서 우리에게 원하시는 사역과 봉사를 하기에 적절하게 충만해진다.

이런 성장, 인도, 보호, 그리고 격려는 일관성 있고 부지런한 성경 연구자가 되어야 하는 네 가지 이유이다.

크리스천 교사는 성경 연구에서 학생들을 위한 본보기를 세워야 한다. 만일 교사가 학생들에게 성령의 열매가 나타나기를 기대한다면(갈 5:22~23) 그리고 '의의 열매가 가득하기'를 원한다면(빌 1:11), 교사들 역시 똑같이 행해야 한다. 또한 학생들을 영적으로 양육하고 지도하고 깨끗케 하여 성숙해 지도록 성경으로 이끌기를 원한다면, 교사들이 먼저 말씀 안에 거해야 한다.

이 말은 교사가 먼저 학생이어야 한다는 사실을 강조하는 것이다. 효과적인 가르침은 일관성 있는 배움을 필요로 한다. 교사가 연구하기를 멈추면, 가르침의 효과는 떨어진다. 계속해서 읽고 연구하고 생각하고 상호작용하며 자세히 조사하고 질문할 때, 그는 자신이 맡은 과목에서 언제나 신선하며 최신의 지식을 갖게 된다. 교사가 자신의 정신력을 함양하고 지적 세계를 넓히며 지식을 심화할 때, 교사는 학생들이 같은 일을 해내는 것을 더 잘 도와줄 수 있다.

물 없는 나무는 죽음에 이르고, 운동 없는 근육은 쇠약해 진다. 음식물을 섭취하지 않는 사람은 굶어죽는다. 마찬가지로 배우기를 그치는 교사는 교사로서 실패할 수밖에 없다. 이것은 언제나 진리이지만, 특히 성경과 관련된 과목의 가르침에 있어서는 더욱 그렇다. 크리스천 교사는 끊임없이 성경의 샘물을 마셔야 한다. 또한 하나님의 말씀이란 양식을 영원히 먹어야 한다. 영적인 양식 없이 다른 사람들을 양육할 힘을 얻을 수는 없다.

우리가 하나님의 율례를 구하고 따르지 않는다면, 다른 사람들이 그렇게 하도록 인도하는 것이 어렵다는 것을 깨닫게 될 것이다. 우리 삶이 말씀 중심이 아니라면, 다른 이들을 하나님의 교훈과 조화를 이루도록 하는 데 어려움을 가질 것이다. 영적인 재산 없이 다른 사람들을 부요케 할 수 있는 것은 아무것도 없다. 다른 사람의 지적 그리고 영적인 목마름을 풀어 주기 위해 우리는 스스로 하나님의 진리의 근원되는 샘에서 마셔야 한다.

이 장의 후반부에서는 성경을 연구하는 방법('금을 채취함'), 성경 해석을 위한 원리('금을 평가함'), 그리고 성경의 적용을 위한 생각('금을 투자함')을 논의하게 된다. 세 분야는 자신의 삶을 부요한 말씀으로 풍요롭게 채우고 싶어하는 모든 교사들에게 필수적이다.

성경을 연구하는 방법 : 금을 채취함

성경을 연구하는 데에는 다양한 접근들이 사용될 수 있다. 다음은 그런 방법들의 일부를 대표한다.

책의 종합

미술 박물관에서 열린 전시회를 갔을 때, 어떤 사람들은 박물관 여기저기를 조급하게 걸어다니며 소수의 작품들만 슬쩍 보고 나가버린다. 그들은 다른 사람들이 그 예술 작품에서 느낀 것과 그것들에 대해 어떻게 생각하는가를 이해하는 데 시간을 사용하려고 마음먹을 수도, 그렇지 않을 수도 있다. 어떤 이들은 박물관에 들어가 미술품마다 주의 깊게 바라보고, 박물관 관리자들이나 예술가들에게 질문을 하면서 시간을 보내기도 한다.

성경 연구 또한 두 가지 방법 중 하나로 접근한다. 하나는, 어떤 부분은 살피지만 다른 부분은 무심하게 지나치는 일시적인 관찰 또는 우연한 접근 방식이다. 다른 하나는 모든 것을 주의 깊게 살피는 좀더 완전한 접근 방식이다. 성경 연구와 책별 종합 연구에는 확실히 자세하고 완전한 관찰이 필요하다.

성경 연구는 그것이 씌어졌던 것처럼 책별로 접근한다. 성령의 감동 아래 성경을 쓴 기자들은 단순히 여기저기에 몇 구절씩, 그것도 하루에 한 번이나 몇 차례쯤 적고, 그런 다음에는 뒤죽박죽식으로 그것들을 한데 모아 마침내 완전한 책으로 끝나도록 쓰지는 않았다. 그들은 기록하면서 마음속에 큰 그림, 책 전체의 구조를 그리고 있었다. 우리가 그와 똑같은 구조를 살펴보게 될 때, 주님께서 우리를 위해 마음에 품으신 것에 대해 좀더 접근하게 된다.

책별 종합 연구는 또한 장과 절의 분석을 위한 기초를 제공한다. 성경을 미시적으로 보기 전에 거시적으로 보는 것이 중요하다. 마틴 루터는 종종 사과를 모으는 방식으로 성경을 연구했다고 말했다. 먼저 그는 가장 잘 익은 과실이 떨어지도록 나무 전체를 흔들었다. 그런 다음 나무에 올라가 큰 가지만 골라 흔들었다. 다음에 그는 큰 가지에서 작은 가지로 옮겼다. 다음으로 그는 잔가지를 흔들었고, 끝에는 나뭇잎 아래 쪽을 주의해 보았다. 나무 전체는 성경 전체를 암시하고, 큰 가지는 성경 내에 있는 각 책을 시사하며, 작은 가지는 각 장을, 잔가지는 절을, 그리고 잎은 단어를 말하는 것이다.

책별 종합 연구는 또한 적절한 관점으로 책의 각 부분을 기억할 수 있도록 돕는다. 어떤 교사들은 성경에 왜 그 말씀들이 씌어 있는지에 대해서는 관심을 기울이지 않고 문맥을 떠나 그 절들을 빼내온다. 종합이 없는 성경 연구는 공통적인 함정이 있게 된다. 마태는 예수님께서 열두 제자에게 이방인의 길로 가지 말고 차라리 이스라엘 집의 잃어버린 양에게로 가라고 말씀하신 일을 기록하고 있는데(마 10:5~6), 이는 이스라엘의 메시야에 대해서 마태가 이스라엘 앞으로 보낸 책 속에 기록되어 있는 것이다. 열두 제자들은 천국 복음을 이스라엘 나라(7절)에 가져가도록 되어 있었다.

다음은 성경 속의 한권의 책을 공부할 때 밟는 과정들이다.

한 책을 적어도 두 번 읽으라. 처음 읽는 것처럼 읽으라. 이미 알고 있는 사실들을 잠시 잊을 수 있다면, 자칫 놓치기 쉬운 부분들을 새롭게 깨달을 수 있을 것이다. 세부 사항을 이해하려고 하지 말고, 한자리에서 그 책 전체를 읽으라. 이러한 통독의 목적은 책을 기록한 기자가 말한 것에 대한 개관을 감지하기 위해 그 책에 대한 어떤 느낌을 가지려는 것이다. 읽는 것을 영상처럼 느끼려면, 상상력을 동원해 그 책을 주의 깊게 읽으라.

배경의 정보를 찾으라. 저자가 누구인가, 누구에게 씌어졌는가, 언제 그리고 어떤 환경 아래 씌어졌는가에 주의한다. 이 질문이 성경의 모든 책에서 명백하지는 않지만, 대개는 분명하게 나타난다. 에베소서 1장 1절은 그 책을 쓴 사람과 누구에게 쓴 것인지를 말해주지만, 마지막 장

(6:20)에서 바울이 감옥에서 썼다는 것을 알게 된다.

반복 구절과 단어들을 살펴보라. 예를 들어 히브리서에서 '더 좋은' 이란 단어가 열두 번이나 나온다는 사실은 저자가 그리스도의 탁월성을 강조하고 있음을 시사한다. '제사장' '대제사장' 그리고 '제사' 등의 단어를 저자가 빈번하게 사용한 것은, 구약의 제사장보다 탁월한 믿는 사람의 대제사장으로서 그리스도의 사역에 대해 강조하고 있는 것이다.

책을 여러 부분들로 나누라. 중요한 전환점, 속도와 방향 및 강조의 분명한 변화들을 살핀다. 사도행전 1~7장에서 일어난 사건들의 장소로 예루살렘이 사용되고, 8~12장에 나오는 사건들의 장소는 유대와 사마리아이며, '땅 끝'이 13~28장에 대한 지리적 목표 지점을 제공하는 경우처럼, 변화는 지리적인 것일 수도 있다. 이들 세 장소는 사도행전 1장 8절의 예수님의 명령에서 내부에 있는 예루살렘에서 시작하여 차례로 전체가 설명되는 동심원들과 같다.

한 책은 그 책 안에 있는 중심 인물들에 따라 나눠질 수도 있다. 창세기에서 1~11장은 아담과 이브, 에녹과 노아를, 12~33장은 아브라함을, 24~27장은 이삭을, 28~36장은 야곱을, 37~50은 요셉을 강조하고 있다.

어떤 책들을 그 일부가 문학적인 것도 있다. 예를 들어 이사야 1~39장에서는 선지자가 심판을 강조하는 반면, 40~66장의 강조점은 위로이다. 로마서는 교리적인 주제에 따라 나눠질 수 있다. 때때로 어떤 책은 말라기처럼 내용에 나와 있는 질문에 따라 나뉘어지기도 한다.

책의 목적을 발견하라. 예를 들어 누가복음 1장 4절이나 요한복음 20장 31절처럼 분명하게 언급된 그 책의 목적을 발견하기도 하지만, 대부분 목적은 그 책에 나오는 다양한 주제 단서들에 따라 정해져야 한다. 빌립보서의 기쁨과 고난 중에서의 기뻐함에 대한 강조는, 바울이 환난에 좌절하지 않고 그 안에 있는 하나님의 기쁨을 맛보도록 크리스천을 격려하려는 의도를 가지고 기록했음을 보여준다.

책의 흐름을 인식하라. 성경을 책별로 연구하면서 그 책의 흐름이 주로 이야기식인지 아니면 시적인지, 편지인지 아니면 예언서인지를 알아야 한다. 그것은 그 책의 '분위기'를 느끼도록 돕는다. 예를 들어 갈라디아서와 유다서는 진리를 방어하고 그릇된 가르침을 반대한다는 의미에서 다분히 논쟁적이다. 고린도전서는 바르게 함을 주된 내용으로 하고, 로마서는 신학적이며, 레위기는 교훈은 준다. 열왕기상·하는 흥미있는 이야기식으로 행동을 서술한다. 시편은 명상적이다. 물론 여러 가지 '분위기들'이 한 책에 골고루 나타날 수도 있지만, 문제는 연구하는 책의 주된 흐름을 감지하는 것이다.

장별 분석

한 책의 흐름을 감지한 다음에는 그것을 좀더 자세히 공부할 수 있다. 그렇게 하는 한 가지 방법은 그 책을 장별로 연구하는 것이다. 다음에 열거한 여러 단계들은 도움이 된다.

여러 번 읽으라. 그 장을 여러 번 반복해서 읽을수록 거기서 더 많은 것을 얻을 수 있을 것이다.

나누라. 장의 주제가 바꾸어지는 것에 유의하라. 시편 1편은 1~3절에서 말한 복 있는 사람으로부터 4~6절의 악인으로 옮겨간다. 고린도전서 6장에서 바울은 1절부터 11절까지 송사에 대해 언급한 후, 12~20절에서는 음행에 대한 화제로 바꾸었다.

때때로 한 장은 여러 개의 이야기식 사건들이 있다. 마가복음 3장에 나타난 이런 전환을 보는 것은 흥미롭다. 한 장은 사건들이 일어나는 장소에 따라 나뉘어질 수도 있다. 요한복음 2장에서 가나는 1~11절의 사건이 있던 장소이며, 가버나움과 예루살렘은 12~13절에 나오는 지명들이고, 14~25절은 예루살렘에 계신 예수님에 대해 언급하고 있다. 욥기 1~2장에서는 장면이 지상(1:1~5)에서 하늘(6~12절)로, 다시 지상(13~22절)으로, 하늘(2:1~6)로, 그리고는 지상(7~13절)으로 전환된다. 또한 에베소서 5장에서처럼 한 장이 수신인에 따라 나뉘어질 수도 있다. 1~21절은 모든 크리스천들에게, 22~24절은 아내들에게, 25~31절은 남편들에게, 32~33절은 모든 크리스천들에게 말하고 있다. 반면에 어떤 장들은 이야기하고 있는 사람들에 따라 나뉘어진다. 예레미야 36장에서는 하나님, 예레미야, 바룩, 미가야, 여후디, 바룩, 왕, 그리고 하나님께서 차례로 이야기하고 있다.

그 장의 구조를 보라. 이 단계는 장 분석에서 여러 관계를 살핀다. 이것들은 비교(요한복음 4장에 나오는 사마리아 여인이 요한복음 3장에 나오는 니고데모와 유사한 점은 없는가), 대조(요 4:1~42에 나오는 사마리아 여인은 43~54절에 나오는 신하와 어떻게 다른가), 반복(히 1장에서 7번 언급되는 천사, 합 2:4~20에서 5번이나 화 있을진저라고 말하고 있다. 바울은 데살로니가전서에서 '복음'이란 단어를 여섯 번이나 언급하고 있다), 그리고 절을 한데 묶는 낱말인 접속사들(엡 2:4, 6, 11, 13, 14, 18~19)을 포함한다.

또한 한 장 안에서의 이동이나 전환점을 살피라. 이것들은 일반적인 것에서 구체적인 것으로의 이동(창 1:1~2은 일반적이고 3~25절은 구체적이다)과 구체적인 것에서 일반적인 것으로의 이동(약 2:1~13은 구체적이고 14~26절은 일반적이다), 원인에서 결과로의 이동, 한 절정으로의 이동(다른 민족들에 대해서 이야기한 후, 마침내 이스라엘을 향해 말하면서 급소를 찌르는 말에 이르는 암 1~2장처럼, 또는 요 4장에서 예수님을 먼저 유대인으로, 다음으론 야곱보다 큰 자로서, 다음엔 선지자로 그리고 마침내는 메시야로서 언급하며 진전을 보이는 예수님에 대한 사마리아 여인의 반응처럼), 또는 상호 교환에서의 이동(엘리의 아들들에 대해 언급한 후 사무엘에 대해서, 다시 엘리의 아들들에 대해, 그리고는 또다시 사무엘에 대해서 이야기하는 삼상 1~12장처럼)을 들 수 있다.

한 장 내에서의 이동은 또한 요한복음 17장의 주기도문처럼 점층적인 것일 수도 있다. 그 기도에서 예수님께서는 자신을 위해(1~5절), 그의 제자들을 위해(6~19절), 그리고는 모든 믿는 자를 위해(20~26절) 기도하셨다. 또 다른 이동의 형태는, 말라기 3장 7~16절처럼 질문으로부터 해답으로의 이동이 있을 수 있다.

언제, 어디서, 어떻게, 누가, 무엇을 그리고 왜라는 질문에 대한 답을 찾으라. '언제'라는 질문은 그 장에서의 시간 요소들(날짜, 연도, 축제일 같은 특별한 시간)을, '어디서'는 지리적인 요소들을, 그리고 '어떻게'는 일정한 일들이 이루어진 방식을 말한다. 요한복음에 기록된 것처럼 유대 관리들은 여러 방법으로 예수님을 반대했다. 질문을 하고나서 돌을 던졌고, 체포하려는 의도로 신성 모독죄를 덮어씌웠으며, 마침내는 십자가에 못 박기까지 여러 방법들을 동원해서 예수님을 핍박했다.

'누가'라는 질문은 분명히 그 장에 나오는 사람들을 말한다. '무엇'이란 질문은 사건, 진술, 질문, 명령, 반응에 대한 것이다. '왜'라는 질문은 이야기 속의 인물들이 왜 그렇게 행동했는지 또는 왜 그렇게 말했는지, 아니면 그 자료에서 주어진 설명에 대한 이유들을 살핀다.

주어진 서술에 대해 문제 제기를 해보라. 이것은 이 장에서 언급된 것들에 대해 질문하는 한 과정으로서 유익하다. 예를 들어 요한복음 2장 6절에서는 이런 식으로 문제 제기를 할 수 있을 것이다. 왜 혼인 잔치에 여섯 개의 물 항아리들이 있었을까? 몸을 깨끗이 하는 결례의 내용은 어떤 것들이었을까? 마가복음 10장에서 제기할 수 있는 문제는 다음과 같다. 왜 부모들은 자녀들을 예수님께 데려왔을까? 왜 제자들은 그 부모들을 꾸짖었을까?

내용을 요약하라. 성경 한 장을 확실히 이해하는 좋은 방법은, 내용을 자신의 말로 요약하는 것이다. "본 장은 …라고 말하고 있다"라는 문장을 완성함으로써 한 장을 요약하는 사람도 있다. 장을 요약하는 또 다른 방법은 가능한 적은 단어로 짧은 표제를 만들어 보는 것이다. 예를 들어 욥기 14장은 '모태에서 무덤까지'라는 제목을 붙일 수 있다. 도전이 될 만한 과제는 전체 성경의 각 장마다 표제를 달아보는 것이 도움이 된다.

절에 대한 분석

절의 형태를 결정해 보라. 이 절은 어떤 문장 형식으로 쐬어 있는가? 서술형, 명령형, 의문형, 아니면 청유형인가? 예를 들어 에베소서 5장 22절은 명령이지만, 그 다음 절은 서술 형식으로 되어 있다.

주된 사상을 적으라. 이 절이 누가 무엇을 누구에게 행하거나 또는 행해야만 하는지 말해보는 것이다. 요한복음 3장 16절에서 '하나님'은 주어고, '사랑하사'는 동사이며, '세상'은 목적어이다. 로마서 3장 23절에서는 '모든 사람'이 주어요, '죄를 범하였으매'가 동사이다. 잠언 3장 5절에서 숨어 있는 주어는 '너는'이고 동사는 '의뢰하고'며 '여호와'는 목적어다.

　보조 사상을 적으라. 절에 있는 여러 요점들은 주된 사상에 중심 주어와 동사를 넘어 부수적인 정보를 주는 내용들을 첨가시키고 있다. 요한복음 3장 16절에서 "독생자를 주셨으니 이는 저를 믿는 자마다 멸망치 않고 영생을 얻게 하려 하심이니라"의 내용은, 이 절의 주된 요점인 "하나님이 세상을 이처럼 사랑하사"에 대한 보조 사상이다. 잠언 3장 5절에서 '마음을 다하여'라는 말은 크리스천들은 '여호와를 의뢰해야' 한다는 이 절의 요점에 대한 추가 정보이다. 데살로니가전서 5장 11절에서 "너희가 하는 것같이"라는 말은 "피차 권면하고 피차 덕을 세우기"라는 두 가지 명령을 이루는 주된 사고를 넘어 추가적이고 보조적인 정보를 준다.

　접속사를 포함하여 그 본문에 있는 낱말들에 주목하라. 접속사를 포함한다는 의미는, 에베소서 4장 25절을 예로 들자면 '그런즉', '이는'과 같은 낱말에도 주목하라는 것이다. 반복되는 낱말에 밑줄을 긋고 그것들을 한 선으로 연결시키거나 중요한 단어들에 동그라미를 친다(예 ; 엡 2:19의 '외인' 손 '동일한 시민' '권속'). 자신이 잘 모르는 분명치 않은 단어에는 물음표를 붙인다.

　이 절을 바꿔서 설명해 보라. 그 절에 나타난 의미를 담아 자신의 말로 새롭게 적어보는 것은 그 절의 의미를 파악하는 데 많은 도움을 준다. 4장 12절은 다음과 같이 풀어쓰기를 할 수 있는 좋은 예다. "이는 성도들을 준비시켜 주님을 섬기도록 하여 교회를 교화(教化)하는 결과를 가져오도록 하는 데 그 목적이 있다."

성경을 연구하는 학생들에게 이 절에 대한 여러 관찰들을 써보도록 하는 것이 필요하다. 이 단계에서는 그 절에 있는 모든 것을 관찰하는 것을 목표로 한다. 이러한 관찰들은, "이 절은 우리에게 …을 이야기한다"라는 문장으로 완성해 보도록 한다.

자서전적 접근

인물 연구는 가장 흥미 있고 재미있는 성경 연구 방법 가운데 하나다. 성경 전기들은 아주 생생하게 진리를 보여주고 있다. 다른 사람들의 삶 속에서 하나님께서 일하시는 것을 볼 때, 우리는 하나님께서 우리의 삶 속에서도 마찬가지로 일하실 수 있음을 깨닫는다. 승리, 패배, 희망, 두려움, 분투, 대성공, 실수, 영광, 절정, 고뇌, 장점과 약점들, 이 모든 것들이 성경 인물의 삶 속에서 연출되고 있다.

다음은 성경 인물들의 전기를 연구할 때 필요한 방법들이다.

그 인물에 관련된 모든 구절들을 찾아 읽는다. 문둥병자 나아만을 연구할 때는, 열왕기하 5장뿐만 아니라 누가복음 4장 27절도 읽을 필요가 있다. 엘리야를 연구할 때는 열왕기상 17장부터 열왕기하 2장까지는 물론, 열왕기하 9~10장, 역대하 21장 12절, 그리고 말라기, 사복음서, 로마서 11장 2절과 야고보서 5장 17절 등등 모든 참고 구절들을 읽어야 한다.

그 인물에 대한 모든 것들을 관찰하여 적는다. 여기에는 그 사람의 출신, 조상과 출생, 가족, 직업, 성격, 위기, 다른 사람들에게 끼친 영향, 동료, 여행한 지역, 죽음과 장례에 대한 모든 정보까지 포함된다.

그의 삶에 일어난 사건들의 차례를 적는다.

그의 장점들과 약점들을 열거해본다. 이것은 모세, 요나, 베드로 등 여러 인물들의 삶에서 유의해보아야 할 흥미 있는 관찰들이다.

그 인물의 생애에서 나타난 주요 원리들을 한 문장으로 적어본다.

그 인물의 생애로부터 개인적인 적용을 적어본다. 이것은 인물 탐구에서 배운 시각을 적용하기 위한 실천 단계에 해당한다. 따를 본보기, 피해야 할 죄, 말로 표현할 기도, 개발해야 할 특성, 고쳐야 할 실수는 없는가 등등의 식으로 적어본다.

인물 연구에서 한 단계 발전된 방법은 그 인물의 생애에 대해 창의적인 발표문을 써보는 것이다. 이것은 신문 기자의 기사, 논설, 시, 노래, 편지, 질의 문답식 회견, 짧은 이야기 등의 형식이 될 수도 있을 것이다.

성경 해석을 위한 원리 : 금을 평가함

빌립은 에티오피아의 내시에게 "읽는 것을 깨닫느뇨"(행 8:30)라고 물었다. 이 질문은 해석학, 즉 읽고 있는 구절에 대한 적절한 해석을 말하고 있는 것이다. 내시가 이사야 53장을 읽었다는 자체가 그 절을 이해하였음을 보장하는 것은 아니다. 적절한 해석은 적당한 관찰 위에 세워져야 한다. 우리는 관찰을 통해 "무엇을 보는가?"라고 질문한다. 해석에서는 "그것이 무엇을 의미하는가?"라고 묻는다.

성경 해석의 과학이자 기술인 해석학에 대해 필요한 주의를 기울이지 않는 사람은 성경 구절에 대한 이상하고도 억지스러운 견해, 즉 성경 자체가 결코 의도하지 않았던 해석에 이르게 될지도 모른다. 성경 해석에서 기본적인 해석학적 원리에 대한 인식은 기본이다. 성경이 고대의 책이기 때문에, 그것의 원본과 현재의 것 사이에는 시간적인 간격이 존재한다. 또한 성경 인물들이 살았던 장소와 우리와의 거리라는 관점에서 보면 공간적인 간격이 존재한다. 그리고 관습적인 간격은 성경 시대의 사람들이 살았던 방식이나 사고와 오늘날 우리 삶의 방식이나 사고 사이에도 차이가 있음을 의미한다. 또한 성경은 히브리어와 헬라어로 씌어졌기 때문에 언어적인 차이도 존재한다. 더욱이 이 책은 하나님에 의해 그리고 하나님에 대해 씌어졌기 때문에 영적인 간격도 있다. 성경 해석은 우리로 하여금 성경을 쉽게 이해할 수 있도록 하면서 그와 같은 간격들을 좁힐 수 있도록 돕는다.

지면상 해석학이란 주제를 상세하게 설명하는 데는 많은 제한이 있다. 독자들은 이 주제에 대한 여러 책들을 참고해 주시 바란다.[2] 다음에 덧붙인 해석학적 원리들에 유의해 보는 것은 성경을 연구하는 사람들로 하여금 적절한 해석에 이르고 그릇된 해석을 피하는 데 많은 도움이 될 것이다.

이러한 해석학적인 원리들이 성경에 부여된 법칙은 아니다. 그것들은 단지 어떠한 문학 작품을 읽더라도 일반적으로 따르는 단계들을 반영하는 것이다. 문학 작품으로서 성경에는 일반 문학 작품을 읽을 때 사용하는 원리를 똑같이 적용할 수 있다. 신문, 소설, 요리책, 위원회 보고서 또는 과학 연구 논문을 읽을 때, (1)우리는 역사적인 배경과 그 글의 목적에 유의하고, (2)일정한 문법적인 용어를 통해 이해하며, (3)그 글이 씌어진 문화적 배경을 인정하고, (4)직접적인 문맥 아래 단어와 문장들을 이해하며, (5)그 글의 문학적 형식에 주목한다.

역사적 배경과 목적

성경을 공부할 때, 우리는 역사적 지리적 상황과 그 책 또는 그 책의 일부가 씌어지게 된 목적을 살펴봐야 한다. 자신이 쓴 책의 목적을 언급하고 있는 기자도 있다. 그외의 경우에 우리는 기자가 언급한 문제들, 그가 반복하는 주제들, 그리고 주된 논점에 주목함으로써 저자의 목적을 생각해 보아야 한다. 배경과 목적에 유의하는 것은 저자가 결코 의도하지 않았던 어떤 것을 잘못 이해하는 오류를 막아줄 수 있으며, 주먹구구식으로 말씀을 꿰맞추려는 해석을 방지할 수도 있다. 우리는 그 구절이 실제로 의미하는 바를 읽어내야 한다(주석).

일정한 문법의 의미

성경을 대하는 바람직한 태도는 맨 처음의 독자들이 이해했던 것처럼, 그 말씀 스스로가 말씀하도록 하는 것이다. 예를 들어 마가복음 5장 1~20절에서, 더러운 귀신들은 거짓된 교리가 아니라 타락한 천사를, 돼지는 잠재 의식이 아니라 동물을 의미하는 것이다.

이 원리는 성경의 의미를 신비적으로 해석하려 들었던 중세의 풍조를 배격하는 것이다. 이와 같은 접근 방식은, 소위 '좀더 깊은' 의미가 좀더 영적인 의미일 것이라는 잘못된 추정에서 비롯되었다고 할 수 있다. 그래서 '예루살렘'은 도시, 영혼, 심지어 천국을 뜻하는 것으로 해석되기도 했다. 그렇지만 성경에 대한 이런 접근은 성경 언어를 아무런 통제 없이 방치시켜 두는 결과를 가져왔다. 만일 주어진 문맥에서 한 단어가 여러 개의 상반적인 것들을 뜻할 수 있다면, 성경 해석은 완전히 주관적인 것이 되어버린다.

그러므로 성경 해석에서 단어의 의미(같은 저자 또는 성경의 다른 저자들에 의해 씌어진 똑같은 책에서, 또는 성경의 다른 책들에서의), 단어의 사용, 그리고 그 단어의 동의어나 반대어와는 어떻게 다른가를 주목하는 것이 중요하다.

생각은 말을 통해 표현된다. 성경에 기록된 것으로 하나님의 생각을 알아보려면 말씀을, 그리고 문장 안에서 그 말씀이 문법적으로 어떻게 씌어지고 있는지를 연구해야 한다. 신교의 개혁자이자 마틴 루터의 친구인 필립 멜랑크톤(Philip Melanchthon)은 "먼저 성경이 문법적으로 이해되지 않는다면, 신학적으로는 당연히 이해될 수 없다"고 말했다.[3]

문맥

각 절 또는 장은 문맥상에서 이해되어야 한다. 성경을 공부하는 사람은 그 문장의 전후에 오는 문장과 단락에 비추어 그 말의 의미가 무엇인지를 물어야 한다. 한 낱말 또는 한 문장조차도 그것이 사용된 문맥에 따라 여러 의미를 가질 수 있다. 각 기자들이 동일한 단어를 각자 어떻게 사용했는가 살펴보는 것은 그 의미를 결정하는 데 많은 도움이 된다. 영어 단어 '트렁크(trunk)'는 상자를 의미하는 고대 영어 단어인 '트론케(tronke)'에서 왔다. 그러나 이 단어의 기원에 대해 이해하는 것이 저자가 단어를 사용할 때 어떤 의미로 사용하였는가를 말해주는 것은 아니다. 그는 이 단어를 여러 의미 가운데 하나로 마음속에 가지고 있을 수도 있다. 즉 한 나무의 중심부, 인간의 한 부분을 나타낸 토르소, 곤충의 흉곽, 원주의 축, 큰 짐짝, 자동차의 짐칸, 갑판 위에 돌출한 배의 선실 부분, 코끼리의 코, 두 전화교환국 간의 중계선, 큰 옷 가방 등등의 여러 의미가 내포되어 있는 것이다.

헬라어 퓨뉴마(pneuma : 영혼)는 프네오(pneo : '숨을 쉬는')에서 유래되었지만, 성경에서 '퓨뉴마'란 단어는 때때로 호흡을 의미한다. 그것은 성경에서 바람, 태도, 귀신, 천사, 성령, 감정, 크리스천의 영적 성격, 또는 몸에서 분리된 인간의 정신적인 부분과 같은 서로 다른 의미들을 가지고 있다. "그는 언덕 위에 있다"는 문장은 한 사람이 작은 산의 저편에 있다는 의미일 수도 있지만, 한편으로는 그가 점점 늙어 상대적으로 살 수 있는 날이 몇 년 남지 않았다는 것을 의미할 수도 있다. 그러므로 그 문장이 속해 있는 문맥만이 그 정확한 의미를 나타낼 수 있다. 문맥에 맞지 않는 의미를 선택하는 것은 정확한 해석을 이끌어낼 수 없다.

종종 문맥을 고려하지 않은 잘못된 해석들도 있다. 예를 들어 "내게 구하라 내가 열방을 유업으로 주리니"(시 2:8) 라는 말씀은, 하나님께서 선교사들의 노력의 대가로 그들에게 전세계의 구원을 이루어 주시겠다는 의미가 아니다. 그 문맥은 하나님께서 말씀하셨듯이 천년왕국에서 열방 위에 다스리실 때, 그의 유업으로서 모든 나라들을 받으실 메시야에 대해 이야기하고 있는 것이다.

문맥은 또한 단어의 의미를 정할 수 있도록 돕는다. 유다서 3절에서 '믿음'은 진리의 몸체를, 로마서 3장 3절에서는 '신실함'을, 1장 17절에서는 하나님에 대한 신뢰 또는 확신을, 그리고 야고보서 2장 17, 19절에서는 지적인 동의를 의미한다. 심지어 '구원'이란 단어도 여러 의미를 가질 수 있다. 어려운 상황으로부터의 안전이나 구출(출 14:13, 행 27:20, 빌 1:19), 신체적 또는 감정적인 건강(눅 18:42), 그리스도의 대속적인 죽음으로 인한 죄의 형벌로부터의 해방(요 3:17, 행 15:11, 16:30), 또는 죄라는 존재로부터의 궁극적인 해방(롬 5:9) 등을 의미하기도 한다.

'율법'이란 단어는 원리, 모세 오경, 선지서들을 제외한 구약의 모든 책, 또는 모세적인 체제를 의미할 수 있다. 마태복음 3장 11절에서 '불'의 의미는 영적인 힘이 아니라 10, 12절에서 나타난 것처럼 오히려 심판에 가깝다. "병든 자를 고치며 죽은 자를 살리며 문둥이를 깨끗하게 하며 귀신을 쫓아내되"(마 10:8)라고 예수님께서 말씀하셨을 때, 그것은 모든 크리스천들에게 명령을 내리신 것이 아니었다. 왜냐하면 그 문맥(1절)은 예수님께서 단지 열두 제자들에게 말씀하셨음을 보여주고 있기 때문이다.

때때로 전체로서의 성경의 범위와 목적은 그 책에 있는 일정한 낱말들 또는 구절들을 명료하게 보여준다. 요한일서 3장 6~10절은 믿는 사람들은 결코 죄를 범하지 않는다는 의미가 아니다. 먼저 요한복음 1장 8~10절과 2장 1절이 이것을 명백히 한다.

평행을 이루고 있는 구절들의 문맥은 다른 낱말들 또는 아이디어들을 설명하는 데 도움이 된다. 누가복음 14장 26절에서 '미워하다'라는 단어는 마태복음 10장 37절에 있는 평행 구절로 명료해진다.

문화적인 배경

성경은 타문화권에 살던 사람이 그들의 삶에 대해 기록했기 때문에, 많은 구절들을 적절히 이해하기 위해서는 문화적 관습을 아는 것이 중요하다. 니느웨로 가는 일에 관심이 없었던 요나에 대해서는, 니느웨 사람들이 적들에게 한 끔찍한 행동을 인식한다면 더 잘 이해할 수 있을 것이다. 보아스의 가장 가까운 친족이 보아스에게 자신의 신발을 주었을 때(룻 4:8~17), 그는 이 행동을 통해 전에 걸어다녔던 땅에 대한 자신의 권리를 양도한다는 것을 상징화했다.

수로에 있는 찬물과 온천으로부터 더운물이 하이에라폴리스(Hierapolis)에서 라오디게아로 파이프들을 통해 수송되었기 때문에, 라오디게아 교회는 그들을 향한 미지근하여 덥지도 아니하고 차지도 아니하다는 요한계시록 3장 16절 말씀을 잘 이해할 수 있었을 것이다. 그 물이 라오디게아에 도착했을 무렵이면, 그것은 덥지도 차지도 않아서 그다지 바람직하지 않았다. 성경 사전, 백과 사전, 주석은 성경 구절 가운데 이해하기 어려운 많은 부분을 여러 가지 방법으로 설명해 준다.

정상적이고 문법적인 해석은 비유적 표현의 사용에서 제외되지 않는다. 성경 구절들은 가끔 비유적인 말 때문에 이해하기 어려워 보이기도 한다. "나무들이 손뼉을 친다." "너의 피가 네 머리로 돌아갈지어다." "이러한 사람들은… 비 없는 구름들이다." "나는 떡이라." 여러 가지 설명들은 이와 같은 이상한 표현들의 의미를 아는 것이 중요하다고 강조한다.

비유적 표현은 언어에 묘미를 더해주면서 독자들이 그 말과 생각을 기억하게 하는 효과를 지닌다. 비유적 표현은 '~같이' 또는 '~처럼'을 사용하여 분명하게 다른 것을 닮았음을 비교하는 직유, 기본적으로는 다르지만 한 사물이 다른 것을 나타내는 은유, 어떤 단어 대신에 다른 단어를 사용해 표현하는 환유, 전체로써 일부를 일부로써 전체를 대신하는 대유법, 의인법, 강조하기 위해 문자적으로 의미하는 것보다 더 많은 것을 의미하는 과장법, 긍정을 나타내기 위해 삼가해서 하는 말이나 부정적인 표현인 완곡법, 의미하는 바와 반대 형식으로 나타나는 조소나 찬사의 형식인 반어법, 수사학적인 질문들, 서로 다른 의미를 암시하기 위해서 똑같은 단어들 또는 비슷한 소리가 나는 단어들을 사용하는 익살 등이 여기에 포함된다.

 문체를 알게 된 다음에는, 그 문체의 목적을 결정한다. 예를 들어 "모든 육체는 풀과 같고"(벧전 1:24)라는 절에서 성경을 공부하는 사람은 인간과 풀의 유사성에 대해 생각해야 한다. 문체는 언제나 똑같은 것을 의미하지 않을 수도 있다. 예를 들어 요한계시록 5장 8절에서 사자는 사탄의 상징이지만 5장 5절에서는 그리스도의 상징이다.

 이러한 해석 원리들에 대한 주의 깊은 관심이 더욱 정확한 성경 해석에 근접하게 할 것이다.

성경의 적용 : 금을 투자함

 적용은 성경에서 금을 채굴하는 과정의 정점인 성경 연구의 관석(冠石)을 제공한다. 적용 없는 성경 연구는 여전히 불완전한 상태로 남아 있게 한다. 야고보 사도는 이렇게 말했다. "너희는 도를 행하는 자가 되고 듣기만 하여 자신을 속이는 자가 되지 말라"(약 1:22). 성경은 전시되어 있는 박물관의 작품이나 검사가 필요한 골동품이 아니다. 성경은 삶을 위한 안내서다. 우리는 에스라처럼 스스로 하나님의 말씀에 대한 연구뿐만 아니라 그 실천에 헌신해야 한다(스 7:10). 하나님께서는 단지 지식을 위해서가 아니라 영적인 성장을 위해 우리에게 말씀을 주셨다. 크리스천은 하나님의 말씀을 깨달아야 하며, 그것을 통해 말씀 속의 하나님을 체험할 수 있다.

적용의 원리들

적용은 본문에 대한 적절한 해석으로부터 나와야 한다.
성경 구절에 대한 정확한 해석은 적절한 적용을 위해 기본적인 것이다. 본문을 부정확하게 해석한다면, 적용 또한 잘못될 것이다. 불행하게도 많은 사람들은 하루하루를 위한 '축복'이나 인도를 받기 위해 성경을 대한다. 그리하여 그들은 무익한 해석 위에 적용을 이끌어 내거나 해석 과정 전부를 무시한다. 헌신적이거나 실용적인 것을 찾으려는 강한 욕망에서, 많은 크리스천들은 일부 성경 구절의 원래 의미를 왜곡되게 받아들이고 있다.[4]

한 구절에 대한 개인적인 반응은, 그 책의 목적에 비추어 최초의 독자들에게 본문이 의미하는 바를 이해하는 것에서 시작해야 한다. 해석할 때는 당시의 배경을 가지고 본문의 의미를 살피며, 적용에서는 현재의 상황 속에서 중요한 의미를 찾게 된다.

적용은 원리를 기초로 해야 한다. 원리는 해석과 적용 사이에서 교량 역할을 한다. 한 원리는 그 장 또는 절에 있는 진리를 요약한다. 성경 시대와 현재 사이에는 문화적인 차이 때문에, 원리라는 도구를 통해 그 차이를 극복하는 것이 중요하다. 데살로니가전서 5장 18절은 바울 당시의 데살로니가 교인들이 자신의 삶 모든 상황에서 감사해야 했음을 분명하게 말해준다. 오늘날의 크리스천도 자신의 환경 여하를 막론하고 감사해야 하는 것이 성경의 원리이다. 이와 같은 진리의 전달은 데살로니가 교인들에 대한 하나님의 메시지를 오늘날의 크리스천들에게도 적절하게 만든다.

그럼에도 불구하고 에베소서 6장 5절은 또 다른 문제를 제시하고 있다. 바울 당시에 이 구절은 노예들이 자신의 상전에게 순종해야 한다는 것을 의미했다. 그러나 노예를 두지 않는 오늘날의 문화에서 그 말씀이 자신에게 어떻게 연관되는지 의문이 생기는 것은 당연하다. 그 대답은 크리스천 근로자들이 윗사람들의 지시를 따라야 한다는 원리 위에 놓여 있는 것처럼 여겨진다. 창세기 6장 22절에서 노아는 방주를 짓는 일을 위해 합리적인 이유 없이 하나님께 순종했다. 그러나 오늘날 크리스천들은 노아와 공통된 무엇을 가졌는가? 여전히 방주를 지어야 하는가? 아니다. 대신 노아의 경우에서 알 수 있는 원리는 그렇게 해야 할 분명한 증거를 가지고 있지 않더라도, 오늘날의 크리스천들 역시 노아처럼 하나님의 명령에 순종해야 한다는 것이다.

적용은 독자가 맨 처음 독자가 경험했던 공통적인 요소들을 찾는 것을 포함한다. 바울이 다른 크리스천들에게 어려움을 주는 것을 피하기 위해, 우상에게 바쳤던 고기를 먹는 것을 자제하라고 고린도 교인들에게 말했을 때(고전 8:7~13), 그는 현재에 존재하지 않는 상황에 대해서도 이야기하고 있다. 그러므로 적용에서 우리가 고린도 교인들과 공통적으로 가진 요소란, 다른 사람들을 죄 짓도록 하는 행동은 삼가야 한다는 것이다.

적절한 적용은 특별한 행동 또는 반응을 포함한다. 성경을 공부할 때, 그 진리를 적용할 구체적인 방법들을 적어나간다. 시간을 정해서 개인적으로 "나는 ~할 것이다"와 같은 식의 적용이 되게 하라. "우리는 ~을 해야 한다"는 식의 적용은 너무 일반적이며, 그 성경을 적용하는 데 필요한 확고한 헌신이 드러나 있지 않다. "좀더 예수님과 같아져야 한다, 또는 같아질 것이다"라고 말하기보다는, "내 아이들이 잘못을 저지를 때, 다음에는 화를 내지 않을 것이다"라고 말하는 것이 더 훌륭한 적용이다. "나는 내 아내를 더욱더 사랑해야 한다. 또는 사랑할 것이다"라고 말하는 대신에, "나는 오늘 아내에게 꽃을 사다주어야겠다"라고 말하는 것이 낫다.

'이번 금요일 저녁' '목요일 오후' '이번 주말' '이 달 말'이라고 시간을 제한하는 것은 적용이 까닭없이 연기되지 않도록 보장해 준다. 예를 들어 바울은 "모든 일을 원망과 시비가 없이 하라"(빌 2:14)고 썼다. 이 말씀에 대한 개인적인 적용 및 반응은 "나는 ~을 불평하지 않을 것이다"라는 말로 시작할지 모른다.

적용을 위해 정했던 제한된 시간이 다 되었을 때, 그 적용 및 반응이 완수되었는가를 기록하라. 완수되지 않았다면 다시 해야 될 일을 기록하라. 물론 이와 같은 개인적인 결정과 헌신의 영역은 성령의 능력 아래 이루어질 필요가 있다. 성경 연구에서 적용 단계로 나아갈 때, 개선이 필요한 삶의 영역에 대해 주님의 인도를 구하라. 약점들을 극복하고 삶 속에서 하나님의 축복들을 경험하도록 하나님께서 도우시기를 구하면서, 성경 공부를 기도로 흠뻑 적시라.

성경 연구에 덧붙이고 싶은 생각

다음에 열거한 제안들은 성경 연구에서 진취적으로 나아갈 수 있는 방법들이다. 이러한 생각 중 한 개 또는 여러 개를 시도해 보라. 그러면 말씀 연구에서 증가하는 기쁨을 발견하게 될지도 모른다.

1. 귀납법적 성경 연구에 대한 책을 읽는다.
2. 매일 경건의 시간에 성경 주석 한 권을 선택해 해당하는 부분을 읽는다.

3. 한 절 또는 한 단락을 외운다.
4. 다양한 질문을 가지고 한 구절을 생각해 본다.
5. 적용에 대한 일기를 쓴다.
6. 성경 한 책에서는 동일한 방법을 선택한다.
7. 성경 학교 또는 신학교에서 야간 강의를 듣는다.
8. 성경을 가르친다. 이것은 성경을 배우는 가장 좋은 방법 가운데 하나다.
9. 제자 훈련 또는 성경 공부 모임에 참여한다.
10. 한 구절을 여러 번역으로 읽는다.
11. 헬라어나 히브리어를 공부한다.
12. 성경 사전, 백과 사전, 성경 용어 색인, 주석 같은 성경 연구 방법들을 찾아본다.
13. 성경의 각 책에 대한 서류철을 만든다.
14. 잠언을 매일 한 장씩 읽는다.
15. 성경에 대한 새로운 연구 방식들을 가지고 시험해 본다.
16. 한 본문을 1인칭 기도문으로 바꾸어 본다. 예를 들어, 요나 1장을 읽은 후에 "주님, 주님께 불순종하지 않도록 저를 도와주십시오"라고 기도할 수도 있다.
17. 말씀에 대한 발견점들을 다른 사람과 나누며, 적용 및 반응의 일부를 함께 나눈다.

하나님의 말씀에 능력 있는 교사가 되기 위해 먼저 말씀에 대한 효과적인 학생이 될 필요가 있다. 성경의 풍부함으로 우리 자신이 부요하게 될 때, 다른 사람들의 삶이 부요하게 되도록 더욱 효과적으로 도울 수 있다.

제4부

기독교 교수의 다양성

17 기독교 교수, 가정에서 시도하기

제임스 R. 슬로터(James R. Slaughter)

성인들은 지금도 자신의 삶을 의미 심장하게 변화시키면서, 다음 세대에까지 뚜렷하게 영향을 미칠 어떤 행동을 하고 있을 것이다. 그러나 투표 행위와 기술 발명과 전쟁이나 예술 창작보다도, 자녀를 어떻게 양육하는가의 문제는 사회에 더욱 광범위한 영향을 미친다. 누군가 "가정은 역사를 써가는 손이다"라고 말했는데, 이 말은 결코 감상적인 미사 여구가 아니다. 이 말은 현실과 직접적으로 맞닿아 있다. 오늘날 가정은 미래의 교사, 목사, 의사, 과학자, 정치가, 사회학자, 어머니, 아버지를 만드는 가장 근원적인 훈련 장소이다. 즉 가정은 미래의 이념을 만들어갈 인재들에게 가장 직접적인 영향을 발휘한다. 어린이의 삶에 가장 중요한 교육적인 공헌을 하는 것은 학교, 교회, 보이 스카우트, 또는 소규모의 단체가 아

니라 바로 가정이다.[1]

성경을 공부하는 사람이라면 누구나, 이스라엘과 그 이후 나타난 기독교 사회의 역사 속에서 가정이 중요한 역할을 하고 있음을 쉽게 알아차릴 수 있다. 가정은 구약시대 이스라엘과 신약시대의 교회에 어린이가 헌신된 거룩한 어른으로 자라도록 하는 양육 환경을 제공했다. 다정 다감함, 관용, 대화의 분위기가 마련된 가정은 어린아이에게 하나님과의 관계를 가르치는 교육의 한 장이 된다. 예를 들어 히브리 어린이들은 유월절의 가정 연례 행사를 통해, 그들을 위한 여호와의 은혜와 공급에 대해 배울 수 있었다. 애굽에서 있었던 최후의 재앙이 있기 바로 전 모세는 이스라엘 장로들에게 다음과 같은 권고를 했다.

"너희는 이 일을 규례로 삼아 너희와 너희 자손이 영원히 지킬 것이니 너희는 여호와께서 허락하신 대로 너희에게 주시는 땅에 이를 때에 이 예식을 지킬 것이라 이 후에 너희 자녀가 묻기를 이 예식이 무슨 뜻이냐 하거든 너희는 이르기를 이는 여호와의 유월절 제사라 여호와께서 애굽 사람을 치실 때에 애굽에 있는 이스라엘 자손의 집을 넘으사 우리의 집을 구원하셨느니라 하라 하매 백성이 머리 숙여 경배하니라"(출 12:24~27).

여호수아 또한 하나님의 백성들에게 자녀의 영적 양육에서 가정이 차지하는 중요한 교육적인 역할을 강조한다. 주님께서 기적적으로 이스라엘 백성을 요단강을 건너 가나안 땅으로 들어가게 하신 후에, 새 지도자는 열두 지파에게 다음과 같은 명령을 내렸다.

"그들에게 이르되 요단 가운데 너희 하나님 여호와의 궤 앞으로 들어가서 이스라엘 자손들의 지파 수대로 각기 돌 한 개씩 취하여 어깨에 메라 이것이 너희 중에 표징이 되리라 후일에 너희 자손이 물어 가로되 이 돌들은 무슨 뜻이뇨 하거든 그들에게 이르기를 요단물이 여호와의 언약궤 앞에서 끊어졌었나니 곧 언약궤가 요단을 건널 때에 요단 물이 끊어졌으므로 이 돌들이 이스라엘 자손에게 영영한 기념이 되리라 하라"(수 4:5~7).

이 두 구절을 통해 이스라엘 지도자들은 가정이 종교적인 기념 의식에 참여하는 결과로 생길 자녀들의 질문들을 미리 예상하고 있었음을 알 수 있다. 히브리 자녀들은 주로 가정에서의 가르침을 통해 하나님은 전능하시고 자비하시며 그를 두려워하는 자들을 사유해 주시며 그의 백성의 구원자이심을 배웠다.

신약에서도 자녀의 영적 교육에서 가정이 차지하는 중요한 역할에 대한 비슷한 지적들을 찾아 볼 수 있다. 사도 바울은 그의 제자이자 친한 친구인 디모데에게 보낸 편지에 "이는 네 속에 거짓이 없는 믿음을 생각함이라 이 믿음은 먼저 네 외조모 로이스와 네 어머니 유니게 속에 있더니 네 속에도 있는 줄을 확신하노라"(딤후 1:5)라고 썼다.

어떤 사람들은 바울이 전도 여행 중 디모데를 그리스도에게 설복시켰다고 말하지만, 그것은 사실처럼 보이지 않는다. 사도행전 16장 1~2절은 바울이 디모데를 만나기 이전에 그는 이미 믿는 제자였음을 말해준다. 아마 디모데는 외조모와 어머니의 가르침을 통해 구원받은 것으로 보인다. 그 여성들은 디모데에게 자신들의 믿음을 나누어주었을 뿐만 아니라 하나님 말씀의 건전한 교리들을 들려주기도 했다. "또 네가 어려서부터 성경을 알았나니 성경은 능히 너로 하여금 그리스도 예수 안에 있는 믿음으로 말미암아 구원에 이르는 지혜가 있게 하느니라"(딤후 3:15).

이스라엘 백성들의 초기 시대부터 가정은 단순히 출산력이 있는 생리학적·통합적인 사회적 목적보다 더 많은 의미를 가지고 있었다고 성경은 말한다. 성경에 나타난 가정의 목적 가운데 주된 요소는 의사 전달의 교육 요소이다. 그것을 통해 자녀들은 하나님과 그의 아들 예수 그리스도의 실재와 성령의 사역을 이해하게 된다. 자녀들은 주로 가정이라는 분위기 속에서 하나님에 대해 그리고 믿음을 통해 하나님을 어떻게 알 것인가에 대해 배운다. 더욱이 자녀들은 하나님과 그의 백성의 대표자로서 사회에서 어떻게 행동해야 하는가를 배운다. 부모들은 자녀의 영적 교육과 성숙에 대해 가장 위대한 특권을 갖는 동시에 가장 중대한 책임을 지고 있다.

자녀를 가르쳐야 할 부모의 책임

성경은 하나님께서 부모들에게 자녀의 영적 훈련에 대한 중대한 책임을 주셨음을 강조한다. 교회와 기독교 학교가 가정에서의 자녀 교육을 강조할 수는 있어도, 가정 대신 이런 책임을 질 수는 없다. 성경의 많은 구절들은 부모 됨에 대한 성경적인 신학을 밝혀주며, 자녀들에 대한 교사로서의 부모 역할을 설명해 주고 있다.

신명기 6장 4~9절 : 자녀를 단호하게 가르쳐야 할 부모의 책임.
신명기 6장에서 약속된 땅에 들어가기 직전, 이스라엘을 향한 모세의 말에 담겨진 부모에 대한 훈계를 발견할 수 있다. 모세는 그들과 가나안까지 동행하지 못했으며, 이 명령을 내린 후 요단강 동편에서 죽었다. 그래서 그의 설교는 그가 사십 년 동안 사랑하고 돌봐온 백성에 대한 자신의 고별사가 되고 있다. 그들과 함께 있는 마지막 기회를 통해, 모세는 이스라엘 백성에게 하나님의 율법과 그것을 신실하게 지켜야 할 책임을 상기시켰다. 그는 약속된 땅에서 하나님의 백성이 누릴 번영의 일 같은 중요하지 않은 쓸데없는 말은 절대로 하지 않았다. 다른 모든 것을 잊어버리더라도, 이것들만은 기억해야 한다고 강조했다. 모세는 가정에서의 가르침의 중대함을 인식했고, 부모들이 자신의 책임감을 이해하도록 하기 위해 그 귀중한 기회를 포착했다.

   이 구절을 공부할 때, 우리는 부모에 대한 모세의 권고를 통해, 가정에서 실시하는 교육 과정의 두 가지 요소들을 발견할 수 있다. 헌신적 요소가 처음에 나타난다. 부모는 자신의 삶에서 먼저 실천하여 나타나지 않은 진리를 자녀에게 적절하게 전할 수 없다. 그러므로 자녀를 가르치기 전에, 부모는 스스로 일관된 자세로 갈고 닦은 하나님과의 경험적 관계를 지녀야 한다.

   "이스라엘아 들으라 우리 하나님 여호와는 오직 하나인 여호와시니 너는 마음을 다하고 성품을 다하고 힘을 다하여 네 하나님 여호와를 사랑하라 오늘날 내가 네게 명하는 이 말씀을 너는 마음에 새기고"(신 6:4~6).

   이스라엘 백성에게 하나님의 유일성을 상기시킨 다음, 모세는 인성의 모든 영역에서 우리의 모든 힘을 다하여 정열적으로 하나님을 사랑하도록 권고하였다. '사랑'이란 히브리어는 '아합(ahab)'이며, 이것은 종종 남편과 아내 사이에서 표현되는 정열을 반영하기 위해 결혼 관계를 언급할 때 사용되었다.[2] 여기에서 그 말은 하나님을 사랑하도록 자녀들을 적절히 가르칠 수 있기 전에, 주님을 위해 드려야 할 사랑에 대해 사용되고 있다. 부모는 존재의 모든 면, 의지적(마음), 영적(영), 신체적(힘)인 영역을 동기화하고 통제하는 하나님에 대한 불같이 타오르는 사랑을 키워나가야 한다.

더불어 하나님에 대한 이런 사랑의 결과로서, 부모들의 마음의 짐은 모세의 설교에서 되풀이되는 하나님의 명령에 대한 순종이어야 한다. 자녀를 바르게 교육하기 전에, 부모들은 먼저 하나님과 헌신적인 관계를 키워가야 한다. 그들 삶의 모든 영역에서 표현되는 하나님을 향한 정열적인 사랑을 발전시켜 가야 하며, 항상 하나님의 명령을 순종하는 책임 의식을 지녀야 한다. 부모와 하나님과의 이와 같은 친밀한 관계는 가정을 자녀들의 효과적인 가르침을 위한 무대로 만든다.

그런 다음 모세는 가정에서의 가르침 과정의 두번째 요소, 즉 교육적인 영역(신 6:7~9)에 대해 말한다. 부모들은 특별한 방법으로 자녀에게 영적 계명들과 훈계를 가르친다. "네 자녀에게 부지런히 가르치며…". '가르치다'는 단어는 '왕성하게 하다, 날카롭게 만든다'라는 히브리어에서 유래되었다. 신명기 6장에서 그 말은 분명하게 가르치는 것을 의미하고 있다. 부모는 모호하게 하지 않고 문제의 중심까지 깊이 들어가, 영적인 진리 한가운데에서 바로 서야 한다. 그 가르침은 자녀에게 중요한 영적인 문제와 접하게 하면서, 동시에 직접적이면서도 분명해야 한다. 부모는 공식적인 교육 시간과 장소들을 계획해야 할 뿐만 아니라, 매일 가정 생활의 경험을 통해서도 이와 같은 가르침을 세밀하게 해야 한다. 영적인 일에 대한 교육은 다양한 가정의 현장에서 일어나며, 가정 환경의 모든 구석구석에 배어 있어야 한다. "집에 앉았을 때에든지 길에 행할 때에든지 누웠을 때에든지 일어날 때에든지 이 말씀을 강론할 것이며"(신 6:7).

여기에서 모세는 가정에서의 가르침이 가정 생활의 연속적인 일부임을 말하기 위해 비유적 표현이나 강조를 위한 반어적 표현을 사용하고 있다. 자녀가 아침에 일어나는 시간으로부터 잠자리에 들 때까지를 말하고 있는 것이다. 부모의 가르침은 때때로 미리 계획한 것에 따라 이루어지기도 하지만, 대개 일상적인 경험의 현장에서 영적인 일들에 대해 자녀에게 이야기할 때 우연히 이루어지는 것이다. 말하자면 집에 앉았을 때에든지, 길에 행할 때에든지의 일상 경험을 말하는 것이다. 이 권고는 공식적인 가정 예배 시간을 제외시키지 않으면서, 비공식적인 시간들 또한 포함시키고 있기 때문에, 가정 교육의 관점은 한결 넓어지고 있다.

"그것을 네 손목에 매어 기호를 삼으며 네 미간에 붙여 표를 삼고"라는 8절 명령은, 비록 보수적인 유대교에 의해 과거에는 문자적으로 해석되었지만, 대부분의 주석가들은 부모의 행동('손')과 태도('미간')[3]에 영향을 주고, 동기를 불어넣고, 지시하기 위해 하나님의 명령에 대한 거룩한 생활과 순종의 필요성을 강조하는 비유적 표현이라고 말한다. 이와 비슷하게 '네 집 문설주와 바깥 문에'(신 6:9) 그 말씀을 기록하라는 명령은 사적인 영역(문설주)과 공적 영역(바깥 문) 모두에서 경건한 생활 양식을 유지해야 하는 필요성을 말하는 것이다. 그러므로 모든 가정 생활은 경건한 부모가 일상 생활의 경험을 통해 자녀들에게 영적인 일들을 가르치는 교실이 된다.

잠언 22장 6절 : 올바른 생활 방식으로 자녀를 세워주어야 할 부모의 책임

가정 교육과 밀접한 관계가 있는 잠언 22장 6절은 절대로 과소 평가되어서는 안 된다. 이 절에서 부모이자 교사는 가정 교육에 대한 책임의 또 다른 일부를 관찰할 수 있을 것이다. "마땅히 행할 길을 아이에게 가르치라 그리하면 늙어도 그것을 떠나지 아니하리라."

구약 성경은 잠언 22장 6절 이외에도 '가르치라(train)' 는 단어를 네 번 사용하고 있다. 모세는 새 집의 낙성식에서 이 단어를 두 번 사용하였고(신 20:5), 다른 역사서 저자들 역시 성전 완공과 낙성식에 각각 이 단어를 사용하였다(왕상 8:63, 대하 7:5). 이 단어는 분명히 완공과 헌납의 두 가지 개념을 포함하는 '개시하다' 의 의미를 전하고 있다. 예배자들은 특정한 대상(집, 성전, 자녀)을 세우고 선포하며, 시작 단계에서부터 그것을 하나님의 목적을 위해 따로 구분지어 헌납한다.

부모는 자녀를 '개시할' 책임이 있다. 즉 주님의 목적을 위해 자녀를 헌납함으로써 인생을 올바르게 출발시킬 책임이 있는 것이다. 이것은 잠언 22장 6절에서 사용된 것처럼, '훈련하다' 의 의미를 가지고 있다.

'마땅히 행할 길' 로 번역된 이 구절은 문자적으로 '그의 길에 대하여' 를 의미한다. 그러나 한 부모가 어떻게 자녀의 길을 설정할 것인가? 주석가들은 각자 이 질문에 대해 여러 장점을 거론하면서 서로 다른 대답을 하고 있다. 답들 중에 하나를 선택하여 결정하는 것은 매우 어려운 일이다.[4] 잠언에서 '길' 이란 단어는 한 사람의 삶의 태도와 방식을 말하는 것이며, 의롭거나 불의한 생활 모두에 적용된다. 잠언 22장 6절의 문맥에서 '그의 길' 이란 자녀의 개성과 하나님에 의한 소명에서 비롯된 삶의 태도에 대해 말하는 것처럼 보인다.⁵ 그러므로 부모는 자녀의 개인적인 독특성을 분별하여 그를 잘 알아야 하며, 자녀의 성격과 능력이 봉사할 수 있는 수준이 되었을 때, 주님께 그를 헌납함으로써 자녀가 일에 착수하도록 해야 한다.

부모는 자녀를 능력과 전문적 지식의 영역에서 주님의 사역에 헌신할 수 있도록 자녀의 발달을 지도한다. 특별한 약속은 아니지만, 대개 그 자녀는 어른이 되어서도 부모가 가르친 것처럼 자신의 독특한 능력과 성품을 통해 주님께 봉사할 것이다. 갱글(Gangel)이 설명한 것처럼, 이 과정은 "자녀 양육의 규칙이 그 가정의 어린이들과 더불어 변한다는 것을 깨닫기 위해서는 개인화, 개별화, 그리고 기꺼이 하고자 함이 필요하다."⁶

에베소서 6장 4절 : 주님의 훈계와 인도로 자녀를 길러야 할 부모의 책임

신약 성경 역시 자녀를 가르쳐야 할 부모의 책임을 명백히 하고 있다. 에베소서 5~6장에서 사도 바울은 크리스천들에게 주님을 기쁘시게 한다는 면에서 함께 잘 살아가는 방법을 가르치고 있다. 전체 교회(5:1~21), 남편과 아내들(5:22~23), 부모와 자녀들(6:1~4), 상전들과 종들(6:5~9). 아버지들(이 단어는 부모를 의미할 수 있다)에 대한 바울의 명령은, "너희 자녀를 노엽게 하지 말고"(엡 6:4) "격노케 하거나 낙심케 말라"(참고 ; 롬 10:19, 골 3:21) 등의 '하지 말라'라는 부정적인 훈계로 시작한다. 이 명령은 부모들에게 이성적이지 않은 요구, 사소한 규칙들, 낙담, 분개, 비통함을 가져오는 편애를 경계하도록 경고하고 있다.

부모는 자녀를 노엽게 하기보다는, '주의 교양과 훈계로 양육' 해야만 한다(엡 6:4). 부모는 자녀를 양육하고 부양하며, 다정하고 관심 있게 길러야 한다. 그같은 다정하고 관심 섞인 양육은 영적으로 아동을 훈련하고 지도하고 바르게 하며 발전시킴을 뜻하는 말인, 규율을 포함하고 있다. 더욱이 부모의 지시는 어느 정도의 훈계(지시)를 내포하는 것이다. 가정 교육은 불순종으로 빚어진 결과에 대해 경고의 형식을 취할 때도 있다.

여기에서 '훈계'라는 단어는 자녀가 의롭게 살아가도록 타이르고 경계하는 것을 의미한다. 자녀들은 '주 안에서'(엡 6:1) 순종하고, 부모는 '주 안에서' 가르치고 타이른다. 그리스도의 영이 모든 동기와 행동을 지켜주고 충만케 한다. 가족 관계의 중심과 가정 교육 및 학습의 중심은 그리스도이어야 한다.[7]

가정 교육의 내용

부모가 자녀에게 영적인 일을 가르쳐야 할 성경적 책임을 인지한 다음에는, 스스로 "내가 자녀에게 무엇을 가르쳐야 하는가? 어디에서 시작해야 할까? 자녀들이 이해할 수 있는 것은 무엇인가?" 등을 고민해 보아야 할 것이다. 자녀에게 가르칠 것을 결정하기 위해, 부모에게는 먼저 자녀의 발달과 연령에 따라 이 내용이 적합한가에 대한 이해가 있어야 한다. 자녀의 여러 발달 단계에서 어떤 정보를 이해하고 받아들이며 적용할 수 있는지 부모들이 알게 된다면, 자녀를 더욱 효과적으로 가르칠 수 있을 것이다.

자라나는 자녀는 기본적으로 네 단계의 발달 과정을 거친다. 1. 유아기(출생에서 2세까지). 2. 전개념적 시기(3~6세). 3. 구체적 개념화 시기(7~11세). 4. 추상적 개념화 시기(12~18세). 각 발달 단계에서 자녀는 특정 연령 수준에 따른 독특한 과제를 배우며, 비교적 미리 알 수 있는 대로 인도에 따른다.

유아기(출생에서 2세까지)

자녀는 커다란 지적 잠재력에 반해 매우 미숙한 지적 능력을 가지고 모체 밖의 삶을 시작한다. 시력을 물리적 움직임과 통합하면서 주변 사람과 물체의 움직임을 시각적으로 따르기 시작한다. 사고 작용을 위한 필요한 요소들이 존재하지만, 논리적으로 생각할 수 있기까지는 얼마 간의 시간이 필요하다.

출생에서 2세까지 아동이 배울 수 있는 영적인 일들
그들을 사랑하고 돌보는 사람이 있다.
그들이 신뢰할 수 있는 사람이 있다.
행복한 감정은 예수님과 연관된다.
세상은 흥미롭고 아름다운 장소이다.
교회에 가는 것은 즐거운 경험이다.
성경은 중요하다.

전개념적 시기(3~6세)

이 시기 동안에 자녀는 스스로를 말로 표현하고, 새로운 영역에서 자기 세계를 탐험하기 시작한다. 시간, 공간, 그리고 수 개념을 이해할 수 있지만, 하나의 원리를 결과로 도출해 내기 위해 여러 개념들을 분류할 수는 없다. 종종 자신을 혼란시키고 그릇된 결론에 이르게 할 수도 있는 관련

없는 사항들을 연결시키기도 하며, 개인적인 의견을 가진다. 즉 세계가 자신을 중심으로 회전하는 것처럼 여긴다. 르바(LeBar)는 이러한 이유 때문에 이 시기의 아동에게 제시되는 개념은 그들과 그들의 삶, 그리고 그들이 어떻게 행동해야 하는가에 대해 아주 개인적이어야 한다고 제안한다.[8] 그러므로 성경적인 진리는 아동이 "집에 앉았을 때에든지 길에 행할 때에든지"(신 6:7) 가정이라는 현장 속에서 삶을 살아가는 것처럼, 매일 일어나는 경험과 연결되어 있어야 한다.

3세부터 6세까지의 아동이 배울 수 있는 영적인 일들
하나님께서는 그들을 사랑하신다.
하나님은 전능하시고, 모든 것을 아시며, 동시에 모든 곳에 계신다.
하나님께서는 그들을 돌보신다.
그들은 기도로 하나님과 이야기할 수 있다.
예수님은 하나님의 아들이시다.
예수님도 한때 그들과 같은 어린아이셨다.
성경은 하나님의 말씀이다.
성경은 그들에게 하나님에 대해 말씀해 주신다.
성경은 그들에게 어떻게 살아야 하는가 말씀해 주신다.
성경 이야기들은 사실이다.
성경 구절들은 암송해야 하는 것들도 있다.
부모님께 순종해야 한다.
부모님께 순종할 때, 하나님께 순종하는 것이다.
부모님은 그들을 사랑하고 돕기를 원하신다.

교회란 예수님을 사랑하는 사람들이다.
찬양하고 기도하며 하나님에 대해서 배우기 위해 교회와 만나야 한다.
다른 사람들과 함께 나누어 가져야 한다.
다른 사람들에게 예수님에 대해서 이야기해야 한다.

구체적 개념화 시기(7~11세)

이 발달 시기 동안 자녀는 더욱더 활동적이 되며, 좀더 긴 집중 시간을 갖는다(10~20분). 그러나 가르침은 여전히 다양하고 창의적이어야 한다. 이 단계에 있는 자녀는 매우 호기심이 많으므로, 생각하게끔 만드는 질문들을 하도록 격려받아야 한다. 이들은 물건 모으기를 좋아하고 게임과 수수께끼를 즐긴다. 또 독서할 수 있는 나이이므로, 그 자신의 개인적인 용도를 위해서 그리고 가족과 함께 참여하기 위해서 기독교 자료와 접할 수 있어야 한다. 쉽게 외울 수 있으므로 성경 암송이 유익하다. 자녀에게 그른 것과 옳은 것이 무엇인가 가르쳐야 하며, 좋고 경건한 습관들을 이루어갈 수 있도록 가르쳐야 한다. 이 시기의 자녀는 구원 계획을 이해할 수 있으므로, 이전에 그리스도를 구주로서 받아들이지 않았다면 그렇게 할 기회가 필요하다.

7세부터 11세까지의 아동이 배울 수 있는 영적인 일들
하나님은 한 분이시만 성부, 성자, 성령의 삼위일체로 존재하신다.
성령은 예수님을 구세주로서 받아들일 때 그들의 삶 속에 들어오신다.
하나님께서는 때때로 나쁜 일들이 일어나도록 허용하신다.
하나님께서는 죄를 미워하신다.

예수님께서는 죄를 위해 십자가에서 죽으신 하나님의 아들이시다.
예수님께서는 죄를 용서해 주시며, 그를 믿는 자들에게 영생을 주실 수 있다.
성경은 진실을 기록한 책이다.
성경은 그들의 문제에 대해 답을 주며 해결을 제공한다.
성경은 하나님의 말씀이므로 그대로 순종해야 한다.
가정은 그들이 행복할 수 있는 장소이다.
그들에게 문제가 있을 때 돕기를 원하시는 부모님께 여쭈어 보아야 한다.
그들은 부모님을 신뢰하며, 부모님으로부터 바르게 함을 받아들여야 한다.
교회는 예수 그리스도를 믿는 사람들의 교제다.
교회에서 친구들과 함께 예배드릴 수 있도록 그들을 초청해야 한다.
그들은 교회가 적절히 움직일 수 있도록 돈, 시간, 그리고 특별한 재능들을 사용해야 한다.
사탄은 하나님을 대항하여 죄를 범한 사악한 천사이다.
사탄은 크리스천들을 유혹해 죄짓게 하려고 애쓴다.
예수님께서는 세상을 다스리기 위해 다시 오실 것이다.
그리스도를 구세주로 신뢰하는 사람은 천국에서 하나님과 영원히 살 것이다.

추상적 개념화 시기(12~18세)
자녀가 성인기로 전환하기 시작함에 따라 이 시기에는 매우 실제적인 긴장과 적응이 일어난다. 자녀의 태도, 능력, 인격이 계속 형성되며, 그의 상상력은 새로운 왕성함과 창조력을 띤다. 추상적으로 생각하고, 더욱 논리적으로 추리할 수 있다. 스스로 결정 내리기를 원하며, 또한 가능한 한 그렇게 할 수 있도록 지도해야 한다.

결정을 내리는 과정에서 분명하고도 논리적으로 생각하는 것은 성인기로의 전환에서 중요하다. 하나님의 영이 그를 가책하고 위로하고 지도하기 위해 그의 삶에서 활동하시기 시작한다. 이 시기에 부모는 자녀가 그리스도와 같은 습관, 양식, 생각과 이상을 가질 수 있도록 도와야 한다. 모델링, 기도와 개인 상담 같은 부모의 중요한 역할은 이 발달 단계에서 아주 큰 영향을 끼칠 수 있다. 부모는 사랑, 신뢰, 지지를 전달함으로써 날로 성숙해가는 청소년에게 안전함을 제공할 수 있다.

부모는 또한 하나님께서 그 자녀의 삶을 위한 하나님의 계획을 계시하고 계심을 깨달아야 한다. 하나님의 계획은 언제나 정확하게 그 부모가 마음에 가졌던 것이 아닐 수도 있다.

그러므로 이 시기 동안 하나님께서 그들의 자녀를 인도해 가시는 방법에 대해 부모가 민감하게 반응하는 것은 매우 중요하다.

12세부터 18세까지의 자녀가 배울 수 있는 영적인 일들
하나님께서는 완벽하게 자애롭고 정의로우시다.
하나님께서는 영원하시다.
하나님께서는 모든 만물을 축복하시는 주관자시다.
하나님께서는 기도에 응답하신다.
그들은 하나님을 사랑하고 생명을 다해 하나님을 신뢰해야 한다.

예수님께서는 영원히 하나님과 함께 생존하시는 하나님의 아들이시다.
예수님께서는 인간으로서 이 세상에 오셨다.
예수님께서는 처녀의 몸에서 태어나셨다.
예수님께서는 사람이신 동시에 신이시다.
예수님께서는 모든 면에서 죄가 없으셨다.
예수님께서는 온 세상의 죄를 위해 기꺼이 죽으셨다.
성경은 하나님에 의해서 모든 부분에서 오류 없이 영감되어졌다.
성경은 하나님에 의해 믿는 사람들을 향한 실제적인 지시를 하고 있다.
그들은 규칙적으로 성경을 읽고 연구해야 한다.
가정은 하나님 중심이어야 한다.
그들은 하나님 앞에서 부모에게 순종해야 할 책임이 있다.
영적인 가정은 교회를 부요하게 한다.
그들은 언젠가 자신의 기독교 가정을 시작할 것에 대해
생각하고 있어야 한다.
교회는 지상에 있는 그리스도의 몸이다.
그들은 교회를 섬겨야 한다.
친구들에게 복음을 증거해야만 한다.
그리스도께서는 교회를 맞이하기 위해 공중 재림하실 것이다.
그리스도께서는 언젠가 물리적인 지상 왕국을 건설하실 것이다.
현재의 하늘과 땅은 종국엔 파괴되어, 새로 창조된 하늘과 땅으로
대체될 것이다.

자녀가 이러한 발달 단계에서 그렇게 빨리, 많이 배울 수 있다는 것은

매우 놀라운 일이다. 가르치는 부모는 자녀를 가능한 한 이른 시기에 기독교적인 태도와 행동을 가질 수 있도록 접하게 해야 한다. 아주 이른 추억에서부터, 자녀는 모든 행동에서 그리스도를 찬양하고, 성경적인 모형 위에 세워진 따뜻하고 다정한 가정 환경을 경험해야 한다. 경건한 부모의 일관된 모범을 통해, 자녀는 성경을 읽고 함께 기도하고 영적인 원리를 토론하는 일들이 가정 생활에서 가능한 가장 자연스러운 경험 가운데 하나가 되어야 함을 믿어야 한다.

가정에서의 교육 방법

'어떻게' 자녀를 가르쳐야 하는가는 왜' 그리고 '무엇을' 자녀에게 가르쳐야 하는가 만큼이나 중요하다. 방법론은 가정 교육에서 세번째 필수적인 요소이다. 효과적인 교육 방법들을 어느 정도 이해함으로써, 교사된 부모는 가정에서 자신의 책임을 완수하기 위해 스스로 더 잘 준비되어 있고 더욱 높은 동기를 가지고 있음을 알게 될 것이다. 흥미롭게도 방법론적인 부분은 종종 부모에게 좌절을 안겨준다. 어떤 다른 요소보다도 그것은 자녀들에게 영적인 일들을 가르치는 사역을 완수하는 것을 방해한다. "어디에서부터 시작해야 되지요? 저는 전혀 훈련받지 못했는데요. 무엇을 해야 할까요?"라는 반응은, 가정에서 부모의 가르치는 역할이 강조될 때마다, 무력감과 부적절함만 느껴온 부모들로부터 나오는 공통된 탄식이다. 다음에 열거한 네 가지 방법론은 부모들이 안고 있는 두려움과 좌절을 가정 밖으로 몰아내는 데 도움을 줄 것이다.

모델링을 통해 자녀를 가르침

부모는 가정에서 자녀를 가르치기 위한 매우 효과적인 방법으로 모델링을 사용할 수 있다. 부모가 설정한 경건한 본보기는 교육학적인 병기고에서 가장 힘 있는 무기이다. 부모가 그것이 사실이라고 믿든 그렇지 않든, 자녀에게는 학교 선생님, 걸 스카우트 지도자, 코치, 또는 심지어 목사님도 아닌, 부모 된 그들이 가장 큰 영향을 미친다. 부모는 자녀가 영적인 인격을 갖춘 경건한 사람이 되도록 도울 수 있는 가장 멋진 기회를 가진 사람이다. 자녀는 어려운 시기 동안 흔히 도움과 지도를 구하기 위해 부모에게 의지한다. 실제적인 기독교적 삶에서 자녀를 가장 쉽게 관찰하는 사람은 부모이다. 자녀는 넓은 범위의 감정과 정서가 드러나는 폭 넓고 다양한 상황에서 부모를 본다. 교회에서 예배드리는 모습, 집에서 서로를 대하는 모습, 집을 청소하는 모습, 싱크대를 고치는 모습, 숙제를 도와주는 모습, 병원에서 진단 결과를 기다리는 모습 등을 보게 되는 것이다.

이와 같은 다양한 상황 속에서 부모를 관찰하면서, 자녀는 부모들이 "무엇을 보는가? 태도는 어떠한가? 행동은 무엇과 같은가? 초점은 그리스도 중심으로 남아 있는가? 그것은 일관성이 있는가? 기도하는가? 하나님께 감사하는가? 친절한가? 관대한가?"를 보는 것이다. 이러한 경건함의 특성들은 모델링 과정을 통해 부모로부터 자녀에게 전해질 수 있다.

그러나 부정적인 특성들 역시 부모의 본보기로 전해지므로 주의하라. 예수님께서는 이 점을 아주 분명히 하고 계신다. "제자가 그 선생보다 높지 못하나 무릇 온전케 된 자는 그 선생과 같으리라"(눅 6:40). 학생인 자녀는 그의 교사인 부모처럼 될 것이다. 부모는 자녀를 가르칠 때 예수 그리스도처럼 된다는 의미를 염두에 두고 삶을 살아야 한다.

부모는 개인의 경건한 생활 양식의 모델이 될 뿐 아니라 남편과 아내로서의 자신들의 관계를 통해 기독교적인 결혼 생활의 모범을 보인다. 부모가 성경적인 결혼 생활의 원리에 따라 서로를 대하는 것을 지켜보는 것은, 자녀로 하여금 언젠가 그 자신 역시 기독교 가정을 꾸며야겠다는 건강한 욕구를 자극하며 이를 준비시킨다. 자녀로 하여금 부모가 서로 사랑하고, 애정을 표현하며, 서로서로를 격려하고 돕고 용서하며, 서로에게 상처를 주지 않고 세워주는 것을 보게 하는 것은 매우 중요하다. 자녀는 먼저 부모로부터 그리스도가 교회를 사랑했던 식으로 한 남편이 그의 아내를 어떻게 사랑하는가, 그리고 크리스천 아내가 주님께 복종하는 것처럼 남편에게 어떻게 복종해야 하는가를 배워야 한다(엡 5:22~23). 이것은 분명히 부모들이 그 과정을 이해하고, 가정에서 그렇게 사는 것을 전제로 한다. 그와 같은 환경은 결혼 생활에 대한 어떤 책보다도 더욱 지속적이고 수확이 많은 결과를 가져올 것이다.

자녀 교육을 위해 계획된 방법

십대 이전의 자녀에게 더욱 효과적인 계획된 가정 예배는 가정에서의 영적 교육에 대한 통일성 있고 정기적인 접근을 가능하게 만든다. 많은 기독교 가정들이 함께 성경을 읽고 기도하고 찬양하며 나아가 성경 이야기를 극화해보는 시간을 갖기 위해 매주 저녁 한때를 따로 떼어놓는다. 이 방법을 사용해온 부모들은 효과적인 가정 예배 시간을 위한 필수적인 네 가지 특성을 다음과 같이 제안한다.

1. 정기적이어야 한다. 정기적이라는 사실은 가정 예배가 갖는 중요한 우선 순위를 말해준다. 일정하지 못하고 종종 취소되기도 하는 예배 시간

은 그것이 중요하지 않음을 단적으로 말해주는 것이다.

2. **적용 중심이어야 한다.** 예배 시간은 실제 삶의 현장에 맞추어져 특정한 개인적·가족적 욕구를 만족시킬 수 있도록 짜여져야 한다. 그날의 성경 말씀이 날마다 어떻게 실천될 수 있을까를 예증하고 설명하는 데 사용되어야 한다. 기도와 묵상한 것을 함께 나눌 때 현재의 관심사들을 반영하고, 현재의 상황과 욕구와 관계 있어야 한다.

3. **자녀 중심이어야 한다.** 가정 예배는 부모도 도움을 얻지만, 주로 자녀에게 영적 진리를 알리는 시간이 되어야 한다. 가르침은 내용과 방법 면에서 모두 자녀의 연령 수준에 적합해야 하며, 자녀가 이해할 수 있는 개념에 초점을 맞추어야 하고, 일상 생활에 적용해야 한다.

4. **미리 계획된 것이어야 한다.** 가정 예배 시간을 계획하는 것은 엄격하거나 조직적이라는 의미가 아니다. 오히려 충분히 숙고된 목표와 그것을 성취하기 위한 계획을 의미하는 것이다. 그 계획은 모든 순간을 포함하며, 모든 자연적인 발전을 이용하면서도 융통성 있고 혁신적인 것이어야 한다. 다음은 가정 예배 시간을 생각하는 사람들을 위해 실제적으로 도움이 될 만한 '할 것'과 '하지 말 것' 들의 내용이다.

혁신적이고 상상력이 풍부해지도록 하라. 새로운 아이디어들을 시도해 보라.

최근에 번역된 성경을 사용하라.

구체적인 적용들을 만들라.

그 성경의 사건을 현재 일어나고 있는 것으로 보라.

양이 아니라 질을 목표로 하라.

소리내어 읽으라.

찬양을 포함시키라.
성경 이야기들을 극화해 보라.
질문과 토론을 이용하라.
개인적이고도 특별한 예화들을 사용하라.
언제든 가능하면 그림을 사용하라.
유머를 사용하라.
농담도 포함시키라.
유머와 적용 가능한 목표들을 위해 가정에서 벌어진 상황을 이용하라.
게임을 사용하라.
암송을 사용하라.
예배 장소를 종종 바꾸라.
언제든 가능하면, 경건의 시간 안내서에 기록된 것 외에 성경을 직접 읽으라.
그 시간을 자녀 중심적으로 만들라.
예배 시간을 너무 길게 하지 말라.
예배 시간에 신학적으로 너무 깊게 다루지 말라.
마음속에 딴 생각을 품는 시간으로 예배 시간을 사용하지 말라.
똑같은 절차와 방법을 매번 사용하지 말라.
토론할 시간이 없을 만큼 많은 양을 읽지 말라.

    자녀 교육을 계획할 수 있는 또 하나의 방법은 식사 기도이다. 생활 속에서 하나님의 축복에 대해 감사하는 것은 자녀에게 무한한 성경 진리를 전해 주며, 또 매번 식사 시간마다 그렇게 함으로써 가정에서의 가르침을 위해 훌륭한 기회로 삼는다. 예수님께서는 몸소 오천 명(요 6:11)과 사천

명(마 15:36)을 먹이시기 전에, 그리고 최후의 만찬(고전 11:23~24) 자리에서 감사 기도를 하셨을 때, 이 가르침 방법을 모범으로 보이셨다. 식사 기도를 통한 감사는 다른 것들과 더불어 자녀들에게 하나님께서는 자녀의 소망을 채워주시는 사랑 많으신 아버지시며, 물질적 축복은 하나님께로부터 오며, 크리스천이 감사의 마음을 가질 때 하나님께서 기뻐하신다는 것을 가르쳐 준다. 가장은 전 가족을 대신하여 감사 기도를 올리고 싶을지도 모른다. 그러나 가족 중의 다른 사람이 식사 기도를 하는 특권을 누리는 것도 좋다. 아니면 가족 모두가 돌아가면서 자신의 감사를 하나님께 표현할 수도 있다. 어떤 경우에서도 그 기도는 마음으로부터 우러난, 새로운 것이어야 한다. 상투적인 기도를 피하라. 그런 기도는 의식적이며 진정함이 결여된 경우가 많다.

계획된 가르침의 마지막 방법은 잠자기 전의 성경 읽기와 기도이다. 부모와 자녀는 바쁜 하루의 마지막에 매우 따뜻하고 의미 있는 경건의 시간을 나눌 수 있다. 종종 이 상황은 어린 자녀로 하여금 부모로부터 듣는 교훈에 특별히 민감하고 수용적이게 만든다. 잠자리에서의 기도와 성경 읽기는 부모와 자녀 모두에게 즐겁게 기다려지는 시간이 될 수 있으며, 이성적·영적·교육적으로 매우 생산적인 시간이 될 수 있다. 어린이가 쉽게 이해할 수 있는 말로 씌어진 성경이나 성경 이야기로 꾸며진 짧은 이야기를 읽으라. 기도는 현재의 문제와 필요에 걸맞는 것이어야 하며, 짧고도 독창적이어야 한다. 취침 전 시간은 자녀에게 대화 기도를 연습시킬 수 있는 좋은 기회다.

그밖의 가르침 방법들

가정 생활의 현장에서 예상하지 못했던 기회들이 자녀에게 중요한 영적 진리들을 가르칠 수 있는 좋은 기회가 되기도 한다. 예기치 못했지만 생산적인 그 기회들은 '가르칠 수 있는 순간(teachable moment)'이라고 일컬어졌으며, 그때는 부모 자녀 간에 성경적인 원리나 통찰의 적용이 일어나는 공통된 경험을 갖게 된다. 응답된 기도를 통한 하나님의 공급하심은 부모와 자녀가 한데 어우러져 하나님께 감사할 기회를 준다. 질병, 상처, 친구의 죽음과 같은 나쁜 소식은 치유와 위안과 확신을 얻기 위해 어린 자녀의 얼굴을 하나님께 향하게 하는 좋은 기회가 된다.

한 애완 동물의 죽음조차도 가르칠 수 있는 순간이 된다. 즉 개인적인 상실의 시간에도 하나님께서 보고 계시고 돌보시며 위안을 가져다 주신다는 사실을 함께 나누고 가르칠 수 있는 시간이 되는 것이다. 따라서 부모는 자녀가 경험하는 예기치 못한 사건을 영적으로 풍성한 열매를 맺는 순간으로 바꿀 수 있을 것이다. 새가 노래하는 것을 듣거나 가을 낙엽들이 떨어지는 것을 지켜보거나 달팽이가 인도를 가로질러 기어가는 것을 바라보는 것, 그 모두는 자녀에게 살아 계신 주님의 임재를 전달하는 '가르칠 수 있는 순간들'이다.

자녀가 친구로 말미암아 기분이 상했을 때는 용서에 대해서, 외출했을 때 아이를 돌봐주겠다는 사람은 오지 않고 약속한 시간이 임박해 올 때는 신실함에 대해, 생물 시험을 준비할 때는 신뢰에 대해 이야기하는 것은 가르칠 수 있는 순간들을 포착하는 좋은 예가 된다. 그러나 부모는 방심하지 말고 준비되어 있어야 한다. 왜냐하면 이것들은 부모가 민감하게 알아차리기 전에는 그냥 지나쳐버리기 쉬운 시간들이기 때문이다. 부모와 공유된 생각이나 성경 구절 또는 격려의 말은 감수성이 강한 어린이의 귀에 들려오는 하나님의 음성이 될 수 있다. "나는 정말 살아 있다! 내가 여기 있다! 내가 돌봐주마!"라는 진리를 가르칠 수 있는 순간이다. 이것은 가정에서의 가르침을 위해 임의적이지만 매우 효과적인 순간인 것이다.

자녀 교육의 한 방법으로서 징계와 벌

부모는 가끔 자녀를 올바르게 징계하는 방법을 이해하는 데 어려움을 겪기도 한다. 그러나 성경적인 입장에서 징계가 행해질 때, 그것은 경건함을 낳는 가정 교육의 한 방법이 된다. 우리는 생각 속에서 체벌로 상징되는 벌과 징계를 동일하게 사용한다. 그럼에도 불구하고 성경은 징계와 벌을 두 개의 서로 다른 문제로 취급하고 있다. 히브리서 12장 5~6절은 이와 같은 교육 방법을 두 개의 다른 형식, 하나는 징계요, 다른 하나는 벌 또는 견책으로 나누고 있다. "내 아들아 주의 징계하심을 경히 여기지 말며"(5절). "주께서 그 사랑하시는 자를 징계하시고 그의 받으시는 아들마다 채찍질하심이니라"(6절).

히브리서 기자는 하나님의 징계와 벌이 자식에 대한 아버지의 징계와 채찍질임을 확언하고 있다. 두 경우에 그것들은 자식에 대한 아버지의 사랑과 아버지와 자식 간의 관계의 진실성을 나타내고 있다. 징계는 이와 같은 가르침의 첫 단계이며, 자녀의 삶에서 표준을 정하고 우수성을 계발하는 것을 포함하고 있다. 양육은 자녀가 일정한 성경의 테두리 안에서 삶으로써 그리스도의 형상을 닮아가며 경건하게 자라게 한다. 한편 벌은 그 테두리를 넘어가거나 의로운 생활의 한계를 긋는 울타리들이 무너질 때 일어난다. 따라서 징계가 벌보다 먼저이며, 그 순서가 뒤바뀌어서는 안 된다. 자녀를 먼저 징계하기보다 채찍질하고, 행동을 적절히 지도하려고 애쓰기 전에 매를 드는 부모는 부당과 불공평이라는 두 가지 과오를 범하게 된다.

모든 부모는 하나님 앞에서 징계와 벌을 통해 자녀를 가르칠 책임이 있지만, 그것들은 반드시 사랑과 관심으로 행해져야 하며 결코 분노나 좌절에서 비롯되어서는 안 된다는 것을 명심해야 한다. 교육의 이 두 가지 형태는 서로 다른 목적을 가지지만, 같은 입장을 취하고 있다. 다음 사항들은 이 둘을 비교하는 데 도움이 될 것이다.

	징 계	벌
목적	의로움과 성숙을 위한 훈련	위반시 벌을 주기 위해
초점	미래의 올바른 행동	과거의 잘못된 행동
태도	사랑과 관심	사랑과 관심
결과	자녀의 안전	자녀의 안전

부모는 징계할 때 자녀가 지켜야 할 합당한 기준을 설정해야 하며, 그리스도께 징계의 최상의 방법인 마음에서 우러나오는 복종을 하도록 지도해야 한다. 징계할 때 부모의 행동은 신속해야 하고, 그 위반에 대해서는 일관성이 있어야 하며, 부모 된 두 사람 모두가 같은 태도를 취해야 한다.

징계와 벌의 방법은 가정 교육의 가르침에서 중요한 부분이다. 이것들이 효과적이 되기 위해 부모에게는 헌신과 일관성이 요구된다. "무릇 징계가 당시에는 즐거워보이지 않고 슬퍼보이나 후에 그로 말미암아 연달한 자에게는 의의 평강한 열매를 맺나니"(히 12:11)라고 성경은 말하고 있다. 징계는 유쾌해 보이지는 않지만, 위대한 결과를 낳는다.

자녀에게 그리스도를 알고 그의 은혜 가운데 자라가도록 가르치는 것보다 부모에게 주어진 더 큰 특권은 없다. 하나님께서는 부모가 어린 자녀에게 영적 진리를 전달하는 중요한 전달자가 되는 책임을 완수하기를 원하신다. 그리스도의 형상을 모범으로 보이도록 계획되었거나 계획되지 않은 가르침의 시간들, 그리고 징계의 성경적인 접근, 이 모두는 자녀에게 그리스도의 실재를 가르치기 위해 부모가 취할 수 있는 방법들이다. 크리스천 부모는 그 책임이 가정에서의 가르침에 대한 것일 때 선택의 여지가 없다. 그것은 부모의 책임이자 위대한 특권이다. 부모는 자녀가 진리 안에서 행하는 것을 보는 것보다 더욱 큰 기쁨을 경험할 수는 없을 것이다.

18 교회에서 제대로 가르치기

마이클 S. 로슨(Michael S. Lawson)

교회는 신약 성경의 명령에 따라 교인들에게 성경을 가르치기 위해 존재한다. 그러므로 교회의 의무는 비공식적인 성경 공부와 근본적으로 다르다. 교회는 성경의 목표들을 이루기 위해 끊임없이 노력해야 한다. 가정 성경 공부는 구성원의 절실한 필요를 중심으로 조직되지만, 교회의 가르침 계획은 가정 성경 공부와는 구별되어야 한다. 교인의 필요와 교역자의 심도 있는 계획이 안정성 있고 체계적인 교과 과정 속에 서로 잘 어우러져 있어야 한다.

교회 교육의 종류

교회에는 가르침의 기회가 아주 많이 있다. 가르침은 공식적인 곳이나 비공식적인 곳, 어디에서나 있을 수 있다.

강단

가르치는 일에 숙달된 교사는 강단에 설 때 안정감을 느끼며 접근한다. 목회자는 책임의 일부로 성경을 가르친다. 에베소서 4장에서 같이 언급되고 있는 '목사이자 교사'라는 말은 그들의 임무를 분명하게 보여준다. 어떤 목사들은 교인에게 정규 예배 시간 동안에도 말하도록 훈련시키기도 한다.

특별 세미나

출석률에 어떤 의미가 있는 것이라면, 사람들은 가르칠 때 출석률을 강조하는 방법을 쓴다. 대체로 이런 식의 가르침은 다소 전통적인 방법으로 남아 있지만, 그 내용은 세미나마다 변한다. 그럼에도 불구하고 브루스 윌커슨(Bruce Wilkerson)은 성경 개관에 대한 창의적이고도 효과적인 접근 방식을 개척해 왔다. 그는 지도력을 발휘해 성경 내용들을 기억하기 쉽고 그 과정에 있는 모든 것을 포괄할 만한 동작들과 결합시킨다. 이와 같이 세대를 초월하는 경험은 창의적이며 사려 깊은 준비 작업이 가능하다는 것을 보여준다.

정규반

세례와 교회 회원 자격이 분리되어 있는 경우라면 교회는 새 신자, 신입 회원, 그리고 세례 받기 원하는 사람들을 가르쳐야 한다. 성격상 대개 정규반은 이미 확실한 결정들을 내린 사람들로 구성되어 있다. 교사는 교인이 따라야 할 절차와 더불어 그들이 내린 결정이 가지고 있는 함축적인 의미에 대해 소개한다. 시각 자료들은 재사용할 수 있는 것이기 때문에, 더 효과적인 교육 효과를 위해 교회에서 좀더 고급으로 제작하는 것을 인정해 주는 것도 좋다. 이러한 그룹들을 진지하게 대해준다면, 반복해서 연습할 기회를 가질 수 있기 때문에 최상의 작업을 해낼 수 있을 것이다.

집중 연구반

일부 교회는 성경 대학 운동을 대폭 모방하여 '평신도 대학'을 설립해 왔다. 이것은 성경을 더 알고 싶지만 규칙적인 연구 기회를 갖지 못했던 많은 사람들을 만족시켜준다. 과목과 교과서는 다양하지만, 그 과정은 수업 외에 책 읽기와 숙제까지 나오는 대학 분위기의 모델을 따른다.

상담과 대화

대부분의 교사들은 가르침에 있어서 비공식적인 상황이 주는 기회들을 과소 평가한다. 그러나 가르침에서 교사의 말은 사람들이 당면한 문제에 직접적으로 영향을 미칠 수 있다. 현명한 교사는 정확한 적용을 하기 위해 이러한 상황들을 찾게 되고 학생들은 분명한 설명을 통해 잘못된 생각을 바로잡을 수 있다. 상호 교환을 통해 미계발 상태인 학생들은 조금씩 기본적인 가르침을 맛보게 된다.

가르침을 위한 집단화

항상 필수적인 것은 아니지만, 효과적인 가르침을 위해서는 다양하고도 창조적인 방법으로 사람들을 집단화할 수 있다. 성숙함, 관심, 교육 배경이 더욱 많은 영향을 미치는 성인기에 이를 때까지, 나이는 가장 흔히 사용되는 분류 기준이다.

연령

교회에서는 일반적으로 연령에 따라 네 단계로 구분한다. 기본적으로 유아, 아동, 청소년, 성인으로 구분하는데, 가르침을 촉진하기 위해 서로 다르게 배치하기도 한다. 유아기에서는 연대기적 연령이 주요한 문제이다. 그러므로 6개월 간격으로 나누는 것이 도움이 된다. 왜냐하면 이 시기의 아동은 아주 빠르게 성장하기 때문이다. 아동기와 청소년기에서는 학년 분류가 목적에 잘 맞는다. 부모들은 일반적으로 거의 예외 없이 이러한 분류들을 받아들이고 협조해 나간다.

성인들은 같은 분류 내에서도 상당히 복잡한 문제를 가질 수 있다. 많은 교회들이 다양한 성공 정도에 따른 사회적 지위, 연대기적 연령, 성별, 그리고 결혼 여부에 따라 분류한다. 독신들은 흔히 자기들끼리 모이기를 원한다. 가끔 '미혼' 독신주의자들은 한때 결혼했던 독신주의자들과 구별된 그룹을 선호하기도 한다. 그럼에도 불구하고 성인들 스스로가 집단을 이룰 때, 그들은 일반적인 연령을 덜 중요시 여기며 같은 연령의 자녀를 가진 사람들과 잘 어울리는 경향이 있다.

성숙

성경은 성숙이란 성장하는 크리스천의 분명한 표시라고 말씀한다. 성숙의 정도에 따라 분류하는 것은 어렵다고 평가하는 반면, 성숙을 말하는 것은 너무나 쉬워보인다. 또 인위적인 성인 그룹을 만들기 위해 성숙이 자주 사용되지 않았다는 사실은 그리 놀랄 만한 일이 아니다. 어느 누가 스스로 미성숙한 크리스천이라고 인정하기를 좋아하겠는가? 누가 미성숙한 크리스천과 거리낌없이 어울리는 것을 좋아하겠는가? 성숙의 정도를 바르게 평가하려면, 이 기준으로 사람들을 분류하기 위한 좋은 방안을 마련해야 할 것이다.

관심사

현재 아동 또는 청소년을 관심사가 같은 그룹들에 따라 영구적으로 분류하는 교육가들도 거의 없지만, 성인을 위해 이 체계를 배타적으로 유보해 놓는 교육가들도 거의 없다. 성인들은 종종 자신의 삶의 특별한 필요들을 충족시킬 수 있는 강의에 참석하거나 배움의 기회들에 의해 그들 자신을 분류한다. 출판사들이 더 많은 자료들을 출판함으로써 늘어나는 시장의 욕구에 부응하는 것처럼, 교사는 다양하게 증가하는 성인의 욕구를 더 잘 수용할 수 있을 것이다.

교육 수준

일부 교회들은 사회 경제적 선을 중심으로 대충 조직하는 경향이 있다. 일반적으로 사회 경제적 수준이 높으면 높을수록 교육 수준은 더 높다. 이 경향을 변경시키려는 시도는 일부 통찰력 있는 도시 교회에서만 예외

일 뿐 주로 실패를 거두어 왔다. 매우 높은 교육 수준을 가진 교인들을 가진 대학가 교회에 필요한 가르침의 질은 확실히 교육 수준이 낮은 출석자들(반드시 덜 헌신된 것은 아니지만)로 구성된 교회들과는 다를 것이다.

독해력은 어떤 상황에서 더 많은 시간을 필요로 하는 학습 활동들을 설명해준다. 이 근본적인 기술을 중심으로 사람들을 쉽게 분류할 수 있으며, 이것은 교실에서 그들의 능력에 놀라운 영향을 끼친다. 교사는 다양한 교육 배경을 가진 사람들에게 적응해 가면서 그들을 적절히 분류할 필요가 있다.

가르침을 위한 교회 연중 행사표

교회에서의 효과적인 가르침을 위해서는 교회 연중 행사표와 교과 과정을 조심스럽게 조정해야 할 필요가 있다. 신참 교사는 연중 행사표를 보고 교회 회기를 동등한 4학기로 나눌 수 있다고 결론 내릴지도 모른다. 그러나 그렇지가 않다. 관례적인 교회의 연중 행사표에 따라 교육 계획이 일부 중단되기도 하기 때문이다.

사람들이 주로 교회에 오지 않는 아래의 날짜 목록에 유의하라. 사람들이 결석할 때 그 교과 과정에 대한 학생의 이해력은 연속성을 잃게 된다는 것도 기억하라.

결석이 예상되는 주일들
1. 여름 휴가   2~3주
2. 현충일   1주

3. 노동절　　　1주

4. 독립기념일　1주(주말이 아닐 경우)

이와 같은 5~6 주일은 전체 주일의 10%에 해당하며, 대개 여름 동안에 주로 생긴다. 물론 모든 사람이 이 모든 날짜를 택하거나 동시에 휴가를 떠나지는 않는다. 그러나 여름 동안의 이런 산만한 출석 때문에, 계속 진행되는 다른 교과 과정을 주일에 실시하기가 어려워진다. 따라서 교사는 여름 동안 몇 주에 걸쳐 진행하는 교과 과정을 현명하게 피해야 한다.

특별한 날이어서 나오게 되는 주일들

1. 크리스마스　　1~2주

2. 추수 감사절　1주

3. 부활절　　　1~2주

4. 선교 강조 기간　1~2주

이와 같은 4~7 주일도 전체 주일의 대략 10%를 나타낸다. 이들 주일은 앞서 말했던 주일 목록과는 다르다. 이때에는 다른 주일보다 더 많은 사람들이 교회에 출석한다. 교과 과정 속에서 이런 날들을 특별히 강조하지 않도록 한다.

그밖의 이유로 빠지게 되는 주일

그밖의 이유로 영향받는 주일들을 어떻게 알 수 있는가? 이 특별한 몇 주일을 제외한 모든 주일은 복잡한 교과 과정 계획을 성취할 수 있다고 생각하는 것은 너무 어리석은 일이 아닌가? 다음과 같은 이유 때문에 과정은 얼마든지 중단될 수 있다. 다음에 열거한 정상적인 일상의 경험에 주목해 보자.

1. 가족의 질병.
2. 수면으로 풀어야 할 피로.
3. 주말 나들이(휴양, 친구, 가족).
4. 스포츠 행사 참석.

이 모두는 일관성을 끊어버리기 때문에 교회에서의 가르침에 직접적인 영향을 미친다. 교회는 규칙적인 반복 학습을 하면서 들쑥날쑥한 출석률을 고정시키기 위해 과정을 복습해야 한다. 가능한 한 많은 강의를 시리즈로 엮어 4~6주 동안 지속해야 한다. 왜냐하면 교회의 모든 학기를 통틀어 일정한 출석률을 유지한다는 것은 점점 더 비현실적인 것이 되어왔기 때문이다. 주일학교 교재를 만드는 출판사들은 이 한계를 잘 파악하여 학기를 세 학습 단원 중심으로 짠다. 아니면 교회에서 다른 대안들이 될 만한 독특한 출석 패턴을 계발할 수도 있다.

교회 교육을 위한 전략

참여 방법의 사용

창의적으로 가르치기 위해서는 가르치는 방법을 매주 바꿀 필요가 있다. 그리고 그 방법에는 중요한 4가지 항목들 중 한 가지가 포함된다.

청각 자료. 이 방법은 거의 집중적으로 청취해야 하며, 학생들의 높은 개인적인 동기가 필요하다. 학생들이 그 과목에 흥미를 갖지 못하고 있다면 말로 보완할 수도 있다. 숙달된 대부분의 교사들은 이런 내면적인 단점들을 깨달아 다양한 방법으로 자신의 수업을 보완한다. 강의, 이야기들려주기, 녹음 테이프, 토론회, 논쟁, 심포지엄 등은 단지 학생의 청취에만 의존하는 범주에 속한다.

시청각 자료. 이 방법은 청각과 시각 모두를 포함한다. 바르게 이용하기만 한다면, 시청각은 학생들의 주의를 집중시킬 수 있다. 유감스럽게도 많은 교사들이 시각 매체를 숙달된 방법으로 계발하지 못하고 있다. 필름, 슬라이드 테이프, 텔레비전, 인형극, 드라마, 칠판 강의, 오버헤드, 슬라이드, 차트, 융판 등은 언어 전달에 도움을 준다.

상호 작용. 이 방법은 앞서 말했던 여러 가지 방법들의 아이디어를 통합해 준다. 여기에서 학생들은 교사, 토론자 또는 심사 토론회 회원과 상호 작용한다. 많은 교사들이 이 활동을 말할 때 '토론'이라는 말로 오용하는데, 실제로 '질문과 대답'이라는 말이 교실에서 일어나는 것을 더 정확하게 말해 준다고 할 수 있다. 왜냐하면 교사에게 초점이 맞춰지기 때문이다. 상호 작용은 배운 것의 명료화나 확대를 추구하는 학생들에게 유익하다.

참여. 이 방법은 학생들에게 공통의 문제에 대해 함께 일하게 해준다. 이것은 '자기 일은 자기가 알아서 하는' 학교의 전형적인 분위기와는 사뭇 다르다. 그러나 최근에 나온 몇몇 연구는 이 방법이 학생의 참여와 학습에 더 도움이 된다고 말한다.[1] 성공적인 사업은 함께 일하는 사람이 제기하는 창의성을 수용하고, 전체는 아니더라도 대부분의 계획에서 그들의 협력을 구한다.[2]

이와 같은 방법들은 학생 쪽에서 먼저 시작해야 하는 동기보다는, 교회의 가르침을 위해 자발적이어야 할 최대의 열정을 필요로 한다. 활동을 제한할 수 있는 것은 창의성밖에 없다. 국제 학습 센터(The

International Center for Learning)는 연령별로 '미술 활동' '창작' '토론 활동' '연극 활동' '음악 활동' '구술 발표' '수수께끼와 게임' '연구 활동' 그리고 '기타 복합 활동'과 같은 여러 특별 활동들이 실려 있는 「성경 학습 활동법(How to do Bible Learning Activites : 현재 파이디온 선교회가 "창조적인 성경 학습 활동"이라는 제목으로 출판함-편집자 주)」이라는 책을 출판했다. 더 최근에 마린 르훼버(Marlene LeFever)는 "창조적인 교육 방법들(Creative Teaching Methods)"(David C. Cook)이란 제목의 책을 한 권 썼다. 이러한 훌륭한 자료들 모두는 학습 과정에 학생들이 깊이 참여하는 참여적 가르침의 방식을 충족시키도록 돕기 위한 아이디어를 포함한다.

이 네 가지 모두를 결합시키는 반도 있다. 이것들을 섞어서 결합하는 것은 가르침에서 거의 무한한 다양성을 가져올 수 있다. 자원한 교사들은 한 성경 구절을 충분히 연구하여 특별한 자료 없이 적절한 방법들로 그것을 매혹적으로 포장하는 시간과 노력을 들일 수 없는 경우가 대부분이다. 복음주의 출판사들은 이 문제를 확실히 해결하기 위해 특별한 자료들을 제공하기도 한다.

자원한 교사들의 관리

교회의 효과적인 가르침의 관건은 의심할 여지없이 교사에게 달려 있다. 교과 과정, 연중 행사표, 수업 시간 관리는 관심 있는 교사의 현명한 임무 수행으로 좌우된다. 가르치는 일에 교사가 어느 정도 헌신했는가에 따라 교육 프로그램이 좌우된다고 할 수 있다.

대부분의 교회가 교사들을 언제나 많이 필요로 하기 때문에, 특별한 자격 수준을 두지 않는 것이 보통이다. 그래서 가르치는 일에 대해 단순히 관심을 가지고 있는 것만으로 교사 임명을 하기도 한다. 한번 가르치는 자리에 앉으면, 심지어 뜻있는 교사들도 우쭐대는 자아를 가누지 못해 계속 훈련이 필요한 것을 잊어버릴 수 있다. 많은 기독교 교육가들은 성인반 교사들이 변화를 거부하면서, 습관적으로 교사 모임에 나가지 않고 있다고 지적한다. 이같은 자율성은 오히려 가르침에서의 탁월성 계발을 방해하는 것이다.

교사가 사역을 시작할 때부터 세우는 사려 깊은 관리 전략들은 그들에게 다른 기대를 심어줄 수 있다.

교과 과정. 새로운 교사 모두에게 나름대로 가르치기 전에 일정한 시간 동안은 계획한 교과 과정을 사용하도록 요구하라. 이미 마련된 과정들을 따르는 것은 미래를 위해 중요한 뼈대가 되기 때문이다.

공동 가르침. 교회에서 가장 노련한 교사와 함께 매년 일련의 가르침을 계획하고 공동으로 가르치도록 모든 교사들에게 요구하라. 그 평범한 교사들은 혁신적인 교수법이 어떤 것인지 맛볼 수 있을 뿐만 아니라, 수업 자체가 더욱 참여적인 방식으로 나아가도록 건강한 압력을 주는 것을 볼 수 있을 것이다.

복수 교사 제도. 언제든 가능하면 각 반을 위해 한 명 이상의 정규 교사를 두라. 돌아가면서 교사가 되는 것은 실제로 가르침의 질을 향상시킬 수 있는 준비 시간을 많이 확보할 수 있게 해준다.

교사가 그 학급에 '적절한가'에 유의하라. 자격을 갖춘 교사라고 모든 학급을 가르칠 수는 없다. 특별한 '화학 작용'이 학급과 교사 사이에 있어야 하기 때문이다. 종종 완벽하고 유능한 교사도 어떤 특정한 학급에는 적절하지 못한 경우가 있다. 간단한 실례를 통해 새로운 교사에게 긍정적인 잠재력이 존재하는가를 평가함으로써 쉽게 발견할 수 있다. 한 학급이 부정적인 반응을 보이면, 어느 쪽도 당혹스럽지 않을 수 없다.

특별 위원회. 특별 위원회를 조직해 1년 간 특별 프로젝트를 계획하도록 지정한다. 매우 다양한 방법론들을 통합하여 2~3주 계속하는 시리즈를 주의 깊게 계획하라. 그 팀을 다른 학급과 기관에 순회시켜, 정규 교사들에게는 해방감을, 학급들에게는 신선한 자극을 제공하라.

주일학교

주일학교는 교회의 주요 교육 기관이 되어왔다. 비록 많은 교회가 다양한 교육 프로그램들을 제공하려고 노력하지만, 주일학교는 여느 프로그램보다 더 나은 출석률을 보인다. 그 광범위한 성격 때문에 주일학교는 다른 어떤 기관보다도 더 많은 교사들을 필요로 하며 특별하게 취급된다.

교회의 주요 교육 기관이 '학교'라는 명칭을 갖고 있기 때문에 사람들은 때때로 그것이 공립학교와 같은 기능을 한다고 미루어 짐작한다. 그러나 주일학교는 주요한 여러 면에서 공립학교와 다르다. 예를 들어 학생들에게 과제를 해오도록 요구하는 주일학교는 거의 없다. 또 주일학교에 출석과 참여를 명령할 수도 없다. 주일학교 출석이 가지는 자발적인 성격 때문에 이와 같은 여러 의미들을 이해해야 한다.

또한 주일학교의 기본 활동은 일상적인 학교 교육과 다르다. 격려와 보살핌을 위한 시간이 주일학교의 중요한 목표이기 때문에, 수업 시간을 학문적인 추구에만 집중할 수 없다.

이것은 결국 근본적인 차이를 가져온다. 목표가 다르기 때문이다. 일반적으로 학교는 가르친 정보의 결과로서 삶이 변화하기를 요구한다. 그러나 성공적인 학교는 학생들의 도덕적 고결성 여부에 의해서가 아니라 여전히 학문적인 성취에 따라 측정된다. 그러나 주일학교에서는 삶의 변화가 교육 과정에 공통적으로 내재해 있다. 정확한 성경 내용을 기초로 한 따스한 기독교적인 교재로 만들어진 도덕적인 결정들을 조장하려고 애쓴다. 성공적인 주일학교는 학생들의 학업 성취에 의해서가 아니라, 그리스도의 형상을 이루어감에 의해서 측정된다. 그 목적을 이루기 위해 다음 세 가지 주제가 합력하여 주일학교 수업 시간을 충만케 해야 한다.

1. 교제.
2. 정보.
3. 적용.

수업 시간을 극대화함

대부분의 주일학교는 일반적으로 약 60분 동안 진행된다. 일부 교회는 2부 예배와 동시에 운영하여 시간을 늘리기도 한다. 비록 다소의 본질적인 불편함들이 있긴 하지만, 주일학교 시간이 어떻게 75분으로 연장되는지 주목해 보면 매우 유익한 이점이 있다. 더 많은 시간을 조절하는 것이 쉽고, 시간을 연장하는 교회가 거의 없기 때문에, 분석 목적을 위해 학급 시간 기준으로서 60분을 사용할 수 있다.

지각생들을 위해, 청소년과 성인을 위해 수업 시간은 대개 다음과 같은 형식을 따른다.

시 간	활 동
10~15분	도착 및 친교
10~15분	광고 및 기도
30~40분	강의 또는 수업

그러나 주요 출판사들을 통해 주일학교 교재를 펴낸 권위 있는 교육가들은 오랫동안 약간 다른 형식을 제안해 왔다. 그와 같은 수정 계획은 이전의 체계에서 세워졌던 전략적 시간의 낭비를 줄여준다. 대부분의 출판사들은 다음과 비슷한 체제를 제안하고 있다.

시 간	활 동
10~15분	접근 활동
10~15분	친교 또는 학과 소개 및 생활의 필요들
10~15분	성경 전개 및 연구
10~15분	적용과 토론
5~10분	학급의 용건과 광고

이러한 두 형식들은 철학적인 차이로 가득 차 있다. 하나는 시간이 어떻게 시작되는가와 관련되어 있음을 주의하라. 두번째 계획 안에서는 첫번째 학생이 도착했을 때 주일학교가 시작된다. 지도자들은 도착하는 지각생들을 맞을 활동들을 계획한다. 그러나 학생들이 교제하는 동안 그 활동은 학생들의 생각을 그날 성경 공부의 일반적인 부분에 맞추도록 돕는

다. 수업이 재미있고도 의미 있는 활동으로 빠르게 시작된다고 인식하게 되면, 학생들은 정시에 도착하기 위해 더욱 애쓸 것이다.

그날의 수업과 시작 활동을 결합하는 것은, 지도자가 특정한 학과 목적을 깨닫지 못했다면, 사실상 불가능하다. 이것은 수업 시간을 완전히 통합할 수 있는 기초가 된다. 서로 다른 여러 목적들에 각기 다른 성경 구절을 말하는 것도 좋지만, 가장 훌륭한 교사는 단지 한 가지에만 초점을 맞추도록 계획한다.

학과 목표, 즉 학생이 수업 시간 동안 무엇을 할 것인가는 한 문장으로 쓸 수 있다. 바람직한 목적은 이렇게 씌어질 수 있을 것이다. "학생들에게, 하박국 선지자가 선포한 것처럼, 이스라엘에 관한 하나님의 심판의 이유를 요약해 보게 한다." 아니면 "학생들에게, '선한 사마리아인'에 대한 적용으로 지역 사회에 있는 소외된 사람들의 필요를 채워줄 수 있는 한 가지 방법을 말해보게 한다."

전개 활동 다음에는, 그 학과를 소개하고 필요한 정보를 준다. 오용하거나 과용하지 않는다면, 간단한 강의들은 이 시점에서 극도로 좋은 효과를 낸다. 그러나 아침에 설교를 두 번 하는 것은 빈약한 교육 계획을 보여준다는 것에 유의하라. 주일학교 시간에 듣는 것 이상을 필요로 하는 학습 과정에 학생들을 참여시키기 위해서는 완전히 다른 방법들이 있어야 한다.

정보를 소개한 다음, 학생들을 그 과에 대한 직접적인 발견쪽으로 유도하되, 개인적으로 연구해서 얻는 것들을 보고하는 이상의 것을 해야 한다. 교사는 각 학생이 그 시간 동안 그 구절을 직접 조사하도록 도와야 한다. 단지 수업 준비만을 위해서라면 대부분의 사람들은 숙제를 하지 않을 것이다. 한 주일 동안 스스로 성경을 공부하는 데 시간을 보내지 않는 사람들은 이 시간이 하나님의 말씀과 유일하게 만나는 기회가 될지도 모른다. 이것은 똑같은 과제를 놓고 잠시 함께 일하는 것을 통해 사람들이 서로서로를 돕는 아주 좋은 시간이다.

다음으로, 학생들은 깨달은 점을 보고하고 교사의 생각과 의견을 듣고 서로 나누어야 한다.

또한 그 학급은 마지막 적용 단계로 나아간다. 이 단계의 활동은 학생들이 성경 말씀대로 사는 방법에 대해 개인적인 생각을 할 수 있도록 도울 수 있다. 재치 있는 교사는 학생들이 더욱 구체적으로 생각하도록 도울 때, 이쯤해서 대안들을 말해주기도 한다. 사람들은 교사의 도움이 있거나 없거나 상관없이 성경의 의미와 적용에 대해 실수를 하기도 한다. 그러나 다정하고도 수용적인 분위기를 가진 이상적인 주일학교 학급들은 성경의 관점과 신학적으로 건전한 사고를 계발하기 위한 실험장이 될 수도 있다.

기도는 적용 시간이 되기도 한다. 우리는 결석한 사람들의 필요를 기억해야 할 뿐만 아니라 말로 표현한 적용점들을 행하기 위해 하나님께 도움을 구해야 한다.

마지막으로, 그밖의 남은 일들을 하고 끝마친다. 이 과정에서 교사는 가르치는 시간의 변동 사항 같은 것들을 조절할 필요가 없다. 주된 강조점은 성경과의 상호 작용에 있어야 한다. 광고를 짧게 하는 것은 성경 공부를 줄이는 것보다 훨씬 바람직한 일이다.

이전에는 가장 창조적이고 경험 있는 교사만이 방금 설명한 것과 같은 형식을 따를 수 있었다. 오늘날에는 대부분의 주요한 교과 과정을 담은

날짜 _____
제목 _____
그룹 _____

학과 계획

학습목표
_____
_____
_____

시간   활동   준비물
_____ 소개   _____   _____   _____
_____ 접근   _____   _____   _____
_____ 삶   _____   _____   _____
_____ 필요   _____   _____   _____
_____ 발견   _____   _____   _____
_____   _____   _____   _____
_____ 반응   _____   _____   _____
_____   _____   _____   _____
_____ 요약   _____   _____   _____
_____   _____   _____   _____
_____   _____   _____   _____

평가 _____

책을 펴내는 출판사들이 학생의 참여를 유도하고 창의적으로 시간을 보내게 하기 위해 다양한 아이디어를 제공하고 있다. 교사는 학생의 사고를 지도하고 자극하기 위해서 성경적으로 건전한 여러 대안들을 선택할 수 있다. 사려 깊은 교사라면 어떤 교과 과정도 그대로 사용하지 않을 것이다. 그러나 잘 계획된 교과 과정을 두고도 독자적으로 일하기 위해, 중요할 뿐만 아니라 시간도 절약해 주는 창의적인 자료를 그냥 지나쳐온 교사들도 있다.

앞에 있는 학과 계획 표본을 자세히 살펴보라. 그리고 중요한 요소들을 조정하여 자신의 교과 과정에 알맞게 만들라. 특정한 학과 목표, 창의적인 시간 관리, 다양한 교육 방법을 개발하여 일하도록 한다.

19 기독교 학교에서 가르치기

데이빗 L. 에드워즈(David L. Edwards)

지난 20년 동안 미국 초·중·고등학교에서 기독교계 학교들의 영향은 대단했다. 미국 문교성이 실시한 사립 학교에 대한 1985~86년도의 조사에 따르면, 가톨릭 계통을 제외하고도 종교적인 배경을 가진 학교들의 수는 어림잡아 520%까지 늘어났다고 한다.[1] 기독교 학교들은 미국에 있는 사립 학교들 가운데 가톨릭 교구 부속 학교에 이어 두번째로 큰 집단을 이루고 있다. 또 최근 가장 높은 성장률을 가진 기독교 학교 가운데는 복음주의 계열, 칼빈주의 계열, 루터교 계열의 학교들이 많음도 이 통계를 통해 알 수 있다.[2]

이들 학교에 등록된 학생 수는 놀랄 만큼 증가해 왔다. 1983년까지의 조사를 보면 사립 초·중등학교에 다니는 학생들의 1/4은 비(非)가톨릭

계 종교 단체가 세운 학교에서 공부하고 있다고 한다. 이것을 수치로 환산하면 125만 명에 달하며 이러한 경향은 아직도 계속되고 있다.

이런 숫자 팽창의 결과로 그런 학교에서 필요로 하는 전문 직원 및 교육자는 비례적으로 늘어나게 되었다. 현재 그와 같은 자리에 있는 사람들은 127,000명에 이른다고 한다. 물론 기독교계 학교들은 항상 수업을 담당하는 교사들을 감독하고 관리하는 행정 요원들을 필요로 해왔다. 전문적인 사역을 계획하는 복음주의적인 교육가들이 기독교 학교에서 학생들을 가르치는 것은 지극히 당연한 일이며 반드시 고려되어야 하는 일이다.

그러나 기독교 학교에서 가르친다는 것은 하나의 직장을 선택하는 것과는 그 의미가 다르다. 기독교 학교의 교육은 교육 철학이나 실천적인 면 모두가 일반 학교와 질적으로 구분된다. 기독교 학교에서 실시하는 교과 과정은 여러 전문 대학이나 일반 대학의 훈련 프로그램들과 근본적으로 구별된 교수법적 접근이 필요하다. 크리스천인 교사와 기독교 교사 사이의 차이를 이해하는 것은 쉬운 일이 아니다. 실제로 교실에서 강의를 하다보면 그 차이는 더욱 커진다. 19장에서는 기독교 학교에서 가르치는 사역에 헌신하려는 사람들이 미리 생각해 보아야 할 문제들과 관심사들을 간단히 살펴보고자 한다.

다른 사역에 다른 철학

모든 교사가 똑같은 환경에서 교육할 수는 없다. 각 학교, 각 교실은 저마다 독특한 교육 환경을 구성하고 있다. 가르침이라는 고지에 어떻게 접근해 가느냐는 교육 일반의 성격과 목적에 대한 일련의 가정과 추정에 따라 좌우된다. 이러한 철학적 토대 위에서 그날그날의 교육적인 선택들이 이루어진다. 기독교 학교의 교과 과정과 교육 실습은 현실성, 진리와 도덕성이라는 성경적 개념 위에 세워진다. 따라서 교사는 교수(敎授)와 학습에 대한 일반적인 철학은 물론 그 학교만의 교육 철학과 궁극적으로는 하나님의 말씀을 가지고 교육할 수 있는 철학적 전제를 계발해내야 하는 것이다.

이러한 교육 철학을 세우고 실행하는 과정은 한 순간에 끝낼 수 있는 단순 작업이 아니며, 형식적인 절차에 그치는 요식 행위도 아니다. 오히려 모든 진리의 궁극적인 원천으로 하나님을 인정하는 응집된 세계관 및 인생관을 다듬어가야 하는 기독교 교육가들의 영구 과제이다. 그 진리란 창조적 세계를 통한 일반 계시로서의 진리이며, 성경을 통해 성령님께서 주권적으로 조정하시는 특별 계시로서의 진리를 말한다.[3] 그러므로 세속 철학을 성경의 내용이나 교리적 요소들과 절충하여 기독교 냄새를 풍기려는 시도는 올바른 태도가 아니다. 우주의 중심 되신 그리스도와 그분의 가르침이 삶의 모든 과정과 철학에서 일관되게 나타나야 하기 때문이다.[4]

왜 기독교 학교인가

기독교 학교의 수가 많아짐에 따라 개중에는 어쩔 수 없이 부적절한 목적으로 세워지는 학교들이 생기게 된다. 그러므로 기독교 학교에서 전문 교사로 일하고 싶은 사람들은 성경적인 인생관을 형성하는 데 왜 기독교 학교 교육이 필요한지에 대해 분명한 입장 정리가 있어야 한다. 그렇지 않으면 교사와 학교의 교육 철학이 서로 달라 서로 불만스러워하는 결과를 가져온다. 그러므로 교사와 학교 모두가 학교 설립의 근본 목적과 교사의 교육 철학이 일치하는지 점검해야 한다.

크리스천 부모들이 지역 공립 학교를 신뢰하지 못할 때, 그에 대한 반작용으로 기독교계 사립학교에 대한 관심이 늘어날 수도 있다. 날로 감소하는 공립학교의 학문적 주안점이나 표준, 흐트러진 기강, 약물 남용 등의 사회적인 병폐의 침투, 교과 과정 및 교육 내용의 부실 등 여러 요인들이 기독교 학교에 대한 관심을 때때로 자극해 왔던 것이다. 사람들이 기대하는 것은 공공 윤리와 질서가 유지되는 것인데, 프란시스 쉐퍼(Francis Schaffer)는 이것을 미국 사회의 '기독교적 합치'라고 불렀다.[5] 이런 기대가 기독교 학교의 설립을 부추기는 역할을 하는 것이다. 또 지역 정책 결정 과정에서 소외된 전문적인 학교 경영자들이나, 자유주의 경향에 밀려 학교 정책 결정 과정에서 밀려난 학부모들이 그 대안으로 기독교 학교 설립을 모색하기도 한다. 아마도 그 학교는 '도덕성'의 사각 지대에서 더 빛을 발하게 될지도 모른다.

부모들의 관심사가 이처럼 확실한 만큼, 기독교 학교는 공립 학교의 실패와 결점들을 훨씬 뛰어넘는 학교 존립의 이유를 필요로 한다. 기독교 교수법은 세속 교육에 있는 부정적인 특징에 대한 반응으로서라기보다는, 하나님의 진리를 전달한다는 완전히 성경적인 교육 개념의 토대 위에 자리잡아야 한다. 부모나 교회의 적극적인 후원을 통해 계발된 교과 과정은 내노라 하는 세속 교육 체계에서도 찾아볼 수 없는 가능성들을 열어준다. 그와 같은 맥락에서 기독교 학교는 학생들에게 성경적인 인생관을 계발시키고, 성숙한 성인 크리스천의 생활 방식을 모방함으로써 유익을 주며, 어려운 문제들을 성경이 절대적인 권위로 가르치는 대로 해결해 나가고, 신령한 모임을 통해 찬양과 예배, 공부할 기회를 제공한다.

조직적인 면에서 볼 때, 기독교 학교는 세 가지 기본적인 유형 가운데 하나를 따르는 경향이 있다. 즉, 교구적인 형태, 육성회(학부모 모임) 형태, 후원회 형태 가운데 하나를 선택하게 되는 것이다. 교육 목표와 목적이 비슷한 상황에서는 운영 조직이 그 학교가 강조하는 바를 드러내며, 심지어는 그것들을 유도하기까지 한다. 그러므로 복음주의적인 학교에서 사역하려는 사람은 학교가 가지고 있는 유형에 유념해야 한다.

1970년 이래로 세워진 대다수의 기독교 학교는 교구적인(교회가 후원하는) 학교들이었다. 기존의 가톨릭계나 루터교 계열의 학교 체계처럼, 이러한 학교는 지역 교회가 가진 선교관에 따라 생겨났다. 그런 교회들은 기독교 학교를 전인적인 기독교 교육 프로그램의 완전한 형태로 간주하며, 교회 후원회가 학교 운영을 감독한다. 교구 학교는 종종 주일학교를 비롯한 기타 교회 기관과 시설을 나누어 쓰기 때문에, 경비에서 수업료가 차지하는 비중은 많지 않다. 그러나 시설을 모든 사용자들이 나누어 쓰는 데에는 한계가 있으며, 효과적인 운용을 위해서는 넓은 마음으로 협동하는 자세가 절대적으로 필요하다.

육성회(Parent Sponsorship)는 1970년도 이전에 세워진 기독교 학교에서 흔히 볼 수 있는 유형이다. 그 이전에는 학교 설립에 남다른 열의를 보였던 일부 교단을 제외하고 대부분의 교회가 학교를 통한 기독교 교육에 관심을 갖지 않았다. 교회 후원회의 보호적이고도 단체적인 감독을 벗어나서 학부모가 통괄하는 학교는, 학교 운영의 특정한 목적과 보조 기능들을 가진 법인체 또는 법인 공동체 형태로 운영된다. 학교에 대한 직접적 감독은 학부모를 대표하는 이사회에 위임하는 경우가 많지만, 교육 프로그램과 정책의 통제는 교구 제도에서보다 훨씬 더 부모의 영향을 받게 된다. 한편 학교 운영에 드는 모든 경비는 궁극적으로 학부모들에게 돌아간다.

기독교 학교의 세번째 형태는 교육 위원회 형식의 독자적이고 유기적인 법인 조직이 책임을 맡는 방식이다. 조직 구성원이 반드시 부모일 필요는 없지만, 이 위원회에서 일하기 위해서는 기독교 교육에 대한 개인적인 헌신을 공유해야 한다. 교육 위원회는 학교 재산을 관리하며 학교를 설립한 사람들의 설립 의도를 계속 유지해 나가기로 약속한 사람들로 구성되는 것이 보통이다. 제도의 연속성·일관성을 유지해 나가기 위해 위원들은 더 오랫동안 근무하는 경향이 있다. 위원회는 자신들이 내세운 교육 목적에 동의하는 사람들 가운데 새로운 위원을 추가로 선발할 수 있다. 똑같은 교육 목적을 확고히 신봉하는 지원자를 새롭게 뽑거나, 추가로 멤버를 조심스럽게 선출한다.

교사에게는 조직상의 문제가 자신의 일로 여겨지지 않을 수도 있다. 그럼에도 불구하고 위원회는 교사의 전문적인 역할에 대해 상당한 영향력을 행사한다.

교회가 설립한 학교는 훨씬 튼튼한 재무 구조를 가질 수 있다. 또 시설과 교재가 더 우수한 경우가 많다. 그리고 그 학교의 전반적인 '종교적인 설립 의도'에 대해서도 의심의 여지가 없다. 그러나 이것을 확실히 하려는 의도에서 학교 기능이 지나치게 확대 해석되고, 교사의 사생활이 다소 희생되는 경우마저 생기게 된다. 학교 직원이 교회의 멤버가 되고 심방, 교육 사역과 같은 학교와 관계없는 교회 활동들에 폭넓게 참여해 달라는 요구를 받을 수도 있다. 기독교 학교 교육에 대한 교회의 참여도는 목회 방식의 변화와 함께 종종 동요되기도 한다.

학부모로 구성된 육성회가 관리하는 학교는 자녀를 훈련하고 양육하는 성경적인 부모의 사명과 밀접한 연관이 있다. 그러나 부모의 입장을 강조하다보면 교직원과 자신의 위치를 정확히 파악하지 못할 수도 있다. 결과적으로 교사들은 서로와 학교의 표준과 모순될 뿐만 아니라 심지어 부모들로부터 피할 수 없는 압력을 받기도 한다.

교육 위원회에 의해 유지되는 학교의 강점은 교리와 실천에 있어서 근본적인 통합을 유지할 능력이 있다는 것이다. 그러나 학교 후원자들이 막강한 영향을 갖게 되므로 교사의 필요를 민감하게 채워주지 못할 수도 있다. 위원회 위원들만이 모든 권위를 갖게 되므로 시간이 흐를수록 적절한 교수법을 사용할 기회가 줄어들지도 모른다.

더욱 면밀해야 할 준비 과정

교사는 자신의 학생들에게 엄청난 영향을 끼친다. 교육을 통해 교사가 학생들에게 얼마만큼의 감화를 주느냐에 따라 학생들의 학습 효과와 삶 자체가 달라진다. 교실 경험과 교사에 대한 학생들의 감정적 반응들은 공부를 좋아하느냐 싫어하느냐를 결정짓게 되며, 그 가운데 어떤 요소는 인생의 방향까지도 바꾸어 놓는다. 교사 자신의 가치관, 신념, 그리고 선호점들은 매우 광범위하게 학생들에게 전달된다. 성경 말씀에서 "무릇 온전케 된 자는 그 선생과 같으리라"(눅 6:40)고 한 점을 기억하라.

교사의 영향은 광범위하면서도 집중적이기 때문에, 교육 이전의 준비가 주의 깊게, 부지런히 행해져야 한다. 기독교 학교 교육을 위해 만반의 준비를 갖춘 사람의 특징은 무엇인가? 적어도 견실한 단과 대학이나 종합 대학 수준의 학습 준비가 다음 세 가지 기본적인 범주에서 갖추어져야 한다. 즉 성경과 신학 훈련, 일반적인 학문, 전문적인 이론과 방법 등이 그것이다.

진정한 기독교 학교 교육에서 모든 교과 과정은 하나님의 일반 계시 및 특별 계시로부터 유래된 통합된 진리로서 제시된다. 이 목적을 완벽하게 이루기 위해 교사는 두 방면에서 철저한 훈련이 있어야 한다. 개인적인 말씀 연구는 필수적이며 교회의 가르침을 통해 축척된 성경 지식도 가치 있는 자산이 될 수 있다. 그러나 성경 내용에 대한 초보적인 공부는 물론 좀더 폭넓은 범위의 연구를 위해 정규 과정을 밟는 것도 바람직하다. 성경을 가르치는 일뿐만 아니라 성경의 진리를 적용하는 데에도 주석학적 또는 해석학적 기술들과 아울러 성경을 다루는 능력이 요구된다. 기독교 학교들을 위해 뛰어난 몇몇 교과 과정 자료들이 개발되었는데, 그것은 오히려 학생들의 자발적인 질문을 방해하고 교사의 준비가 학생의 이해력을 따라가지 못하는 상황을 가져오기도 했다. 그러므로 교사는 표준 연구 도구들을 능숙하게 사용할 수 있는 기술을 수업 전에 이미 습득하고 있어야 한다.

교육 내용의 우수함이 전제되어야 한다. 많은 대학생 교사 훈련 프로그램들은 이것을 등한시하여, 수학이나 과학 또는 역사에 대해 부적당한 개념을 가지고 있더라도 개인적인 연구를 통해 바로잡으라고 이를 방치하고 있다.

미국 공립 학교에 대한 최근 연구에서 존 굳래드(John Goodlad)는, 국민학교 교사들의 10% 이상이 한 과목 또는 그 이상의 필수 과목을 가르치기에는 자신의 수준이 '다소 미흡한' 점이 있다고 응답했다고 말한다.

심지어 전문 교사를 필요로 하는 중학교 수준에서조차도, 교사의 4% 정도는 자신을 자격 미달로 간주했다.[6]

미국에서는 교육의 질에 대한 관심이 높아감에 따라 교사 훈련 과정을 개혁하기 위해 더 많은 노력이 필요하다는 여론이 높아지고 있다. 중요한 문제는 전공 과목에 비해 교양 과목의 비중이 점점 낮아지고 있다는 것이다. 기독교 학교는 종종 더 적은 교사 수에도 불구하고 높은 수준의 학업 성취를 기대하기 때문에, 기독교 학교의 직원들은 다재 다능함과 유능함 모두를 갖추어야 한다. 그러므로 기독교 학교의 이상적인 교사는 광범위한 교양 과목을 바탕으로 전공 과목에서도 적절한 깊이를 가지는 것이 필요하다.

성경과 교양 과목에 대해 강조했다고 해서 교수법 기술을 계발하는 일이 필요없다는 뜻은 아니다. 정규 교실 수업과 임상 경험 모두를 배우고 있는 교사는 이중의 목적을 가져야 한다. 교육 기술의 축적과 효과적인 교육을 위한 영적·성경적 자질을 확인하는 것이 바로 그것이다. 하나님께서 주시는 성령의 역동성을 배제하고 영적인 영향만으로 가르치려고 하는 것은 결국 좌절로 끝나게 된다. 교사를 길러내는 교육자들은 이 근본 요인에 대해 지각 있는 충고를 해주어야 할 것이다.

자신이 적절한 자질을 부여받았음을 감사하면서, 이상적인 교사상을 계속 발견해 가는 것이 중요하다. 가르치는 방식은 성격상 독자적이지도 않고, 활용상 관례적이지도 않다. 교사는 효과적인 지시자이자 교실 관리자로서 다양한 전략들을 사용해야 한다. 근본적인 것은 이상적인 교사상에 '일치하는' 가르침과 징계 방법들을 분별하는 것이다. 전문적인 훈련을 받는 동안 여러 가능성들을 소개받겠지만 그 가운데서 효과적인 것을 스스로 결정해야 한다. 교생 실습 기간은 가장 적은 위험 부담으로 결정 내리는 법을 훈련할 수 있는 좋은 기회다.

교사가 일관성이 있다면 어린이들은 놀랍게도 다양한 접근들에 적응을 잘한다. 일부 교육 상황에서는 교사의 유연성이 불가피하게 제한되기도 하지만, 만일 학교 정책이 교사 재량권을 열정적이고도 자유롭게 보장할 수 없다면, 교실 효과는 크게 제한된다.

그래서 "너 자신을 알고 체제를 알라"는 말은 기독교 학교에서 근무하려는 사람들에게는 아주 실제적인 충고라고 할 수 있다.

남다른 압박감

기독교 학교에 있는 전문 교사들은 그들만이 누릴 수 있는 여러 가지 축복들을 경험한다. 교실 안에서 자신의 신념과 가치를 자유롭게 나누고, 학생들을 위한 진리의 원천으로 성경을 사용하는 자유, 그리고 학생들을 그리스도를 향한 믿음으로 이끌며, 어떤 과목 또는 학교 활동을 통해 영적인 열매가 맺히는 것을 볼 때 느끼는 기쁨 등은 진실로 귀하다. 그러나 일반 학교의 교육자라면 겪지 않았을 특별한 압박감을 겪기도 한다.

그 하나가 바로 경제적인 압박감이다. 기독교 학교들이 그동안 경제적인 자립을 위해 꾸준히 노력해 왔던 것은 사실이지만, 아직도 교사들의 저임금이 학교 존립에 큰 힘이 되고 있는 것 또한 사실이다. 그 기여는 몇 퍼센트로부터 거의 50퍼센트까지 이른다. 약 150개의 기독교 학교를 대상으로 조사한 한 연구에 따르면, 1977년에서 1982년까지 기독교 학교

교사의 초봉은 공립 학교 교사의 겨우 58% 수준에 머물렀다고 한다.[7]

　미혼 남녀들이나 부수입이 있는 사람들에게는 경제적인 압박이 그다지 심각한 문제가 아니겠지만, 그렇지 않은 교사들이 경제적인 부족으로 시달린 나머지 감정적으로나 영적으로 스트레스를 받을 때 흔들리는 것은 당연하다. 그같은 스트레스는 성령님의 인도하심 가운데 믿음을 성장시키고 영적 성숙을 가져오는 도구로 사용될 수도 있지만, 실망이나 불만을 야기시키는 사탄의 도구가 될 수도 있는 것이다. 기독교 학교에서 일하려는 교사는 여러 면에서 '희생을 감당하기 위해' 성경의 명령에 귀를 기울여야 한다.

　기독교 학교 사업에 더욱 교묘한 방법으로 영향을 주는 압박은 선한 의향을 가진 복음주의자들로부터 온다. 그들의 수는 많고, 그들의 충성심은 의심의 여지가 없다. 그러나 그들이 제기하는 문제점은 과연 타당한 것인가? 이 논쟁에는 항상 다음 두 가지 문제가 초점이 된다. (1) 기독교 학교가 '실제 세계'에서의 삶을 위해 적절한가? (2) 만일 기독교 학교가 널리 보급된다면, 지역 사회 전도를 위한 우리의 책임은 어떻게 수행할 것인가?

　사실상 기독교 학교가 죄와 100% 격리된 환경을 보장할 수는 없다. 인간의 악한 본성은 입학 기준이 분명한 곳에서도, 뿐만 아니라 기독교 가정으로부터 온 아동들 가운데서도 여전히 번성한다. 기독교 학교는 그들대로 불량 행위에 대한 책임을 다하지만, 학생들도 나름대로 윤리적인 선택을 해야 하며 때로는 홀로 서야 하는 경우도 있다. 많은 사람들이 기독교 학교 캠퍼스 안에서도 '크리스천답게' 사는 것이 공립 학교만큼이나 어렵다는 사실을 고백한다.

그러나 더욱 근본적인 문제는 무엇이 세상적이냐 하는 것이다. 절대적 진리의 적합성을 부정하는 문화가 좀더 실제적인가? 그것은 조직적으로 신성에 대한 언급을 제외시키는가? 그것은 우리 사회의 종교적 기초들을 저버리는가? 기독교 학교를 강하게 옹호하는 사람들은 '참된 세계'는 하나님께서 영화롭게 되며 그분의 진리가 추구되는 교과 과정 안에서만 찾을 수 있다고 주장한다.

믿지 않는 사회에서 빛과 소금이 되기 위한 우리의 의무는 무엇인가? 기독교 가정이 공립 학교에서 교육받기를 거부한다면 전도에 대한 명령을 부인하는 것은 아닌가? 이런 관심사에 효과적으로 답하기 위해서는 공립 학교의 성격과 목적에 대해 알아둘 필요가 있다.

미국 학교들의 사회적 영향에 대해 역사 교육가 다이안 라비치(Diane Ravitch)는 다음과 같이 말한다.

"통합과 다원주의는 모두 동화의 다른 표현일 뿐이다. … 문화적 다원주의는 금세기 내내 토론되어왔으나, 대개 백인종과 종교 집단과의 관계에서였다. 그것은 구별되는 문화적 유산을 가졌고 보존되기를 원했다."[8]

'동화'는 학교 운동이 활발했던 19세기 이래로 공립 학교의 묵시적인 목적이 되어왔다. 학교의 과제는 미국 이민자의 자녀에게 사회적 가치와 관습을 주입하는 것이었다. 사실상 이런 노력은 가톨릭 학교의 설립을 촉진하는 것으로 나타났다. 어느 목회자가 표현한 것처럼 1800년대의 공립 학교들은 양떼를 맡길 만큼 '경건하고 청교도적'이었다.[9]

20세기가 끝나가는 오늘날 복음주의 학교들은 공립 교육이 추구하는 동질화에 대해 어떻게 생각하고 있는가? 기독교 가정은 사실 학교 교육에 대한 정부의 전제와 가치를 공유하지 못하고 있다. 현재 그들의 유일한 선택은 학교에서 따로 떨어져 나오거나 부딪혀 싸우는 것뿐이다.

기독교 학교만이 누리는 기쁨

기독교 학교의 교사들은 하나님을 섬기는 데서 오는 특별한 기쁨과 축복들을 경험한다. 일반적으로 사람들은 직업이나 일에서의 성공을 통해 만족을 찾는다. 조그마한 지역 사회의 기독교 학교에서는 교직원 사이나 부모들과의 관계가 좀더 친밀해 질 수 있으며, 선한 일이 눈에 띄어 올바르게 평가될 가능성이 훨씬 높다. 가장 중요한 유익은 하나님의 부르심과 교사 자신의 봉사가 일치한다는 확신에서 오는 영적인 평화이다.

부모는 학생들이 교과 과정뿐만 아니라 성경의 진리로 교육받기를 기대한다. 크리스천 교사에게는 세상의 교실이 주는 구속으로부터의 자유가 주어지며, 인생의 가장 중요한 문제들을 다룰 때 학생들과 자유롭게 대화할 수 있다. 교사는 모든 학부모들이 '성경적 통합'이 의미하는 바를 완전히 이해하고 자녀를 입학시켰다고 속단하거나, 모든 사람이 학교 정책에 완전히 동의했다고 가정해서는 안 된다. 그러나 학습에 대한 성경적 접근의 구조 내에서, 신뢰할 수 있는 권위에 대한 의뢰는 있다.

부모, 학생, 그리고 동료와의 진실한 교제를 경험할 자유는 기독교 학교 교육의 소중한 장점이다. 교직원들은 모든 종류의 필요에 대해 서로 돌봐주고 상담하며 함께 나누는 상호 관련적인 사역을 경험한다. 단순한 호기심을 넘는 헌신의 수준이 있음을 안다면 여하한 어려움이 생길지라도 참을 수 있을 것이다. 교사와 경영자가 관심사를 함께 나누고 서로를 위해 기도할 때, 하나님의 성령은 학교 가족이라는 집합적 자원 속에 필요를 충족시키려고 종종 비상하게 일하실 것이다.

루이스 해리스(Louis Harris)와 그의 동료들이 전국에 걸쳐 조사한 바에 따르면, 공립 학교 교사들은 교육적 결정에서 자신의 역할에 대해 불만을 경험한다고 한다. 조사에 응한 거의 모든 교사들(97%)이 학교가 집단 경영 개념을 사용해야 한다고 믿는 반면, 그 절반만이 현재 그들의 구역이 그같은 접근을 시도하고 있다고 느꼈다. 교실에서 일하는 교사에게 가장 가까운 영역(교과 과정, 교수법, 학생 복지, 징계)에서조차 교사들은 자신의 영향력이 미미하다고 믿고 있었다.[10] 그러나 구조, 지도력 요소 간의 철학적 일치, 의사 소통에서의 개방성 등 여러 면에서 기독교 학교는 교사 스스로 교육적 결정들에 영향을 미치고 책임감을 함께 나누고 있는 것이다.

결론

기독교 학교에서 가르치는 것은 무엇보다도 '사역'이라고 할 수 있다. 정규적인 훈련, 직업적 신뢰, 가르침과 학습에 대한 성경 철학의 명료한 표현 등등이 모두 중요하지만, 그것이 전부는 아니다. 기독교 학교에서 일하기를 원하는 사람들은 인간적인 선택과 소명 의식을 혼동해서는 안 된다. 다른 사역과 마찬가지로 하나님의 선택이 전제되어야 하는 것이다.

소명감과 아울러 주님께서 주신 은사가 무엇인지 깨달음이 와야 한다. 가르침에 대한 영적 은사는 여러 다양한 방식들로 나타난다. 능력 있는 교사는 그것을 여러 가지로 나타내 보인다. 은사를 받은 교사는 은사를 사용하는 것과 은사의 혜택을 입은 사람들이 보여주는 반응을 통해 그 사실을 잘 알 수 있다. 재능, 타고난 소질, 훈련 등으로 사람은 훌륭한 교육 기술을 사용할 수 있다. 생명 지향적인 진리를 나누고 성경 수업에서와 마찬가지로 수학, 문학, 지리학의 가르침에서 그 재능을 사용하는 것은 교사에게 영적 권능에 대해 역동력을 갖도록 요구한다.

기독교 학교는 성장하고 있다. 수적인 증가와 더불어 중요한 질적 성장 또한 있어 왔다. 그러나 기독교 학교는 균일화되어 있는 조직이 아니라, 독특한 강점과 단점이 배합되어 있다. 교사나 학교는 모두 선택 과정 속에서의 상호 관심사를 주의 깊게 검토해야 한다. 교사 지원자들과 마찬가지로 학교 역시 서로 협력해 나가기 위해 철저한 평가 과정을 거쳐야 한다.

기독교 학교는 부모가 자녀를 경건함으로 교육하는 데 가정 다음으로 효과적인 수단이 될 것이다. 그러므로 이 분야에서 하나님을 섬기는 것은 절대로 사소한 특권이라 할 수 없다.

20 기독교 대학에서 가르치기

케네스 O. 갱글(Kenneth O. Gangel)

다른 고등학교들처럼 기독교 고등학교도 어려운 시기를 맞고 있다. 대학에 들어가는 것은 점점 어려워지고, 진학률도 감소하는 추세이다.

고등학교 졸업생들은 등록금이 비싸지 않은 전문대학이나 지역 사회의 대학을 더 많이 선택하고 있으며, 대학들 또한 더 공부하려는 학생들 또는 연장 프로그램, 그리고 직업과 전문 분야를 강화하는 쪽으로 그 방향을 바꾸고 있다. 지식과 정보가 홍수처럼 쏟아져나오고 있지만, 앞으로는 일반 지식을 가진 사람이 전문직에서 일하는 사람보다 더 나은 대우를 받게 될 것이다. 케네스 칸쩌(Kennth Kantzer) 박사는 "Christianity Today"라는 잡지 기사에 이렇게 적고 있다.

가장 수준 높은 최상의 직업 훈련은 장기적인 평생의 과정을 필요로 한다. 미래의 경제 분야에서 효과적으로 기능할 수 있도록 가장 잘 준비한 사람은, 경제적 기술들을 배워두었을 뿐만 아니라 경제 상황이 변화할 때 한 직종에서 다른 직종으로 융통성 있게 옮기기 위해 일반적인 교육을 받거나 체계적인 일반 지식을 가진 사람일 것이다. 젊은이들에게 경제 분야를 준비할 수 있는 가장 좋은 방법은 인문 과학과 자연 과학에서 넓은 문화 교육을 받는 것이다.[1]

이러한 변화하는 상황 아래 어떤 교사들이 학생들과 일할 수 있는가? 복음주의자들은 고등 교육 기관의 교실에서 어떤 구별점을 기대할 수 있는가? 대략적인 개관이긴 하지만, 이 장은 이러한 중요한 질문에 대한 대답을 시도해 볼 것이다.

기독교 대학의 독특한 역할

내 서재의 고등 교육 칸에는 "대학이 내 딸을 파괴했다(College Ruined My Daughter)"라는 제목의 책이 있다. 충격적인 제목을 사용하고 있는 저자는 제목과는 정반대의 내용으로 딸이 대학에 갔을 때 영적 상태와 부모의 실패가 문제가 되었고, 대학 자체의 문제는 절대로 아니었음을 주장하고 있다. 논의의 여지가 있긴 하지만, 이 책은 부모들이 기독교 대학과 교수들에게 무엇을 기대하는지를 반영하고 있다. 부모들은 기독교 대학이 자녀들에게 그들이 거의 20년 동안 가정과 교회에서 배워온 기독교적인 가치와 윤리들을 확증해 주는 합리적인 역할을 해줄 것을 기대한다. 유진 하베커(Eugene Habecker)는 다음과 같이 신뢰의 문제를 상기시켜 준다.

한 기관, 즉 교회, 대학, 사업체 등지에서 지도자가 된 사람들은 다양한 표현으로, "나를 믿으시오"라고 말한다. 예를 들어 대학 현장에서 교수는 경영자를 신뢰하기를 원하며, 그 반대의 경우도 마찬가지다. 졸업생들은 경영자를 신뢰하고 싶어하고, 경영자들도 마찬가지이다. 모든 사람은 신뢰받고 싶어한다.[2]

이 장에서는 성경 학교, 신학 대학, 기독교 인문 과학 대학, 기독교 종합 대학, 신학 대학원 등 기독교 대학들에 대해 다룰 것이다. 그 기관들은 서로 다르지만, 가르침 과정과 교수 목적은 같은 테두리 안에서 취급할 수 있을 만큼 공통적이다.

사실 기독교 대학은 미국의 형편을 단적으로 보여주는 한 예다. 350여 년 걸친 미국의 고등 교육 역사를 살펴보려면 건국자들의 초기 목적으로 되돌아가야 한다.

초기의 미국 대학이 기독교 기관이었음은 의심의 여지가 없다. 식민지 시대의 영국 국교도들과 칼빈주의자들은 교회에서 일할 수 있도록 매우 교양 있는 대학에서 훈련받은 성직자를 원했기 때문에, 그와 같은 목적을 염두에 두고 대학을 설립했다. 존 브루바커(John S. Brubacher)와 윌리스 루디(Willis Rudy)는 "전환기에 선 고등 교육(Higher Education in Transition)"이라는 권위 있는 역사서에서 "기독교 전통은 신세계를 세울

전체 지적 구조의 초석"이라고 설명하고 있다.³

여러 사람들이 말하고 있는 기독교 대학에 관한 네 가지 요소를 포함한 정의를 나 역시 거듭 강조하고자 한다. "기독교 대학은 복음주의적인 교리를 말하고, 성경과 기독교 사역에 대한 수업을 하며, 교육과 삶에 대해 분명히 구별되는 기독교 철학을 가지고, 캠퍼스에서 수준 높은 영적 생활을 이끌어 내는 고등학교 교육 이후의 학습 기관이다." 이 같은 정의는 가장 폭 넓은 프로그램을 가진 기독교 인문 과학 대학이나 종합 대학, 또는 한 가지 목적만을 가진 교과 과정이 있는 작은 성경 학교나 신학 대학원에도 적용될 수 있다.

기독교 대학은 이와 같은 정의를 실현하기 위해 세 가지 기본적인 요소를 강조하기 때문에 특별하다고 볼 수 있다. 복음주의적인 헌신, 교회에의 충성, 교육의 질이 그것이다. 이것은 곧 교수와 위원회 앞에서 교리에 대해 진지한 입장을 취하고, 그리스도의 몸을 섬기려는 마음으로 가능하며, 적당한 자격을 주는 기관에 의해 인정받을 만한 정도가 되어야 함을 의미한다.

기독교 대학의 독특한 교과 과정은 근본적으로 세 부분, 성서 연구, 직업 연구, 인문 과학이나 보편적인 교육으로 이루어져 있다. 새로운 기독교 기관에서는 성경과 신학에 훨씬 더 역점을 두는 신학 대학, 인문 과학과 자연 과학을 강조하는 인문 과학 대학, 직업 연구를 중심으로 시대적인 요청에 부응해 앞의 두 경향을 모두 포함하는 대학들이 있다.

이러한 기관들은 20세기 말을 살고 있는 그리스도의 몸인 교회에 중요한 구실을 하며, 목사, 선교사, 기독교 지도자들을 양성해내는 원천이다.

교수들은 교회 지도자들을 훈련 및 성장시키고, 사회에 크리스천의 소리를 형성한다. 그러나 여러 기독교 대학들은 불행하게도 교단에 대한 충성심과 날로 늘어나는 신학적인 약점, 혼미한 목표, 그리고 그 가운데 실제로 경쟁적인 입장을 취하는 선교 사업으로 고민하고 있다. 궁극적인 관심 영역은 더 나은 대중적인 관계 프로그램이나 교육 향상이 아니라, 오히려 좀더 경건하고 좀더 성경적이며 교양 있는, 그리고 좀더 학생 중심의 교수 방법에 있어야 한다.

기독교 대학의 가르침을 위한 자격 요건

기독교 대학에서 가르치기 위한 이상적인 준비 과정이 있는가? 아마도 없을 것이다. 그러나 다양한 경험들 속에서 도움을 얻을 수 있으며, 그들 중 얼마는 실제로 의무적이다. 기독교 대학에서 학생으로 지낸 **경험**은 교수에게 유용할 것이다. 학생들을 더 잘 이해하게 될 뿐 아니라 그들을 그와 같은 상황으로 이끌어 온 동기가 된다. 서로 다른 교육 기관에서 얻어진 학사, 석사, 박사 학위는 대개 교수에게 훨씬 폭넓게 영향을 미치므로 고등 교육에서 좋은 생각처럼 보인다. 인턴십, 실습(목사에게는 선교지에서의 경험 등)과 학문적이면서도 일반적인 적절한 교육은 분명히 필요한 요소들이다.

절대적으로 중요하지만 종종 누락되는 것은 신학 분야이다. 앞서 통합 문제를 다루기도 했는데, 통합 과정은 교육 기관의 헌신에 따라 좌우되는 것이 아니라 그 효과에 많은 영향을 줄 각 교수의 능력에 달려 있다. 심지어 개인적인 삶에서 주님과 가까이 동행하고, 신실하게 교회에 다니는 헌신된 크리스천들이라 하더라도 통합이 교실에서 저절로 이루어지지는 않는다. 통합은 또한 오류가 없는 절대적인 하나님의 말씀을 주어진 교육 훈련과 조화시킬 수 있는 교사의 **정규적인 신학 훈련**을 필요로 한다.

교육 기관은 교수에게 어떤 자질을 요구하는가? 위에서 언급된 기준들은, 거의 모든 학교에서 고려하는 성격, 나이, 삶에 대한 일반적인 철학, 여러 단체로부터 받은 추천서, 학술 서적, 학회의 회원 자격과 더불어 중요하다.

그러나 우리는 좀더 구체적이어야 한다. 기독교 대학 교수는 스스로 학문의 최첨단에 설 수 있도록 성장하여 **진정한 전문인**이 되어야 한다. 현실적으로 교사는 일반적인 학문을 지닌 자로서, 또 전문가로서 봉사한다. 지리학자 또는 철학자로서 주어진 학문적 영역에서 정확한 전문가이어야 하는 것이다. 좀더 넓은 기독교 세계관을 가진 그는 일반 지식도 갖춘 사람이어야 한다. 그리고 그와 같은 크리스천 교사는 학문적 전문성과 당면 문제들 모두에 성경적 진리를 적용할 수 있어야 한다.

단체 협력 또한 중요하다. 특별히 좀더 작은 학교(대부분의 기독교 기관들은 작은 대학들이다)에서, 교수는 전공을 떠나서 동료들과 긍정적인 관계를 맺어야 한다. 그렇게 할 때 학문 사회는 크리스천 학생에게 의미 있고 상호 모범적인 사회가 된다.

알렉산더 오스틴(Alexander Astin)은 학자의 인간미를 좀먹는 경쟁이 날로 치열해져 가는 것을 이렇게 한탄한다 :

우리들 각자가 깨달아야 할 가장 중요한 것은 우리 한 사람 한 사람이 캠퍼스에서 할 수 있는 일이 많다는 것이다. 한 기관을 변화시키려고 애쓰는 것은 에베레스트 산을 옮기려고 애쓰는 것과 비슷하다고 믿어지더라도 말이다. 예를 들어 우리는 가르치는 수업 방식을 검토하고, 학생과 동료들에게 친절히 대할 수 있다. 그리고 교과 과정 결정이나 장기적인 계획과 비슷한 집단 활동들에 참여할 기회가 있을 때, 우리는 '협동 대 경쟁'과 같은 유익한 문제들을 생각해 볼 수 있다.[4]

기독교 대학 교수는 복음주의적인 맥락에서 **학문의 자유**가 의미하는 바를 이해하고 있다. 교수는 대학의 훌륭한 교육 프로그램을 관리하면서, 경영진과 이사회와는 모범적인 사회의 한 부분으로서 자리해야 한다. 그러나 기독교적인 맥락에서 볼 때 학문의 자유는 더욱 큰 책임감을 요한다. 아더 홈즈(Arthur Holmes)는 이렇게 적고 있다.

거침돌이 되는 것을 피하기 위해, 기독교 교육가들은 교수법을 자세히 검토하고, 교과과정을 조직화하고, 때때로 대중을 의식한 발언을 제한해야 한다. 우상화되기 쉬운 욕구는 그 자체로만 볼 때 건전할 수도 있고, 또 성숙한 사고를 하는 사람에게는 유용할 수도 있다. 그러나 신앙 성장의 초기 단계에 있는 사람에게는 항상 좋은 것만은 아니다.[5]

수년 동안 나는 내 수업을 받는 대학원생들에게 '가장 좋아하는' 대학과 신학 대학원 교수들에 대해 가장 기억에 남는 것이 무엇인지 질문해 왔다. 학생들이 유익하다고 생각하는 눈에 띄는 교수들의 자질은 무엇인가?

한 가지는, 학생들은 교수에게 있는 **이용 가능성**을 찾는다. 대형 강의실에서 훌륭한 이력을 가진 교수를 본다고 해서 기독교 교육이 이루어지는 것은 아니다. 그 교수뿐만 아니라 모든 교수들은 교실 밖에서 학생들에게 이용 가능해야 한다.

학생들은 **취약성**을 보고 싶어한다. 그들은 엎드려 절해야 할 우상이나, 교실 안팎에서 결코 실수를 하지 않는 학문의 사자를 원하지 않는다. 진심으로 투명한 크리스쳔 교사는 학생들에게 결점과 실패가 가득 찬, 하나님의 손으로 만들어진 사람, 즉 인간적인 사람이 될 필요가 있다. 학생들은 그렇게 인간적인 사람과 만날 때 동일시할 수 있다.

믿고 의지할 수 있음은 대개 학생들이 인상에 남는 교수를 말할 때 거론되는 세번째 자질이다. 이것은 기독교 고등 교육 구조 속에서 매우 진부해 보이는 생각이지만, 학생들은 교수의 행동, 기준, 탁월성 등 헌신이 필요한 의미 있는 부분에서 교수에게 실망하는 것을 원하지 않는다. 신뢰받는 교수는 잘 준비하여 조직적인 체계를 가지고 수업에 들어오며, 그 과목 분야와 하나님의 말씀에 대한 관계 모두에서 수년에 걸쳐 쌓은 성숙한 지식의 깊이를 보인다.

마지막으로 학생들은 교수에게 **융통성**을 기대한다. 엄격한 학문에 대한 풍자 만화는 여전히 대학 캠퍼스에서 인기 있지만, 전체적인 기독교 교육의 목표와는 거의 부합하지 않는다. 거기에서 작은 대학의 교수에 대한 묘사는 규칙적으로 변해가고 있는데, 교수는 학교와 학생들의 필요를 만족시켜 주기 위해 학문 사회에서 요구하는 만큼 변화할 수 있어야 한다.

가르침에 대한 기독교 철학

벤자민 블룸(Benjamin Bloom)이 '배우다'라는 말에 대해 우리에게 경고한 것처럼, '가르치다'라는 단어는 교육의 전문 분야에서도 많은 다른 것들을 의미하는데, 사실 그것은 그 정의와는 다소 다르다. 연속적인 가르침을 보여주는 다음의 도표는 '가르침'이 행동/행위 목표나 지식/신념 목표에 맞추어져야 한다는 것을 강조하고 있다. 연속선상의 중심은 '이성적인 질문의 중심부'를 나타내는 반면, 점선의 직사각형은 '지능의 영역'의 윤곽을 보여주고 있는데, 그 외의 도식적인 방법이 있을지도 모르지만 결코 '가르침'이라고 적당히 이름 붙여져서는 안 된다.

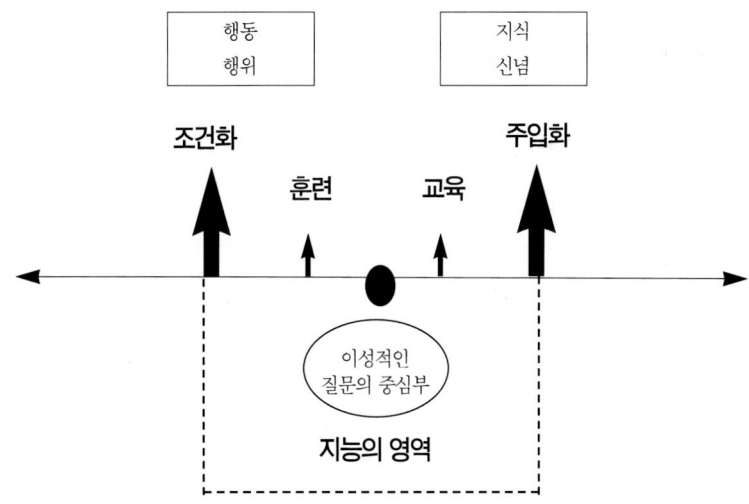

이성적인 질문의 중심부는 특별한 주제에 대해 단지 무엇과 어떻게라기보다는 '왜'에 목표를 두는 사고 과정에 집중한다. 이 모델의 함축적인 의미는 중요하면서도 널리 영향이 미치는 것이어야 한다. 여느 연속선상에서도 그런 것처럼, 구분점은 분명하지도 자세하지도 않지만, 가르침의 각 '종류'는 다음 단계로 혼합된다. 그 연속선상의 모든 점은 균등하게 학습의 한 면일지 모르지만, 그 연속선상의 모든 점(또는 학습을 야기하는 모든 방법)이 이성적인 교육의 중심부와 가르침의 개념의 중심에 균등하게 관계를 갖지는 않는다.

학습 속도나 적합도가 가르침에 대한 최상의 개념으로 이끄는 것은 아니다. 가르침에 대한 한 이론은 사람들이 어떻게 배우는가에 대한 단순한 관찰 이상의 것에 입각해 있다. 기독교 대학 교수는 스스로를 절대적인 진리와 진리 중심의 교과 과정에, 삶의 영적인 영역에 대한 우선 순위에 헌신해 왔다. 첫째, 기독교 대학 교수는 아무 경향으로나 흐를 수 없으므로 세속주의자의 교육 철학의 긍정적인 성과들에 주목한다.

둘째로, 그는 인생의 영적인 영역을 다루면서 행동 목표의 제한들에 대해 의아하게 생각한다. 우리는 어디에서나 기독교 가르침을 위한 목표를 계획할 때 주의를 기울여야 하는 것이 필수적임을 기억해야 한다.

기독교적인 가르침의 우수성은 크리스천 교사들의 우수함에 달려 있다. 즉 과정보다는 교수에게, 수업보다는 지원자에 초점을 맞추어야 하는 것이다. 가르침에 대한 독특한 기독교 철학을 계발하는 데 한 가지 문제는 단지 평범한 부주의라고 할 수 있다. 일단 충분한 내용으로 가득 채워지기만 하면, 우리는 누구나 가르칠 수 있다고 가정한다. 그러나 거의 30년이나 지난 다음, 가르침이란 마치 골프를 치는 것과 같음을 발견했다.

천천히 그리고 계속 교정되는 뼈저리게 나쁜 습관들의 연속이라는 점에서 말이다.

40년 간 옥스포드와 캠브리지에서 가르친 유명한 길버트 하이에트(Gilbert Highet)는 가르침에서의 중요한 과제, 즉 그가 반복하는 것이 아니라 창조하는 것이라고 생각하는 과제를 위해 교사 자신과 교수 내용을 끊임없이 새롭게 하라고 상기시킨다.

수업을 할 때마다, 교사는 이전에 존재하지 않았던 무엇인가를 창조하고 있는 것이다. 비록 학생들이 언제나 똑같은 연령 집단과 사회 환경에 속해 있지만, 수업은 이전의 다른 수업들과는 다른 입장이며, 그곳에 있는 모든 학생은 새로우므로, 전체는 하나의 새로운 기회다.[6]

클라이드(Clyde) 강 연안을 따라 배를 만드는 사람들 중에는 매우 뛰어난 자질로 평판이 자자한 사람들이 있다. 그러나 최근의 몇 십 년 동안은 쇠퇴해 왔다. 작업장에 있던 늙은 문지기는 "한때는 철을 다루는 사람들이 나무 배들을 만들기 위해 여기에 왔는데, 오늘날에는 나무를 다루는 사람들이 철로 된 배들을 만들기 위해서 온다"고 한탄했다. 기독교 고등 교육의 영광스러운 전통에 서 있는 현재와 미래의 교사들 세대에는 정말로 그와 같은 불평이 터져나오지 않기를 바란다.

학습 경험 구성하기

대학과 신학 대학원의 가르침은 이 책에서 다루고 있는 가르침과는 다른 도전들을 준다. 교과 시간의 중요성, 박사 수준에서 훈련받은 교수의 강화, 높은 학위로 얻은 전문성, 이보다 더 많은 변수들이 이것을 다른 사역과 구분짓게 만든다. 그러나 목표의 중심은 모든 가르침과 공통적이다. 학습의 효율성과 평가의 효과는 주어진 수업이나 학과가 지향하는 교육 목표에 적합한가를 언제나 생각해야 하며, 불가분의 관계를 가지고 있다. 교육 주기는 우리가 그러한 기대를 충족시킬 새로운 행동을 정할 때 목표에 대한 기대 인식과 더불어 시작된다.

목표에 대한 계획은 한 과목에 대한 계획의 일부이다. 잘 짜여진 시간표는 교과 과정 설명, 분명한 목표들, 학과 요구 사항 등 성적 평가를 위한 기준 근거, 과정을 위한 이론 근거, 주제에 대한 시간표 또는 개요, 교과서 소개, 새롭게 추가된 적절한 참고 문헌들을 포함하고 있다. 교육의 어떠한 수준을 막론하고 효과적인 가르침의 목표는 학생의 성과라는 견지에서 볼 때, 분명하고도 특정적이며 간단하고 융통성 있는 말로 표현될 수 있어야 한다. 오늘날의 교육 용어로 그것은 '수행 관련' 또는 '능력 기본'이라고 부른다. 학습 경험들을 구성하는 것은 한 방법론을 선택하는 것을 포함한다. 일단 학생의 필요가 과목 내용과 적절히 서로 어우러지기만 한다면 목표가 형성되고 방법이 선택된다. 그때쯤 교사는 스스로에게 여러 중요한 질문들을 해보게 된다.

(1) 나는 학생이 무엇을 배우기를 원하는가?
(2) 나는 학생이 이것을 왜 배우기를 원하는가?
(3) 나는 그것을 배운 학생이 그것을 통해 무엇을 하기를 원하는가?
(4) 나는 그것을 배운 학생이 그것을 얼마나 오래 기억하기를 기대하는가?

(5) 이것은 '시험 가능한' 목표인가?

(6) 여러 학습 능력들, 즉 속도, 방법, 동기와 같은 것들을 위해 어떤 준비를 할 것인가?

분명히 목표는 방법론적인 선택에서 단지 한 가지 요소만을 대표한다. 교사는 또한 시간, 설비, 학생의 능력, 그리고 그외의 여러 변수들을 고려해야 한다.

기독교 대학 수업에서 학습 경험을 구성하기 위해서는 평가를 계획해야 한다. 가르치기로 계약에 서명한 교사는 그 계약에 따라 학생의 학습을 평가하는 일에도 동의한 것이다. '평가', '측정'보다 좀더 좁은 의미의 용어인 '검사'는 두 명 이상의 행동을 비교하는 조직적인 절차를 말한다. 기독교 대학 교수는 검사와 성적에 대해 불평하거나 한층 더 떨어진 것에 대해 학생들 앞에서 그 과정을 비웃기보다는, 자신의 직업적인 책임의 중요하고도 전략적인 영역을 심각하게 받아들여야 한다.

그룹을 통한 가르침

에블(Eble)은 교사 역시 올바른 모든 방향으로부터 벗어날 수 있으므로 극단에 대해 조심하라고 경고한다. 균형은 효과적인 대학 교육에 있어서 중요한 열쇠이다. 다양성, 정열, 창조성과 같은 것들 또한 효과적인 교육 요소 가운데 맨 처음의 것이다.[7] 이 요소들은 모두 대학이나 신학 대학원 강의실에서 강의하는 엄격한 고수(固守) 이외의 어떤 다른 요소를 가리킨다. 우리는 분명하게 집단 활동(상호 작용, 사례 연구, 역할극, 발표 등)과 구별해 다수의 창조적인 방법들을 선택할 수 있지만, 집단 과정은 초점을 교사보다는 학생들에게 맞추는 역동적인 힘을 가지고 있다. 학생들은 학습 과정에 관계하고 참여한다. 학생들을 고무시키는 과정에서 동기는 더욱 높은 경향이 있다. 물론 결과는 모든 가르침의 방법론에서처럼 중요하지만 집단 활동의 가치는 그 과정 속에, 특히 집단 참여 과정에서 대학원생이 사람들과 함께 일해야 하는 '헌신적인 전문직'을 위한 준비 가운데 존재한다.

대학이나 신학 대학원 강의실에서 집단 활동에 대한 헌신은 분명히 시간이 걸리고, 일부 교수들에게는 위협적이기도 하다. 또한 일부 학생들은 활동성 있는 것을 원하지 않는다. 비록 상세하게 그것을 설명할 수는 없지만 그들은 분석적인 학습에 익숙해 있기 때문이다.

역동적인 과정은 다른 방법으로는 정말로 얻을 수 없는 것들로, 강의실의 다양한 집단에서 일어난다. 교사와 학생, 그리고 학생 간의 상호 작용은 좀더 규모 있는 구조의 강의에서, 상당히 개방적인 토론을 좋아하는 교사조차도 어려워하는 참여의 환경을 조성한다. 아마도 그것은 비공식적이면서, 학생이 교사를 내용과 과정의 헌신으로 이끄는 이론적인 근거를 알 수 있기 때문일 것이다.

어떤 수업이라도 이동 가능한 교실 시설과 충분히 지식을 갖춘 교사를 가정하여 소규모의 집단 활동들로 변할 수 있다. 여러 사람이 모인 집단들, 또는 두세 사람으로 이루어진 집단들은 백 명 혹은 그 이상이 모일 수 있는 교실에서 모두 활동할 수 있다. 그럼에도 불구하고 일정한 규칙이 적용된다.

(1) 수업 시간을 주의 깊게 계획하라.
(2) 각 집단에 있는 지도자와 기록자의 역할을 설명한다.

(3) 집단의 노력을 위한 시간의 한계를 설정한다.
(4) 가능하다면 집단에서 집단으로 이동해 본다.
(5) 그 집단이 기록한 내용을 비교하고 요약해 본다.

그러나 학생 집단의 발표는 얼마나 효과적인가? 많은 시간이 흐르더라도, 이 문제에 대한 한 가지 답은 불가능하다. 그것은 질에 있어서 졸속인 것으로부터 뛰어나게 우수한 것까지 다양하다. 집단 효과는 집단에서 학생 참여의 질, 즉 학생이 교사로부터 받는 소중한 '느낌'에 따라 생기는 역동적인 힘에 의존한다. 그 집단들은 단지 숫자만 채우고 있는가? 학생 각자가 집단의 준비를 돕고 집단의 노력의 가치에 정말로 헌신하고 있는가? 주어진 주제로부터 가장 유익을 얻는 학생들은 분명히 그 특별한 주제를 준비하는 집단에 속한 학생들이다. 그들은 준비/계획/협동 단계에서, 서로 만날 수 있는 공통의 시간이 없을 때나 그 자료를 가장 잘 발표하는 방법이 일치하지 않는 좌절의 순간에 조차도 귀중한 가치를 발견할 수 있다.

대학 강의실에서 그룹 과정은 약간의 시간과 모험이 필요하긴 하지만, 대부분의 전문가들의 견해처럼 학생들에게 그룹 결정에 이르고 그룹 문제를 해결하기 위해 다른 사람들과 일하는 기술을 가르치는 데는 절대적으로 중요하다. 오스틴은 전통적으로 경쟁적인 접근 방식에 반대하면서 대학 교육의 상호 협조를 강력하게 주장한다.

한 사회의 가장 위대한 성취는 구성원의 격렬한 경쟁심에 있다. 한 사회가 위대해질 수 있었던 것은 '경쟁심'을 통해서이다. 현재의 자유로운 자본주의 체제는 분명히 경쟁적인 분위기를 전제로 한다. 각 개인에게는 사회에 있는 가능한 한 가장 큰 몫의 자원과 보상을 확보하기 위해 서로 서로가 경쟁하는 최대의 기회가 주어져 있다.

이 경쟁적인 세계관은 서양 문명사에 그 뿌리를 깊이 두고 있다. 종과 종 사이의 경쟁과 적자 생존을 강조하는 진화론의 출현은, 인간 종족의 발전을 어떻게 보는가에 따라 과학 체제를 마련했다. 오늘날 고등 교육을 방해하는 많은 문제들은 이같 협동적이면서도 경쟁적인 구조 속에서 파악할 때 더 잘 이해할 수 있다.[8]

그룹 과정의 방법론으로 제시된 것처럼, 교육에 대한 상호 협조적인 접근이 오스틴이 주장하듯 세속 교육과 중요한 대학 체제 속에서 중요하다면, 신학 대학, 기독교 인문 대학, 신학 대학원에서 얼마나 중요한지는 더 말할 필요도 없다. 적어도 학생들은 지역 교회 안의 소그룹에서 어떻게 일할 것인가 깨달을 수 있을 것이다.

학생들과 관계 맺기

이 단계에서 독자는 성인 교육과 성인 교육론에 대해 다시 한번 생각하고 싶을지도 모른다. 합리적인 판단을 통해, 대학 교육가들은 학습 과정과 그에 따른 결과 모두를 결정할 때 학생 참여를 위한 성인 교육 이론에 함축된 의미를 조사해야 한다. 특별한 기관에서 나온 해결책들은 학생들로 하여금 대부분의 교수 위원회, 선거 기회, 교실 내의 학습 경험, 더 넓은 과제의 선택 등에 참여할 수 있도록 한다. 또한 학습과 기타 여러 가지 면에서 자신의 목표를 결정하고 발표하도록 하기도 한다. 궁극적인 목적은 무엇인가? 학습 과정에 가능한 한 가장 많은 학생이 참여하는 것이다.

대학 교수는 거의 모든 수업에서 매우 **다양한 학습 수준**들을 어떻게 극복할 수 있는가? '학생들과 관계 맺기'라는 부제 아래 이것을 다루는 것은 적합한 일인가? 나중 질문에 관심이 없는 교수는 이전의 질문에 대해서도 아무런 관심을 보이지 않을 것이다. 그러나 학생과 관계를 맺고 있는 교수는 교수 방법을 변화시키고, 성적 평가 방법을 확장하며, 교실의 학습 경험을 보조하기 위해 교실 밖의 시청각 자료들을 활용한다.

학생과의 관계성은 또한 **접촉 학습**의 형태로 나타난다. 학습 계약은 학생과의 관계성에 대한 것이 아니라 가르치는 방법론에 대한 것이라고 주장할 수 있다. 그러나 한편으로는 학생과 관계를 맺은 교사만이 그 계약 과정 속에 헌신할 것임을 합리적으로 결론지을 수도 있다. 학습 계약은 다양하게 정의될 수 있다. 권위 있는 한 자료는, 학습 계약은 "학생 또는 지도 교사나 상담자에 의해 작성된 문서이며, 한 학생이 주어진 시간 안에 무엇을 어떻게 배울 것인가를 구체적으로 설명한 것"이라고 밝히고 있다. 그 계약은 전통적으로 존재하는 강좌나 과제물과 다르며, 성적 평가도 아니다.[9]

그같은 정의는 그동안 계약의 사용 범위가 상당히 넓어졌기 때문에 다소 편협한 정의일지도 모른다. 그렇지만 학습 과정에 있어서 학생의 역할에 대한 교사의 태도는 여기서 문제가 된다.

기독교 대학의 가르침에 대한 성인 교육의 접근으로 다시 돌아감으로써 본 장을 결론짓도록 하자. 다음의 간단한 퀴즈는 성인을 상대로 하는 교사들에게 자기 스스로를 평가하는 유용한 질문이다. 만일 여러분이 어떤 상황에서 대학생이나 성인들을 가르치게 된다면, 여러분 스스로 시험

삼아 대답해 보라. 그리고 여러분이 알고 있는 대학 교수들과의 관계에서도 그것에 대해 생각해 보라.

나는 선생인가? 아니면 성인 교육가인가?
(성인층을 대하는 교사들을 위한 자기 분석)

1. 나의 학생들은 수업시간의 학습 경험에 대한 자신의 책임감 면에서 독립적이고 자기 지시적이다. 1 2 3 4 5
2. 나의 수업은 진리 탐구에서 학생과 교사 간에 상호성과 협동의 환경이 설정되어 있다. 1 2 3 4 5
3. 내 시간표는 다음 학습을 위한 자료로서 학생의 경험을 사용할 수 있도록 고안되어 있다. 1 2 3 4 5
4. 교실 학습 경험은 교사와 학생에 의해 공동으로 계획된다. 1 2 3 4 5
5. 수업 활동은 학생들이 이미 감당해 오거나 현재 계발하고 있는 사회적 역할들을 고려하고 있다. 1 2 3 4 5
6. 주어진 학과의 주제에 대한 학생의 기대는 그들 스스로에 의해 확인된다. 1 2 3 4 5
7. 내가 가르치는 내용에 대한 적용은 즉각적이며, 그것은 학생들이 학습을 실생활에서 망설임 없이 인식하고 이행할 수 있음을 말한다. 1 2 3 4 5
8. 내 수업의 학습 목표는 교사와 학생 모두가 공동으로 동의한 것이다. 그들은 내 목표들을 인정할 뿐만 아 1 2 3 4 5

니라 자신의 것으로 확인하면서 격려받는다.

9. 나는 내 과목들의 학습 경험들이 주제 중심(자료의 암기)이라기보다는 문제 중심(실제 생활에 대한 해결)이 되도록 계획한다.   1 2 3 4 5

10. 실질적인 수업 방식은 인지적인 내용에 대한 내용 추가라기보다는, 내용을 삶에 연관시키는 경험을 통해 학생들을 인도한다.   1 2 3 4 5

11. 나는 인지적(내용의 동화) 목표들뿐만 아니라 정서적(태도적) 목표를 위해 진취적으로 가르친다.   1 2 3 4 5

12. 내 시험과 그외에 필요한 과제들은 인지적 관심사는 물론 능동적 관심사들(기술, 능력)을 반영하고 있다.   1 2 3 4 5

13. 평가와 성적 매기기는 수업 시작과 함께 분명하게 언급되고, 학습 기간을 통틀어 강조하는 학습 목표와 밀접하게 연결되어 있다.   1 2 3 4 5

14. 여러 형태의 학생 피드백은 학습 과정을 재조직화하고 향상시키는 데 사용된다.   1 2 3 4 5

15. 학과에서 결과뿐만 아니라 과정도 강조한다. 즉 학생에게 내가 배워온 것뿐만 아니라 그가 배울 수 있는 방법들도 가르친다.   1 2 3 4 5

16. 수업에 들어갈 때마다, 나는 분명하고 자세하며 학생들의 기술과 능력에 맞게 표현되고 쓰여진 일련의 학습 목표들을 가지고 간다.   1 2 3 4 5

17. 나는 내 가르침을 학생의 상황에 대한 의식적인 발 1 2 3 4 5
    견에 둔다. 나는 그들이 아는 것과 모르는 것을 알고
    있다.
18. 내 성적 평가의 근거는 다양하다. 마지막 성적을 내 1 2 3 4 5
    기 위해서 나는 여러 형태의 강조점이 다양하게 반영
    된 방법에 따라 학생의 학습을 측정한다.
19. 나는 질문을 던지도록 학생들을 격려하고 그렇게 1 2 3 4 5
    하도록 많은 기회를 주며, 미리 내 대답을 가지고 위
    협하지도, 선심을 쓰는 척 하지도 않는다.
20. 나는 학생들이 적어낸 교수 평가를 심각하게 받아 1 2 3 4 5
    들이고, 그 자료를 기초로 가르침을 향상시키기 위해
    성실하게 계획한다.

21 지역 사회에서 가르치기

마이클 S. 로슨(Michael S. Lawson)

개교회를 벗어나 지역 목회자의 직접적인 감독 아래 진행되는 성경 공부에 대한 관심이 놀라울 정도로 늘어나고 있다. 공신력 있는 정보도 부족하고 신빙성 높은 자료도 드물게 발표되기 때문에 정확한 통계치는 알 수 없지만, 성경을 가르치는 일에 초점을 두는 선교 단체는 계속 늘어나고 있다.

뿐만 아니라 이들 집단의 고유한 특성들은 서로 균질화되어 가고 있다. 요즘의 크리스천들은 기독교 출판물, 캠프, 협의회, 라디오, 텔레비전, 세미나, 초청 강좌, 주일학교, 정기 총회, 선교 단체, 그리고 초교파적인 주일학교 교과 과정을 통해 교단 간의 차이와 한계를 넘어서는 일이 많다. 이들 모두는 지역 사회에 있는 성경 공부로 복음이 전도될 환경을 마련해

준다. 지속적으로 인기가 있다는 것은 진정한 기대가 존재하는 것을 보여주는 확실한 증거이다.

이러한 동질화 경향 때문에, 지역 사회에서의 가르침은 신학적으로 공통된 일치점을 더 강조하고 교파적 차이점은 덜 강조해 왔다. 지역 사회에서 초교파적으로 일하는 교사와 단체는 대개 관대하고 덜 교리적이다. 그들의 자료는 대부분의 복음주의자들에게 더욱 설득력 있는 것처럼 보여진다. '성경 연구' '프리셉트' 등과 같은 단체들은 성경 지식의 증가와 동질화 과정에 기여하고 있다.

성경 공부에 대한 관심의 증가는 크리스천들이 늘어나고 있는 도덕적인 문제에 직면했을 때, 일시에 일어난다. 심지어 가장 신학적으로 보수적인 단체들도 오늘날 부도덕성의 결과에 대해서는 감지하고 있다.

지역 사회에서의 가르침은 교회에서 적용하는 목적과 목표 이외에도 다른 것을 필요로 한다. 예를 들어 교회는 영적으로 어리거나 성숙한 사람 모두를 위해 교과 과정의 평형을 이루어야 한다. 교회는 또한 교제와 예배를 고무시키는 교육 체제에 적절한 관심을 확실히 보여야 한다. 비록 이러한 목표가 바람직할지도 모르지만, 이러한 필요들은 교회 밖에서 이루어지는 가르침에서는 중요하지 않다.

지역 사회 상황에서, 성경을 가르치는 교과 과정은 교사나 그 그룹이 감지한 기대들을 반영할 수 있다. 이들은 밖으로부터 아무런 방해도 받지 않고, 평형에 대한 고려 없이 특정한 주제에 동의할 수 있다. 교회에서는 호기심이 이전에 소홀히 했던 성경의 한 책이나 주제를 선택할 때 집단이 가진 유일한 기준으로 작용한다.

지역 사회와 교회의 가르침에 대해 말할 때 대조되는 또 하나는 연중 계획이다. 많은 지역 사회 그룹들은 자신들의 계획표를 작성하기 위해 학교 계획표를 활용한다. 학교 계획표에서는 성탄절 연휴와 봄방학 동안은 전통적인 방학 기간에 속한다. 그러나 교회는 분명히 일년 내내 계속해서 모일 수 있다.

지역 사회의 성경 공부반 종류

지역 사회에 있는 이와 같은 성경 공부반들을 형식으로 나누어 볼 때 매우 다양하다. 교수 방식과 목적이 본질적으로 그것을 구분시킨다.

전도반

지역 사회의 일부 성경 공부반은 특별히 전도를 목적으로 불신자들을 초대한다. 교회를 세우는 것은 종종 이런 방법으로 시작되기 때문에, 모든 선교 단체들은 이런 성격의 성경반들을 마련해 놓는다. 많은 사람이 개종을 경험하고 나면, 이 성경반은 목적을 바꾸거나 아니면 사람들이 다른 반으로 옮겨야 한다. 이때는 종종 그 그룹 사람들이 함께 있고 싶어하기 때문에, 그들은 기독교적인 양육의 즉각적인 필요 쪽으로 관심을 돌려야 한다.

순수하게 전도 성경반을 유지하는 것은 특별한 도전들을 준다. 어떤 지도자들은 의식적으로 한 반을 진행하는 기간을 특정한 주로 한정한다. 그것이 끝났을 때, 전도반은 다시 순화되어 원래 목적을 유지한다. 동시에 다른 성경반이 양육 중심의 학습들을 가지고 시작된다.

정확하게 이때쯤이면 많은 질문들이 쏟아져 나온다. 과연 지역 사회 성경반들이 새 신자를 양육하기 위한 최선책인가? 교회가 더 넓은 영적 욕구들의 범위를 충족시킬 수 있는가? 누가 어느 교회를 결정하겠는가? 새로운 개종자들이 교회 안으로 들어갈 것인가? 그들이 들어온다면, 그 교회가 특별한 반을 마련해야 하는가? 이와 같은 질문들은 문제를 더 복잡하게 만들 수 있다. 따라서 가볍게 생각하다, 뜻밖의 일이 우리 수고를 헛되게 할지도 모른다.

소책자 사용반

많은 출판사들이 일정한 시간을 위한 성경 연구 책자들을 출간해 왔다. 더욱이 선교 기관들은 흔히 새 신자에게 초점을 맞춘 자료들을 종종 출판한다. 그것들은 대개 빈칸을 채우는 식의 교재 형태이기 때문에 사용하기가 상대적으로 간편하기는 하지만, 대개 새 신자가 과제를 마칠 수 있도록 그룹에서 동기를 불어넣는 힘이나 지도자를 필요로 한다. 각 지역의 지도자는 학생들에게 다음 시간까지 제출할 특정한 질문들을 몇 가지 내준다.

이러한 자료를 얼핏 살펴보기만 해도 그곳의 기본적인 추진력을 알 수 있다. 그외에 주로 새 신자들의 영적 생활에 대한 기본적인 정보와 과정을 제공해 주는 자료들로 시작하는 것은 많은 도움이 된다.

테이프반

카세트의 출현은 인쇄기가 성경 읽기를 혁신시켰던 것만큼 성경 연구를 혁신시켜 왔다. 대부분의 저명한 성경 교사들은 오늘날 카세트 테이프를 십분 활용하고 있다. 얼마 전까지만 해도 연구 집단은 좋아하는 교사나 공통된 관심사를 중심으로 만들어 졌다. 그 당시에는 모든 사람이 카세트를 가질 형편이 안 되었기 때문이다. 오늘날엔 거의 모든 가정이 여러 대의 카세트를 가지고 있으며, 자동차에서도 테이프를 들을 수 있게 되었다. 그러므로 그룹이 공부하는 것보다는 오히려 개인적인 학습을 위해 테이프를 사용한다.

테이프반들은 아마 미래에 비디오반이 될 것이다. 현대의 많은 과학 기술자들은 대중적인 관심을 불러일으키며 가정용 비디오의 혁명 시대를 가져와, 사람들을 놀라게 했다. 결과적으로 새로 제작된 옛날 영화들이 가정의 비디오 시장을 점령하고 있다. 그럼에도 불구하고 일부 복음주의 그룹들은 이 새로운 매개체를 통해 성경을 가르침으로써 새로운 기회들을 경험할 수 있도록 돕고 있다.[1] 이와 같은 단체들은 교회 도서관을 훗날 교인들이 비디오 도서관으로 사용하게 되는 것을 목표로 삼는다. 그래서 사용자들은 최고의 복음주의 지도자들의 뛰어난 설교를 편안한 가정에서 듣고 볼 수 있도록 친구들을 초청한다. 비록 현재로선 말로 하는 '강의'가 주류를 이루고 있지만, 과학 기술을 통해 복음주의적인 제작이 유행될 것이 거의 확실시된다. 이러한 방법들은 지역 사회의 이웃들에게 다가가, 성경을 가르칠 수 있는 새롭고 흥미로운 방법이 될 것이다.

전국적으로 조직된 성경반

날로 늘어나는 성경 공부 그룹들은 전지역 사회를 목표로 한다. 고도로 훈련받은 교사들과 세분화된 교과 과정은 한동안 매우 흥미 있는 체제 속에서 성경을 가르친다. 학생에게 거의 아무것도 요구하지 않으며, 성장과 출석에 대해 전적으로 개인적인 동기 정도에만 의존하고 있는 다른 그룹들과는 달리, 개인에게 절대적인 책임감을 요구한다. 처음 시작할 때부터 학생들은 그 과정 동안 우선적으로 성경 연구에 몰두한다. 교사들은 정기적으로 과제를 주며, 그 과제를 마치지 않았다면 참여를 제한한다.

지역별 가정 성경 공부

비공식적으로 조직화되는 지역 사회 성경 공부는 결과가 좋긴 하지만 고정적이지 못하다. 각 지역의 크리스천들이 여러 수준으로 성경을 가르치기 위해 이러한 성경반들을 조직한다. 이러한 반들은 얼마 동안은 수년간 한 교사를 모시고, 오히려 내적으로 성장한다. 때때로 교사들을 바꾸기도 하지만, 출석률은 여전히 주로 교사의 인격에 달려 있다. 거의 모든 교사들은 한 방법을 변형시켜 사용하며, 질의와 문답 시간을 약간 가지고 강의를 진행한다. 몇몇 사람은 지시된 자료를 따르는 반면, 대부분은 단순히 성경의 한 책을 처음부터 끝까지 한 절 한 절 설명해 나간다. 교사가 개인적으로 연구한 것들의 세밀한 부분들을 함께 나누기 때문에, 그 연구들은 대부분 교사의 주변 이야기를 중심으로 얻어진 것들이다.

지역 사회에서 그룹 연구의 다양성

불행하게도 지역 사회에서의 성경 가르침은 가장 커다란 잠재력을 가진 반면 가장 커다란 약점을 가지고 있기도 하다. 많은 비공식적 지역 집단들의 토론은 소규모이기 때문에 극단적으로 효과적인 결과를 가져올 수도 있다. 그럼에도 불구하고 진정한 토론 진행 방법을 정말로 이해하고 있는 교사는 매우 드물다. 학생들이 일상 생활과 연결시켜 성경 지식을 적용해 가도록 돕는 것은 많은 교사들에게 어려운 일이다. 예기치 못했거나 모순된 것들, 심지어는 잘못된 적용까지도 자연스럽고도 부드럽게 처리해야 하기 때문이다. 효과적인 모델은 얼마 되지 않고, 그 접근의 불확실성 때문에 많은 교사들은 이것을 사용할 때 낙담하기도 한다.

교사들은 때때로 방어적인 자세로 토론을 무지를 드러내는 일로 처리해 버리기도 한다. 집단 경험이 거의 없는 학생들은 이같은 평가에 동의한다. 그렇지 않으면 교사들은 토론이 사실상 학생과 교사 간의 질의 응답과 아주 비슷할 때 많은 토론을 하도록 주장한다. 다음 도표에서 진정한 토론과 질의 응답 간의 차이를 주목해 보자.

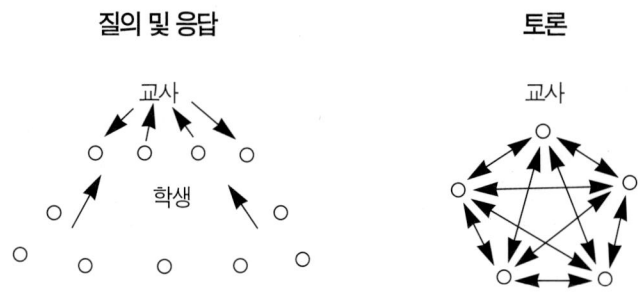

다음과 같은 방법으로 토론이 이루어질 때 특히 놀라운 학습 기회들을 접할 수 있을 것이다.
1. 돌봐주는 분위기에서
2. 유능한 지도력 아래서
3. 다양한 자료와 더불어

4. 다양한 계층의 참여자들 사이에서

토론은 다른 어떤 때보다 믿음을 말로 표현하는 기회가 되며, 그들에게 도전을 준다. 크리스천의 성경 지식이 날로 늘어남에도 불구하고, 평신도들은 믿음을 정확하게 표현하지 못하고 있다. 친구들로부터 믿음에 도전을 받는 것은 다른 경험과 더불어 말로 표현하는 능력을 일깨워 줄 수 있다. 정말로 활기찬 토론은 믿음의 이유에 대해 비판적인 사고를 가지고 재평가할 수 있도록 자극을 준다. 그럼에도 불구하고 사람들이 방어적인 자세로 자신의 입장을 '고수한다'면, 이러한 생산적인 과정들은 전혀 일어나지 않는다. 이 거대한 함정을 피하기 위해서는 숙달된 지도력이 필요하다.

사람들을 진정한 토론으로 인도하는 것은 마치 잃어버린 예술품을 찾는 과정과 같다. 교사들은 반드시 필요한 기술들을 배울 수 있다. 설교하는 것과 강의하는 것이 배워서 가르칠 수 있는 것이라면, 역시 그렇게 될 수 있다. 좋은 토론을 이끌어 내기 위해서는 설교와 강의에 필요한 만큼의 작업과 준비가 소요되지만, 그 역동적인 힘은 그보다 훨씬 다양하다. 설교자는 개인적으로 대화 기술만을 계발하면 된다. 그러나 토론 인도자는 자신의 기술을 계발시켜 모든 참여자들의 동참을 극대화해야 한다. 훌륭한 토론 인도자들은 의식적으로나 직관적으로 건전한 그룹이 어떻게 움직이고, 건전한 인도자들이 어떻게 그룹을 움직여가는지 잘 이해하고 있는 사람들이다.

그룹은 어떻게 움직이는가

성공적인 그룹은 세 단계들을 통해 움직인다. 각 단계는 연속적으로 일어나야 하며, 그렇지 않으면 그 그룹 과정은 실패로 끝나고, 참여자들은 좌절감에 빠지게 된다. 다소의 불만을 가진 사람들은 각 단계마다 있는 실패의 가능성을 조심스럽게 분석하면서 정확하게 확인하지는 않는다. 심각하지는 않지만 이 단계들은 성공에 절대적으로 필요하다.

개인화. 바람직한 토론을 위해서는 우호적인 분위기가 필요하다. 요즘 와서 남용되는 것처럼 보여지는 토론 중 휴식 시간은 이러한 분위기를 조성해 주는 고전적인 방법이라고 할 수 있다. 더욱 효과적인 또 하나의 방법은 사람들이 서로 만나는 커피 타임을 잘 이용하도록 돕는 데 초점을 맞추는 활동이다. 그 활동은 평소에 알고 지내온 사람들로부터 떠나 새로운 무리를 이루도록 격려해 준다. 똑같은 출생월이나 똑같은 주에서 태어났거나 아니면 같은 연령의 자녀를 둔 사람을 찾아보는 식의 시작 활동은, 사람들로 하여금 집단에서의 기본 정보들을 익히도록 돕는다. 이렇게 한 무리로 섞여보는 것은 모든 사람이 참여하기 때문에 당황하지 않고 새로운 친분 관계를 시작할 수 있게 해 준다.

이름표는 이름을 기억하게 해주고, 대화의 주된 장애물을 제거해 준다. 그룹 구성원은 같은 색깔의 이름표를 달지만, 방문객들은 쉽게 구별할 수 있도록 다른 색깔의 이름표를 단다. 그러면 몇 주 지난 다음에는, 아마도 방문객이 찾아올 때만 이름표를 달면 될 것이다. 단순하든 치장이 많든

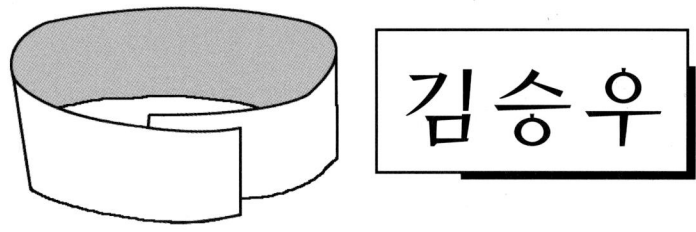

이름표는 멀리서도 손쉽게 확인할 수 있도록 특별히 큰 글자들로 분명하게 써야 한다. 새로 만들기가 번거로우면, 3×5cm 크기의 카드를 사서 테이프를 앞뒤로 두른 다음 매끄럽게 다듬어서 옷에 붙이라.

적절한 시간, 훌륭한 지도력을 통해 사람들은 서로서로 신뢰하는 법을 배운다. 관계가 깊어질수록 토론은 더욱더 세밀해지기 시작한다. 주제가 민감할수록 서로 안정감 있는 분위기를 느껴야 한다는 것을 기억하라. 다른 사람들의 정밀한 검토에 자신의 의견을 노출하는 것은 최선의 상태에서도 어느 정도는 두려운 일이다.

상호 간의 깊은 관계를 계발하기 위해, 인도자는 그 그룹 안에 수용적인 분위기를 심어야 한다. 사실 인도자는 사람들이 서로의 불일치도 상처받지 않게 받아들일 수 있도록 끊임없이 도와야 할지도 모른다. 즉 그 집단의 구성원들에게 이해의 정신을 나누어 가질 수 있도록 노력해야 할 것이다. 토론은 "당신은 정말로 그것을 믿지 않죠?"라는 물음으로 급작스럽게 끝날 수 있다. 그러나 훌륭한 인도자라면 "물론 저분은 그것을 믿습니다. 그렇기 때문에 그것을 함께 나누시는 것이죠. 당신은 왜 그것을 믿지 않는지 몇 가지 이유들을 말씀해 주지 않겠습니까?"라고 물어야 할 것이다.

개인화 단계에는 친분을 익히고, 좀더 깊은 대인 관계를 발전시키면서, 그룹을 위해 건전한 분위기를 형성시켜 가는 것이 포함된다. 인도자는 모든 사람이 개인화에 참여하는 방향으로 활동을 구성해야 한다. 제2단계의 질은 1단계의 성공 여부에 달려 있다.

참여. 인도자는 토론을 활성화하기 위해 구성원 간에 좋은 상호 작용을 고무시킬 책임이 있다. 책임자로 행동하면서 좋은 질문들을 던지는 인도자의 능력은 거의 기술적인 방법으로 나타난다. 그러나 가끔 교사들은 세련된 질문 기술을 계발하지 않는 경향이 있기도 하다.

종종 우리는 가르침이 질문하기보다 말하기와 더 비슷하다고 본다. 그러나 예수님께서는 자신의 가르침 사역에서 질문을 광범위하게 사용하셨다. 헤르만 호온(Herman Horne)은 「예수님의 가르침 방법(Teaching Techniques of Jesus)」이라는 책에서 예수님의 질문 사용에 대해 한 장을 할애하고 있다. 그는 "웬지 이 연구의 시작부터 우리가 예수님의 가르침 방식의 핵심 가까이에 있다는 느낌을 떨쳐버릴 수 없다"라는 말로 그 장을 소개하고 있다.[2] 호온의 책은 독특한 질문 형식으로 이루어져 있다. 독자들이 자기 만족적이기보다는 분투하도록 만드는 질문에 단계적으로 나아가도록 되어 있다. 그는 단지 독자가 약간의 방향 지시를 필요로 할 때만 약간의 정보를 준다.

사고를 유도하는 개방적인 질문들을 쓰려면 엄청나게 많은 양의 시간이 필요하다. 그럼에도 불구하고 지역 성경 연구 교재들은 거의 적당한 질문들이 무수히 나열된 책별 성경 연구와 여러 인물 연구 중심으로 이루어지는 특색이 있다. 생각하게 만드는 성경 질문의 훌륭한 예를 슬쩍 살펴보는 것이 아니라면, 이런 시리즈 물을 구입하고 싶지도 모른다.

질문을 만드는 법에 대해 좀더 명철하게 사고하고, 좀더 면밀하게 조사하는 방법들을 찾아 볼 수 있는가? 다음 세 가지 방법을 시도해 보라.

첫째로, "누구를 향한 질문인가"를 생각해 본다. 질문은 적어도 서로 다른 다섯 가지 방향에서 지시된다. 물론 그외의 다른 것들을 생각할 수도 있다.

1. 스스로 — 수사학적

2. 그룹의 특정 멤버 — 직접적
3. 이전의 공헌자 — 역전의
4. 그룹의 한 멤버 — 교대로
5. 전체로서의 그룹 — 일반적

예수님께 대한 복종에 대해 다른 방법으로 똑같은 질문을 던질 때, 어떻게 변하는가 관심을 집중해 보라.

1. 왜 나는 예수님께 복종하기를 원하는가?
2. 짐, 왜 예수님께 복종하기를 원합니까?
3. 왜 짐은 예수님께 복종하기를 원했을까요?
4. 왜 우리들은 예수님께 복종하기를 원합니까?
5. 왜 사람들은 예수님께 복종하기를 원할까요?

두번째는 "그 질문의 목적은 무엇인가?"를 자문한다. 정확한 질문을 만드는 것은 목적을 구체적으로 이해하고 있는가에 달려 있다. 포괄적이지는 않지만, 다음에 적은 것들은 많은 가능성들이 어떻게 존재하는가에 주목할 수 있게 해준다. 다음 것들을 차례로 질문해 볼 수 있다.

1. 정보를 축적하라.
2. 용어를 정의하라.
3. 의미를 분명히 하라.
4. 분명하게 설명하라.
5. 완전히 전개하라.
6. 비교하라.
7. 대조하라.
8. 다른 주제와 연관시키라.

9. 그 주제로 돌아가라.

10. 그 주제를 바꾸라.

11. 관련시키라.

12. 결론에 도달하라.

13. 발견한 사실들을 요약하라.

14. 예상되는 대답을 이끌어내라.

15. 편견에 반응하라.

각 질문들의 예를 생각할 수 있는가? 질문들이 가질 수 있는 다른 목적들을 생각해 볼 수 있는가?

"여러분의 의견으로는" "여러분은 어떻게 생각하시는지요"와 같은 말들은, 최대한 참여를 유도하기 위한 질문을 할 때, 사람들이 틀리거나 당황하거나 거부될 것 같은 두려움 없이 스스로를 표현할 자유를 준다. 주의 깊게 표현된 질문들은 목적을 분명하게 나타내며, 사람들에게 자신의 반응이 받아들여짐을 느끼게 해준다.

셋째로, "그 질문이 정말로 적절한가?"를 자문한다. 유감스럽게도 한 집단의 연령과 배경, 능력에 대한 적절한 질문이 다른 집단에게도 반드시 적용된다는 법은 없다. 때때로 그 질문을 바꾸어 말하거나 좀더 구체적인 여러 질문들로 나누는 것은 정말로 도움이 된다. 생각을 바꾸지 않고도 구조와 절차를 새롭게 조정할 수 있기 때문이다.

질문은 성경 본문의 목적과 조화되어야 한다. 설교하는 사람조차도 본문에 직접 나타나지 않는 성경 진리를 가르치는 죄를 범할 수 있다. 당신은 살펴보고 있는 본문에서 교사가 어떻게 그같은 생각을 찾아냈는지 의아해했던 적이 있었는가? 좋은 주석서들은 교사가 이같은 난감한 실수에 빠지지 않도록 많은 도움을 줄 수 있다. 본문이 분명하게 성경 연구를 뒷받침해 주지 못할 때, 사람들은 혼동하기 마련이다.

정말 좋은 질문도 토론의 목적에 부적절할 수 있다. 토론이 분명한 목적이나 방향을 가지고 있다면, 모든 질문은 그 목적 아래 재고되어야 한다. 그것은 사람들을 목표에 맞는 쪽으로 이끌어 가는 질문인가? 주제를 빛낼 질문인가? 모든 사람이 이 질문에 대한 대답에서 유익을 얻을 수 있는가? 매우 재미있지만 주변 문제로 빗나갈 가능성이 있기 때문에, 다음 기회로 미뤄야 할 문제는 아닌가? 그 정보를 받아들이기 위해 다른 부분 이전에 한 영역을 조사해야 되는가? 이같은 평가를 위한 질문들은 토론의 목적에 대해 분명하게 생각하도록 한다.

좋은 질문들은 그 과 전반에 걸쳐 계속될 뿐만 아니라 함께 연결되어 있어서 논리적으로 이끌어 간다. 네다섯 개의 중요한 질문이 연달아 나오면 필요 이상의 생각에 매달리게 될 수도 있다. 지도적인 토론 질문들을 작성하기 위해 필요 불가결한 시간에 대해 어떻게 생각하는가? 다 똑같은 문제는 아니겠지만 몇몇 연구들은 좋은 선다형 시험 문제를 낼 수 있는 훈련을 받은 한 사람이 하루에 5~15개 정도의 문제를 낼 수 있다고 밝힌다.[3]

따뜻하고 수용적인 분위기에서 좋은 문제를 만들어 질문하는 것은 매우 만족스러운 참여를 낳는다. 그러나 그 그룹은 제3단계에 들어갈 때까지 여전히 많은 좌절을 경험하게 될 것이다.

목적의 인식. 모든 참여자들이 분명하게 이해하는 명백한 목적을 가진 그룹은 가장 최대의 만족을 느낄 가능성이 높다. 토론은 아무 결론도 이끌어 내지 못했을 때, 비판받는다. 그런 그룹은 시시때때로 특별한 어떤 결론을 내리기 위해 노력하지도 않고, 그 목적의 일부도 성취하지 못하기 일쑤다.

토론이란 많은 목적 중 어느 하나에 초점을 맞추어야 한다. 가능성은 거의 무한하다. 다음에 열거한 예들을 생각해 보라.

1. "다음 시간에는, 본문이 영감에 어떤 영향을 미치는가를 토론하고자 한다."
2. "오늘 저녁에는, '속죄'를 정말로 믿는다면 우리 삶이 어떻게 변해야 하는지에 대해 토론하게 될 것이다."
3. "우리 목적은 히브리서 6장을 읽고 실천할 수 있는 여러 문제들을 설명해 보는 것이다."

어떻게 하든지 토론 전과 후에는 그 집단이 이해할 수 있도록 목적을 말로 분명하게 표현해야 한다. 그 중 한 사람은 수업을 끝마칠 무렵에 그 집단이 보여준 노력들을 요약해야 한다. 모든 사람은 그룹이 정해놓은 목적에 얼마나 가깝게 도달했는지 평가해야 한다. 그룹은 목적을 성취하기 위해 실패를 관대히 다루어야 하지만, 그 가운데서도 목표를 향해 나아가야 한다. 자신들의 목표를 정기적으로 확인하는 그룹들은 다음 토론도 계속 참여하며 즐길 수 있게 된다.

지도자들은 어떻게 그룹을 계속 운영해 갈 것인가

집단은 반드시 단독으로 세 단계를 거쳐갈 수 없다. 도중에 진행하지 못하게 되었을 때, 인도자나 어느 한 사람은 그 집단이 다시 목적을 향해 전진할 수 있도록 행동해야 한다. 조지 핸더슨(George Henderson)은 집단 행동의 긍정적·부정적 측면에 대해 다음과 같이 말한다.

시작 : 집단 문제나 목표를 세우는 새로운 생각이나 변화 방식을 제안함, 새로운 활동을 제의함.

정보 구하기 : 적절한 사항이나 권위적인 정보를 질문함.

정보 주기 : 적절한 정보나 그룹 과제에 적절한 개인적인 경험을 연관시킴.

구체화하기 : 이전 경험에 의존하여 그것을 확대시키고 실례를 보여줌.

조정하기 : 다양한 생각들 간의 관계를 보여주거나 명료화하며, 생각과 제안을 함께 끌어모으기 위해 노력함.

방향 정하기 : 집단 목표의 관점에서 토론을 진전시키고 토론이 이루어지는 방향에 대해 질문을 던져봄.

확인하기 : 결정을 내리거나 어떤 행동이 취해질 준비가 됐는지 보기 위해 특정한 단체를 통해 자세히 알아봄.[4]

반면에 그룹을 방해하는 수많은 행동들이 있다. 그룹 인도자는 이러한 일들이 일어날 때, 관대하나 엄격하게 다루기 위해 스스로 준비해야 한다.

차단하기 : 갑자기 옆길로 빗나가 진전을 방해하고, 그룹 문제와 상관없는 개인적인 경험들을 인용하거나, 다른 사람들은 이미 해결한 문제에 너무 지나치게 집착하며, 생각해 보지도 않고 의견을 거부하는 것을 막음.

공격 : 다른 사람들을 비판하거나 탓하고, 그룹에서 일어난 것과 관계없이 그 그룹이나 어떤 인물에 대해 적대감을 보이며, 다른 사람의 동기를 공격하고, 그들의 자아나 지위에 위협을 줌.

인정 구하기 : 지나치게 말을 많이 함. 극단적인 생각들, 자랑으로 야단

법석을 떨며 자신에게 관심을 불러 모으려고 시도.

특별한 간청 : 상식을 넘어 자신이 좋아하는 관심사나 철학에 연관된 생각들을 소개하거나 지지하고, '일반 대중' '보통 사람들' '사회의 희생자'를 변호하려고 시도함.

철회하기 : 무관심하거나 소극적으로 행동하고, 지나치게 형식에 의존하며, 낙서하거나 다른 사람들에게 작은 소리로 속삭임.

지배하기 : '서열화'로 그룹이나 성원들을 조정하는 데 있어서 권위를 주장하려고 하며, 권위적으로 지시하고, 다른 사람들의 공헌을 무시함.[5]

지도자들은 처음에 그것을 솔직하게 밝힘으로써 원하지 않는 행동을 사전에 막을 수 있다. 긍정적인 면에서 볼 때 토론 이전에 기준을 정한 인도자들은 나중에 성원들에게 이야기할 때도 감정의 상처를 주지 않는다.

참여자들은 시간 제한을 분명히 준수해야 하며, 시간 제한을 위반하는 것은 호의적으로 단호하게 주의를 주어야 한다. 인도자는 "누군가가 너무 많은 시간을 이야기하고 있으므로(예를 들어 삼 분 이상), 제가 임의로 중단시키겠습니다. 우리는 토론을 원하지 강의를 원하는 것이 아님을 기억하십시오"라고 말함으로써 기준을 정할 수도 있다.

요약

지역 사회에 있는 개방적인 분위기가 얼마나 지속될지 누가 알 수 있을까? 지역 사회 성경 교사들은 학생들의 생각을 지도하고 이끌기 위해 기회를 포착해야 한다. 서로 다른 각각의 성경반들은 토론으로부터 상당한 유익을 얻을 수 있다. 토론은 교사가 자신의 지식으로 다른 이들에게 영향을 줄 기회는 거의 없음에도 불구하고 놀라운 학습 환경을 조성한다. 믿음을 말로 표현하고 듣는 것은 사람들의 의식적인 경험 속으로 깊이 침투해 갈 수 있다.

다행히 오늘날 교육가들은 20년 전보다도 훨씬 더 면밀하게 토론을 이끌어가기 위해 필수적인 기술들을 계발해 왔다. 또 복음주의자들은 처음 가르치는 사람이라도 정보를 얻고 준비할 수 있도록 훌륭한 책들을 출판해 왔다.[6] 토론을 방해하는 주된 요소는 스스로 갖는 두려움이다. 그러나 그리스도의 공동체를 주장하는 크리스천들은 지역 사회 성경 공부를 통해 믿음을 실천할 수 있다. 지금도 우리 주변의 지역 사회는 우리의 주도권과 지도력을 기다리고 있다.

결론: 미래를 위해 주신 명령

케네스 O. 갱글(Kenneth O. Gangel)

그리스도가 오시기 약 500년 전에 공자는 "길을 제시하되 끝까지 안내해 주지 않는 것이 배우는 자를 사려 깊게 만든다. 조화, 손쉬운 성취, 사려 깊음 등을 가져오는 사람은 유능한 교사다"라고 적고 있다.[1] 5세기 후에 주님께서는 3년 반 동안 제자들에게 정확히 그와 똑같은 것을 하도록 가르치면서 몸소 본을 보이셨다.

이 책은 1장부터 21장까지 모두 가르침 자체와 그것이 지향하는 바에 대해 표현하려고 노력해 왔다. 진정한 크리스천 교사는 이런 관찰을 통해 미래에 대한 학습 전략을 설계해야 한다. 보편적인 현재의 생각과 지혜를 어떻게 변화시켜야 할 것인가의 문제는 영원한 성경 진리와 얼마나 상관 있느냐에 달려 있다. 종종 우리는 하나님의 말씀을 가르침의 어느 과정이나 기능에 연관시키는 일에 어려움을 느끼기도 한다. 그러나 감히 그러한 추구를 그만두거나 탐구를 중단할 수는 없다.

이 책이 쓰여지기 10년 전에, 아트 크리스코우(Art Criscoe)는 현재의 가르침-학습 방법론의 다섯 가지 경향을 이렇게 밝혔다.

(1)체계적 접근, (2)개별화되었거나 자기 보조(self-paced)의 교육, (3)경험적 교육, (4)매개체가 보조하는 교육, (5)연장 교육.²

크리스코우 박사는 문제의 핵심을 짚었던 것이다. 다섯 가지는 모두 지난 10년 동안 깊이 발전해 왔다. 그러나 그는 방법론만을 다루었다.

좀더 넓은 의미에서, 다음을 포함하는 탐구 보고서를 가지고 전진해 나갈 수 있을 것이다.

1. 복음주의자들 가운데 통합 문제에 대한 토론을 늘리고 계속 이어나감(5장을 보라).
2. 대중, 그룹, 개인별 컴퓨터 보조 학습을 통한 보조 발전(11장을 보라).
3. 전문가(교사)와 아마추어(학생) 양쪽 모두에 의한 좀더 양질의 훌륭한 음향, 비디오 및 레이저 생산품들.
4. 기독교 학급에서의 공동 교육과 적용에 대한 포괄적인 이해.
5. 학습에 대한 책임을 배우는 자가 더 많이 감당하는 것. 좀더 적게 말하고 좀더 많이 지도하기.
6. 사례 연구, 게임, 정보 계획을 면밀하게 세우는 체계와 같은 지금까지의 비밀스런 기법에 대한 확대 사용.

"발은 땅에 굳게 딛고 눈은 먼 데를 향해"라는 말은 예전에 인기 있는 모토였다. 그래서 우리는 기독교 교육을 통해 이것을 얻으려 했다. 이때 어떤 큰 손실을 가져오겠는가? 이것이야말로 고의적인 의사 전달자들에 의해 무시되는 어리석은 질문이다.

교사라는 말에서는 "이것도 행하고 저것도 버리지 말아야 할지니라"(마 23:23)의 교훈 내용과 방법을 결코 분리하여 생각할 수 없다.

미국 교육청이 출간한 최근의 한 연구는 성경 자원과 세속적인 자원 모두에 대해 우리가 해야 할 바를 잘 강조하고 있다. 여기에 그 일부를 소개한다.[3]

1. 자녀에게 부모는 최초의 가장 영향력 있는 교사이다. 자녀가 배우도록 돕기 위해 부모가 행하는 것은, 가족이 얼마나 경제적으로 잘 사는가보다는 학습 성공에 더욱더 많은 영향을 미친다.
2. 학생들 모두에게 높은 기대감을 심어주고 전달하는 교사는, 낮은 기대감을 가진 교사들보다 학생들에게 훨씬 더 훌륭한 학문적 성취를 거두게 한다.
3. 학생들이 학습에서 얼마나 많은 시간을 사용했는가는 성취도에 크게 영향을 미친다. 학습을 위해 이용 가능한 시간의 양은 교사의 교육적·관리적 기술과 학교 경영진이 작성한 우선 순위에 따라 결정된다.
4. 교사는 작업 개선을 위한 전문 제안들을 환영하지만, 그것들을 거의 받아들이지 않는다.

브루스 록커비는 한 기독교 교육 관련 잡지의 기고문에서, 기독교적인 가르침은 제도적이 아니라 구체적이며, 인위적인 것이 아니라 자연적이며, 틀에 박힌 구조가 아니라 발전적이어야 한다고 강조했다.[4] 그렇게 하기 위해, 그리고 자신의 남은 생애를 통해 주님께서 원하시는 사람이 되기 위해, 가르침은 그 지시에 따라야만 한다. 우리는 결코 "비뚤어진 바닥 위에 놓인 가짜 당구대와 울퉁불퉁한 당구알"이라고 누군가가 비유한 것 같은 교육 목표를 설정해서는 안 될 것이다.

Notes 미주

제1장

1. Robert H. Stein, The Method and Message of Jesus' Teachings. Philadelphia:Westminster Press, 1978, p. 1.
2. Ronald B. Allen, Lord of Song:The Messiah Revealed in the Psalms. Portland, Ore.:Multnomah Press, 1985, pp. 59~60.
3. Lois E. LeBar, Education That Is Christian. Old Tappan, N.J.:Fleming H. Revell Co., 1958. p.51.
4. Allen, pp. 57~58.
5. Dorothy Sayers, Creed or Chaos? New York:Harcourt, Brace and Company, 1949, pp. 5~6.
6. Merrill C. Tenney, John:The Gospel of Belief. Grand Rapids:Wm. B. Eerdmans Publishing Co., 1948, p. 104.
7. LeBar, p. 81.
8. Elmer L. Towns, ed., A History of Religious Educators. Grand Rapids:Baker Book House, 1975. p. 15.
9. Rebecca Manley Pippert, Out of the Salt Shaker and Into the World. Downers Grove, Ill:InterVarsity Press, 1979, p. 42.
10. C. S. Lewis, Mere Christianity. New York:The Macmillan Co., 1952, p. 41.
11. John R. W. Stott, Christ the Controversialist. Downers Grove, Ill:InterVarsity Press, 1970, p. 209.
12. Pippert, p. 30.
13. C. S. Lewis, The Four Loves. New York:Harcourt, Brace and Word, Inc., 1960, pp.168~69.

14. Andrew T. LePeau, Paths of Leadership. Downers Grove, Ill.:InterVarsity Press, 1983, p. 57.
15. John W. Gardner, No Easy Victories. New York:Harper and Row, 1968, p. 68.
16. Stein, p. 23.
17. Richard A. Batey, ed. New Testament Issues. New York:Harper and Row, 1970, p. 71.
18. Stein, pp. 41~42.
19. LeBar, P. 71.
20. LeBar, P. 82.
21. Pippert, p. 119.
22. Herman Harrell Horne, Jesus the Master Teacher. Grand Rapids:Kregel Publications, 1964, pp. 184~85.
23. Kenneth Scott Latourette, A History of Christianity. New York:Harper and Brothers, 1953, p. 33.

제2장

1. C. Fred Dickason, "The Holy Spirit in Teaching," in Introduction to Biblical Christian Education, ed. Werner C. Graendorf. Chicago:Moody Press, 1981. p. 112.
2. Dickason, p. 112.
3. Roy B. Zuck, The Holy Spirit in Your Teaching, rev. ed. Wheaton, Ill.:Victor Books, 1984, p. 75.
4. Abraham Kuyper, The Work of the Holy Spirit. Grand Rapids:Wm. B. Eerdmans Publishing Co., 1956, p. 185, and F. F. Bruce, The Epistles of John. Old Tappan, N.J.:Fleming H. Revell Co., 1970, pp. 71-2.
5. A.T. Robertson, Word Pictures in the New Testament. Nashville, Tenn.:Broadman Press, 1930, 6:218.
6. R.C.H. Lenski, The Interpretation of the Epistles of St. Peter, St. John, and St. Jude. Minneapolis:Augsburg Publishing House, 1966, p. 442.
7. Kenneth S. Wuest, In These Last Days. Grand Rapids:Wm. B. Eerdmans Publishing Co., 1957, p. 138.
8. Zane C. Hodges, "I John," in The Bible Knowledge Commentary-New Testament, ed.

John F. Walvoord and Roy B. Zuck. Wheaton, Ill.:Victor Books, 1983, p. 892.
9. Bob Smith, Basics of Bible Interpretation. Waco, Texas:Word Books, 1978, p. 37.
10. James Michael Lee, "The Authentic Source of Religious Instruction," in Religious Education and Theology, ed. Norma H. Thompson. Birmingham, Ala.:Religious Education Press, 1982, pp. 194-97.
11. Lee, pp. 193-94.
12. James Michael Lee, "Toward a New Era: A Blueprint for Positive Action," in The Religious Education We Need, ed. James Michael Lee. Mishawaka, Ind.:Religious Education Press, 1977, p. 130.
13. See Zuck, The Holy Spirit in Your Teaching, p. 30, for reasons in support of this rendering.
14. Dickason, p. 115.
15. James I. Packer, Keep in Step with the Spirit. Old Tappan, N.J.:Fleming H. Revell Co., 1984, p. 65, and Zuck, p. 40.
16. Packer, p. 65.
17. Zuck, p. 39. Some, however, say the Spirit-taught words refer to inspiration of Scripture by the Holy Spirit(e.g., Dickason, p. 120). However, in verse 13 Paul said, "We speak··· in words taught by the Spirit," not "we write··· in words taught by the Spirit."
18. Packer, p. 82.
19. Packer, p. 83.
20. On the temporary nature of some spiritual gifts see Joseph Dillow, Speaking in Tongues. Grand Rapids:Zondervan Publishing House, 1975;Robert G. Gromacki, The Modern Tongues Movement. Nutley, N.J.:Presbyterian and Reformed Publishing Co., 1973;Robert P. Lightner, Speaking in Tongues and Divine Healing, 2nd ed. Schaumburg, Ill.:Regular Baptist Press, 1978; and John F. Walvoord, The Holy Spirit. Grand Rapids:Zondervan Publishing House, 1958, pp. 173-88.
21. R.C.H. Lenski, The Interpretation of St. Paul's First and Second Epistles to the Corinthians, Minneapolis: Augsburg Publishing House, 1963, p. 49.
22. Parker, p. 30.
23. Zuck, p. 87.
24. William McRae, The Dynamics of Spiritual Gifts. Grand Rapids:Zondervan Publishing House, 1976, pp. 111-19.
25. Robert W. Pazmino, "Curriculum Foundations," Christian Education Journal 8. Autumn

1978, p. 32.
26. Howard G. Hendricks, Teaching to Change Lives. Portland, Ore.:Multnomah Press, 1987, pp. 107-8.
27. Hendricks, p. 108.
28. For a discussion on the relationship of the Holy Spirit to biblical interpretation, see Zuck, pp. 136-46.
29. Robert A. Traina, Methodical Bible Study. Grand Rapids:Zondervan Publishing House, 1980, p. 19.
30. Zuck, p. 175.
31. Zuck, pp. 152-53.

제3장

1. Ronald P. Chadwick, Teaching and Learning:An Integrated Approach to Christian Education, Old Tappan, N.J.:Fleming H. Revell Co., 1982.
2. James Michael Lee, The shape of Religious Education. Mishawaka, Ind.: Religious Education Press, 1971, pp. 7-8.
3. Lee, p. 7.
4. Findley B. Edge, Teaching for Results. Nashville: Broadman Press, 1956.
5. For a popularly written introduction to the topic see LeRoy Ford, Design for Teaching and Training. Nashville: Broadman Press, 1978.
6. Kathleen M. Wulf and Barbara Schave, Curriculum Design: A Handbook for Educators. Glenview, Ill.: Scott, Foresman and Co., pp. 57f.
7. W. James Popham, "Probing the Validity of the Arguments against Behavioral Objectives" in Current Research on Instruction, ed. by Richard C. Anderson, et al. Englewood Cliffs, N.J.: Prentice-Hall, Inc., 1969, pp. 66-72.
8. Ralph W. Tyler, Basic Principles of Curriculum and Instruction. Chicago: University of Chicago Press, 1949, p. 1.
9. Peter F. Oliva, Developing the Curriculum. Boston: Little, Brown and Co., 1982.
10. N.L. Gage, ed. Handbook on Research on Teaching. Chicago: Rand-McNally and Co., 1963.

11. John I. Goodlad, A Place Called School. New York: McGraw-Hill Book Co., 1984.
12. Richard D. Lamm, "The Melting Pot: Half-Empty?" in The Christian Science Monitor, September 19, 1985, p. 16.

제4장

1. A. T. Robertson, Word Pictures in the New Testament. Nashville:Broadman Press, 1930, p. 245.
2. Cornelius Jaarsma, "The Learning Process," in An Introduction to Evangelical Christian Education, J. Edward Hakes, ed. Chicago:Moody Bible Institute, 1964, p. 82.
3. Morris L. Bigge, Learning Theories for Teachers. New York:Harper and Row, 1964.
4. J. Dwight Pentecost, Pattern for Maturity. Chicago:Moody Press, 1966, p. 42.
5. Daniel P. Fuller, "The Holy Spirit's Role in Biblical Interpretation," in Scripture, Tradition and Interpretation. W. Ward Gasque and William Sanford LaSor, eds. Grand Rapids:Eerdmans, 1978, p. 192.

제5장

1. T. F. Torrance, "The Reconciliation of Mind," in TSF Bulletin. January-February 1987, p. 6.
2. D. Bruce Lockerbie, Griffith Thomas Lectures, Dallas Theological Seminary, 1985.
3. Oliver Barclay, "Loving God with All Your Mind," in Christian Arena. June, 1985, p.17.
4. James W. Sire, The Universe Next Door. Downers Grove, Ill.:InterVarsity Press, 1976, p. 17.
5. John D. Woodbridge, ed., Renewing Your Mind in a Secular World. Chicago:Moody Press, 1985, p. 17.
6. Douglas Groothuis, "The Christian Mind, CSSH Quarterly. Winter 1984, p.17.
7. Charles S. Robb, "We Can't Write Off 1.25 Million Teens," USA Today. November 8, 1985, p. 10A.
8. John R. W. Stott, Your Mind Matters. Downers Grove, Ill.:InterVarsity Press, 1973, p. 38.

9. Woodbridge, p. ix
10. Nancy Barcus, Developing a Christian Mind. Downers Grove, Ill.:InterVarsity Press, 1977, pp. 16~17.
11. Douglas Moo, "Putting the Renewed Mind to Work," in Woodbridge, Renewing Your Mind in a Secular World. p. 150.
12. Barcus, p. 93.
13. Groothuis, p. 17.
14. Moo in Woodbridge, p. 158.
15. Woodbridge, p. 61.
16. Kate B. Wilkinson, 1925.

제6장

1. B. F. Skinner, "The Science of Learning and the Art of Teaching." Harvard Educational Review, 24(2). 1954. pp. 86~97.
2. N. L. Gage, The Scientific Basis of the Art of Teaching. New York:Teachers College Press, 1978.
3. Fred N. Kerlinger, Foundations of Behavioral Research, 2d ed. New York:Holt, Rinehart & Winston, 1973. p. 9.
4. Gordon H. Bower and Ernest R. Hilgard, Theories of Learning, 5th ed. Englewood Cliffs, N. J.:Prentice-Hall, 1981, p. 11.
5. Edward L. Thorndike, Experimental Study of the Associative Process(Doctoral dissertation, 1898).
6. John B. Watson, Behaviorism. Chicago:University of Chicago. Press, 1925, p. 82.
7. Arnold Gesell and Frances L. Ilg, Infant and Child in the Culture of Today. New York:Harper, 1943.
8. N. L. Gage and David C. Berliner, Educational Psychology, 3rd ed. Boston:Houghton Mifflin, 1984, pp. 290~93.
9. Albert Bandura, Social Learning Theory. Englewood Cliffs, N. J.:Prentice-Hall, 1977.
10. Wolfgans Kohler, The Mentality of Apes. New Youk:Harcourt, Brace & World, 1925.
11. Bärbel Inhelder and Jean Piaget, The Growth of Logical Thinkin from Childbood to

Adolescence. New Youk:Basic Books, 1958.
12. R. H. Bailey, Human Behavior. The Role of the Brain. New York:Time-Life Books, 1975.
13. Ellen D. Gagné, The Condition of Learning. Boston:Little, Brown and Co., 1985.
14. Mark Fakkema, Christian Philosophy:Its Educational Implications. Chicago:National Union of Christian Schools, 1952.
15. Robert M. Gagne, The Conditions of Learning and Theory of Instruction, 4th ed. New York:Holt, Rinehart & Winston, 1985.
16. Gage and Berliner, pp. 305~09.
17. Paul D. Eggen, Donald P. Kandiak, and Robert J. Harder, Strategies for Teachers:Information Processing Models in the Classroom. Englewood Cliffs, N. J.:Prentice-Hall, Inc. 1979, p. 277.
18. David P. Ausubel, Joseph d. Novak, and Helen Hanesian, Educational Psychology:A Cognitive View, 2nd ed. New York:Holt, Rinehart & Winstion, 1978, p. 163.
19. Walter B. Barbe, R.H. Swassing, and Michael N. Milone, Jr., Teaching through Modality of Strengths:Concepts and Practices. Columbus, Ohio:Zaner-Bloser, 1979.
20. See James W. Keefe, ed., Students Learning Styles:Diagnosing and Prescribing Programs. Reston, Va.:National Association of Secondary School Principals, 1979;or Claudia E. Cornett, What You Should Know about Teaching and Learning Styles, Bloomington, Ind.:Phi Delta Kappa Educational Foundation, 1983.

제7장

1. Deuteronomy 6:4-9; Psalms 78:1-8; 119; Proverbs 22:6; Matthew 28:19-20; 2 Timothy 2:2; 3:14-15.
2. Pastor Mark Chittwood, Pastor of Childhood Education, University Baptist Church, Fayetteville, Arkansas.
3. Pastor Jerry Hull, Minister of Christian Education, Faith Bible Church, DeSoto, Texas.
4. Pastor Pat Muro, Minister of Christian Education, Fellowship Bible Church, Dallas, Texas.
5. Adapted from Kenneth O. Gangel, Building Leaders for Church Education. Chicago: Moody Press, 1981, p. 42.
6. Age-Group Characteristics and Needs Chart adapted from unpublished materials developed

by Scripture Press Minisries, Wheaton, Ill.
7. Christian Education of Children Goals and Objects Chart adapted from unpublished materials developed by Scripture Press Minisries, Wheaton, Ill.

제8장

1. Doug Stevens, Called to Care. Grand Rapids: Zondervan Publishing House, 1985, p. 13.
2. Pastor Steve Johnson, Minister to Youth, Reinhardt Bible Church, Dallas,, Texas.
3 Pastor Dennis Larkin, Minister to Youth, Pantego Bible Church, Arlington, Texas
4. "Goals for the Individual-The Profile of a Discipled Student" was developed through many long weekends together by dedicated church staff and volunteers at Pantego Bible Church, Arlington, Texas, summer, 1983.
5. "Goals for the Institution" was developed by Pastor Dennis Larkin, Youth Minister at Pantego Bible Church, Arlington, Texas.
6. "Programming for Youth Ministery" is adapted from Dann Spader's "Sonlife Seminar" by Pastor Steve Johnson, Minister to Youth, Reinhardt Bible Church, Dallas, Texas.

제9장

1. Robert J. Havighurst, Development Tasks and Education. New York: Longmans, Green & Co., 1948.
2. James E. Espich and Bill Williams, Developing Programmed Instructional Materials. Belmont, Calif.: Fearon, 1967, p. 5.
3. Leroy Ford, Design for Teaching and Learning. Nashville, Tenn.: Broadman Press. 1978, p. 360.
4. Eric Erikson. Identity: Youth and Crisis. New York: Norton, 1963.
5. Havighurst, pp. 72-98.
6. Daniel Levinson, The Seasons of a Man's Life. New York: Knopf, 1978.
7. Mancil Ezell, unpubilshed conference notes, Scripture Press Ministries Seminar on Adult Education.

8. David O. Moberg, "What the Graying of America Means to the Local Church," Chrisianity Today(Nov. 20, 1981), p. 33.
9. Malcolm Knowles, The Adult Learner: A Neglected Specied. Houston: Gulf, 1973.
10. Eugene Trester, "Biblical Andragogy," The Bible Today(Sept. 1982), p. 293.
11. David Mains, "From Applicatons to Action," Leadership(Fall 1986), p. 65.
12. Donna Peterson, "Life Is for Singles Too," Voices(Winter 1981), p. 6.
13. David Lambert, "Comming Up Short," Moody Monthly(October 1987), p. 17.
14. Daniel Yankelovich, et al. Raising Children in a Changing Society. Minneapolis: General Mills, 1977.
15. Harold Westing, "Comeback in the Classroom," Moody Monthly(July/August 1987), p. 26.

제10장

1. Herman Harrell Horne, Teaching Techniques of Jesus. Grand Rapids: Kregel Publications, 1978, reprint of 1920 edition, p. 206.
2. Susan Striker, Please Touch. New York: Simon and Schuster, Inc., 1986, p.16.
3. Donna Harrell and Wesley Haystead, Creative Bible Learning for Children-Birth to 5 Years. Ventura, Calif.: Gospel Light Publications, 1977, p.41.
4. Barbara J. Bolton and Charles T. Smith, Creative Bible Learning for Children-Grades 1-6. Ventura, Calif.: Gospel Light Publications, 1977, pp.107-08.

제11장

1. "Evolution of a Technology," Perspective Digital Corporation's Computer Newsletter 4(Number 1) p. 2.
2. Christopher Evans, The Micro Millennium. New York: Vilking Press, 1979, pp. 111-29.
3. Some tasks, such as filling in infrequently used forms and typing a single mailing label may be accomplished more simply on a typewriter.
4. Note that this is a Weighted average. Each test counts 20 percent and each paper counts 30 percent of the final grade.

5. Benjamin S. Bloom, "The 2 Sigma Problem: The Search for Methods of Group Instruction as Effective as One-to-One Tutoring," Educational Researcher(June/July 1984) pp. 4-16.
6. Sidney L. Pressey, "A Third and Fourth Contribution toward the Coming 'Industrial Revolution' in Education," School and Society 36(1932) p. 934.
7. B. F. Skinner, "Progrmmed Instuction Revisited," Phi Delta Kappan(October 1986) p. 104.
8. Herber Kohl, "The World's Most Expensive Flash Card," in Intelligent Schoolhouse edited by Dale Peterson. Reston, Va.: Reston Publishing Company, 1984, pp. 28-32.
9. Dale Peterson, ed., Intelligent Schoolhouse. Reston, Va.: Reaston Publishing Company, 1984, p. 11.
10. Computer languages such as Prolog and LISP are designed to work with facts and rules to develop artifical intelligence applications.
11. Adapted from Julie S. Vargas, "Instructional Design Flaws in Computer Assisted Instruction," Phi Delta Kappan(June 1986) p. 744.
12. Arthur Luehtmann, "Computer Literacy: The What, Why, and How," in Intelligent Schoolhouse edited by Dale Peterson. Reston, Va.: Reston Publishing Company, 1984, p. 55.

제12장

1. Marshall McLuhan, "Five Sovereign Fingers Taxed the Breath," in The Electric Anthology, ed. Don Allen. Dayton, Ohio: Pflaum Publishing, 1975, p. 2.
2. Walter A. Wittich and Charles F. Schuller, Instructional Technology: Its Nature and Use. New York: Harper and Row, 1979, p. xvi.
3. Mark Hendrickson, "High Tech: Its Progress, Problems, and Potential for Use in the Local Church," Christian Education Journal. Glen Ellyn, Ill.: Scripture Press Ministries, 1985, Vol. VI, No. 2. p. 9.
4. Terry Hall, Dynamic Bible Teaching with Overhead Transparencies. Eigin, Ill.: David C. Cook Publishing Co., 1985, p. 8.
5. Hall, p. 8.
6. Hall, p. 8.
7. Edgar Dale, Audio-Visual Methods in Teaching. New York, Holt, Rinehart and Winston,

1954, p. 3.
8. Multiple Choice: Rescue from Media Mediocrity. Maxwell AFB, Ala.: USAF Chaplain Resource Board, p. 1.
9. Anol W. Beahm, "High Tech in Christian Education: Cure or Curse?" Christian Education Journal. Glen Ellyn, Ill.: Scripture Press Ministries, 1985, Vol. VI, No. 2, p. 20.
10. Beahm, p. 18.
11. John R. W. Stott, Between Two Worlds. Grand Rapids:William B. Eerdmans Publishing Company, 1982, p. 75.
12. C.I. Scofield, Letter to Lewis Sperry Chafer, August 5, 1912, unpublished.
13. Maitland Graves, The Art of Color and Design. New York: McGraw-Hill Book Company, 1951, p. 90.

제13장

1. For a helpful discussion of problems and solutions to testing in college see Ohmer Milton and John W. Edgerly, The testing and Grading of Students, 2nd ed., Change Magazine, 1977.
2. The terms purpose, goal, objective, aim, standard, and goal-indicator have been used in a variety of ways in educational literature. No effort to distinguish among these terms is made in this chapter.
3. The idea that the test matches the objective is referred to as content validity. See Tom Kubiszyn and Gary Borich, Educational testing and Measurement: Classroom Application and Practice, Glenview, Ⅲ.:Scott, Foreman, and Co., 1984, and Robert F. Mager, Measuring Instructional Intent: or Got a Match? Belmont, Calif.: Fearon Pitman Publishers, Inc., 1973.

제14장

1. Pierre Mornell, Passive Men, Wild Women. New York: Ballantine Books, 1979, p. 1.
2. Eugene H. Peterson, Run with the Horses. Downers Grove, Ill.: InterVarsity Press, 1983,

pp. 11-12.
3. Henry Brooks Adams, The Education of Henry Adams, New York: Time, Inc., 1964, Vol. 2, p. 73.
4. Houston Peterson, Great Teachers. New Brunswick, N.J.: Rutgers University Press, 1946, p. xvi.
5. Fred Smith, Learning to Lead, Waco, Texas: Word Books, 1986, p. 47.
6. John W. Dean, Blind Ambition. New York: Simon and Schuster, 1976, pp. 30-31.
7. Cited by Harold Myra, ed., in Leaders. Waco, Texas: Word Books, 1987, pp. 27-28.
8. John Gardner, Leadership Development. Washington, D. C.: Independent Sector, 1987, p. 6.
9. Eugene H. Peterson, A Long Obedience in the Same Direction. Downers Grove, Ill.: InterVarsity Press, 1980, p. 16.
10. Adams, P. 89.
11. Eugene H. Peterson, Working the Angles. Downers Grove, Ill.: Intervarsity Press, 1987, pp. 65-66.
12. John K. Clemens and Douglas F. Mayer, The Classic Touch. Homewood, Ill.: Dow Jones-Irwin, 1987, p. 79.
13. Andrew T. LePeau, Paths of Leadership. Downers Grove, Ill.: InterVarsity Press, 1983, p. 84.
14. Melvin P. Sikes, A Conversation with Marva Collins, Austin, Texas: Hogg Foundation for Mental Health, The University of Texas, 1982, p. 2.
15. Gardner, p. 24.
16. Gardner, p. 7.
17. John Gardner, Self-Renewal. New York: Harper and Row, 1963, P. 58.
18. John Gardner, Leadership Development. Washington, D.C.: Independent Sector, 1987, p. 7.
19. Warren Bennis and Burt Nanus, Leaders: The Strategies for Taking Charge . New York: Harper and Row, 1985, pp. 26-28.

제15장

1. Robert E. Coleman, The Master Plan of Discipleship. Old Tappan, N.J.:Fleming H. Revell Company, 1987, p. 10.
2. Jesus alod used the tool of demonstration to teach His disciples such things as obedience to God's will(John 12:27), trusting God for daily provision(6:1-4), mercy(8:2-11), forgiveness(Luke 23:34), and the reality of resurrection life(John 20:26-31).
3. Herman H. Horne, The Teaching Techniques of Jesus, Grand Rapids:Kregel Publication, 1964; reprinted.,1974, p. 143.
4. Frank E. Gaebelein, The Pattern of God's Truth. Chicago:Moody Press, 1954;reprint ed., 1973, pp. 21-22.
5. Frank E. Gaebelein, The Christian, the Arts, and Truth, ed. D. Bruce Lockerbie. Portland, Ore.: Multnomah Press, 1985, p. 166
6. D. Bruce Lockerbie, The Cosmic Center. Portland, Ore.:Multnomah Press, 1986.

제16장

1. Irving I. Jensen, Enjoy Your Bible. Chicago: Moody Press, 1969, p. 10.
2. See the Bibliography for books on hermeneutics.
3. Martin Luther, cited by A. Skevington Wood, The Principles of Biblical Interpretation. Grand Rapids: Zondervan Publishing House, 1967, p. 80.
4. Roy B. Zuck. "Application in Biblical Hermeneutics and Exposition." in Walvoord: A Tribute, ed. Donald K. Campbell. Chicago: Moody Press, 1982, p. 26.

제17장

1. Jay Kesler, :Ministry to Youth and Their Families." Cassette tape, Pasadena, Calif: Fuller Theological Seminary, 1984.
2. For example, Genesis 24:67; Proverbs 5:19; Song of Songs 2:5; Hosea 3:1.
3. Compare C.F. Keil and F. Delitzsch, Commentary on the Old Testament, "The

Pentateuch," vol. 1 of 10 vols., Grand Rapids: William B. Eerdmans Publishing Company, 1973, p. 324; Jack S. Deere, "Deuteronomy," in The Bible Knowledge Commentary, Old Testament. Wheaton, Ill.: Victor Books, 1985, p. 275.
4. For the three major views countrast Franz Delitzsch, Commentary on the Old Testament, "Proverbs," vol. 6 of 10 vols. Grand Rapids: William B. Eerdmans Publishing Co., 1973("his way" means according to the child's stage of development); Derek Kidner, Proverbs, The Tyndale Old Testament Commentaries. London: The Tyndale Press, reprint ed., 1972("his way" means with respect to his individuality and vocation); and Sid S. Buzzel, "Proverbs." in The Bible Knowledge Commentary, Old Testament Wheaton, Ill.: Victor Books, 1985("his way" means the proper way, the path of wise, godly living).
5. Derek Kidner, Proverbs, The Tyndale Old Testament Commentaries. London: The Tyndale Press, reprint ed., 1972, p. 147.
6. Kenneth O. Gangel and Elizabeth Gangel, Building a Christian Family. Chicago: Moody Press, 1987, p. 39.
7. Harold Hoehner, "Ephesians," in The Bible Knowledge Commentary, New Testament. Wheaton, Ill.: Victor Books, 1983, p. 642.
8. Lois LeBar, Children in the Bible School. Westwood, N.J.: Fleming H. Revell Company, 1952, p. 138.

제18장

1. Pauline B. Gough, "The Key to Improving Schools:An Interview with William Glasser." Phi Delta Kappan, May 1987, pp. 656ff.
2. Thomas J. Peter and Robert H. Waterman, Jr., In Search of Excellence. New York: Warner Books, 1982, pp. 235-78.

제19장

1. Digest of Education Statistics, 1987 Ed. Washington, D.C.: U.S. Department of Education, Center for Education Statistics, 1987, pp. 52ff.

2. Mary Frase Williams, "Private School Enrollment and Tuition Trends" in The Condition of Education, 1986 Ed. Washington, D. C.: Office of Educational Research and Improvement, Department of Education, pp. 182ff.
3. For helpful insights the reader is referred to Kenneth O. Gangel and Warren S. Benson, Christian Education: Its History and Philosophy of Christian School Education, 3rd Ed., Whittier, Calif.: ACSI. 1980; and Frank Garbelein, The Pattern of God's Truth. Chicago: Moody Press, 1968.
4. D. Bruce Lockerbie, The Cosmic Center(Rev. Ed.). Portland, Ore.: Multnomah Press, 1986.
5. Francis Schaeffer, The Great Evangelical Disaster. Westchester, Ill.: Crossway, 1984, pp. 183ff.
6. John I. Goodlad, A Place Called School. New York: McGraw Hill Book Co., 1984, pp. 183-4.
7. James W. Deuink, Christian School Finance, Greenville, S.C.: Bob Jones University Press, 1985, p. 85.
8. Diane Ravitch, The Schools We Deserve. New York: Basic Books, Inc., 1985, p. 211.
9. Robert I. Church and Michael W. Sedlak, Education in the United Stated New York: The Free Press, 1976, p. 162.
10. The American Teacher 1986, Metropolitan Life Insurance Co., 1987.

제20장

1. Kenneth S. Kantzer, "Can Christian Colleges Survive the Eighties?" Christianity Today, September 16, 1983, p. 10.
2. Eugene B. Habecker, The Other Side of Leadership, Wheaton, Ill.: Victor Books, 1987, p. 40.
3. Kenneth P. Gangel and Warren S. Benson, Christian Education: Its History and Philosophy. Chicago: Moody Press, 1982, p. 359.
4. Alexander W. Astin, "Competition or Cooperation?" Change, Semptember/October 1987, p. 18.
5. Arthur F. Holmes, "Academic Freedom in the Christian College," Bulletin of Wheaton

College. February 1964, p. 6.
6. Gilgert Highet, "The Need to 'Make It New,'" The Chronicle of Higher Education, June 21, 1977, p. 40.
7. Kenneth E. Eble, Professors as Teachers. San Francisco: Jossey-Bass, 1972, pp. 36~53.
8. Astin p. 14.
9. William Mayville, "Contract Learning," ERIC Research Currents. December 1973, p. 3.

제21장

1. One such group is Church Video Centers, Inc., 1750 Northwest Highway, Suite 250, Garland, Texas 75041.
2. Herman Harrell Horne, The Teaching Techniques of Jesus. Grand Rapids Kregel, 1920, p. 45.
3. David Pratt, Curriculum Design and Development. New York: Harcourt Brace Jovanovich, Inc., 1980, p. 234.
4. George Henderson, Human Relations from Theory to Practice. Norman, Okla.: University of Oklahoma Press, 1974, p. 203.
5. Henderson, p. 203.
6. An extensive and current Christian education bibliography is available through the Dallas Seminary book room, 3909 Swiss Ave., Dallas, Texas 75204.

결론

1. Book XVI-HSIO KI(Record on the Subject of Education).
2. Art Criscoe, "Current Trends in Teaching-Learning methodology," Search. Fall 1978, pp. 41-51.
3. What Works-Research about Teaching and Learning, U. S. Department of Education, 1986.
4. Bruce Lockerbie, "Epilogue," Christian Educational Journal, Fall 1988, p. 83.

교수법 베이직

개정판 1쇄인쇄 · 1999년 9월 25일
개정판 3쇄발행 · 2015년 3월 27일

지은이 · 하워드 헨드릭스&달라스신학교 교수진
옮긴이 · 유명복&홍미경

펴낸곳 · 도서출판 디모데 〈파이디온선교회 출판 사역 기관〉
등록 · 2005년 6월 16일 제319-2005-24호
주소 · 서울특별시 서초구 서초대로 141-25(방배동, 세일빌딩)
전화 · 마케팅실 070) 4018-4141
팩스 · 마케팅실 031) 902-7795
홈페이지 · www.timothybook.com

값 20,000원
ISBN 978-89-388-0267-5 03230

Copyright ⓒ 도서출판 디모데 1999